유초등생활백서

현직 유·초등 교사들이 상세히 알려주는 유초등생활 완벽 가이드

유초등생활백서

문주호, 장연주, 우영진, 정동완 지음

서울문화사

이 책을 읽는 독자들에게

유·초등 학부모가 궁금해할 만한
학교 현장의 모습을 그대로!

대한민국은 교육의 나라입니다. 아이가 출생하면 어린이집부터 유치원('유아학교'로 명칭 개정 진행 중), 초등학교, 중학교, 고등학교, 대학교, 대학원에 이르기까지 10년 이상의 교육과정이 존재합니다. 막대한 시간과 부모의 노력이 요구되는 교육과정에 대한 막연함과 정보의 부재가 부모와 아이들에게 많은 어려움을 주고 있는 것이 현실입니다.

교육적 열망이 높은 한국의 부모들에 비하여 교육지자체나 교육부에서 제공하는 교육 정보는 매우 산발적이면서 부분적입니다. 특히, 유치원 및 초등학교 입학 때부터 졸업까지의 학년별 생활 과정이나 부모가 알아두어야 할 정보는 더욱 부족합니다. 이러한 문제를 해결하고 더 나아가서 자녀교육의 실용성과 방향성을 제시하고자 《유초등생활백서》를 기획·제작하게 되었습니다. 학교 현장에서는 교사로, 가정에서는 아빠와 엄마로 역할을 하고 있는 저자들이 모여 1년여의 자료 수집과 편집, 수정 등을 거쳐 탄생하게 되었습니다.

이 책에서는 유치원부터 초등학교 졸업에 이르기까지 필요한 각종 정보를 제공하고 활용하는 법을 알려주면서 해당 학년에서 꼭 필요한 과목별 학습방법, 생활태도, 인성 교육, 교육 활동 등을 자세히 기술했습니다. 또한 자녀들을 객관적이고, 세부적으로 살펴볼 수 있도록 다양한 검사지와 상담법을 수록했습니다. 유·초등 시기는 아이의 평생 학습태도, 생활태도를 결정할 정도로 매우 중요한 시기인 만큼 부모가 좀 더 세심하고 꼼꼼하게 정보를 익힌다면 자녀가 어려움에 처했을 때 올바른 방향으로 자랄 수 있도록 도움을 줄 수 있을 것입니다. 더불어 내 자녀에 해당되는 학년뿐만 아니라, 유치원에서부터 초등학교 6학년 때까지의 전

반적인 모든 내용을 먼저 살펴본다면, 이전에 놓쳤던 부분이나 앞으로 중점을 두어야 할 부분을 체크할 수 있어 자녀교육에 더 많은 도움이 될 것입니다. 이 책은 특히,

'유치원과 초등학교 생활은 어떻게 연결되는가?'
'초등학교 저학년, 중학년, 고학년에 적절한 교육방법은 무엇인가?'
'각 학년별 내 아이가 준비해야 하고 필요한 것은 무엇인가?'

라는 3가지 물음에 정확하게 답변하고자 노력했습니다.

학습과 생활은 연계성이 있기에 어느 한 부분의 생활 습관에 문제가 발생하면 이는 교과 공부에도 영향을 줍니다. 그러한 문제를 발견하였을 때 학교 현장의 전문가인 교사나 상담사에게 상담을 받기에는 어려움이 많습니다. 그 밖에도 부모로서 내 자녀가 학교생활에 잘 적응할 수 있도록 하기 위해서 어떤 일을, 어느 시기에 맞추어 해야 하는지, 학교에서 선생님과의 상담이나 자녀의 친구 문제는 어떻게 해결해야 하는지, 학년에 맞게 공부는 어떻게 준비하고 어떤 방법으로 진행되는지 등 모든 학부모가 궁금해할 만한 학교 현장의 모습을 그대로 담았습니다. 이 책이 지금 내 자녀에게 부족한 내용을 바로 알고 점검할 수 있는 기회가 되길 바랍니다.

《유초등생활백서》 저자 일동

차례

이 책을 읽는 독자들에게
유·초등 학부모가 궁금해할 만한 학교 현장의 모습을 그대로! | 004

PART 1 유치원 생활의 달인

1교시 비밀의 문 - 나도 몰랐던 내 아이의 비밀

1 신체적 비밀
- 1-1 자녀의 신체를 친구들과 비교하지 마세요 | 019
- 1-2 몸 쓰기를 통한 즐거움을 깨닫게 해주세요 | 021
- 1-3 건강한 생활 습관을 만들어주세요 | 022

2 정서 사회적 비밀
- 2-1 안정된 애착 관계를 형성해야 해요 | 025
- 2-2 자신에 대한 긍정적 사고방식을 키워주세요 | 028
- 2-3 다름을 이해하는 마음을 가져야 해요 | 030

3 언어적 비밀
- 3-1 주의 깊게 듣는 태도와 이해하는 능력을 길러주세요 | 033
- 3-2 자신의 생각과 느낌을 말할 수 있도록 도와주세요 | 035
- 3-3 글자와 책에 친숙해져야 해요 | 036

4 예술적 비밀
- 4-1 많이 만지고, 듣고, 느낄 수 있게 해주세요 | 040
- 4-2 생각과 느낌을 자유롭게 표현할 수 있어야 해요 | 042
- 4-3 예술 체험 교육에 참가하세요 | 043

5 탐구적 비밀
- 5-1 주변 사물과 자연에 대한 호기심을 키워주세요 | 047
- 5-2 상황에 대해 논리·수학적 문제 해결 능력을 길러주세요 | 049
- 5-3 혼자서 상상하고 고민하는 시간을 갖게 해주세요 | 050

1교시 쉬는 시간

- **1** 창의지능 간단 검사 | **052**
- **2** 교육 급여 및 교육비 지원 제도 | **053**

2교시 특성의 문 - 내 아이의 특성에 맞는 교육 장소

1 우리 아이가 다닐 수 있는 곳은?
- **1-1** 공립 유치원? 사립 유치원? 어린이집? 꼼꼼히 따져봐요 | **059**
- **1-2** 평가 사이트를 통해 유치원 정보를 살펴봐요 | **064**
- **1-3** 발품 팔아서 직접 확인해보세요 | **067**
- **1-4** 기관 선택 후의 절차 | **070**

2 수업은 어떻게 이루어지나요?
- **2-1** 무엇을 배울까요?(교육과정) | **075**
- **2-2** 현장학습을 갈 때 무엇을 준비해야 할까요? | **078**
- **2-3** 기본적인 말하기, 듣기, 읽기, 쓰기 지도 | **081**

3 유치원 환경과 시설을 알고 있나요?
- **3-1** 인적 환경 | **087**
- **3-2** 물리적 환경 | **089**
- **3-3** 학교 밖 환경 | **091**

4 등·하원 시 안전이 중요해요
- **4-1** 버스로 등·하원할 때 | **093**
- **4-2** 자가용으로 등·하원할 때 | **096**
- **4-3** 도보로 등·하원할 때 | **098**

2교시 쉬는 시간
- **1** 다중지능 검사 | **100**
- **2** 아이돌봄 서비스 | **105**

3교시 생활의 문 - 지혜롭게 아이를 키우는 방법

1 학급의 다양한 소식을 알아야 해요
- **1-1** 가정통신문을 꼭 확인하세요 | **111**
- **1-2** 알림장을 살피세요 | **113**
- **1-3** 기관에서 온 문자를 체크하세요 | **115**

2 모르면 선생님에게 직접 물어보세요

2-1 다양한 정보 채널로 교육 정보를 받으세요 | **117**
2-2 수업이 종료된 후 궁금한 것을 물어보세요 | **119**
2-3 휴대전화 통화와 면담을 적절히 활용하세요 | **120**

3 가정 연계 학습으로 아이의 생활 교육을 잡아주세요

3-1 학습지를 꼼꼼히 살펴보세요 | **123**
3-2 언어 전달장을 살펴보세요 | **124**
3-3 기본 생활 습관을 함께 지켜주세요 | **125**

4 아이에게 피드백을 주세요

4-1 긍정적인 말투와 행동을 보여주세요 | **129**
4-2 자녀의 올바른 생활 습관을 신경 써주세요 | **131**
4-3 올바르게 훈육하세요 | **133**

5 아이를 안전하게 키워요

5-1 어린이 안전사고를 예방하세요 | **137**
5-2 안전사고 요소를 제거하세요 | **140**
5-3 응급 상황에 대처하세요 | **142**

3교시 쉬는 시간

자녀를 위한 면담에서 지켜야 할 7가지 팁 | **144**

4교시 소망의 문 - 더 해주고 싶은데, 무엇을 더 해주어야 하나요?

1 좋은 책을 읽히고 싶어요

1-1 유아에게 알맞은 그림책을 고르세요 | **149**
1-2 아이와 함께 재미있게 책을 읽어주세요 | **151**
1-3 그림책 읽기에 좋은 가정환경을 만들어주세요 | **154**

2 함께 놀고 싶어요

2-1 아이가 어떻게 놀이를 하는지 관찰해보세요 | **157**
2-2 놀이 시간을 확인하고 먼저 아이에게 놀자고 이야기하세요 | **159**
2-3 놀아주는 게 아니고 함께하세요 | **160**

3 가족 체험학습을 하고 싶어요

3-1 문화가 있는 날을 즐기세요 | **163**
3-2 그림책과 함께하는 여행을 하세요 | **164**
3-3 아빠 맞춤형 육아 정보 사이트를 활용하세요 | **165**

4 아이의 소질을 키워주고 싶어요

- **4-1** 다양한 체험 활동을 제공해주세요 | 169
- **4-2** 체험 활동을 하고 난 후 아이와 대화를 나누세요 | 171
- **4-3** 방과후과정에 참여하세요 | 172

종례 시간(Q&A)

- **1** 생활 관련 고민 | 174
- **2** 사회성 관련 고민 | 178
- **3** 공부 관련 고민 | 182
- **4** 교육 관련 고민 | 186

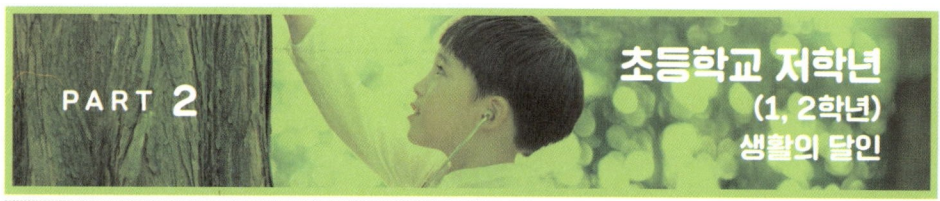

PART 2 초등학교 저학년 (1, 2학년) 생활의 달인

1교시 1학년 생활백서 - 학교란 이런 곳이야

1 새로운 책가방과 실내화를 가지고

- **1-1** 취학 통지서를 받고 무엇을 준비해야 할까요? | 197
- **1-2** 입학식 날 부모와 아이는 뭘 하나요? | 200
- **1-3** 방과 후에 아이를 어떻게 해야 하나요? | 202

2 대화가 필요해요

- **2-1** 담임선생님과의 대화 요령 | 207
- **2-2** 같은 반 학부모와의 대화 요령 | 210
- **2-3** 자녀와 대화하는 요령 | 212

3 학교생활 이렇게 준비해요

- **3-1** 학교에는 다양한 시설이 있어요 | 217
- **3-2** 방과후수업 선택 시 자녀의 의사를 존중하세요 | 219
- **3-3** 학원에 보낼 때 신중하게 파악하고 보내세요 | 221

4 학교 행사와 소식을 알아야 해요

- **4-1** 학교 이모저모 살펴보기 | 225
- **4-2** 교내 행사에 적극적으로 참가하기 | 228
- **4-3** 가정통신문 한눈에 살펴보기 | 233

1교시 쉬는 시간
    학년별 건강 검사와 초등돌봄교실 | **234**

2교시   2학년 생활백서 - 초등 공부 이야기

1 공부의 시작은 '물음표(?)'에서 출발해요
    1-1 자가 진단하기로 학습 경향을 알아야 해요 | **241**
    1-2 동기부여가 중요해요 | **243**
    1-3 좋아하는 것과 잘하는 것은 달라요 | **246**

2 공부 습관은 '느낌표(!)'로 습득해요
    2-1 읽기와 쓰기로 기초를 쌓으세요 | **249**
    2-2 듣기와 말하기 연습을 자주 하세요 | **252**
    2-3 발표를 잘하는 게 공부의 핵심이에요 | **254**

3 공부의 기본은 '쉼표(,)'로 준비해요
    3-1 교과서를 자세히 보게 하세요 | **261**
    3-2 공부한 내용을 꾸준히 손 글씨로 적어야 해요 | **264**
    3-3 자신이 배운 내용을 설명하게 하세요 | **267**

4 공부 에너지는 '마침표(.)'로 환경을 만들어주세요
    4-1 독서와 연계된 체험학습으로 기초를 잡아야 해요 | **271**
    4-2 놀이와 공부를 병행하세요 | **275**
    4-3 최적의 공부방을 만들어주세요 | **278**

2교시 쉬는 시간
    학교안전공제회와 학교 폭력 | **282**

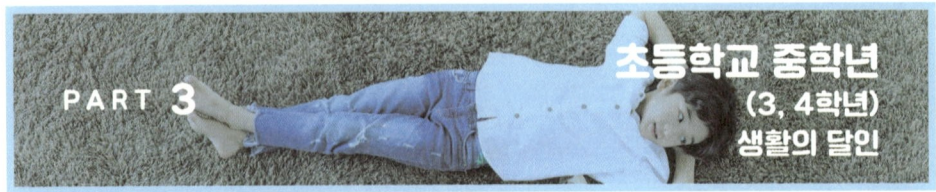

PART 3   초등학교 중학년 (3, 4학년) 생활의 달인

3교시   3학년 생활백서 - 공부는 습관이다

1 국어 공부가 쉽다고요?
    1-1 많이 읽기보다 제대로 읽는 습관을 가지세요 | **291**

  1-2 교과서에 실린 작품을 읽으세요 | **293**
  1-3 맞춤법과 띄어쓰기를 연습하세요 | **295**

2 수학 공부가 지겹다고요?
  2-1 수학 언어를 공부하세요 | **301**
  2-2 창의적인 사고방식으로 접근하세요 | **303**
  2-3 여러 가지 풀이 방법과 교구를 활용하세요 | **306**

3 사회 공부가 복잡하다고요?
  3-1 신문, 뉴스를 자주 보세요 | **313**
  3-2 사진, 그림, 도표, 그래프를 요약하세요 | **315**
  3-3 전체적인 맥락을 파악하세요 | **317**

4 과학 공부가 재미없다고요?
  4-1 과학 탐구 능력을 기르세요 | **321**
  4-2 공상하는 시간을 가지세요 | **323**
  4-3 간단한 실험은 꼭 하세요 | **326**

5 영어 공부가 어렵다고요?
  5-1 영어 단어장을 만드세요 | **329**
  5-2 영어 교과서의 학생용 듣기 자료를 활용하세요 | **331**
  5-3 영어 동화책 또는 만화책을 읽으세요 | **332**

3교시 쉬는 시간
  수행평가 대비와 각 학년별 추천 도서 | **334**

4교시   4학년 생활백서 - 자기주도학습을 하세요!

1 맞춤식 공부법을 실천하세요
  1-1 아이의 기질과 성격에 맞는 공부방을 만드세요 | **343**
  1-2 학습지, 돈 아깝지 않게 시키는 법 | **346**
  1-3 학원 공부에 맞지 않는 아이가 있어요 | **349**

2 공부 습관을 분석해 자기주도학습을 실천하세요
  2-1 나의 공부 습관은 어떤가요 | **353**
  2-2 학습 원리를 꼭 체크하세요 | **357**
  2-3 학년에 맞는 자기주도학습이 있어요 | **360**

3 다양한 공부를 배워요
  3-1 자신에게 맞는 진로 교육의 방향을 찾아야 해요 | **365**

3-2 SW(소프트웨어) 교육으로 새로운 세상을 만나요 | **367**
3-3 한자를 공부하면 한글의 뜻을 쉽게 알 수 있어요 | **370**

점심 시간
학교알리미와 나이스 대민 서비스 | **372**

휴식 시간
초등학생이 가장 많이 사용하는 은어 | **373**

PART 4 초등학교 고학년 (5, 6학년) 생활의 달인

5교시 5학년 생활백서 - 학교생활 즐겁고 보람차게 보내기

1 친구 관계가 좋아야 학교가 재미있어요
  1-1 나와 친구의 성향을 파악해요 | **379**
  1-2 친구들에게 인기 있는 아이와 그렇지 않은 아이 | **383**
  1-3 동아리 활동은 어떻게 하나요? | **386**

2 학교에서는 교사가 엄마이고 아빠예요
  2-1 담임선생님과 잘 지내려면? | **389**
  2-2 전담 수업은 어떻게 준비해야 하나요? | **391**
  2-3 선생님에게 고민을 어떻게 털어놓아야 하나요? | **393**

3 가족은 편안한 울타리예요
  3-1 자녀는 부모의 소유물이 아니라 인격체 | **397**
  3-2 공감하고 표현해요 | **400**
  3-3 잔소리보다는 격려! | **402**

5교시 쉬는 시간
  1 교원능력개발평가 | **404**
  2 자녀의 회복탄력성 | **407**

6교시　6학년 생활백서 - 중학교 입학을 준비하며

1 준비하고 실천하세요
- **1-1**　여름방학에는 이렇게 하세요　|　**413**
- **1-2**　겨울방학에는 이렇게 하세요　|　**419**

2 넌 특별해
- **2-1**　영재교육원이 뭔가요?　|　**427**
- **2-2**　학급, 전교 임원은 어떻게 뽑나요?　|　**431**
- **2-3**　학교스포츠클럽이 뭔가요?　|　**434**

3 졸업이 다가왔어요
- **3-1**　수학여행은 어떻게 준비해야 하나요?　|　**437**
- **3-2**　졸업 앨범은 어떻게 찍나요?　|　**441**
- **3-3**　중학교 입학 지원서는 어떻게 쓰나요?　|　**443**

6교시 종례 시간(Q&A)
- **1**　생활 관련 고민　|　**448**
- **2**　사회성 관련 고민　|　**452**
- **3**　공부 관련 고민　|　**458**
- **4**　수업 관련 고민　|　**461**
- **5**　서류 관련 고민　|　**464**
- **6**　진로·진학 관련 고민　|　**468**

PART 1

유치원 생활의 달인

1교시

비밀의 문
나도 몰랐던 내 아이의 비밀

어릴 때는 아장아장 걸어 다니며

장난치던 아기 같던 아이가 자라서

벌써 유치원(어린이집) 입학을 앞두고 있습니다.

입학 전 아이는 골고루 잘 먹고 즐겁게 놀며,

몸과 마음을 건강하게 유지하는 것이 가장 중요합니다.

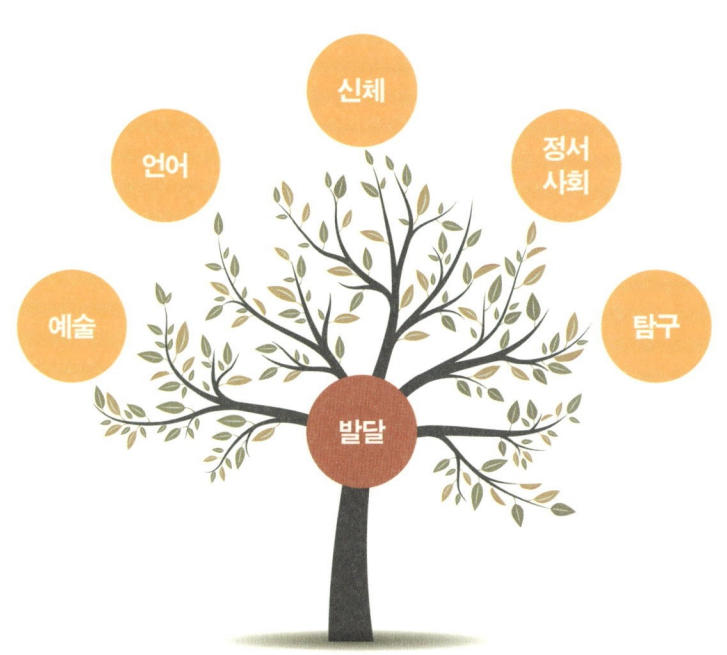

1
신체적 비밀

 건강한 몸과 마음을 갖는 것은 모든 발달의 기본이 됩니다. 그러므로 부모는 아이가 건강하게 자랄 수 있도록 도와주어야 합니다.

1-1 자녀의 신체를 친구들과 비교하지 마세요

신체 조건이나 능력을 다른 아이와 비교하면 아이는 자신의 몸을 부정적으로 생각하게 됩니다. 그러므로 자녀의 신체 조건이나 능력을 다른 아이와 비교하지 않는 것이 좋습니다.

● **아이가 줄넘기를 잘하지 못할 경우**

"줄넘기가 생각보다 어렵지? 엄마도 어려웠어. 우리 줄 건너기부터 해볼까? ㅇㅇ는 줄 건너기를 잘하는구나."

이와 같이 현재 아이의 신체 특성과 발달 수준을 긍정적으로 표현하고 격려해줍니다.

● **자녀를 목욕시킬 경우**

"ㅇㅇ는 다리가 참 길구나. ㅇㅇ는 팔이 아기 때보다 더 길어지고 힘도 세졌네. 이제 여기까지 팔 끝이 닿네."

이와 같이 자녀의 신체 발달에 대해 있는 그대로 이야기해주는 것이 좋습니다.

> **TIP**

유아의 신체 발달 체크 | **자료** · 2019 개정 누리과정 고시문, 교육부(2019)

신체적 비밀 (유아의 행동을 관찰하고, ○×로 표시해주세요.)							
관찰일	1회	2회	3회	4회			
영역	내용				1회	2회	3회	4회
신체적 비밀	신체를 인식하고 움직인다.							
	신체 움직임을 조절한다.							
	기초적인 이동 운동, 제자리 운동, 도구를 이용한 운동을 한다.							
	실내외 신체 활동에 자발적으로 참여한다.							
	자신의 몸과 주변을 깨끗이 한다.							
	몸에 좋은 음식에 관심을 가지고 바른 태도로 즐겁게 먹는다.							
	하루 일과에서 적당한 휴식을 취한다.							
	병을 예방하는 방법을 알고 실천한다.							
	일상에서 안전하게 놀이하고 생활한다.							
	TV, 컴퓨터, 스마트폰 등을 바르게 사용한다.							
	교통안전 규칙을 지킨다.							
	안전사고, 화재, 재난, 학대, 유괴 등에 대처하는 방법을 경험한다.							

1-2 몸 쓰기를 통한 즐거움을 깨닫게 해주세요

즐거움을 느끼려면 먼저 두려움을 느끼지 않아야 합니다. 유아기의 두려움은 그 활동에 대한 사전 경험에서 비롯되는 경우가 많습니다. 그러므로 부모는 자녀들이 몸을 이용한 활동을 할 때 긍정적으로 반응해주어야 합니다.

● **아이와 함께 공놀이를 할 경우**

"공 잡기 어렵지? 엄마(아빠)도 어릴 때는 그랬단다."
"우와~ 이번에는 공에 손끝이 닿았네. 다음에는 공을 멋지게 잡을 수 있을 거야."
이와 같이 이야기해주면 도움이 됩니다.

자녀가 몸을 이용한 놀이의 즐거움을 느낄 수 있는 최선의 방법은 부모가 긍정적인 메시지를 자주 보내며, 아이의 성취감을 높여주는 것입니다.

TIP

유아의 평균 키와 몸무게 | **자료** · 대한소아과학회, 소아 발육 남녀 아이(6세/49~60개월) 표준치

개월 수	남아 체중	남아 신장	여아 체중	여아 신장
49개월	18.98kg	109.6cm	18.43kg	108.6cm
55개월	20.15kg	112.9cm	19.74kg	112.1cm
60개월	21.41kg	115.8cm	20.68kg	114.7cm

1-3 건강한 생활 습관을 만들어주세요

이 시기 아이들은 질병에 대한 면역이나 저항력이 약한 편이므로 건강한 생활 습관을 갖는 것이 필요합니다. 질병에 걸릴 가능성을 줄일 수 있는 효과적인 방법은 외출 후 집에 돌아오면 반드시 손을 씻는 것입니다.

올바른 손씻기 6단계 | 자료: 철원군 보건소

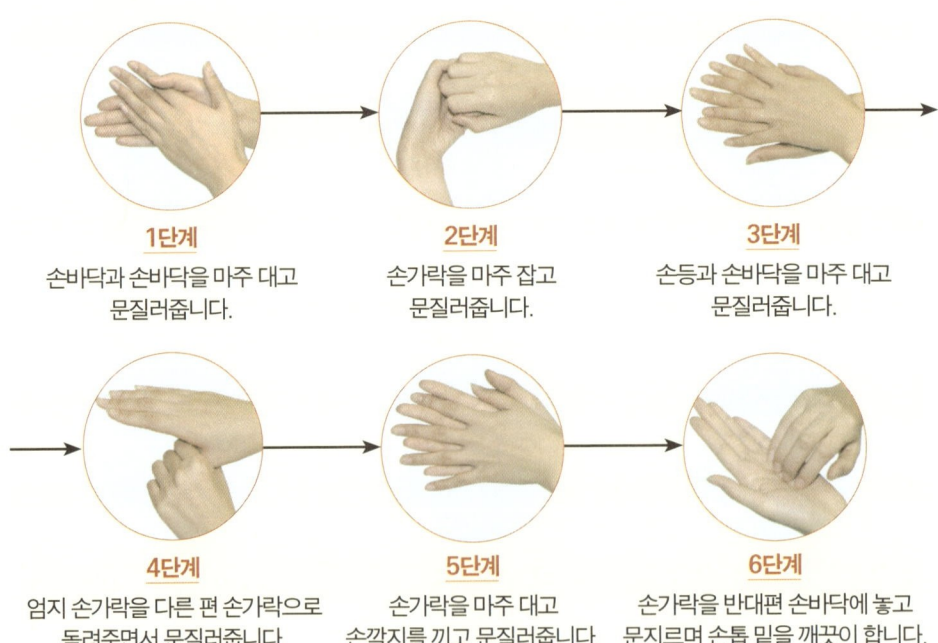

1단계 손바닥과 손바닥을 마주 대고 문질러줍니다.

2단계 손가락을 마주 잡고 문질러줍니다.

3단계 손등과 손바닥을 마주 대고 문질러줍니다.

4단계 엄지 손가락을 다른 편 손가락으로 돌려주면서 문질러줍니다.

5단계 손가락을 마주 대고 손깍지를 끼고 문질러줍니다.

6단계 손가락을 반대편 손바닥에 놓고 문지르며 손톱 밑을 깨끗이 합니다.

부모들은 이 시기 아이들이 건강한 식습관을 기를 수 있도록 지도해야 합니다. 건강한 식습관을 형성하는 가장 좋은 방법은 부모가 본보기를 보이는 것입니다. 부모가 건강한 식단을 짜서 편식하지 않고 바른 자세로 먹는 모습을 보인다면 아이들은 자연스럽게 건강한 식습관을 기를 수 있습니다.

TIP

건강검진 확인서 출력하기

❶ '건강iN' 사이트 들어가기 → hi.nhis.or.kr

❷ 건강검진 → 자녀(영유아) 건강검진 정보 → 건강검진 결과 조회 클릭

❸ 공인인증서 로그인

공인인증서를 통해 로그인을 하면 건강검진 결과표가 보입니다.

❹ 영·유아 건강검진 결과표(확인서) 출력

건강검진 결과표를 클릭한 후 결과표를 출력해서 보면 더 자세히 살펴볼 수 있습니다.

2
정서 사회적 비밀

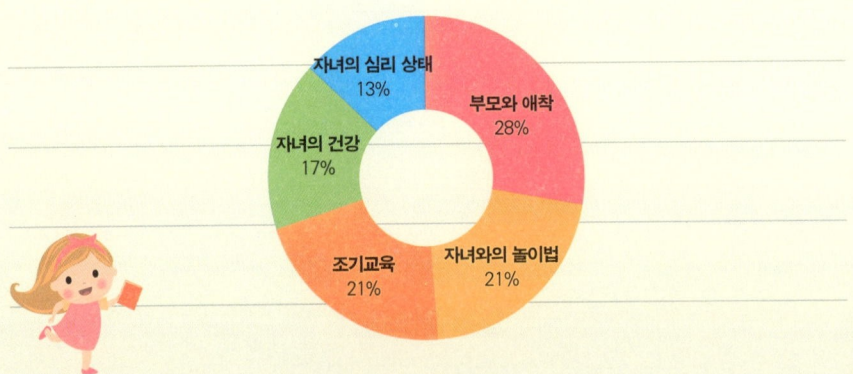

자녀 육아 시 가장 중점적으로 신경 쓰는 점
자료 · 영유아 부모 육아 고민 1순위는? '자녀의 인성 및 예절 교육, 올바른 생활 습관 형성', 중앙일보

- 자녀의 심리 상태 13%
- 부모와 애착 28%
- 자녀의 건강 17%
- 조기교육 21%
- 자녀와의 놀이법 21%

이 시기 아이들은 많은 일을 스스로 하고 싶어 합니다. 가정이 아닌 어린이집이나 유치원 등 많은 사람들이 함께 생활하는 기관을 경험하며 다양한 정서와 사회적 기술을 배우게 됩니다. 이러한 정서 발달은 부모와의 애착에서 시작됩니다. 최근 신문 조사 결과에서도 볼 수 있듯이 부모들 또한 애착의 중요성을 잘 알고 있습니다.

2-1 안정된 애착 관계를 형성해야 해요

애착은 양육자나 특별한 사회적 대상과 형성하는 친밀한 정서적 관계를 말합니다. 이러한 애착 관계는 자녀의 성장 발달에 많은 영향을 줍니다. 영아기에 안정된 애착 관계를 맺지 못할 경우 유아기에 바로잡을 기회가 있습니다. 하지만 이때는 영아기보다 더 많은 시간과 노력이 필요합니다.

이러한 애착은 자녀의 기질도 어느 정도 영향을 미치지만, 부모의 양육 태도와 많은 관련이 있습니다. 아이와 안정된 애착 관계를 형성한 부모는 자녀에게 민감하고 일관적이며 긍정적으로 양육합니다. 아이의 안정된 애착 형성에는 부부의 양육 태도와 양육관이 서로 일치하는 것이 중요하므로 부부가 함께 노력하는 것이 필요합니다.

TIP

낯선 상황 분류 실험

발달심리학자인 메리 에인스워스가 1969년에 실시한 '낯선 상황 분류'라는 실험은 12~18개월 아기를 대상으로 하며 주 양육자(엄마)와의 분리, 재결합을 경험할 수 있는 8개의 에피소드로 구성되었습니다.

● 실험 순서

❶, ❷ 에피소드에서는 엄마와 아이가 낯선 놀이방에 들어옵니다. 아이는 흥미로운 놀잇감을 탐색하면서 점점 놀이에 빠져들고, 엄마는 이를 관찰합니다.

 ❸ 에피소드에서는 '낯선 사람'이 놀이방에 들어옵니다.

 ❹ 에피소드에서는 엄마가 예고 없이 방을 나갑니다. 그러면 대부분의 아이들은 사라진 엄마를 찾으며 웁니다. 이때 낯선 사람이 아이를 달래줍니다.

 ❺ 에피소드에서 엄마가 다시 방에 들어옵니다. 엄마가 들어와서 아이를 달래면 아이는 이내 진정되고 다시 놀이를 합니다. 엄마가 들어온 후 낯선 사람은 방을 나갑니다.

 ❻ 에피소드에서 다시 엄마가 방을 나가는데, 이때는 "엄마 나갈게"라며 아이에게 분리를 예고합니다. 이 순간이 아이 혼자 방 안에 남는 위기의 순간이죠. 이미 한 번 분리를 경험한 아이는 더 크게 슬퍼할 것입니다.

 ❼ 에피소드에서는 낯선 사람이 들어옵니다.

❽ 에피소드에서는 엄마가 다시 들어와 아이를 달래줍니다.

애착 유형

안정적 애착 (65%)		엄마와 헤어질 때 잠시 슬퍼하지만 엄마가 돌아왔을 때 위로받고 쉽게 안정된다.
불안정 애착 (35%)	**회피적 애착** (25%)	분리될 때 크게 보채거나 슬퍼하지 않는다. 심지어 엄마가 나가는 것을 물끄러미 바라보기도 하고 모르는 척 놀이에 몰두하기도 한다. 또 엄마가 돌아왔을 때도 크게 반가워하지 않거나 위로를 받으려는 반응을 보이지 않는다. 이런 아이들은 보기에 따라서 어른스럽고 순응적인 아이로 생각될 수 있으나 사실은 속으로 눈치를 많이 보는 등 불안해하는 경우가 많다.
	양가적 애착 (10%)	분리될 때 가장 큰 소리로 울고 보채며 슬픔을 표현한다. 하지만 엄마가 돌아와도 잘 달래지지 않고 다시 놀이에 몰두하지 못하는 경향이 있다. 이런 아이들은 강하게 표현하지 않으면 자신의 욕구가 수용되지 않는다고 생각하는 듯 떼를 쓰는 경우가 많다.

2-2 자신에 대한 긍정적 사고방식을 키워주세요

아이는 부모나 다른 사람과의 경험을 통해 스스로 자신에 대한 이미지를 만듭니다. 특히 부모는 아이에게 가장 강력한 영향을 미치는 존재이므로, 부모가 아이를 어떻게 양육하는지, 아이에게 어떠한 언어를 사용하고 어떠한 태도를 보이는지에 따라 아이는 자신에 대한 생각과 이미지를 형성합니다. 그러므로 부모는 훈육할 때 아이에게 일관성 있는 태도를 보여야 하며, 부모 자신이 아이를 존중하고 있음을 반드시 아이가 인식할 수 있도록 해야 합니다. 또 아이가 스스로 자신의 감정을 이해하고 조절하며, 적절한 방법으로 표현할 수 있도록 돕는 것이 중요합니다.

TIP

정서 사회적 발달 체크 | 자료 · 2019 개정 누리과정 고시문, 교육부(2019)

정서 사회적 비밀
(유아의 행동을 관찰하고, ○×로 표시해주세요.)

관찰일	1회	2회	3회	4회			

영역	내용	1회	2회	3회	4회
정서 사회적 비밀	나를 알고 소중히 여긴다.				
	나의 감정을 알고 상황에 맞게 표현한다.				
	내가 할 수 있는 것을 스스로 한다.				
	가족의 의미를 알고 화목하게 지낸다.				

영역	내용	1회	2회	3회	4회
정서 사회적 비밀	친구와 서로 도우며 사이좋게 지낸다.				
	친구와의 갈등을 긍정적인 방법으로 해결한다.				
	서로 다른 감정, 생각, 행동을 존중한다.				
	친구와 어른께 예의 바르게 행동한다.				
	약속과 규칙의 필요성을 알고 지킨다.				
	내가 살고 있는 곳에 대해 궁금한 것을 알아본다.				
	우리나라에 대해 자부심을 가진다.				
	다양한 문화에 관심을 가진다.				

2-3 다름을 이해하는 마음을 가져야 해요

아이들은 다른 사람과 다양한 관계를 맺으며 성장합니다. 다른 사람의 관계를 맺을 때 가장 중요한 점은 다름을 이해하는 것입니다. 다름이란 차별이 아니라 그 자체로 인정하고 존중하는 것임을 어린 시기부터 알려주는 것이 좋습니다.

부모는 아이에게 다름에 대하여 설명하고, 그러한 부분을 존중하는 태도를 보여주어야 합니다. 예를 들어 어떠한 상황에서 아이의 의견이 부모와 다를 경우 무조건 부모의 의견이나 결정을 강요하기보다는 아이 의견을 들어본 후 다시 한 번 의논하여 결정하는 것이 좋습니다. 하지만 모든 상황에서 이러한 태도로 양육해야 한다는 것은 아닙니다. 안전이나 공공 규칙 등 아이가 반드시 지켜야 할 부분에서는 아이의 의견을 수용하기보다 부모의 일관성 있는 태도가 필요합니다.

> **TIP**
>
> **자기 결정권을 갖는 양육 팁** | **자료** · '행복을 더하는 다둥이 양육 팁 5가지', 베이비 뉴스
>
> **❶ 안전한 환경 만들기**
> 높이 올라가지 못하도록 비계 역할을 하는 의자나 가구 등을 아이들이 없는 방으로 옮깁니다. 자주 넘어져도 큰 상처를 입지 않도록 바닥과 벽 또는 가구 모서리 등에 완충장치를 설치합니다. 텔레비전 시청은 건강한 시력을 유지하도록 정해진 거리를 진한 색줄로 표시하거나 예쁜 깔개를 깔아 제한 거리를 지키게 합니다.
>
> **❷ 중재자 되어주기**
> 흔히 부모들은 자녀나 친구 간의 갈등을 재판하려고 합니다. 누가 잘못했는지 가려 잘못한 사람을 벌을 주거나 훈육하는 방법입니다. 그러나 어느 재판이든 양쪽 모두 억울하기 마련입니다. 이때 아이들의 속상한 마음을 공감해주고 난 후 엄마가 이해한 상대편의 핵심 감정을 전달하는 것이 좋습니다. 엄

마가 전달한 내용을 듣고 이의를 제기하면 그 마음 또한 공감해주고 다시 상대 아이에게 전달하는 것을 반복합니다.

❸ 규칙 세워주기
물건에 대한 소유권을 존중하고 자기 것이 아닌 것은 꼭 상대에게 허락을 받은 다음 사용하게 합니다. 소유 주체가 정해지지 않은 공동의 물건은 먼저 맡은 사람이 사용하거나 순서와 시간을 정해놓고 돌아가며 쓰게 합니다. 위생 습관, 예의범절, 정리 정돈, 등교 및 등원 준비 등 매일 반복되는 일을 일일이 지시하지 말고 규칙으로 정해 스스로 지키게 합니다.

❹ 역할 부여하기
아이들도 자신의 존재감을 과시하거나 영향력을 행사하고 싶어 합니다. 자기 존재감을 가족을 돕는 일로 드러낼 수 있도록, 자녀들의 나이에 맞게 역할을 부여하고 고마움을 표현합니다.

❺ 질투심 수용하기
자녀들은 사랑받는 것을 알지만 다른 아이가 받는 사랑에 질투심을 표현합니다. 아이들이 표현하는 질투심을 있는 그대로 수용하는 것이 좋습니다. 적절하게 표현하도록 도와야 마음의 병이 되지 않습니다.

3
언어적 비밀

유아기는 생활 속에서 말하는 능력이 빠른 속도로 발달하고 글에 대한 흥미가 생기는 중요한 시기입니다. 자녀가 어렸을 때는 울음이나 몸짓 등으로 자신의 생각이나 느낌을 전달했다면, 이 시기의 아이들은 언어로 생각이나 느낌을 말하게 됩니다.

3-1 주의 깊게 듣는 태도와 이해하는 능력을 길러주세요

아이는 자기중심적인 특성이 강하기 때문에 자신이 전달하고자 하는 바를 먼저 말하고 싶어 합니다. 그러므로 부모는 아이가 다른 사람의 이야기를 주의 깊게 들으며, 순서를 지켜 이야기할 수 있도록 도와야 합니다.

TIP

언어 발달 체크 | **자료** · 2019 개정 누리과정 고시문, 교육부(2019)

언어 발달 비밀							
(유아의 행동을 관찰하고, ○×로 표시해주세요.)							
관찰일	1회	2회	3회	4회			
영역	내용				1회	2회	3회	4회
언어적 비밀	말이나 이야기를 관심 있게 듣는다.							
	자신의 경험, 느낌, 생각을 말한다.							
	상황에 적절한 단어를 사용하여 말한다.							
	상대방이 하는 이야기를 듣고 관련해서 말한다.							
	바른 태도로 듣고 말한다.							
	고운 말을 사용한다.							
	말과 글의 관계에 관심을 가진다.							
	주변의 상징, 글자 등의 읽기에 관심을 가진다.							

영역	내용	1회	2회	3회	4회
언어적 비밀	자신의 생각을 글자와 비슷한 형태로 표현한다.				
	책에 관심을 가지고 상상하기를 즐긴다.				
	동화, 동시에서 말의 재미를 느낀다.				
	말놀이와 이야기 짓기를 즐긴다.				

3-2 자신의 생각과 느낌을 말할 수 있도록 도와주세요

이 시기 아이는 사용하는 단어가 많아지고, 문장으로 자신의 생각이나 의도를 이야기합니다. 그러므로 부모는 아이에게 자신의 생각과 느낌, 의도 등을 말로 표현할 기회를 주는 것이 좋습니다. 더불어 아이가 말을 늦게 하더라도 빨리 하라고 다그치기보다는 여유를 갖고 충분히 기다려주는 태도도 필요합니다.

존댓말은 아이가 말문을 트고 자신의 의사를 표현할 수 있게 되는 만 2세 이상 혹은 4세 이후 의사소통이 가능할 때 가르치는 것이 바람직합니다.

TIP

존댓말을 하는 아이로 키우는 팁

❶ 존댓말을 써야 하는 이유부터 이야기해주세요
존댓말은 서로에 대한 배려입니다. 더불어 타인을 이해하는 능력을 키우고 존중과 배려를 익히는 중요한 수단입니다. 아이에게 존댓말의 좋은 점에 대해 이야기해주세요.

❷ 부모인 나부터 존댓말 쓰는 모습을 보여주세요
부모가 먼저 존댓말을 쓰고 아이들이 이를 자연스럽게 배우도록 하세요. 부모 스스로 조부모에게 존댓말을 사용하는 모습을 아이들에게 보여준다면, 아이도 스스로 배울 수 있습니다.

❸ 몸짓과 표정은 존댓말의 또 다른 언어임을 이야기해주세요
몸짓과 표정은 감정을 전달하는 또 다른 수단입니다. 진심으로 존중하는 마음이 있으면 몸짓은 자연스럽고 표정은 밝습니다. 존댓말도 중요하지만 따뜻하고 부드러운 포옹과 상대를 존중하는 표정 또한 중요하다는 것을 알려주세요.

❹ 아이가 틀리게 이야기하면 자연스럽게 유도하세요
아이에게 존댓말을 쓰라고 강요하면 아이는 거부감을 느낄 수 있습니다. 편안한 분위기 속에서 자연스럽게 익힐 수 있도록 합니다. 처음에는 쉽게 다가갈 수 있는 "사랑해요" 등의 표현으로 시작하다가 표현을 점점 늘려가는 것도 좋은 방법입니다.

3-3 글자와 책에 친숙해져야 해요

아이들에게 책을 가까이하는 경험은 매우 중요합니다. 일반적으로 아이들은 누군가가 인쇄물이나 그림책을 읽어주는 것을 듣거나 경험하면서 글자와 책에 친숙해집니다. 그러므로 부모는 아이가 일상생활과 관련된 친근한 인쇄물이나 글자를 자주 접하게 해주어야 합니다. 더불어 그림책이나 동시, 동요 등을 규칙적으로 읽어주는 것이 좋습니다.

> **TIP**
>
> **잠자리에서 부모가 그림책을 읽어주었을 때 나타나는 효과**
> 자료 · '잠들기 전 그림책 읽어주는 부모', 이브자리
>
> **❶ 상상력·창의력 발달**
> 유아기(2~6세)는 상상력과 창의력이 풍부한 시기입니다. 아이들은 아직 경험이 적기 때문에 그림책을 통해 만나는 세상은 신기합니다. 그림책에 그려진 다양한 일러스트는 자녀의 지적 호기심을 자극하여 상상력과 창의력을 키워줍니다.
>
> **❷ 어휘력 발달**
> 그림책에는 '달처럼 환하고 눈부신 미소', '기린처럼 길쭉하고 곰처럼 커다란' 등 비유하는 문장이 많습니다. 아이들은 이러한 문장을 통해 은유·직유 등 다양한 표현법을 익힙니다. 특히 그림을 보면서 단어를 익히기 때문에 자녀의 어휘력 발달에도 도움이 됩니다.
>
> **❸ 이해력 발달**
> 아이는 그림을 보고 이야기를 들으면서 이해력을 높일 수 있습니다. '잃어버린 반려견을 다시 만난 주인공'이 웃으면서 우는 그림을 보고 '기뻐서 운다'는 감정을, '돌부리에 걸려 넘어진 주인공'이 얼굴을 찌푸리면서 우는 그림을 보고 '아파서 운다'는 감정을 알게 됩니다.

❹ 자녀와의 애착 형성
부모가 그림책을 읽어주면서 아이의 머리를 쓰다듬거나 눈을 맞추는 등 다양한 스킨십을 하게 됩니다. 자녀는 부모 품에서 이야기를 들을 때 심장박동 소리를 듣는데, 엄마 배 속에 있을 때 듣던 소리와 같아 안정감을 느끼게 됩니다.

❺ 규칙적인 수면 패턴 정착
자녀가 잠들기 전 그림책을 읽어주는 습관을 만드세요. 이는 '수면 의식'이 되어 부모가 책을 들고 잠자리에 들면 자녀는 잠잘 시간이라는 것을 자연스럽게 이해하게 됩니다. 매일 밤 일정한 시간에 책을 읽으면 자녀의 수면 패턴이 정착되어 칭얼거림이 줄어들고 쉽게 재울 수 있답니다.

4
예술적 비밀

음악, 미술 등 예술 경험은 아이가 자신의 삶을 살아가는 데 윤활유 역할을 합니다. 각종 매스컴 자료에 따르면 어릴 때부터 미술이나 체육, 음악 등 사교육을 하는 것으로 나타났습니다.

2·5세 아동 사교육 현황 | 자료 · '2·5세 아동 사교육 현황', 육아정책연구소·연합뉴스(2017년)
단위 · %, 주 · 2016년 8~10월 전국의 2세 아동 부모 537명, 5세 아동 부모 704명을 대상으로 사교육 실태 조사

2세
- 사교육 비율 | 35.5%
- 주당 사교육 횟수 | 2.6회
- 1회당 교육 시간 | 47.6분

5세
- 사교육 비율 | 83.6%
- 주당 사교육 횟수 | 5.2회
- 1회당 교육 시간 | 50.1분

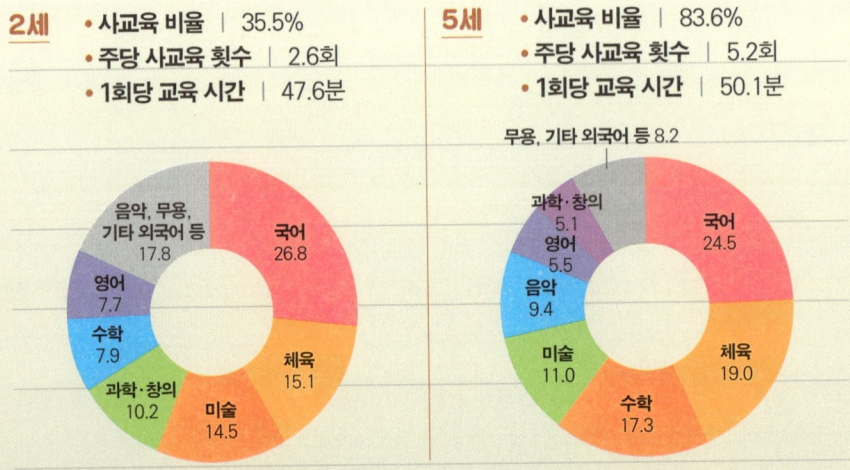

2세: 국어 26.8, 체육 15.1, 미술 14.5, 과학·창의 10.2, 수학 7.9, 영어 7.7, 음악·무용·기타 외국어 등 17.8

5세: 국어 24.5, 체육 19.0, 수학 17.3, 미술 11.0, 음악 9.4, 영어 5.5, 과학·창의 5.1, 무용·기타 외국어 등 8.2

하지만 이보다 더 중요한 것은 부모가 자녀에게 현재 어떠한 예술 경험이 필요한지 정확히 아는 것입니다. 일반적으로 예술이라고 하면 악기로 아름다운 음악을 연주하거나 멋진 미술 작품을 그리는 것이라 생각합니다. 하지만 아이에게 필요한 예술 교육은 거창하고 멀리 있는 것이 아닙니다. 아이는 주변 자연과 사물을 자신의 손과 눈, 코 등 감각 기관을 통해 접하고 느낍니다. 그 과정에서 다양한 예술적 요소를 찾아보고, 이를 자신이 원하는 대로 표현할 수 있습니다. 그러한 경험이 쌓이면 아이는 스스로 예술 활동을 즐기는 능력을 갖추게 됩니다.

4-1 많이 만지고, 듣고, 느낄 수 있게 해주세요

아이는 자신의 감각과 신체를 이용하여 보고, 듣고, 만지며 느끼려고 합니다. 이때 부모로서 이러한 과정을 자연스럽게 경험하도록 도와주어야 합니다. 아이가 위험한 것을 접하지 못하게 막는 것은 매우 당연한 일이지만, 그 외에는 아이가 경험할 수 있도록 하는 것이 좋습니다.

TIP

예술 경험 발달 체크 | 자료 · 2019 개정 누리과정 고시문, 교육부(2019)

예술 경험 발달 (유아의 행동을 관찰하고, ○×로 표시해주세요.)								
관찰일	1회		2회		3회		4회		
영역	내용						1회	2회	3회	4회
예술 경험 발달	자연과 생활에서 아름다움을 느끼고 즐긴다.									
	예술적 요소에 관심을 갖고 찾아본다.									
	노래를 즐겨 부른다.									
	신체, 사물, 악기로 간단한 소리와 리듬을 만들어본다.									
	신체나 도구를 활용하여 움직임과 춤으로 자유롭게 표현한다.									
	다양한 미술 재료와 도구로 자신의 생각과 느낌을 표현한다.									
	극 놀이로 경험이나 이야기를 표현한다.									

영역	내용	1회	2회	3회	4회
예술 경험 발달	다양한 예술을 감상하며 상상하기를 즐긴다.				
	서로 다른 예술 표현을 존중한다.				
	우리나라 전통 예술에 관심을 갖고 친숙해진다.				

4-2 생각과 느낌을 자유롭게 표현할 수 있어야 해요

이 시기에 아이는 느낌, 생각, 상상한 것을 자신만의 방법으로 표현하는 것을 좋아합니다. 아이의 생각이나 느낌이 황당하거나 이상하게 여겨져도 긍정적인 피드백을 주는 것이 좋습니다. 아이는 이러한 과정을 통해 미적 감각과 심미적 태도가 만들어집니다.

> **TIP**
>
> **예술 경험 교육 팁**
>
> 3M 미국 본사 특별 연구원인 메리 칠린스키가 '찾아가는 과학마법사 Visiting Wizard' 교실을 운영하며 인터뷰한 내용에서 부모의 역할을 가늠해보기 바랍니다.
>
> ❶ **부모의 역할**
> "자녀가 여행이나 견학을 할 때 느낌을 적고, 수집한 자료를 정리하여 스크랩북을 만들게 하면 좋다. '왜 그럴까?', '무엇이 예상되니?'라고 질문해 자녀의 시각에서 대답을 이끌어내고 흥미를 북돋워야 한다. 아이에게 어른의 시각을 강요하기보다 아이의 눈으로 문제를 발견하게 도와주는 게 좋다. 예를 들어 종이 상자를 보면 어른은 버리지만, 아이에겐 우주선·자동차·동굴 등 상상의 장난감이 된다. '하지 마'라고 말하는 대신 '그걸 하려면 어떻게 하면 될까'라며 함께 방법을 찾는 게 중요하다."
>
> ❷ **미국 부모들의 자녀 창의력 높이기**
> "박물관·음악회·체험 캠프 등 다양한 문화 예술을 경험하게 한다. 특히 또래 아이와 교류하면서 협동력과 의사소통 능력을 키울 수 있는 활동을 많이 시킨다. 스포츠도 그중 하나다. 창의적인 생각은 다른 사람과의 상호작용에서 나온다고 보기 때문이다."

4-3 예술 체험 교육에 참가하세요

유치원이나 사설 단체에서 운영하는 예술 체험 활동이나 미술관, 문화재단, 박물관 등에서 정기적으로 운영하는 유아 가족 체험 프로그램에 참가하면 좋습니다. 아이가 다양한 경험을 하는 것은 예술적 감성과 지능을 키워주는 매우 좋은 방법입니다.

> **TIP**
>
> ### 유아교육진흥원 가족 체험하기 | 자료·서울특별시교육청 유아교육진흥원
>
> 각 시도 교육청에서는 유아의 흥미와 요구를 수용한 문화·예술 체험 교육 프로그램을 운영하고 있습니다. 유아교육진흥원에서 실시하는 유아 가족 체험을 신청해 예술 체험의 기회를 가지세요.
>
> **❶ 가족 체험 예약 안내**
> 서울특별시교육청 유아교육진흥원의 가족 체험은 효율적인 관리와 부정 이용을 막기 위해 유아 회원으로 가입하여 승인된 경우만 가능합니다.
> - 이용 연령 | 만 3~5세
> - 거주지 제한 | 서울특별시 거주지 유아(주민등록지 기준)
>
> **❷ 유아 회원 가입 안내**
> 홈페이지(www.seoul-i.go.kr) 접속
> → 유아 체험 → 가족 체험 예약
>
>

❸ 진행 절차

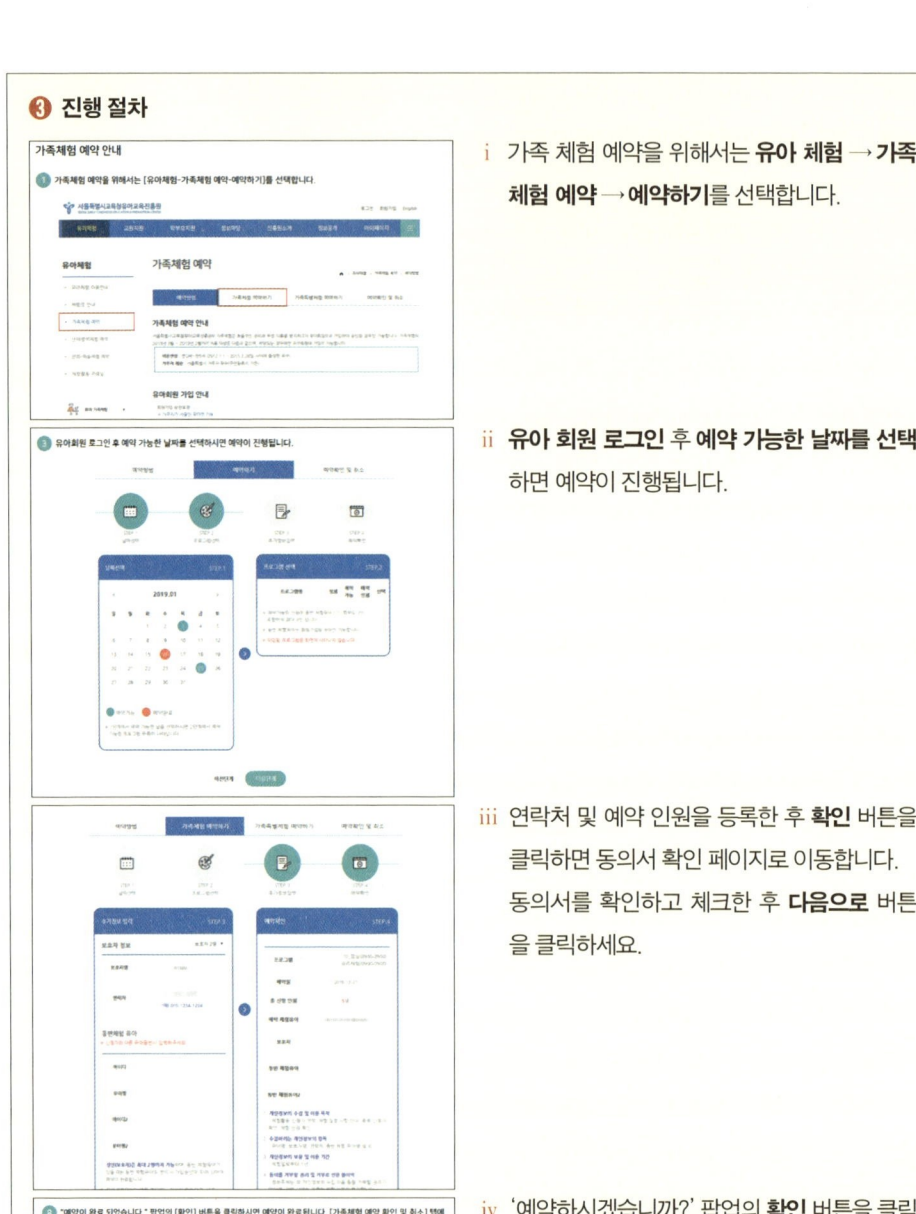

i 가족 체험 예약을 위해서는 **유아 체험 → 가족 체험 예약 → 예약하기**를 선택합니다.

ii **유아 회원 로그인 후 예약 가능한 날짜를 선택**하면 예약이 진행됩니다.

iii 연락처 및 예약 인원을 등록한 후 **확인** 버튼을 클릭하면 동의서 확인 페이지로 이동합니다. 동의서를 확인하고 체크한 후 **다음으로** 버튼을 클릭하세요.

iv '예약하시겠습니까?' 팝업의 **확인** 버튼을 클릭하세요. '예약이 완료되었습니다' 팝업의 **확인** 버튼을 클릭하면 예약이 완료됩니다.

NOTE

5
탐구적 비밀

 유아기는 자신의 주변에 대한 호기심이 매우 높습니다. 어떤 사건이나 사물을 경험할 때 왜 그러한 일이 일어나는지, 앞으로 그 일이 어떻게 될 것인지, 자기 앞에 놓인 사물은 무엇인지 등 끊임없이 질문하며 알고자 합니다. 유아의 이러한 지적 호기심과 탐구심은 사고력 발달의 가장 중요한 양분이 됩니다.

5-1 주변 사물과 자연에 대한 호기심을 키워주세요

아이가 어떠한 사물이나 현상에 대해 알고 싶어 하는 마음을 가지고 의문을 풀기 위해 노력하는 모습을 보이면 긍정적인 피드백을 주는 것이 좋습니다. 아이가 무언가를 궁금해 할 때 어른 기준으로 너무 시시하거나 중요하지 않다고 생각해 그러한 궁금증을 무시하기보다는 아이의 이야기에 귀 기울이고, "그랬구나. 네가 그런 생각을 했구나. 내가 어떻게 도와주면 좋을까?" 등 아이의 의견에 긍정적인 피드백을 주는 것이 필요합니다.

> **TIP**
>
> **탐구적 비밀 체크** | **자료** · 2019 개정 누리과정 고시문, 교육부(2019)
>
> | 탐구적 비밀 (유아의 행동을 관찰하고, ○×로 표시해주세요.) |||||||||
> |---|---|---|---|---|---|---|---|---|
> | 관찰일 | 1회 || 2회 || 3회 || 4회 ||
> | | || || || ||
> | 영역 | 내용 ||||| 1회 | 2회 | 3회 | 4회 |
> | 탐구적 비밀 | 주변 세계와 자연에 대해 지속적으로 호기심을 가진다. ||||| | | | |
> | | 궁금한 것을 탐구하는 과정에 즐겁게 참여한다. ||||| | | | |
> | | 탐구 과정에서 서로 다른 생각에 관심을 가진다. ||||| | | | |
> | | 물체의 특성과 변화를 여러 가지 방법으로 탐색한다. ||||| | | | |
> | | 물체를 세어 수량을 알아본다. ||||| | | | |
> | | 물체의 위치와 방향, 모양을 알고 구별한다. ||||| | | | |

영역	내용	1회	2회	3회	4회
탐구적 비밀	일상에서 길이, 무게 등의 속성을 비교한다.				
	주변에서 반복되는 규칙을 찾는다.				
	일상에서 모은 자료를 기준에 따라 분류한다.				
	도구와 기계에 대해 관심을 가진다.				
	주변의 동식물에 관심을 가진다.				
	생명과 자연환경을 소중히 여긴다.				
	날씨와 계절의 변화를 생활과 관련짓는다.				

5-2 상황에 대해 논리·수학적 문제 해결 능력을 길러주세요

아이는 경험하며 생겨난 궁금증을 없애기 위해 다양한 생각을 합니다. 그 과정에서 통찰이 이루어지며 자신만의 논리를 만들어냅니다. 아이가 놀이, 게임, 생활 속 문제 해결과 같은 구체적 경험을 하도록 도와줍니다.

TIP
문제 해결 능력을 키워주는 팁

❶ 심부름 │ 만 2세가 가까워지면 아이들은 다양한 형태로 의사를 표현하며 자기주장을 하기 시작합니다. 무엇이든 혼자서 해보려 하고 새로운 과제에 대해서도 적극적인 자세를 보이는 시기에 아이들에게 간단한 심부름을 시켜 엄마, 아빠를 도울 기회를 만들어보세요. 아이는 심부름을 통해 사물의 특징을 인지하고 자신의 생각을 행동으로 옮기면서 성취감도 맛보게 됩니다.

❷ 요리하기 │ 요리는 다양한 과학 실험의 장이 됩니다. 요리 재료의 모양이나 성장 상태, 가공 후 모습, 색깔의 변화, 밀도, 질량 등 다양한 과학적 지식과 탐구력을 키워줍니다. 또 다양한 음식 재료를 접하는 과정에서 오감이 자극되어 지능 계발의 기초인 감각 훈련이 이루어집니다.

❸ 청소 │ 아이들과 같이 청소하는 것은 정서발달과 습관 형성에 큰 도움이 됩니다. 아이들에게 작은 역할부터 시작하여 점차 영역을 넓혀나가도록 하는 것이 좋습니다. 밖에서 입고 온 옷 정리하기, 다 먹은 밥그릇 제자리 갖다 놓기, 신발장 정리하기 등 소소한 것부터 시작하는 것이 좋습니다.

❹ 정리 정돈 │ 아이의 장난감을 부모가 대신 정리 정돈해주기보다, 아이와 함께 어떻게 정리할 수 있는지 이야기하고 방법을 찾아서 직접 정리 정돈해볼 수 있도록 하는 것이 좋습니다. 여러 가지 장난감을 종류에 따라 분류해보는 경험은 유아의 문제 해결 능력을 키워줄 수 있습니다.

5-3 혼자서 상상하고 고민하는 시간을 갖게 해주세요

아이가 혼자 아무것도 하지 않고 앉아 있는 시간을 갖는 것도 때로는 필요합니다. 자신만의 세계에 흠뻑 취해 상상의 날개를 펴면 일종의 해방감을 맛볼 수 있으니까요. 그러나 대부분의 부모는 아이가 가만히 있으면 불안한지 자꾸 무엇을 주거나 보게 합니다. 아이에게도 자기만의 시간이 필요하다는 사실을 알아야 합니다. 특히 학습이 끝나고 나서 일정 시간 동안 자유롭게 놀게 해주세요. 그렇게 하면 자연스럽게 상상도 하고, 뭔가에 집중하고 고민도 하면서 자기만의 세계를 만들어나갑니다.

TIP

상상 놀이 월드플레이 | **자료**: '세상을 바꾼 천재들은 상상 놀이 '월드플레이' 즐겼다', 중앙일보, **그림 자료**: 상상의 나라 '카랜드'의 생태계를 나타낸 그림, 문예출판사

미셸 루트번스타인 박사의 《내 아이를 키우는 상상력의 힘》에 따르면 그가 월드플레이에 주목하게 된 건 딸 때문입니다. 그의 딸은 '카랜드'라는 가상 세계 만들기에 빠져서 카랜드의 언어와 생태계 등을 만들었다고 합니다. 학교에서 구구단을 배울 땐 가상 세계에서도 수학 체계를 만들며 노는 등 현실과 상상을 조화시켰습니다. 지금은 커뮤니케이션과 언어학을 전공한 뒤 동물학과 환경 보존 분야 박사 과정을 밟고 있다고 합니다.

그는 자녀가 월드플레이를 할 수 있도록 유도하려면 다음과 같이 해야 한다고 말했습니다.

"부모는 놀이를 위한 장소와 시간, 재료를 제공해야죠. 무엇보다 중요한 건 아이들이 원하는 놀이를 할 수 있도록 프라이버시를 지켜줘야 한다는 사실이에요. 아이의 놀이를 평가하거나 참견하지 말고, 가상 놀이에서 무엇을 탐색하든지 지지하고 존중해야 합니다. 간단한 질문으로 유도하는 방법은 있어요. 아이가 인형을 가지고 논다면 '우리가 다 잠들었을 때 인형은 어디로 갈까?' 하고 묻는 식이죠. 하지만 절대 강요해선 안 됩니다. 월드플레이는 정원에서 피어나는 야생화처럼 자연스러워야 해요."

아이가 자람에 따라 부모의 걱정은 커져만 갑니다. 다른 아이들보다 앞서기 위해 영어, 선행학습 등 습관적으로 이것저것 많은 것들을 아이에게 시키기도 합니다.

하지만 옆집 아이는 효과가 있는데, 내 자녀에게는 전혀 맞지 않기도 합니다. 이럴 때 가장 중요한 것은 부모의 판단입니다. 내 자녀가 어떤 소질과 적성을 가지고 있는지, 그리고 그 소질과 적성을 어떻게 키워야 하는지를 아는 것이 필요합니다.

가장 기본적으로 아이의 창의지능을 살펴보는 객관적인 검사가 있습니다.

질문유형	질문	점수 (성향이 강할수록 높은 점수)			
		1	2	3	4
독창적 사고 능력	기존의 물건을 원래 용도가 아닌 용도로 잘 사용한다.				
	남들이 하지 않는 엉뚱한 생각을 많이 한다.				
	'만약 ~라면'이란 질문에 답변을 잘한다.				
도전의식	남들이 시도하지 않는 행동을 하거나 자기만의 표현을 자주 한다.				
	매사 자신이 좋아하는 것을 직접 선택하려고 한다.				
	실패를 두려워하지 않고 쉽게 좌절하지 않는다.				
표현 능력	남에게 들은 이야기를 잘 전달한다.				
	자신의 생각이나 감정을 어려움 없이 표현한다.				
	다른 사람의 감정이나 생각을 정확히 이해한다.				

※ 1~3점은 하, 4~8점은 중, 9~12점은 상

자료 · 동아닷컴(2010년 3월 31일자)

● 누리과정비 ●

가정 양육 수당을 받거나 어린이집에 다니던 유아가 3월에 새로 유치원에 입학하는 경우에 받는 수당입니다. (양육 수당, 보육료→유아 학비로 변경)있습니다.

❶ **자격 기준** | 만 3~5세(2019년을 기준으로 보면 2013년 1월 1일부터 2016년 2월 28일 사이에 태어난 유아)에 해당됩니다.

❷ **신청 방법** | 아이행복카드 발급은 필수이며, 유아의 보호자가 유아의 주민등록상 주소지 관할 주민센터를 방문하거나 온라인(복지로, http://www.bokjiro.go.kr) 등을 통해 신청합니다.

자격 신청	카드 발급	인증	납부
• 읍면동 주민센터 • 복지로 온라인 (www.bokjiro.go.kr)	• 읍면동 주민센터 • 복지로 온라인 (www.bokjiro.go.kr) • 금융기관 영업점	• 유치원 • 어린이집	• 학부모 지원금을 차감한 금액만 납부

❸ **주의 사항** | 3월 신규 입학하는 유아는 3월 전에 사전 신청을 해야 3월분 누리과정비 전액이 지급 가능합니다. 단, 기존에 동일한 누리과정비를 지원받고 있는 학부모인 경우 별도로 변경 신청은 필요 없습니다.

● 아동 수당 ●

아동 수당 제도는 2018년 9월부터 시행되는 제도로 출산 장려 및 육아 지원을 위해 아동 수당이 지급될 예정입니다.

❶ **자격 기준** | 만 7세 미만의 모든 아동에게 지급됩니다. 기존 0세부터 만 6세 미만(0~71개월)의 아동에게 지급되었던 아동 수당이 2019년 9월 1일부터 부모의 소득·재산과 관계없이 만 7세 미만 모든 아동에게 월 10만 원씩 지급됩니다.

❷ **신청 방법** | 지급 방식은 보호자의 계좌로 현금 지급을 기본으로 합니다. 하지만 지자체의 여건에 따라 상품권 등으로 변경될 수 있습니다. 아동 수당 신청은 거주지 주변의 주민센터에 방문하여 접수하거나 인터넷으로 접수하면 되고, 친부모가 아닐 경우는 양육 여부를 확인하기 위해 지자체 담당 공무원이 직접 집에 방문할 가능성이 있습니다.

❸ **주의 사항** | 해외 체류 중일 경우, 아동이 90일 이상 해외에 체류하면 지급이 정지됩니다.

● 아빠의 달 ●

아빠의 달은 정부에서 마련한 남성 육아 휴직 제도입니다. 엄마가 육아 휴직을 이용해서 자녀를 양육하다가 아빠가 이를 이어받을 수 있도록 한 정책입니다.

❶ **자격 기준** | 자녀 한 명당 최대 1년, 1회 이용할 수 있습니다.

❷ **신청 방법** | 휴직 예정일 30일 전까지 신청서를 사업자에게 제출한 후, 그 확인서를 고용센터에 제출하면 신청할 수 있습니다.

❸ **주의 사항**
- 아빠의 첫 3개월간 휴직 급여를 임금의 100% 한도 내에서 지원해줍니다.
- 상한액은 150만 원에서 200만 원까지입니다.

아이들에게 조언하는 가장 좋은 방법은 아이들이 무엇을 원하는지 알아내어 그것을 해보라고 이야기해주는 것이다.

- 해리 트루먼(제33대 미국 대통령)

2교시

특성의 문
내 아이의 특성에 맞는 교육 장소

아이에게 제일 좋은 것만 주고 싶은 것이 부모의 마음이겠지요. 아이를 교육기관에 보내기 전, 꼼꼼하게 살펴보고 아이에게 가장 맞는 곳을 선택하는 지혜가 필요합니다.

1

우리 아이가 다닐 수 있는 곳은?

우당탕탕, 시끌시끌~

산하는 며칠 전 청주에서 서울로 이사 온 일곱 살 친구입니다. 청주에 살 때는 집 앞에 있는 유치원에 다녔는데, 서울로 이사 와서는 아직 산하가 다닐 수 있는 유치원을 찾지 못했습니다. 산하네 집 근처에는 '햇빛 유치원, 구름 어린이집, 나비 숲 어린이 동산' 등 이름도 크기도 다양한 곳이 있습니다. 공립 유치원, 사립 유치원, 어린이집 등 어디서부터 어떻게 산하가 다닐 수 있는 곳을 찾아야 할지 막막하기만 합니다.

1-1 공립 유치원? 사립 유치원? 어린이집? 꼼꼼히 따져봐요

요즘은 집 주변에서 어린이집과 유치원 등을 흔히 볼 수 있습니다. '햇빛 유치원, 한 아름 어린이집, 고운 마음 놀이 유치원' 등 이름만 듣고서는 그 기관이 사립 유치원, 공립 유치원, 법인 어린이집, 개인 어린이집인지 알기가 매우 어렵습니다. 내 소중한 아이를 위한 기관을 선택할 때는 조금 더 꼼꼼하게 살펴봐야 합니다.

유치원은 만 3세, 쉽게 이야기하면 집 나이로 다섯 살이 된 아이부터 초등학교에 입학하기 전 아이들이 다니는 교육기관입니다. 유치원은 국공립과 사립 유치원으로 구분되며 각각 공통점과 차이점이 있습니다.

구분		국공립 유치원	사립 유치원
공통점	입학 방법	공개 추첨제	
	교육과정	누리과정(방과후활동은 유치원마다 다를 수 있어요.)	
차이점	교사 선발	교사 임용 후보자 선정 경쟁시험을 통해 선발	개별 유치원에서 선발
	교육비	낮음(별도의 교육비가 없는 경우가 많은 편임)	높음
	하원 시간	교육과정반[1]+ 방과후과정반[2]	교육과정반(일부 유치원에서는 방과후과정반 실시)

❶ 국공립 유치원

국립 유치원은 국립대학교에서 운영하며 국내에는 한국교원대학교 부설 유치원, 강릉 원주대학교 부설 유치원, 공주대학교 사범대학 부설 유치원, 단 세 곳만 있습니다.

공립 유치원은 병설과 단설로 구분됩니다. 단설 유치원은 시나 도에서 운영하는 곳으로 독립 건물을 사용하고, 교육이나 행정 등을 담당하는 선생님이 모두 배치되어 있으며, 5학급 이상의 학급이 있습니다. 반면 병설 유치원은 초등학교 병설로, 교장과 교감이 원장과 원감을 겸임하며 학교 시스템과 동일하게 운영됩니다. 병설과 단설 유치원의 교사들은 모두 유아교육과를 졸업하여 국가 임용 고시에 합격한 교육공무원입니다. 사립 유치원에 비해 교육비가 매우 저렴하며 동시에 질 높은 교육을 받을 수 있다는 장점이 있습니다. 과거에는 초등학교와 동일하게 여름방학과 겨울방학 동안 운영하지 않는 경우가 많았으나, 현재 대부분의 공립 유치원은 방학 기간에도 평소와 동일하게 운영하는 추세입니다.

	단설 유치원	병설 유치원
운영 주체	지역 교육청	지역 교육청
원장	유아교육 전공자	초등학교 교장 겸임
학급 수	최소 5학급 이상	1~3학급 수준
시설	유치원 단독 건물과 놀이터	학교 시설 이용
누리과정	정부에서 정하는 누리과정 운영	정부에서 정하는 누리과정 운영
학사 일정	유치원 단독 결정 가능	학교 일정에 맞추어야 함

❷ **사립 유치원**

사립 유치원은 개인이나 단체 등이 운영하며, 국공립 유치원보다 수업료가 높은 편입니다. 같은 지역이어도 유치원에 따라 수업료가 다르기 때문에 꼼꼼하게 원비를 살펴보는 것이

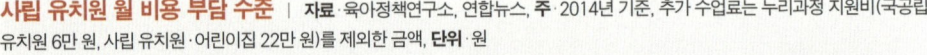

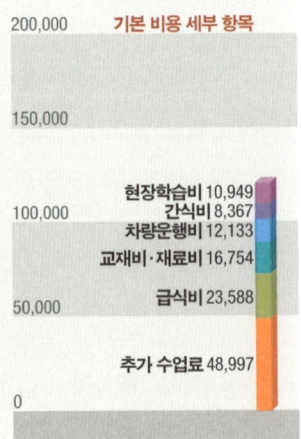

필요합니다. 유치원의 역사가 깊거나 원장선생님의 교육철학이 확고하면 유치원만의 특별한 교육과정을 오랜 시간 동안 고수해온 경우가 많습니다. 사립 유치원은 대부분 누리과정 외 다양한 프로그램을 추가로 진행하며 교재나 교구 등의 추가 비용을 내고 제공받는 경우가 많습니다.

❸ 어린이집
어린이집은 만 0세부터 취학 전 아이들이 다닐 수 있는 기관입니다. 유치원에 비해 다닐 수 있는 연령의 폭이 큽니다.

유형별로 다른 어린이집 | **자료**: '3세 아이 잘 키우는 육아의 기본', 네이버 지식백과

❶ 국공립 어린이집
국공립 어린이집은 국립이나 시립, 구립 등으로 구분됩니다. 국가나 지방자치단체의 관리하에 운영되기 때문에 공립 유치원과 운영 형태 면에서 유사한 점이 많습니다. 또한 개인 어린이집보다 입학 경쟁률이 높은 편입니다.

❷ 사회복지 법인 어린이집
사회복지 법인 어린이집은 사회복지법에 의한 사회복지 법인이 세우고 관리하고 있습니다. 주변에는 볼 수 있는 법인 어린이집 중 많은 경우가 사회복지 법인 어린이집에 해당됩니다. 유치원을 관리하는 법인의 이념이나 철학 등을 토대로 운영하는 경우가 많습니다.

❸ 법인, 단체 등 어린이집
법인 어린이집은 사회복지 법인을 제외한 기타 법인이 관리하고 있습니다. 사회복지 법인 어린이집과 유사하게 원장의 재량보다는 법인의 이념이나 철학 등을 토대로 운영되는 편입니다. 더불어 역사가 오랜 법인 어린이집의 경우 확고한 신념이나 교육관 등을 갖고 있는 기관도 많습니다.

❹ 직장 어린이집
직장 어린이집은 임직원 자녀의 양육을 위해 사회복지 차원에서 회사가 설립하고 운영하는 어린이집입니다. 부모의 근무지 근처에 있는 경우가 많으며, 부모의 근무시간이나 환경에 따라 탄력적으로 운영하는 편입니다.

❺ 가정 어린이집
가정 어린이집은 일반 가정집을 어린이집으로 사용하며, 원아 수도 다른 형태의 어린이집에 비하여 매우 적은 편입니다. 아이가 어릴수록 가정 어린이집을 선택하는 경우가 많습니다.

❻ 부모 협동 어린이집
부모 협동 어린이집은 자녀 교육에 대해 같은 철학을 가지고 실천하는 보호자 15명 이상이 모여 만든 어린이집입니다. 흔히 '공동 육아 어린이집'이라고도 합니다. 앞에서 살펴본 형태의 어린이집보다 부모의 참여도가 매우 높은 편입니다. 이 형태의 어린이집은 영아나 유아 11명 이상을 보육하며 부모들이 어린이집을 운영하고 보육은 교사가 담당합니다. 부모들이 원하는 방향으로 프로그램이 운영되어 주로 생태 교육을 하는 곳이 많습니다. 가입 시 입학금이 별도로 있으며, 부모들의 동의가 있어야 입소할 수 있습니다.

❼ 민간 어린이집
민간 어린이집은 가장 자주 접하는 어린이집입니다. 집 가까이에 여러 기관이 있는 경우가 많습니다. 시설별로 환경이나 교육의 질, 형태가 다른 경우가 매우 많습니다.

TIP

유치원과 어린이집 | **자료** · 2016 교육 통계 교육 통계 서비스

❶ 정의
- '유치원'이란 유아의 교육을 위해 '유아교육법'에 따라 설립·운영하는 학교를 말합니다('유아교육법' 제2조 제2호).
- '어린이집'이란 보호자의 위탁을 받아 영유아를 건강하고 안전하게 보호·양육하고 영·유아의 발달 특성에 맞는 교육을 제공하는 기관을 말하는 것으로, 학교인 유치원과는 구별됩니다('영유아보육법' 제2조 제2호 및 제3호).

❷ 차이점

	어린이집	유치원
주관부처	보건복지부	교육부
근거법	영유아보육법	유아교육법

목적	영·유아 심신보호	교육기본법에 의한 학교교육
이용 대상	만 0~5세 영유아	만 3~5세 유아
교사 자격	보육교사 1~3급	유치원 교사 1~2급
기관 유형	국공립, 법인, 직장, 개인	국공립(단설·병설), 사립
기관 수	4만1,084개소	8,987개소
교직원 수	32만1,766명	5만2,923명
재원 아동 수	145만1,215명	70만 4,138명
보육료·교육비	광역단체장(비용상한제)	원장 자율(인상률 통제)

1-2 평가 사이트를 통해 유치원 정보를 살펴봐요

유치원알리미 사이트에서 유치원과 어린이집 정보를 찾아볼 수 있습니다. 유치원알리미 홈페이지에서는 부모가 궁금해 하는 아이들의 급식 식단이나 통학 버스 운영 여부, 유치원비, 연령별 아이들의 수나 교사 수 등 기관의 주요 정보와 실태 등을 명확하게 살펴볼 수 있습니다. 특히 기관 전반의 주요 정보를 객관적으로 살펴볼 수 있다는 점에서 활용도가 매우 높습니다.

2012년 9월부터 유치원 정보 공시 제도 포털 사이트(유치원알리미)가 개통되어 7개 항목, 21개(수시 2종, 정시 19종) 범위에서 매년 1회 이상 유치원의 주요 정보를 공시하고 있습니다. 유치원에서는 공시 기준에 따라 원아·교직원 현황, 유치원 회계 현황, 환경 위생 및 안전관

리 사항 등 유치원의 주요 정보를 공시하고 있습니다.

정보 공시 항목 하단을 클릭하면 다음과 같은 사항을 알 수 있습니다.

수시(2)	• 식단표(선택) • 위반 내용 및 조치 결과	
4월 정시(19)	• 기관 기본 현황 • 원장 명, 설립·경영자 명 • 유치원 규칙 • 교지·교사 등 시설 현황 • 연령별 학급 수·원아 수	• 직위·자격별 교직원 현황 • 교사의 현 기관 근속 연수 • 교육과정 편성·운영에 관한 사항 • 방과후과정 편성·운영에 관한 사항 • 수업일수 현황
	• 교육과정비, 방과후과정 운영비 • 특성화 활동비 • 유치원 회계 예산서 • 급식 실시 및 급식 사고 발생·처리 현황 • 환경 위생 관리 현황	• 안전 점검 및 안전 교육 현황 • 공제회 및 보험 가입 현황 • 통학 차량 운영 현황 • 유치원 평가에 관한 사항
10월 정시(11)	• 연령별 학급 수·원아 수 • 직위·자격별 교원 현황 • 교사의 현 기관 근속 연수 • 교육과정비, 방과후과정 운영비 • 특성화 활동비 • 통학 차량 운영 현황	• 유치원 회계 결산서 • 급식 실시 및 급식 사고 발생·처리 현황 • 환경 위생 관리 현황 • 안전 점검 및 안전 교육 현황 • 공제회 및 보험 가입 현황

대부분의 부모들은 유치원비를 가장 궁금해합니다.

전화를 걸거나 직접 유치원을 돌아보며 알아볼 때 유치원비가 얼마인지, 누리과정 외 추가 원비가 얼마인지 물어보기가 쉽지 않습니다. 하지만 이러한 어려움은 유치원알리미 사이트의 유치원 원비 현황을 살펴보면 쉽게 궁금증을 해소할 수 있습니다. 공시 내용 중 유치원 원비 현황은 학부모가 부담하는 자녀의 유치원 경비를 의미하며 입학 경비와 교육과정 교육비, 방과후과정 교육비를 볼 수 있습니다.

TIP

한눈에 쉽게 보는 원비 현황

❶ **유치원 원비 현황**
- **입학 경비** │ 입학금, 원복비, 기타 경비 등 포함
- **교육과정 교육비** │ 수업료, 간식비, 급식비, 교재비 및 재료비, 차량 운영비, 현장학습비, 기타 경비 등 포함
- **방과후과정 교육비** │ 수업료, 간식비, 급식비, 교재비 및 재료비, 차량 운영비, 현장학습비, 기타 경비 등 포함

❷ **유치원알리미 모바일 앱**
유치원알리미 모바일 앱을 통해 쉽게 알 수 있습니다. 스마트폰 기종에 맞추어 사용해보세요.

안드로이드 마켓에서 설치
바코드 인식 프로그램으로 QR코드를 인식하세요.
Android Market 이용가능합니다.

앱 스토어에서 설치
바코드 인식 프로그램으로 QR코드를 인식하세요.
App store 이용가능합니다.

1-3 발품 팔아서 직접 확인해보세요

유치원알리미 사이트나 다양한 방법으로 아이가 다닐 교육기관을 2~3개 검토했다면, 그 다음에는 발품을 팔아서 직접 확인해보는 것이 좋습니다.

❶ 부모가 함께 살펴보세요
엄마 아빠가 함께 유치원이나 어린이집을 방문해 직접 기관의 분위기나 교육과정, 시설을 살펴보는 것이 좋습니다. 예를 들어 평소 아이의 안전에 관심이 많은 아빠는 기관의 안전시설을 꼼꼼하게 살펴볼 수 있습니다. 상대적으로 엄마는 안전도 중요하지만 먹을거리나 교육과정에 관심이 많은 경우가 많습니다. 그러므로 엄마는 아이들 급식과 간식, 교육과정에 대해 좀 더 꼼꼼하게 살펴볼 수 있습니다.

❷ 아이들이 생활하는 시간에 방문하세요
아이들이 생활하는 시간에 방문해 평상시 이루어지는 활동이나 분위기 등을 알아보는 것이 좋습니다. 아이들이 웃는 소리를 듣거나 즐거워하는 모습을 본다면 시설이나 환경이 좋지 않더라도 아이에게 좋은 기관이 될 수 있습니다. 혹은 공간이나 시설이 매우 만족스럽지만 아이들이 즐거워하지 않는다면 한 번 더 신중하게 생각하는 것이 좋습니다.

❸ 학급당 교사 대 유아 수를 살펴보세요
한 학급에 몇 명의 아이들과 선생님이 생활하는지 살펴보세요. 보통 학급당 정원은 지역에 따라 다르고, 최소 몇 명에서 최대 몇 명으로 정해져 있는 경우가 많습니다. 그러므로 서너 군데 기관을 방문하고, 최소 인원 수를 기준으로 삼은 기관을 선택하는 것이 바람직합니다.

❹ 선배 엄마들의 이야기를 들어보세요
엄마들의 입소문을 들어보는 것도 도움이 됩니다. 하지만 엄마들의 이야기에 지나치게 의존하기보다는 직접 방문해서 꼼꼼하게 살펴보는 것이 더욱 효과적입니다. 선배 엄마들의 이야기를 듣는다면, 현재 내가 보내고 싶어 하는 기관에 아이가 다니고 있는 엄마의 이야기를 듣는 것이 좋습니다.

❺ 먹을거리를 살펴보세요
시설을 볼 때 식당(급식소)이나 주방(조리실)을 잘 살펴보세요. 교육 내용만큼 중요한 것이 먹을거리입니다. 직접 급식 식단과 간식 내용이나 조리실 위생 상태, 기구 등의 정리 정돈 등을 살펴보는 것이 좋습니다.

❻ 교구나 놀잇감을 살펴보세요
교실을 직접 둘러볼 수 있다면 어떤 교구나 놀잇감이 있는지 알아보는 것이 좋습니다. 아이들이 다투지 않고 놀이를 할 수 있을 만큼 충분한 교구나 놀잇감이 있는지 살펴보세요.

❼ 놀이터의 크기나 위치 등을 살펴보세요
실내 환경 못지않게 중요한 것이 놀이터 환경입니다. 아이들이 마음껏 뛰어놀 수 있는 바깥 놀이터가 있는지 살펴보는 것이 좋습니다. 지나치게 작은 놀이터나 길가에 인접해 있지 않은지 확인해야 합니다.

❽ 화장실을 살펴보세요
화장실의 변기나 세면대 등을 꼼꼼하게 살펴보세요. 더불어 아이들의 양치 컵이나 칫솔 등의 위생 상태를 확인해보세요. 양치 컵이 깨끗한지, 교체 시기가 지난 칫솔이 있는지 등 기본적인 청결과 위생에 관련된 것을 살펴봐야 합니다. 또 비누나 세정제 등을 잘 구비하고 있는지, 개인 타월이나 종이 타월 등을 사용하는지 살펴보는 것이 필요합니다.

❾ 아이의 연령이나 자신의 종교 등을 고려해요
아이가 어리다면 집에서 가까운 곳을 선택하는 것이 좋습니다. 아무리 좋은 기관이라고 해도 연령이 어리면 짧은 시간이라 할지라도 버스를 타고 기관에 다니는 것은 피해야 합니다. 종교 단체에서 운영한다면 가족의 종교와 갈등을 일으키지 않는지 한 번 더 살펴보고 보내야 합니다.

TIP

유치원과 어린이집 선택 시 고려할 점 | 자료 · '내 아이에 딱 맞는 유치원 어린이집 선택법', 베이비 뉴스

❶ 집에서 가까운 거리에 있는지 파악합니다
도보로 등·하원이 가능한지, 통학 차량을 이용한다면 얼마나 걸리는지, 안전 지도는 잘 이루어지는지를 확인해 신변 안전을 점검해야 합니다.

❷ 주변의 외부 환경은 안전한지, 내부의 청결 상태가 양호한지 체크합니다
유치원·어린이집 위치가 유해 업소나 위험물에서 떨어져 있는지, 등·하원 길이 안전하며 바깥 놀이나 외부 활동을 진행하기에 적합한지 살펴보고, 위생 관리를 위해 개별 수건이나 개별 이불을 사용하는지, 양치 컵과 칫솔은 잘 관리하는지, 교실을 비롯한 화장실 등에 청소와 환기가 잘 이루어지는지도 살펴보아야 합니다.

❸ 안심하고 믿을 만한 좋은 식재료를 사용하는지 꼼꼼히 확인합니다
아이들에게 균형 잡힌 식사와 영양 섭취는 너무나 중요하기에 신선하면서도 친환경적인 식자재를 사용하는지, 공급업체는 어디이며 믿을 만한 곳인지 확인해보아야 합니다.

❹ 교사가 안정적으로 근무하는지가 중요합니다
영·유아에게 교사는 아주 중요한 인적 환경이기 때문에 교사가 자주 바뀐다는 것은 유아들에게 불안과 혼란을 줄 수 있습니다. 좋은 유치원·어린이집 교사라면 그곳에서 오래 근무하기를 원할 것입니다. 따라서 교사의 안정적인 근무 여부도 꼭 살펴보아야 합니다.

❺ 어떤 교육철학을 가지고 교육 프로그램을 진행하는지 확인합니다
만 3~5세는 유치원이나 어린이집 관계없이 누리과정이라는 공통 교육과정을 기본으로 합니다. 다만 교육기관별로 어떤 교육철학을 가지고 특성화된 프로그램을 안정적으로 진행하느냐가 중요합니다. 그것이 학부모가 생각하는 교육관과 일치한다면 최상의 선택이 될 것입니다.

1-4 기관 선택 후의 절차

어린이집은 2014년부터 '아이사랑' 보육 포털 서비스를 통해 전국 단위로 온라인 어린이집 입소 대기를 시행하고 있습니다. 공립 유치원 또한 2017년부터 어린이집과 유사하게 온라인 입학 지원이 가능합니다. 하지만 사립 유치원은 온라인 입학 시스템을 운영하지 않는 경우도 있으므로 직접 확인해봐야 합니다.

❶ 3월에 유치원에 입학하는 아이

유치원은 '처음학교로' 사이트(www.go-firstschool.go.kr)에서 원아 모집을 실시합니다. 모든 공립 유치원은 온라인으로 입학 절차를 실시하지만, 사립 유치원은 기관에 따라 참여 유무가 다릅니다. 그러므로 자녀가 다니고자 하는 유치원에 직접 알아봐야 합니다.

온라인 원아 모집의 경우 10월 정도부터 입학 절차에 대한 내용을 개별 유치원 홈페이지에서 확인할 수 있습니다.

처음학교로 사이트를 활용하지 않는 유치원은 직접 방문하거나 전화로 입학 관련 내용을 알아보는 것이 좋습니다. 9월이나 10월부터 입학 상담을 시작하는 경우가 있으니 해당 기관으로 직접 문의해서 입학 절차를 진행하면 됩니다.

처음학교로 이용 방법

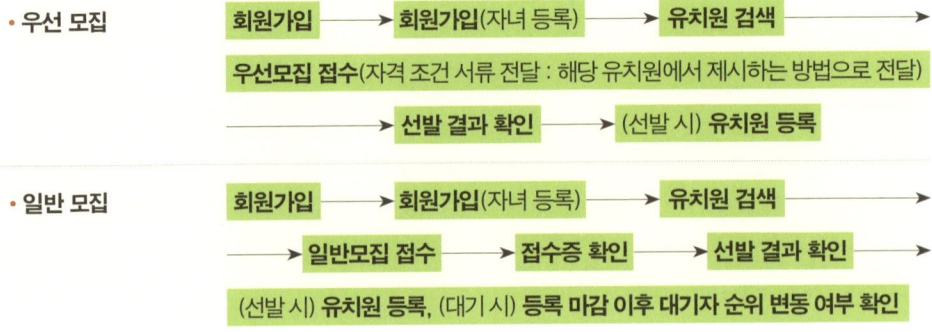

우선모집은 법정 저소득층이나 사회 취약 계층의 자녀를 대상으로 이루어집니다. 일반모집보다 먼저 이루어지는 경우가 많습니다. 우선모집 비율이나 대상 등은 개별 유치원에서 정하는 경우가 많기 때문에 해당 원으로 직접 알아보는 것이 필요합니다.

일반모집은 우선모집 대상을 제외한 가정의 자녀를 대상으로 이루어집니다. 기관별로 유사한 기준으로 그 대상이 선정됩니다.

처음학교로 사이트는 원아 모집 기간에만 온라인에서 정상적으로 운영하고 있습니다. 하지만 사이트 소개 혹은 가입 방법 등 기본적인 내용 등을 확인할 수 있으니 참고해보는 것도 좋습니다. 또 해마다 선발 규정이나 대상 등이 조금씩 다른 경우가 있으니 꼼꼼하게 정보를 확인해보는 것이 좋습니다.

❷ 3월이 아닌 기간에 유치원에 입학하는 아이

3월이 아닌 기간에 입학을 원하는 경우, 해당 유치원으로 직접 문의해야 합니다. 먼저 유치원을 방문하기보다 유선으로 입학 가능성을 확인해보는 것이 좋습니다. 유선으로 확인한 후 유치원을 방문해 직접 기관을 꼼꼼하게 살펴봅니다.

❸ 3월에 어린이집을 시작하는 아이

아이사랑 포털 사이트에서 입소대기 신청을 합니다. 어린이집은 아이사랑 포털(www.childcare.go.kr)에서 원아 모집과 입학 절차를 진행하기 때문에 어린이집의 경우 유형과 관계없이 그 절차가 같습니다. 하지만 신청 전에 기관에 유선으로 연락한 후 신청하는 것이 좋습니다.

④ 3월이 아닌 기간에 어린이집을 시작하는 아이

3월이 아닌 기간에 어린이집을 다니려는 경우, 해당 원으로 직접 문의하거나 아이사랑 포털 사이트에서 입소대기 신청을 합니다. 어린이집은 입학 시기가 아닐 때에도 입소대기 신청이 가능합니다. 하지만 입소대기 신청을 했어도 직접 어린이집을 방문해서 기관을 꼼꼼하게 살펴보는 것이 필요합니다.

> **TIP**
>
> **어린이집 - 아이사랑 포털 사이트 이용 방법**
>
> ● **입소대기 신청 방법**
>   (온라인 신청 시) 부모 또는 보호자가 임신육아종합포털 아이사랑(www.childcare.go.kr)에 접속하여 입소 신청
>   ※ 외국인 아동의 경우 임신육아종합포털에서는 입소대기 신청이 불가하며, 입소대기를 신청하려는 어린이집 또는 어린이집이 위치한 지역의 지자체로 입소대기 신청을 요청하길 바랍니다.
> ● (어린이집 방문 시) 부모 또는 보호자가 어린이집을 방문하여 입소 신청
> ● 어린이집에 입소 처리되면 다른 어린이집의 입소대기 건(입소대기 신청, 입소 확정 및 증빙 상태 포함)은 7일 이내 연장하지 않으면 자동 삭제됩니다.
> ● 신학기 입소대기 신청(신학기 입소 확정 및 증빙 상태 포함)은 다른 어린이집에 입소 처리 후 7일 내 연장하지 않을 경우 자동 삭제됩니다.
> ● 입소대기 연장은 어린이집 입소 후 7일 동안 입소대기 신청 현황 화면에서 처리 가능합니다.
> ● 어린이집에 입소 후 미연장 상태에서 7일 경과 시는 타 입소대기 건이 자동 삭제되며, 임신육아종합포털 입소대기 복구 메뉴에서는 삭제 후 3개월까지만 복구가 가능합니다(3개월 경과 후에는 지자체로 복구 요청을 해야 합니다).
>
> **STEP 1 · 아동 등록**
> 어린이집에 입소할 자녀를 등록합니다.
>
> **STEP 2 · 어린이집 검색**
> 어린이집을 검색하고 신청할 어린이집을 선택합니다.
>
> **STEP 3 · 예약 신청**
> 입소대기를 신청합니다.
>
> **STEP 4 · 입소 대상자 확정**
> 어린이집에서는 입소 우선순위에 따른 대기 순서를 확인하여 입소대상자를 확정합니다.
>
> **STEP 5 · 입소 우선순위 자료 제출**
> 어린이집 원장은 자동 연계되는 자격을 제외하고 부모로부터 입소 관련 서류 일체를 받아 반드시 확인합니다.
>
> **STEP 6 · 아동 입소 처리**
> 어린이집 원장은 입소대기 순서에 따라 아동을 입소 처리합니다.

유아학비 지원금을 받기 위해, 학부모가 꼭 해야 하는 절차

❶ 복지 서비스 자격 신청 및 아이행복카드 발급

(유치원 입학 전 준비사항)
- 유치원에 입학하는 자녀가 국가로부터 유아학비(복지 서비스)를 지원받기 위한 자격 신청
- 유치원에서 유아학비 지원대상자 확인 및 지원금 청구를 위해 아이행복카드 사용
  또한, 학부모 부담금 카드 결제를 위해 사용(카드 수수료 0.01%)

❷ 유아학비 지원대상자 카드 인증 (연 1회, 아이행복카드 사용)
- 유치원에 입학한 자녀가 유아학비 자격을 보유한 지원 대상자인지 확인하는 절차
- **확인 방법**
  - i 유치원의 카드 단말기 이용
  - ii ARS 전화 (1670-0067) 이용
    * 아이행복카드 인증을 통해 학부모의 본인 확인 처리

❸ 유아학비 학부모 청구 (분기별, 아이행복카드 또는 공인인증서)
- 유치원에서 유아학비를 산정하고 학부모가 청구하면, 관할 교육청에서 유아학비 지원금을 지급
- **청구 방법**
  - i 유치원의 카드 단말기 이용
  - ii ARS 전화(1670-0067) 이용
  - iii 인터넷(e-유치원) 이용

2
수업은 어떻게 이루어지나요?

 아침부터 오후까지 유치원에서 생활하는 아이들. 아이들은 그곳에서 무엇을 배우고, 어떤 활동을 하며 시간을 보내고 있을까요?

2-1 무엇을 배울까요? (교육과정)

어린이집이나 유치원에 다니는 아이들은 모두 국가에서 제시하는 '누리과정'이라는 동일한 교육과정을 배우고 익힙니다. 이러한 누리과정은 현재 만 3~5세인 5세, 6세, 7세 아이들의 발달 특성을 고려하여 연령별로 구성되어 있습니다.

누리과정 5영역 | **자료** · 대구대학교 사범대학 부속 영광유치원 3세 반 '유치원과 친구'

누리과정은 신체 운동·건강, 의사소통, 사회관계, 예술 경험, 자연 탐구라는 5개 영역으로 구성됩니다.

이러한 5개 영역은 분리되어 있지 않고 유치원이나 어린이집에서 이루어지는 다양한 활동 안에서 통합되어 제시됩니다. 이 과정에서 유아는 자연스럽게 5개 영역을 경험하게 됩니다. 예를 들어 역할 놀이 영역에서 병원 놀이를 한다면 유아들은 병원을 블록으로 구성하고 (신체 운동·건강), 병원의 간판이나 표지판을 만들고 꾸미며(예술 경험), 그 과정에서 끊임없이 친구들과 이야기하고(의사소통), 갈등이 생길 경우 적절한 방법으로 해결합니다(사회관계). 병원 놀이를 하며 차트를 만들고(의사소통), 병원에서 의사나 간호사가 해야 할 일을 경험하며 과학적 지식을 얻습니다(자연 탐구).

> **TIP**
>
> **3~5세 누리과정의 교육 영역 및 영역별 목표** | 자료 · 만 5세 누리과정, 교육부
>
> | 영역 | 목표 |
> |---|---|
> | 신체 운동·건강 | 실내외에서 신체 활동을 즐기고, 건강하고 안전한 생활을 한다.
❶ 신체 활동에 즐겁게 참여한다.
❷ 건강한 생활 습관을 기른다.
❸ 안전한 생활 습관을 기른다. |
> | 의사소통 | 일상생활에 필요한 의사소통 능력과 상상력을 기른다.
❶ 일상생활에서 듣고 말하기를 즐긴다.
❷ 읽기와 쓰기에 관심을 가진다.
❸ 책이나 이야기를 통해 상상하기를 즐긴다. |
> | 사회관계 | 자신을 존중하고 더불어 생활하는 태도를 가진다.
❶ 자신을 이해하고 존중한다.
❷ 다른 사람과 사이좋게 지낸다.
❸ 우리가 사는 사회와 다양한 문화에 관심을 가진다. |
> | 예술경험 | 아름다움과 예술에 관심을 가지고 창의적 표현을 즐긴다.
❶ 자연과 생활 및 예술에서 아름다움을 느낀다.
❷ 예술을 통해 창의적으로 표현하는 과정을 즐긴다.
❸ 다양한 예술 표현을 존중한다. |

자연탐구	탐구하는 과정을 즐기고, 자연과 더불어 살아가는 태도를 가진다.
	❶ 일상에서 호기심을 가지고 탐구하는 과정을 즐긴다.
	❷ 생활 속의 문제를 수학적, 과학적으로 탐구한다.
	❸ 생명과 자연을 존중한다.

2-2 현장학습을 갈 때 무엇을 준비해야 할까요?

유치원이나 어린이집에서 보내온 가정통신문의 내용만으로는 현장학습을 어떻게 준비하는 게 좋을지 어렵기만 합니다. 아이와 엄마, 모두가 즐거운 현장학습을 위한 몇 가지 팁을 알려드립니다.

❶ 도시락 | 평소보다 많이 넣지 마세요

현장학습을 갈 때 아이가 배가 고플 것이라 생각하고 평소보다 많은 양을 넣는 부모가 있습니다. 하지만 도시락 외에도 과자나 음료수 등 아이가 먹을 수 있는 것이 많기 때문에 도시락은 평소보다 적거나 비슷한 양을 넣어주는 것이 좋습니다.

소화가 잘되는 음식물

아이가 치킨을 좋아한다고 도시락에 치킨이나 튀긴 음식을 넣어주지는 마세요. 그보다는 소화가 잘되는 음식, 기름진 음식보다 담백한 음식을 넣어주는 것이 좋습니다. 만약 아이가 정말 좋아하는 음식이라면 적은 양만 넣어주세요.

❷ 음료수 | 뚜껑이 있는 음료수를 넣어주세요

뚜껑이 없는 음료수는 아이가 목이 마르거나 음료수를 마시고 싶을 때 제대로 마시기 어렵습니다. 그러므로 여러 번 나누어 먹을 수 있도록 뚜껑이 있는 음료수가 좋습니다.

❸ 과자 | 먹을 수 있는 양을 작은 플라스틱 통에 넣어주세요

아이가 좋아하는 과자가 있다면 봉지째로 보내지 말고, 먹을 수 있는 만큼 덜어서 플라스틱 통에 넣어 보내주세요. 만약 여러 종류의 과자를 도시락에 넣어주고 싶다면 칸이 분리된 플라스틱 통을 사용합니다.

❹ 옷차림 | 편한 옷을 입히세요

현장학습 복장이 원복이 아닌 자율복일 경우, 아이에게 가장 편한 옷을 입힙니다. 여자아이는 원피스보다 바지를 입는 것이 좋습니다. 또 지퍼가 있는 바지보다 고무줄이 있는 바지가 아이에게 편합니다. 사람이 많은 곳에서 아이를 쉽게 구별할 수 있도록 밝고 진한 색상의 옷을 입히는 것도 좋습니다. 놀이할 때 모자나 끈을 잡아당길 수 있어 위험하므로, 모자나 끈이 달린 옷은 피합니다.

❺ 돗자리 | 작은 돗자리로 준비해주세요

너무 큰 돗자리보다는 아이가 혼자 앉을 수 있는 작은 돗자리로 준비합니다. 돗자리 가방은 돗자리가 쉽게 들어갈 수 있는 헝겊 가방 등이 좋습니다. 아이들은 돗자리를 펴는 것뿐만 아니라 돗자리를 접어서 가방에 넣는 것을 매우 어려워합니다. 현장학습을 가기 전 가정에서 아이와 함께 돗자리를 펴고 접는 연습을 하면 좋습니다. 물론 현장학습에서 선생님들이 아이가 돗자리를 정리하는 것을 도와줄 수 있지만, 아이 스스로 자신의 물건을 정리할 수 있도록 연습시키는 것이 더욱 좋습니다.

❻ 스티커나 이름을 꼭 써주세요

아이의 모든 물건에 이름을 적거나 스티커를 붙여 자신의 물건임을 알도록 하는 것이 중요합니다. 아이 스스로 자신의 물건을 잘 간수할 수 있도록 가정에서도 지도해주세요.

> **TIP**
>
> **부모 참여 수업 & 부모 참관 수업**
>
> 봄이나 가을이 되면 기관에서 가정으로 부모 참여 수업 관련 가정통신문을 보냅니다. 부모 참여 수업은 말 그대로 부모가 유아와 함께 수업에 참여하는 것을 의미합니다. 요즘은 기관에 따라 부모 참여 수업 대신 부모들이 참관만 하는 부모 참관 수업을 운영하기도 합니다. 부모 참관 수업은 부모가 특별히 준비할 것이 없지만, 부모 참여 수업은 부모의 준비가 필요합니다.
>
> 부모 참여 수업 시 지나치게 복장에 신경을 쓰지 않는 것이 좋습니다. 그보다 목적에 맞도록 옷을 입어야 합니다. 예를 들어 체육 활동 중심의 부모 참여 수업의 경우 치마보다는 바지로, 몸에 딱 붙는 옷보다는 편한 옷을 입는 것이 좋습니다.
>
> 미술 활동의 경우 아이가 사용하는 작은 의자에 앉아서 활동을 진행하기도 합니다. 그러므로 짧은 치마보다는 적당한 길이의 치마나 바지를 입으면 좋습니다. 물감이나 활동 재료 등으로 옷이 더러워질 수 있다는 점을 감안해 편안한 옷을 입는 것이 좋습니다.

2-3 기본적인 말하기, 듣기, 읽기, 쓰기 지도

'아직 가르치기는 너무 이르다. 가르치지 말아라.'
vs
'빠를수록 좋다. 어서 가르쳐라.'

도대체 어느 쪽 이야기가 맞는지, 부모로서는 답답하기만 합니다.
전국 교사·학부모 등 1,561명을 상대로 설문 조사를 한 결과, '학생의 입학 초기 한글 해득 수준'이 '학교생활에 대한 흥미와 관심'에 영향을 미친다는 응답이 71.9%나 됐습니다. 신입생 시기의 한글 해득 수준이 향후 학력 격차로 이어질 것으로 내다본 교사·학부모도 78.6%였습니다.

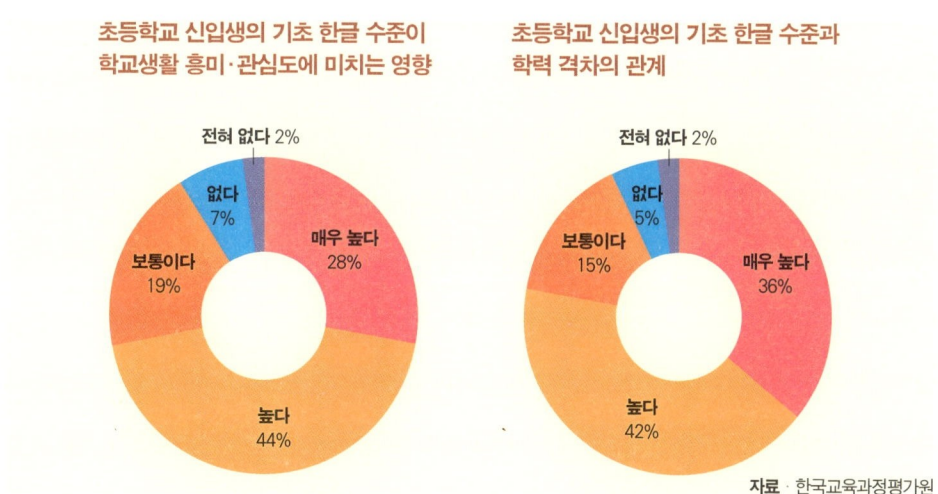

❶ 왜 '듣기', '말하기', '읽기', '쓰기'일까요?
'듣기', '말하기', '읽기', '쓰기'는 언어의 가장 기본적이고 중요한 부분이어서, 분리시켜 배

우고 익히기 어렵습니다.

한 예로 아이가 어떠한 내용을 이해하기 위해서는 반드시 그 내용을 말하는 사람이 있어야 하고, 그 사람이 이야기하는 것을 들어야 합니다. 그 과정에서 아이는 궁금한 점을 말하기도 하고, 그 내용을 쓸 수도 있습니다. 또 그 내용을 말하는 사람은 그 내용을 읽어서 이야기할 수도 있고, 아이 또한 자신의 질문을 적은 후 읽어서 물어볼 수도 있습니다. 이처럼 '듣기', '말하기', '읽기', '쓰기'는 매우 복잡하게 연결되어 있습니다.

❷ 잘 듣는 아이로 키우려면?

'듣기'는 아이의 언어 발달에서 매우 중요합니다. 잘 듣는 아이로 키우는 가장 좋은 방법은 부모가 잘 들어주는 것입니다. 일반적으로 아이들은 언어를 모방하며 배우기 때문에, 자연스럽게 부모의 언어를 익힙니다.

아이의 좋은 언어 모델은 부모

아이와 대화할 때 정확한 발음을 사용하려고 노력합니다. 아이가 아기 언어를 사용할 때 가급적 성인의 언어로 다시 한 번 정확하게 들려주는 것이 좋습니다. 더불어 아이가 부모와 대화할 때 주의 깊게 들을 수 있도록 눈짓이나 표정 등으로 보내줍니다.

❸ 말 잘하는 아이로 키우려면?

'말하기'는 자신의 의견이나 생각을 전달하는 매우 중요한 수단입니다. 아이와 다양한 말놀이를 함께 하는 것이 좋습니다. 또한 생활 속에서 새로운 낱말과 상황에 맞는 어휘 등을 사용해보는 것도 필요합니다.

이야기하는 기회 주기

아이를 키우다 보면 아이의 이야기를 듣다가 시간이 없거나 바빠서 끝까지 들어주지 못하는 경우가 종종 있습니다. 하지만 말 잘하는 아이로 키우려면 아이의 이야기를 끝까지 들어주어야 합니다. 중간에 아이의 이야기를 끊거나 부모가 뒷이야기를 짐작하여 먼저 이야기하지 말고, 아이가 처음부터 끝까지 이야기할 수 있도록 하는 것이 중요합니다.

말하기 놀이

아이와 함께 말하기 놀이를 해보세요. 아이는 다른 사람과 의견을 나누거나 서로 도움을 주고받는 등 상호작용하며 말하는 능력을 키웁니다. 예를 들어 친구와 의견을 주고받기, 도움 청하기, 동생 도와주기, 응급 상황에 맞는 이야기하기, 상황에 따른 질문하기 등 여러 상황에 맞게 적절한 어휘를 사용하여 문장을 말할 기회를 주어야 합니다.

❹ 잘 읽는 아이로 키우려면?

잘 읽는 아이로 키우기 위해 가장 중요한 것은 아이가 글자에 친숙해지는 것입니다. 유아기에는 글자 자체를 가르치기보다 일상생활에서 자주 접하는 친숙한 글자를 찾아보고, 글자에 흥미를 갖게 하는 것이 중요합니다. 이러한 과정이 반복되면, 아이는 자연스럽게 글자를 읽습니다.

아이에게 익숙한 것부터 읽기

아이들은 유치원에 다녀와서 친구들 이야기를 합니다. A와 장난감을 가지고 같이 놀았던 이야기, B가 우유를 마신 이야기 등 친구 이름을 이야기하며 신나 합니다. 아이가 친구 이야기를 하면, 친구들 이름을 적어 자주 보는 곳에 붙여주세요. 그리고 친구의 이름을 알려주며 이야기를 나눠보세요. 아이가 주로 사용하는 물건에 작게 한글로 이름을 붙여놓는 것도 좋습니다. 아이들은 이러한 글자나 이름을 보면서 글자를 추측하여 읽기도 하고, 일상생활에서 그러한 글자를 찾아볼 수 있습니다.

아이가 친숙한 글자를 스스로 읽을 때까지 격려하기

아이에게 그림 카드나 학습지처럼 글자를 분절하여 공부하듯 가르치면 아이는 오히려 글자 읽기에 흥미를 잃을 수 있습니다. 그러므로 아이가 주변 간판, 광고지, 우유나 치약 상자 등 주변에서 쉽게 눈에 띄는 글자를 찾아 읽어보는 경험을 하는 것이 더 좋습니다.

규칙적으로 읽기

어릴 때 아이는 읽는 것을 두려워하지 않습니다. 하지만 연령이 높아지면서 조금씩 읽기에 대한 두려움이 생기기 시작합니다. 아이에게 읽어보라고 권하면 "못 읽어요", "글자 몰라요" 등 거절하기도 합니다. 이는 그 이전과는 다르게 자신이 잘 읽지 못한다는 사실을 아이 스스로 알기 때문에 거절하는 것이라고 볼 수 있습니다. 이런 경우 부모는 아이와 책 읽는 시간을 더 많이 가져야 합니다. 아이에게 책을 규칙적으로 더 자주 읽어주고, 아이가 알고 있는 최소한의 낱말이나 단어 등을 읽어보도록 격려하는 것이 중요합니다. 이런 경험이 쌓이면 아이는 다시 자신감을 갖고 책에 대한 흥미가 생기게 됩니다.

❺ 잘 쓰는 아이로 기르려면?

많은 부모가 아이가 한글을 쓸 수 있기를 기대합니다. 하지만 이 시기 아이들에게 글자 쓰기는 매우 어렵습니다. 아이들은 끄적이거나 몇 글자 옆에 그림을 그려서 자신의 생각이나 느낌을 표현합니다. 그러므로 이 시기 유아들에게 글자 쓰기를 강조하기보다는 아이가 앞으로 성장하는 과정에서 글을 잘 쓸 수 있도록 기본 바탕을 만들어주는 것이 더욱 필요합니다.

가장 친숙한 글자부터 시작하게 해주세요

아이는 일상생활에서 자연스럽게 글을 접하고 다른 사람의 쓰기 행동을 관찰하고 따라 하면서 쓰기에 관심을 가지게 됩니다. 아이가 자신의 이름이나 동생 이름, 유치원 이름 등 친숙한 글자부터 쓸 수 있도록 도와주는 것이 좋습니다.

아이의 글을 존중해주세요

아직 한글 쓰기를 완성하지 못한 아이의 글은 부모 입장에서는 미숙해 보일 수 있습니다. 하지만 이 시기에 아이가 만든 글이나 글자는 오늘 그 아이가 할 수 있는 최선입니다. 비록 철자법도 틀리고 글자가 아닌 선이나 모양으로 내용을 표현했더라도 그 내용을 존중해주어야 합니다. 아이는 이 경험을 바탕으로 자신의 글에 대한 자신감을 갖고, 더 나아가 다른 사람의 글이나 그 내용을 존중하는 태도를 갖게 됩니다.

TIP

아이와 함께할 수 있는 언어 놀이

❶ 비 오는 날, 빗소리 들어보기
❷ 주방에서 소리 찾기 | 주방에서 만들어낼 수 있는 다양한 소리를 찾아보세요.

❸ **누구 목소리일까?** | 휴대전화에 가족들의 목소리를 녹음하고, 누구의 목소리인지 찾아보세요.
❹ **일상적인 소리**(문 여닫는 소리, 물 흐르는 소리, 이 닦는 소리 등)**를 듣고 상황 알아맞히기**
❺ **여러 가지 소리**(자연의 소리, 물건, 동물, 악기 소리 등)**를 듣고 알아맞히기**
❻ **여러 가지 소리를 듣고 차이점과 유사점 구별하기**
❼ **소리 알아맞히기** | 소리가 나는 물건을 숨기고 소리를 들려준 후 물건 알아맞히기, 영유아의 목소리를 녹음해 들려주고 누구인지 구별하기
❽ **언어적 지시 따르기** | 언어적 지시에 따라 심부름하기, 언어적 지시에 따라 동작을 해보는 가라사대 놀이, 언어적 설명을 듣고 알아맞히는 수수께끼 놀이

3

유치원 환경과 시설을 알고 있나요?

 유치원이나 어린이집은 아이와 부모에게 익숙하지 않은 환경입니다. 다양한 공간과 환경으로 구성된 유치원(어린이집)에 대해 부모가 알고 있다면 아이는 좀 더 쉽게 적응할 수 있습니다. 유치원에 누가 있는지, 그곳에 어떤 것들이 있는지, 얼마나 즐겁고 행복한 일이 기다리고 있는지를 아이에게 설명해줄 수 있기 때문입니다.

3-1 인적 환경

부모가 기관에서 일하는 분들에 대해 잘 알고 있다면 아이가 새로운 환경에 적응하는 것을 도울 수 있습니다. 아이와 공통점을 가질 수 있기 때문입니다.

❶ 원장 | 원장선생님은 유치원을 총괄 운영하는 역할을 합니다. 초등학교나 중·고등학교의 교장선생님과 같은 역할입니다. 원장선생님은 오랫동안 유치원 교사나 관리자 역할을 해왔기 때문에 자녀교육과 유아교육에 대해 많은 지식과 경험을 가지고 있습니다. 담임선생님과 상담을 통해 자녀 문제를 해결해갈 수 있지만, 경험이 많은 원장선생님과 자녀의 생활에 대해 이야기를 나누어보는 것도 좋은 방법입니다.

❷ 원감 | 원감선생님과 함께 유치원을 운영하는 역할을 합니다. 원장선생님보다 유치원 운영의 실제적인 면에 참여하기 때문에 상대적으로 아이들과 많은 시간을 보내는 편입니다. 유치원에서 진행하는 교육이나 다양한 활동 중 궁금하거나 좀 더 자세히 알고 싶은 것들을 원감선생님에게 물어보는 것도 좋습니다. 혹은 아이를 기관에 보내면서 불편했거나 개선이 필요하다고 생각되는 것들도 원감선생님과 의논할 수 있습니다.

❸ 교사 | 교실에서 아이들과 생활하며 직접 가르치는 역할을 합니다. 교사의 수업 방식이나 생활 습관 지도 방법, 아이를 대하는 태도 등 교사의 모든 교육 경험과 방식이 자녀에게 직간접적으로 큰 영향을 미칩니다. 그러므로 담임선생님과 긍정적인 관계를 맺는 것이 매우 중요합니다. 하지만 너무 걱정하지 마세요. 긍정적인 관계를 맺기 위해 특별한

노력이 필요한 것은 아닙니다. 가장 중요한 점은 부모로서 교사를 신뢰하며 그러한 신뢰를 유지하도록 서로 노력하는 것입니다.

❹ **급식소 조리원 및 영양사** │ 유치원에서 아이들이 먹는 간식과 점심 등의 음식을 마련하고 관리합니다. 특히 영양사 선생님은 유아의 발달과 건강 상태 등을 고려해 안전한 먹을거리를 제공합니다. 점심이나 간식 등을 배식하고 아이들이 식사할 때 조리원 선생님들과 영양사 선생님이 배식을 도와주거나 식사를 살펴보는 경우가 많습니다. 자녀의 식생활 습관은 어떠한지, 영양에 대해 궁금한 점이 있다면 영양사 선생님과 상담하면 좋습니다. 또 자녀에게 알레르기가 있다면 영양사 선생님과 상담해야 합니다.

TIP

아이의 적응을 돕는 그림책

우리는 언제나 다시 만나	도토리 마을의 유치원	아빠는 회사에서 내 생각해?	유치원에 가면
글 윤여림 **그림** 안녕달 **출판** 스콜라	**글·그림** 나카야 미와 **출판** 웅진주니어	**글·그림** 김영진 **출판** 길벗어린이	**글** 김선영 **그림** 배현주 **출판** 애플비

3-2 물리적 환경

❶ **교실** | 교실은 다양한 흥미 영역으로 구성되어 있습니다. 교실에 들어서면 교구나 장난감 등을 담은 바구니들이 놓인 장을 볼 수 있습니다. 이것을 교구장이라고 합니다. 교구장은 교구나 교재를 넣어두는 정리장입니다. 교실은 이러한 교구장을 이용해 여러 구역으로 구분되어 있습니다. 이렇게 구분하는 것은 흥미 영역을 구성하기 위해서입니다. 흥미 영역은 유아의 흥미나 관심에 따라 스스로 자신이 원하는 영역에서 놀이를 할 수 있도록 교구장으로 구분하여 구성합니다.

- **역할 놀이 영역** | 이 영역에서 아이들은 음식 모형, 그릇, 작은 손가방 등 다양한 소품을 사용해 소꿉놀이나 병원 놀이, 시장 놀이 등을 합니다. 이러한 역할 놀이를 통해 아이들의 창의성과 상상력, 사회성이 발달합니다.
- **쌓기 놀이 영역** | 이 영역에서 아이들은 여러 가지 블록을 이용하여 건물이나 다양한 모형을 만듭니다.
- **수·조작 놀이 영역** | 이 영역에서 아이들은 손을 이용한 다양한 활동을 경험합니다. 이 시기의 유아에게는 손의 소근육 발달이 매우 중요합니다. 그러므로 작은 블록을 이용해 구체물을 만들거나 퍼즐 등을 구성하는 등 다양한 소근육 활동을 경험합니다.
- **언어 영역** | 이 영역에서 아이들은 읽고 쓰고 듣고 말하는 활동을 경험합니다. 언어 영역에는 일반적으로 다양한 책이 구비되어 있습니다. 아이들은 자신이 좋아하는 책을 읽고, 책의 주인공이 되어 이야기해보거나 주인공에게 편지를 쓰는 등 다양한 언어 활동을 경험합니다.
- **미술 영역** | 이 영역에서 아이들은 다양한 색과 재질의 종이, 재미있는 모양의 단추 등 꾸미기 재료, 물감과 찍기 도구 등을 활용하여 창의성과 예술 능력을 기를 수 있는 다양한 활동을 경험합니다.
- **음률 영역** | 이 영역에서 아이들은 다양한 악기를 탐색하고 자신만의 음악을 만들어보곤 합니다. 간단한 리듬을 만들거나 노랫말을 넣어서 노래를 만들어보는 등 음악 관련 경험을 하게 됩니다.
- **과학 영역** | 이 영역에서 아이들은 다양한 동식물의 생태를 살펴볼 수 있습니다. 식물의 한살이를 알아보거나 작은 곤충을 길러보는 경험을 합니다.

❷ **복도** | 복도는 각 교실과 급식소 등 다양한 공간을 연결합니다. 아이 반의 복도를 지나면 옆 교실을 볼 수 있고, 그 옆에는 급식소 등 여러 공간이 있습니다. 복도에는 일반적으로 아이들이 유치원에서 생활하는 사진이나 대표적인 활동 등을 소개한 자료를 전시합니다.

❸ **놀이터** | 놀이터는 유아들이 가장 좋아하는 장소입니다. 아이들은 놀이터에서 마음껏 뛰어놀고, 여러 가지 놀이 기구를 탑니다.

❹ **운동장** | 운동장은 기관에 따라 유무 및 사용 정도에 차이가 있습니다. 공립 유치원 중 병설 유치원의 경우 초등학교 운동장을 같이 사용하며, 단설 유치원은 유치원 운동장이 따로 있습니다. 사립 유치원의 경우 운동장이 있는 유치원과 없는 유치원이 있습니다.

❺ **급식소** | 급식소는 아이들이 간식과 급식을 먹을 수 있는 장소입니다. 일반적으로 유치원 급식소는 성인이나 초등학교의 급식소와 다르게 유아의 신체 조건에 맞도록 식탁과 의자 등이 설비되어 있습니다. 더불어 아이들이 급식 및 간식 시간에 사용하는 젓가락, 숟가락, 식판 등도 모두 아이가 사용하기 편리하게 구비해둡니다.

TIP

유치원 환경을 살펴볼 수 있는 그림책 | 자료·남양아이 놀이 교육 북클럽 자료

유치원 가지 마, 벤노!	고양이 스플랫은 유치원이 좋아!	어린이집 그림책 시리즈	유치원에 처음 가는 날
글·그림 마레 제프 **출판** 소원나무	**글·그림** 롭 스코튼 **출판** 살림어린이	**글** 김영명 **그림** 이현영 **출판** 사계절	**글** 코린 드레퓌스 **그림** 나탈리 슈 **옮김** 김희경 **출판** 키다리

3-3 학교 밖 환경

아이들이 안전하게 놀 수 있는 공간을 부모로서 찾아주는 것 또한 매우 중요한 일입니다. 하지만 최근 환경부의 어린이 활동 공간 안전 관리 검사 결과, 14.6%가 환경 안전 관리 기준을 위반했다고 밝혔습니다.

> **TIP**
>
> **집 주변의 놀이 시설 찾는 방법**
>
> 인터넷 사이트를 활용하여 집 주변에 있는 안전한 놀이 시설을 살펴볼 수 있습니다. 행정안전부에서는 집 주변의 어린이 놀이 시설의 안전 상황을 찾아볼 수 있도록 홈페이지(www.cpf.go.kr/front/index.do)를 운영하고 있습니다.
>
> 또한 환경부에서도 유아의 안전과 건강한 생활을 위해 인터넷 사이트(www.chemistory.go.kr/kor/index.do)를 운영하고 있습니다. 생활 속에서 건강하고 안전하게 지낼 수 있는 다양한 교육 자료들이 많이 제공되고 있으니 가정에서 아이들과 함께 알아보는 것도 좋습니다.
>
>

4
등·하원 시 안전이 중요해요

아동의 안전에 대해서 가장 우려되는 분야
자료 · '자녀의 안전에 대해서 가장 우려하는 분야는 교통사고', 데이터 뉴스, 보건복지부

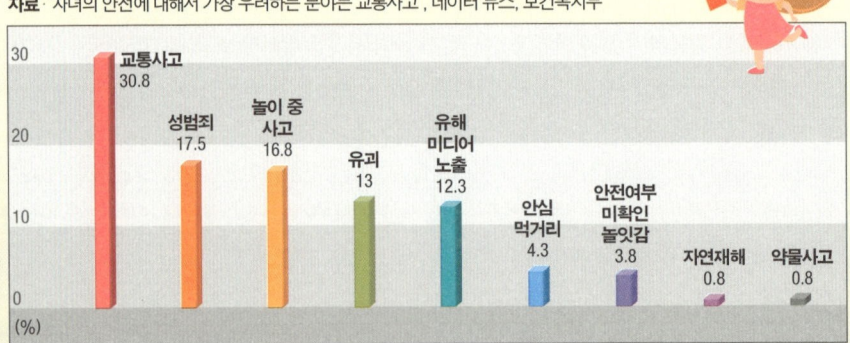

교통사고 30.8 / 성범죄 17.5 / 놀이 중 사고 16.8 / 유괴 13 / 유해 미디어 노출 12.3 / 안심 먹거리 4.3 / 안전여부 미확인 놀잇감 3.8 / 자연재해 0.8 / 약물사고 0.8

자녀를 둔 부모들의 안전에 대한 걱정은 비슷합니다.

한국보건사회연구원이 발간한 〈보건복지포럼〉에 기재된 '아동의 신체적 건강 상태와 정책 과제' 보고서에 따르면 우리나라 부모들이 자녀의 안전에서 가장 걱정하는 분야는 교통사고(30.8%)인 것으로 나타났습니다. 특히 종종 뉴스에서 보도되는 통학 버스 사고 소식으로 부모들의 걱정이 더 많아졌으리라 생각됩니다. 아이가 안전하게 생활할 수 있도록 가정에서도 안전 교육이 필요합니다.

4-1 버스로 등·하원할 때

❶ 통학 버스

유치원이나 어린이집에 가거나 집에 돌아올 때 아이가 타고 다니는 버스를 통학 버스라고 합니다.

어린이 통학 버스

어린이 통학 버스란 어린이(13세 미만 사람)를 교육 대상으로 하는 시설에서 어린이의 통학 등에 이용하는 자동차를 말합니다.

❷ 통학 버스 이용 시 주의 사항

통학 버스는 아이가 친구들과 함께 타는 최초의 자동차입니다. 친구들과 함께 버스를 이용하는 경험 또한 처음입니다. 그러므로 통학 버스를 안전하게 이용하기 위해 부모가 좀 더 세심하게 주의 사항을 알려주는 것이 좋습니다.

가방은 아이가 직접 들어요

아침에 아이들이 통학 버스를 타고 기관에 갈 때 아이의 가방을 대신 들어주고 있나요? 아이가 직접 자신의 가방을 어깨에 멜 수 있도록 해주세요. 통학 버스에 타고 내릴 때 아이는 반드시 자신의 가방을 어깨에

메서 양손을 자유롭게 해야 합니다. 가정에서 부모가 가방을 들어주는 습관을 만들면 아이는 안전하게 승하차할 수 있는 기회를 놓치게 됩니다.

끈이나 모자가 없는 옷을 입어요

끈이나 모자가 있는 옷은 가급적 입히지 않는 것이 좋습니다. 유아들이 끈이 있는 옷을 입으면 통학 버스에서 타고 내릴 때 의자 손잡이 등에 끈이 걸릴 수 있습니다. 이럴 경우 자칫하면 위험한 상황으로 이어질 수 있습니다. 그러므로 끈이나 모자가 있는 옷은 입히지 마세요.

아이에게 꼭 이야기해주세요

- 차량에 탑승한 후에는 반드시 좌석에 앉습니다.
- 차량에 탑승한 후 내릴 때까지 안전띠를 착용합니다.
- 차량에서 내릴 때는 차량이 멈춘 것을 확인한 후 일어섭니다.
- 차량에 탑승한 후 큰 소리로 말하지 않습니다.
- 차량에서 내릴 때는 안전 손잡이를 잡고 천천히 내립니다.

❸ 통학 버스 이용 에티켓

- 통학 차량 이용 시 5분 정도 미리 나와서 기다리세요. 여러 명이 이용하는 통학 버스이기 때문에 나 하나쯤이야 하는 생각은 하지 않는 것이 좋습니다.
- 통학 차량 도우미 선생님의 지시를 따르세요. 통학 차량에는 아이들의 안전을 도와주는 안전 도우미 선생님이 함께 탑승합니다. 그러므로 아이가 반드시 도우미 선생님의 지시에 따라 승하차하게 해주세요.

TIP

가정에서 할 수 있는 통학 버스 안전 교육

❶ **통학 버스 안전송 배우기**
통학 버스 안전송은 아이가 통학 버스를 이용하며 생길 수 있는 위험한 상황에 어떻게 대처할 수 있는지 쉽게 배울 수 있는 노래입니다.

가사
버스에 갇혔을 때 울지 말고 생각해요
찾아요 찾아요 클랙슨(션)을 찾아요
눌러요 눌러요 클랙슨(션)을 눌러요
멀리 있는 어른까지 더 크게 빵빵빵

버스에 갇혔을 때 울지 말고 생각해요
찾아요 찾아요 클랙슨(션)을 찾아요
버스에 갇혔을 때 두 가지만 기억해요
찾아요 눌러요 클랙슨(션)을 빵빵빵

어른이 올 때까지 클랙슨(션)을 눌러요
두 손으로 엉덩이로 힘차게 빵빵빵
버스에 갇혔을 때 이것만 꼭 기억해요
찾아요 빵빵빵 클랙슨(션)을 눌러요

❷ 안전 관련 교육 활동 해보기

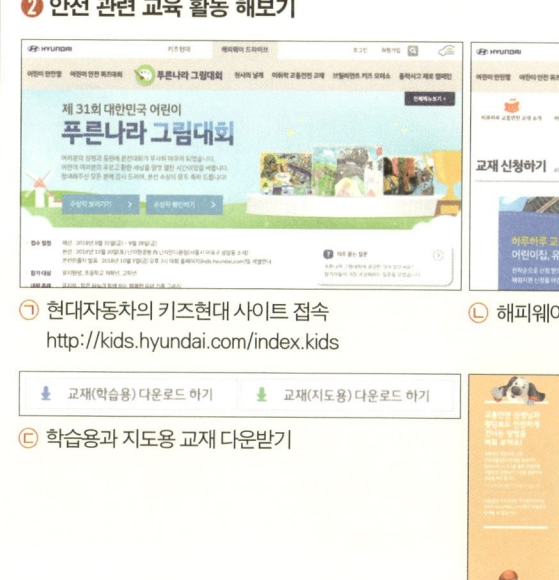

㉠ 현대자동차의 키즈현대 사이트 접속
http://kids.hyundai.com/index.kids

㉡ 해피웨이드라이브의 하루하루 교통안전 교재 선택

㉢ 학습용과 지도용 교재 다운받기

㉣ 교재를 보며 아이와 함께 활동하기

❸ 도로교통공단의 사이버교통학교 활용하기

4-2 자가용으로 등·하원할 때

❶ 반드시 카시트를 사용합니다

만 6세 이하의 유아는 차량으로 이동할 경우 반드시 카시트를 사용해야 합니다. 가정에서 아이에게 카시트를 사용하지 않는다면 만일의 사고 발생 시 아이는 매우 위험한 상황에 노출될 수 있습니다.

카시트란?

자동차의 주·정차 운행 중 급정거 교통사고 등이 발생했을 때, 승차하고 있는 어린이를 상해로부터 보호하거나 상해를 경감할 목적으로 사용하는 장치입니다. 어린이를 앉히거나 뉘어서 구속하거나 위치를 고정하게 됩니다.

사진 · 다이치(DAIICHI, www.babyseat.net)

카시트, 꼭 해야 하나요?

네. 꼭 하셔야 합니다.

최근 도로교통법 제50조 1항과 2항, 또 67조 1항에 의거하여 고속도로부터 일반 도로까지 모든 도로 위에서 0~6세 미만 영유아에게 유아 보호 장구 사용을 의무화하고 있습니다.

이를 위반할 경우 과태료도 부과됩니다. 과태료보다 아이의 안전이 더욱 중요하니 카시트를 꼭 사용해주세요. 그리고 반드시 뒷좌석에 설치해야 합니다. 미착용 시 사망률이 7배에 이른다는 것 알고 계시나요? 카시트만 사용해도 아이들이 훨씬 안전해집니다. 우리 아이들의 안전을 지켜주세요.

❷ 기관에서 안내한 장소에서 차를 내리고, 태웁니다

유치원은 차를 타고 있는 내 아이만의 공간이 아닙니다. 여러 아이들과 교사들이 함께하는 공간입니다. 특히 아침에는 아이들이 등원하기 때문에 기관에서 정해진 장소에 차를 세우는 것이 좋습니다. 안전하게 주차한 후 아이와 함께 걸어서 등원합니다.

❸ 아이를 안전하게 교사에게 인계합니다

부모의 자동차로 등·하원할 경우 반드시 교사에게 아이를 안전하게 인계합니다. 아이만 차에서 내리게 한다면, 아이의 안전은 보장받을 수 없습니다. 반드시 아이와 함께 유치원 안으로 들어와서 교사와 인사를 나누어야 합니다.

❹ 자동차 예절을 지킵니다

아이들과 자동차로 등·하원할 때 아이에게 자동차 예절을 알려주고 함께 지키는 기회를 가져봅니다.

자동차 예절
- 창밖으로 손이나 얼굴을 내밀지 않는다.
- 차 안에서 장난치지 않는다.
- 핸들이나 브레이크를 만지지 않는다.
- 창밖으로 쓰레기를 버리지 않는다.

TIP

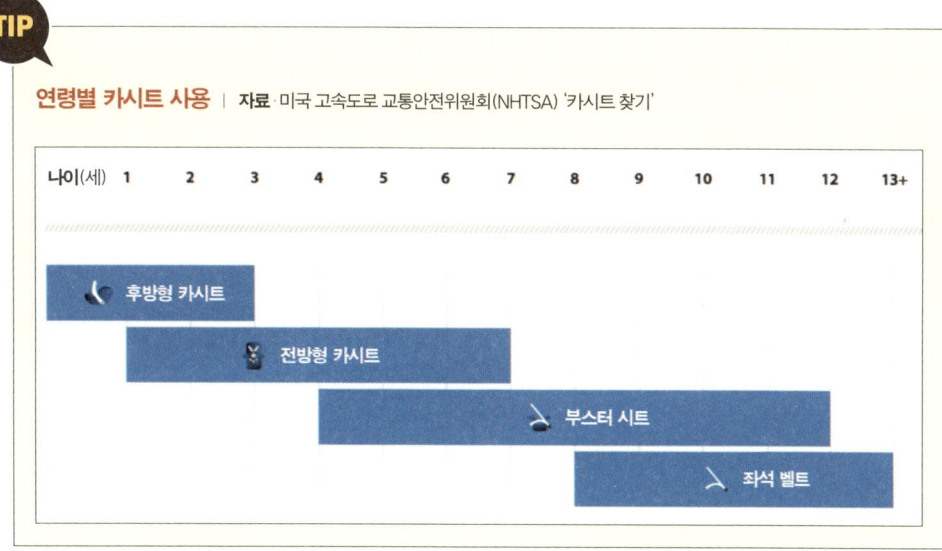

연령별 카시트 사용 | 자료 · 미국 고속도로 교통안전위원회(NHTSA) '카시트 찾기'

4-3 도보로 등·하원할 때

❶ 아이와 인사를 나눕니다

부모와 헤어지는 것을 힘들어하는 아이들이 있습니다. 이럴 때는 아이에게 안정감 있게 이야기해주는 것이 좋습니다.

"우리 ○○가 걱정되는구나? 그래, 그럴 수 있어. 하지만 네가 유치원(어린이집)에 있을 동안 엄마는 ○○ 간식도 만들고, 청소도 하고, 책도 읽을 거야. 이렇게 엄마는 엄마의 일을 할 거야. ○○도 유치원에서 선생님이랑 재미있게 책도 읽고, 놀이도 하고, 친구들과 즐겁게 놀겠지? 우리는 이따가 다시 만날 거란다. 그러니까 걱정하지 마."

특히 시간을 정확하게 인지하지 못하는 아이는 점심 후라든지 간식 시간 후 등 구체적인 활동을 중심으로 아이에게 이야기해주는 것이 좋습니다.

❷ 보행 안전 수칙을 익힙니다

- **멈춘다** | 횡단보도에서는 우선 멈추어야 한다.
- **살핀다** | 신호등이 초록색일 때 왼쪽과 오른쪽, 다시 왼쪽을 보고 차가 오는지 살핀다.
- **손을 든다** | 운전자가 잘 보이도록 손을 번쩍 든다.
- **확인한다** | 다시 차가 오는 쪽을 살핀다.
- **건넌다** | 횡단보도 화살표가 있는 오른쪽에서 운전자와 눈을 맞추고 차를 계속 보면서 건넌다.

❸ 비 오는 날, 이것만은 꼭 지켜요

- 밝은색 옷을 입는다.
- 우산을 똑바로 들고 걷는다.
- 소지품을 가방에 넣는다.
- 우산을 들 경우 가방은 등에 멘다.
- 우산으로 시야를 가리지 않게 우산을 높이 든다.
- 차도에서 먼 쪽으로 걷는다.

> **TIP**
>
> **엄마와 함께하는 안전 지도 그리기**
>
> 안전 지도 그리기는 아이와 함께 안전하게 보행하는 습관을 길러주는 좋은 방법입니다. 안전 지도 그리기는 집에서부터 유치원이나 어린이집까지 가장 안전하게 갈 수 있는 길을 엄마와 함께 지도로 그려보는 것입니다. 이때 가능한 한 도로를 건너지 않는 곳을 택하면 좋습니다. 또 도로를 건너야 할 때는 다소 돌아가더라도 신호등이 있는 횡단보도를 이용해야 합니다. 특히 위험한 곳은 조금 더 확대해서 그린 뒤 위험한 이유를 자세히 알려주는 것이 좋습니다.
>
>

아래의 문항을 읽고 적절하다고 생각하는 수준에 따라 0, 1, 2, 3 숫자를 적어주세요.

- 만약 질문 내용과 자녀가 매우 비슷하다면 왼쪽 공란에 3이라고 적어주세요.
- 만약 질문 내용과 자녀가 보통 정도로 비슷하다면 왼쪽 공란에 2라고 적어주세요.
- 만약 질문 내용과 자녀가 조금 비슷하다면 왼쪽 공란에 1이라고 적어주세요.
- 만약 질문 내용과 자녀가 비슷하지 않다면 왼쪽 공란에 0이라고 적어주세요.
- 그리고 마지막에 모든 점수를 합산하세요.

● **다중지능 검사 측정지** | 자료 · '아이들을 위한 다중 지능 테스트', 라이프스타일

	SECTION 1
	새로운 단어를 알거나 배우는 것을 좋아한다.
	읽었던 글의 내용을 기억한다.
	이야기하거나 쓰는 것을 좋아한다.
	외국어 배우는 것을 좋아한다.
	읽기를 좋아한다.
	단어 놀이 등을 좋아한다.
	SECTION 1 점수 계

	SECTION 2
	셈하기나 수학 등을 좋아한다.
	더하기, 빼기 등을 할 수 있다.
	퍼즐하는 것을 좋아한다.
	놀이할 때 단계별로 순서가 있는 것을 좋아한다.
	읽기를 좋아한다.
	단어 놀이 등을 좋아한다.
	SECTION 2 점수 계

SECTION 3	
	노래 부르기나 악기 다루기를 좋아한다.
	매일 음악을 듣거나 흥얼거리는 것을 좋아한다.
	리듬을 쉽게 따라 할 수 있다.
	다른 사람이 노래할 때 틀리거나 악기를 다룰 때 틀린 부분을 쉽게 알아챈다.
	노래나 음악을 쉽게 기억한다.
	음악이 있는 공연을 좋아한다.
	SECTION 3 점수 계

SECTION 4	
	미술을 좋아한다.
	지도 읽기 등 방향과 관련된 부분이 발달한 것 같다.
	퍼즐을 하거나 블록으로 만드는 놀이를 좋아한다.
	패션에 대해 관심이 있다.
	비디오게임하기를 좋아한다.
	얼굴이나 이미지 등을 쉽게 기억한다.
	SECTION 4 점수 계

SECTION 5	
	몸을 이용한 놀이를 좋아한다.
	운동은 삶의 중요한 부분이다.
	나는 균형 있는 몸을 가진 것 같다.
	예술, 공예 등 손을 이용한 활동이 좋다.
	스포츠 경기 보는 것을 좋아한다.
	독서나 공부보다는 운동하는 것이 좋다.
	SECTION 5 점수 계

	SECTION 6
	나를 잘 알고 있는 친구들이 많이 있다.
	내가 화났을 때 친구들이 나에게 와줄 것이다.
	혼자 하는 것보다 친구들과 함께인 것이 좋다.
	함께 일할 때 더 높은 성과를 낸다.
	세계에서 일어나는 일에 관심이 많다.
	새로운 사람을 만나는 것이 즐겁다.
	SECTION 6 점수 계

	SECTION 7
	여럿이 하는 것보다 혼자 하는 것이 좋다.
	나의 생각을 구성하고 분석하는 것을 좋아한다.
	내 생각을 적어보는 것을 좋아한다.
	혼자서 시간을 보내는 것이 즐겁다.
	나는 개인적이고 도덕적인 확고한 신념을 갖고 있다.
	어떠한 지시 없이도 나의 일을 잘 해낼 수 있으며, 이러한 능력에 자신이 있다.
	SECTION 7 점수 계

	SECTION 8
	동물과 노는 것을 좋아한다.
	자연 속에서 시간 보내는 것을 좋아한다.
	어른이 되었을 때 자연이나 동물과 관련된 직업을 갖고 싶다.
	재활용이나 자연보호, 대체에너지 등 환경보호에 관심이 많다.
	식물 가꾸기나 정원 돌보는 일을 좋아한다.
	시간이 날 때면 동물원이나 수족관 등을 방문한다.
	SECTION 8 점수 계

- 개별 섹션의 점수를 확인해보세요. 아마도 0점에서 18점 사이가 나올 것입니다. 가장 높은 점수가 가장 높은 지능입니다. 아래 결과 부분을 확인해보세요.

● **다중지능 검사 결과 활용**

일반적으로 다중지능 검사 결과는 하나 또는 두 영역이 매우 강하고, 하나 또는 두 가지 영역이 약하지만, 다른 지능들의 점수는 비슷한 편입니다. 결과적으로 모든 지능에 강한 사람이나 8가지 지능에 모두 약한 사람은 매우 드뭅니다.

SECTION 1 | **언어 지능** | 언어 지능 점수가 높으면 이야기, 시, 노래 또는 에세이를 쓰거나 말하거나 읽는 것을 좋아합니다. 언어 지능을 이용한 효과적인 학습 전략은 독서, 구술 독서 또는 연기, 메모 작성, 읽은 내용에 대한 아이디어 또는 반성을 기록하는 것 등이 있습니다.

SECTION 2 | **수학 논리 지능** | 수학 논리 지능이 높으면 숫자, 논리 및 추론에 대한 적성이 많은 편입니다. 과학자처럼 생각하는 경향이 있으며, 숫자를 매우 쉽게 이해합니다. 수학 논리 지능이 높은 사람은 개요에 노트를 구성하거나 정보 범주 지정 등을 하는 학습 전략을 사용하는 것이 좋습니다.

SECTION 3 | **음악 리듬 지능** | 음악 지능이 높은 사람은 노래나 리듬과 소리를 통해 가장 잘 배울 수 있습니다. 음악 속에서 학습하는 것이 가장 효과적입니다. 예를 들어 학습 내용을 가사로 만들어, 익숙한 멜로디에 공식 또는 역사적 사건 등을 알아보는 것이 좋습니다.

SECTION 4 | **시각 지능** | 시각 지능이 높은 사람은 그림이나 이미지 등의 기억을 매우 잘합니다. 차트, 그래픽 구성 도우미, 포스터, 슬라이드 쇼, 비디오 또는 사진 콜라주를 학습 전략으로 활용하면 좋습니다.

SECTION 5 | **신체 운동 지능** | 높은 신체 운동 지능을 가진 사람은 움직이고 많은 에너지를 사용하는 것을 좋아합니다. 가장 효과적인 학습 전략은 신체 움직임이나 실제 활동을 프로젝트에 통합하는 것입니다. 예를 들어 그 결과만을 학습지 등으로 배우기보다는

신체를 이용하여 직접 활동해보고 그 결과를 학습에 연결하도록 하는 것이 좋습니다.

SECTION 6 | **대인 관계 지능** | 대인 관계 지능이 높은 사람은 다른 사람들과 상호작용을 잘합니다. 사회성이 뛰어나고 언어 및 비언어적 의사소통에 능숙합니다. 이러한 유형은 대화 기능을 포함한 학습을 하는 것이 효과적입니다. 예를 들어 그룹이나 팀 프로젝트, 토론, 독서 클럽, 문학 그룹 또는 스터디 그룹에 참여하면 좋습니다.

SECTION 7 | **개인 내 지능** | 개인 내 지능이 강한 사람은 편안하게 혼자 있는 시간을 좋아합니다. 효과적인 학습 방법은 혼자서 프로젝트를 하거나 저널 작성 및 분석, 작문 등을 하는 것입니다. 특히 역사, 사건 또는 사람들에 대해 집중하여 배우는 것을 매우 좋아합니다.

SECTION 8 | **자연 친화 지능** | 자연 친화 지능 점수가 높으면 바위, 나무, 새, 동물, 꽃 또는 기상이나 날씨 등 자연에 대해 깊이 생각하는 것을 좋아합니다. 특히 야외 활동을 좋아하고 동물이나 식물 키우기를 좋아합니다. 효과적인 학습 방법은 환경이나 자연계와 연결될 수 있는 프로젝트를 하는 것입니다. 또 자연 사진, 그림 또는 관측을 사용하는 것이 좋습니다.

- **아이돌봄 서비스 신청 사이트** | www.idolbom.go.kr

- **대상**   만 3개월~만 12세 이하 어린이 가정
- **방법**   아이돌보미가 찾아가 1:1로 어린이를 안전하게 돌보는 서비스

    야간·공휴일 상관없이 원하는 시간에 필요한 만큼 이용 가능

    (단, 정부 지원 시간 초과 시 시간 제한 없이 전액 본인 부담으로 서비스 이용 가능)

- **신청 절차**

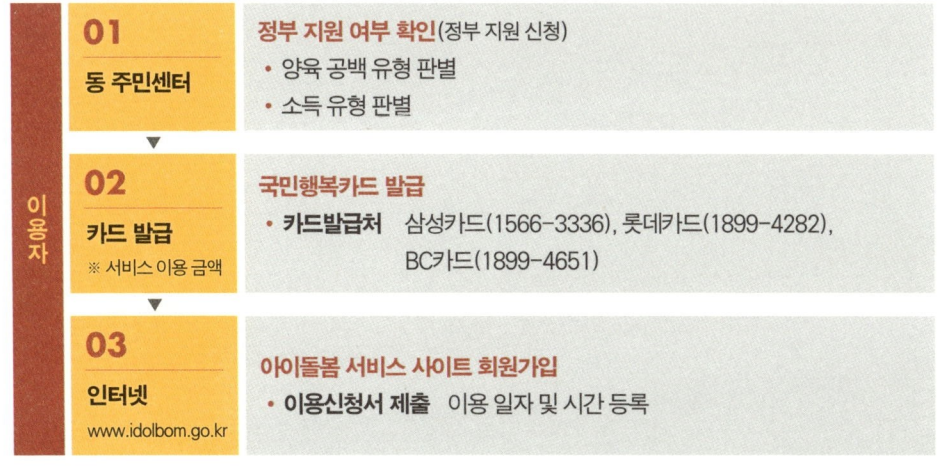

수행기관	04 목포시 건강가정 지원센터	아이돌봄활동가 파견 • 이용자가 등록한 이용신청서에 맞춰 가정에 아이돌보미 파견
이용자	05 이용 가정	서비스 이용 본인부담금 납부(국민행복카드)

* 정부 지원을 받을 수 없는 이용자의 경우 ②번 절차부터 바로 진행
* 정부 지원 신청, 아이돌봄 서비스 사이트 가입자, 국민행복카드 명의자는 동일해야 함

• 이용 요금표

	소득 기준(중위소득, 4인 가구 기준)	영아종일제(월 156만 원, 200시간 기준) 0~2세	
		정부 지원	본인 부담
가형	60% 이하(271만 2,000원)	117만 원(75%)	39만 원(25%)
나형	85% 이하(384만 1,000원)	85만 8,000원(55%)	70만 2,000원(45%)
다형	85~120%(542만 3,000원)	54만 6,000원(35%)	101만 4,000원(65%)
라형	120% 초과	-	156만 원

NOTE

3교시

생활의 문
지혜롭게 아이를 키우는 방법

가정은 아이가 만나는 최초이자 최고의 사회입니다. 가정에서 따뜻한 관심과 격려 속에서 자란 아이는 가정을 벗어난 사회에서도 건강하고 행복한 아이로 자랄 수 있습니다.

1
학급의 다양한 소식을 알아야 해요

아직 어린 아이들이기 때문에 유치원이나 어린이집에서 이루어지는 모든 활동을 부모님에게 전달하는 것은 쉽지 않습니다. 부모님들이 먼저 유치원(어린이집)과 학급의 교육 활동에 대해 관심을 가져주세요.

1-1 가정통신문을 꼭 확인하세요

유치원의 주간교육계획안에는 아이가 일주일 동안 어떠한 활동을 할 것이고, 가정에서 어떠한 일을 도와줄 수 있는지에 관련된 내용이 포함되어 있습니다. 특히 하단에 있는 '알려드려요' 또는 '알리는 말씀' 등의 내용은 반드시 읽고 메모해두면 좋습니다. 이 부분에는 준비물이나 행사 계획 등에 대한 안내가 적혀 있습니다.

주간교육계획안 외 가정통신문은 유치원의 특별한 행사 안내 관련이 대부분입니다. 그러므로 아이가 가지고 오는 가정통신문을 잊지 말고 꼭 읽고 메모해두는 습관을 가지는 것이 좋습니다.

3월 2주 교육계획안 (하늘반)

생활 주제		유치원과 친구		시기		3월 6일 ~ 3월 10일	
주제		유치원과 환경					
목표		• 우리 반의 이름과 교실의 특징을 안다. • 유치원에서 지켜야 할 약속을 알고 실천한다.					
날짜/요일 활동			6(월)	7(화)	8(수)	9(목)	10(금)
소주제			우리반 이름 알아보기	시설물 알아보기	유치원 돌아보기	유치원에서 함께 지내는 사람들 알아보기	
교육과정	자유선택활동	쌓기 놀이 영역	쌓기 놀이 영역의 약속을 지켜요				
		역할 놀이 영역	역할 놀이 영역 탐색하기				
		언어 영역	교실 물건 수수께끼				
		수·조작 영역	놀잇감 짝짓기				
		과학 영역	교실 화분 관찰하기				
		미술 영역	다양한 놀잇감 찍기				
		음률 영역	악기 탐색하기				

교육과정	대·소집단 활동	이야기 나누기	우리 반에도 이름이 있어요	화장실에 가고 싶어요		도움이 필요할 때는?	우리를 도와주시는 분들
		동화·동시·동극			동화) 우리 반이 어디 있지?		
		음악					즐거운 유치원
		신체·게임	신체) 선생님 안녕하세요?	신체) 선 따라 걷기	신체) 친구들아, 안녕	게임) 놀잇감의 위치를 알아요	
		미술		우리는 튼튼한 친구			우리는 하늘반 친구
		바깥 놀이					바) 폴짝폴짝 쑥쑥
방과후과정		특성화 교육 활동			음악		미술
		대·소집단 활동	이야기 나누기) 우리 반	동화) 안녕, 안녕하세요?	이야기 나누기) 화장실을 바르게 사용해요	손유희) 악기 놀이	이야기 나누기) 교실이 말을 해요
준비물	치약, 칫솔, 여벌 옷						
알리는 말씀	• 개인 학습 준비 물품은 유치원에서 모두 준비했습니다. 유아들은 치약, 칫솔과 유치원에 비치해둘 여벌 옷(상의, 하의, 속옷, 양말)을 준비해 6일(월)까지 보내주시기 바랍니다. • 3월 한 달 동안은 유아들이 명찰을 달고 다닐 수 있도록 해주세요. 가정에서는 티셔츠 위에 명찰을 달아서 등원시켜주시면 하원 시 차량을 이용하는 유아는 겉옷에 옮겨 달아 원활한 차량 이용을 돕겠습니다. • 도보로 등원하는 유아는 9시까지 등원할 수 있도록 도와주세요.						

TIP

가정통신문 활용 방법

주간교육계획안 상단에는 일반적으로 자유 선택 활동과 대·소집단 활동이 소개되어 있습니다. 자유 선택 활동은 생활 주제에 따라 구성된 흥미 영역에서 이루어지는 다양한 활동입니다.

아이들이 유치원이나 어린이집에서 돌아오면 부모는 주간교육계획안의 내용을 미리 살펴보고 아이에게 오늘 하루 중 있었던 일을 물어볼 수 있습니다. 예를 들어 "오늘 미술 놀이는 어땠어?", "신체 표현을 할 때 어떤 동작이 제일 재미있었니?" 등 구체적으로 질문할 수 있습니다.

1-2 알림장을 살피세요

알림장은 기관과 가정의 연계 학습을 위해 필요한 내용을 기록하는 작은 수첩입니다. 부모가 알림장에 적은 내용은 교사가 아이를 이해하는 데 많은 도움이 됩니다. 특히 아이가 하원 후 어떻게 생활하는지에 대한 정보를 얻는 것은 물론이고, 등원 직전 있었던 일에 대해 알 수 있습니다. 특히 이러한 정보를 바탕으로 아이의 감정이나 건강 상태를 확인할 수 있어 아이가 즐겁게 기관에서 생활하도록 돕습니다.

그러므로 가정에서는 선생님의 전달 사항만 확인할 것이 아니라 부모도 함께 알림장을 활용하는 것이 좋습니다. 특히 부모와 교사 간의 '소통'과 '이해'의 매개체가 될 수 있도록 적절한 내용을 적합한 방법으로 적어야 합니다.

알림장에 내용을 작성할 때는 핵심만 간추려서 존댓말로 적고, 내용이 너무 길 때는 알림장보다 전화로 전달하는 것이 좋습니다.

> **TIP**
>
> **알림장 사용법** | 자료 · '어린이집 선생님과의 대화, 알림장 120% 활용하기', 베이비 뉴스
>
> ❶ **언어 발달에 도움을 줄 수 있는 매개로 활용**
> 유아기가 되면 어린이집이나 유치원에서는 언어 전달을 진행하거나 주말 동안 지낸 이야기 등의 언어 활동을 합니다. 가정에서는 주말에 있었던 일을 간략하게 적어 보내면 선생님이 유아들이 전달하는 언어를 좀 더 확장하여 지원해줄 수 있습니다.
>
> ❷ **안전과 관련된 사항은 필수**
> 알림장에는 약 의뢰서, 귀가 동의서 등이 포함되어 있습니다. 유아들의 안전과 관련된 사항이기 때문에 상황에 따라 수첩을 반드시 작성해야 합니다.

❸ **일방적인 '전달'이 아닌 '소통'**
교사는 조금이라도 아이들의 일과를 상세히 작성해주기 위해 열심히 수첩에 기록을 남겨주고 있지만, 간혹 가정에서의 아무런 기록이 없는 수첩을 보면 가끔 허공에 대고 이야기하는 기분이 들기도 합니다. 아이들의 사랑스러운 모습을 좀 더 실감 나게 전달하기 위해 애쓰고 있음을 알고 있다는 의미로 격려의 메시지나 안부 인사를 적어준다면 교사들도 어깨춤이 절로 나는 하루를 시작할 수 있답니다.

1-3 기관에서 온 문자를 체크하세요

요즘은 대부분의 학부모가 휴대전화를 사용하기 때문에 기관에서도 대부분 행사나 전달 사항 등을 문자로 안내합니다. 그러므로 가급적 기관에서 온 문자는 잘 살펴보고 안내에 따라 협조하는 것이 좋습니다. 특히 너무 문자가 자주 온다고 화를 내거나 기관에 항의하기보다는 아이의 교육을 위한 작은 배려라 생각하는 것이 좋습니다.

TIP

키즈노트 사용법

키즈노트는 아이가 직접 들고 다니는 알림장 대신 **스마트폰 앱**을 이용한 알림장입니다.
'키즈노트'를 통해 어린이집이나 유치원에서 보낸 공지 사항을 확인할 수 있으며 앨범을 통해 자녀의 사진을 확인할 수 있습니다. 하지만 기관에 따라 키즈노트를 사용하지 않는 곳도 있으니 입학 시 살펴보세요.

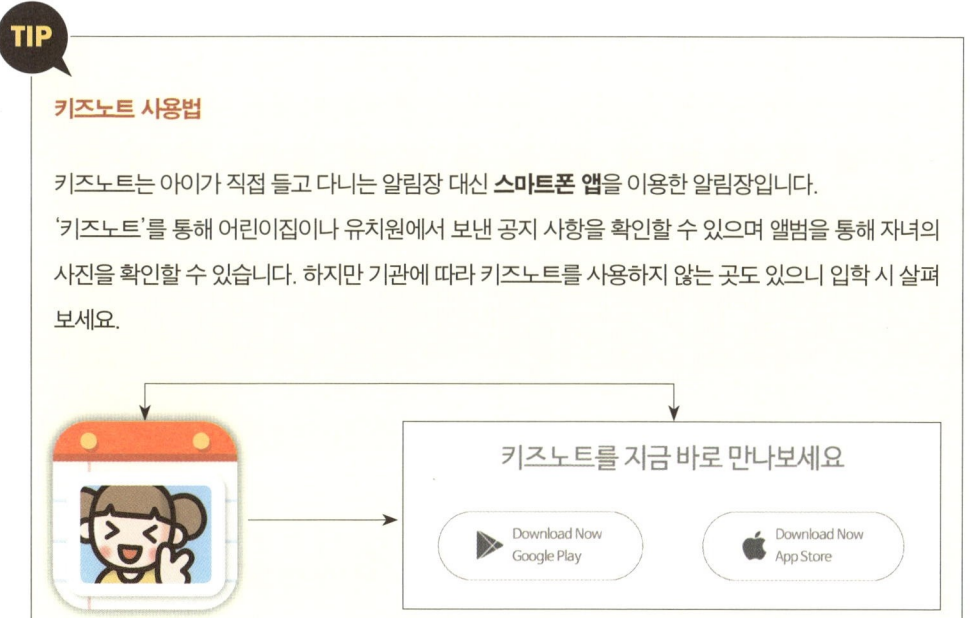

2
모르면 선생님에게 직접 물어보세요

아이의 생활에 대해 궁금한 점이 생기면, 혼자서 고민하기보다는 선생님께 직접 물어보는 것이 좋습니다. 고민이 길어질수록 교사 혹은 기관과 오해가 쌓이기 때문입니다.

2-1 다양한 정보 채널로 교육 정보를 받으세요

4~7세 미취학 자녀를 둔 기혼 여성 1,000명을 대상으로 미취학 자녀의 사교육과 관련한 인식 조사를 하였습니다.

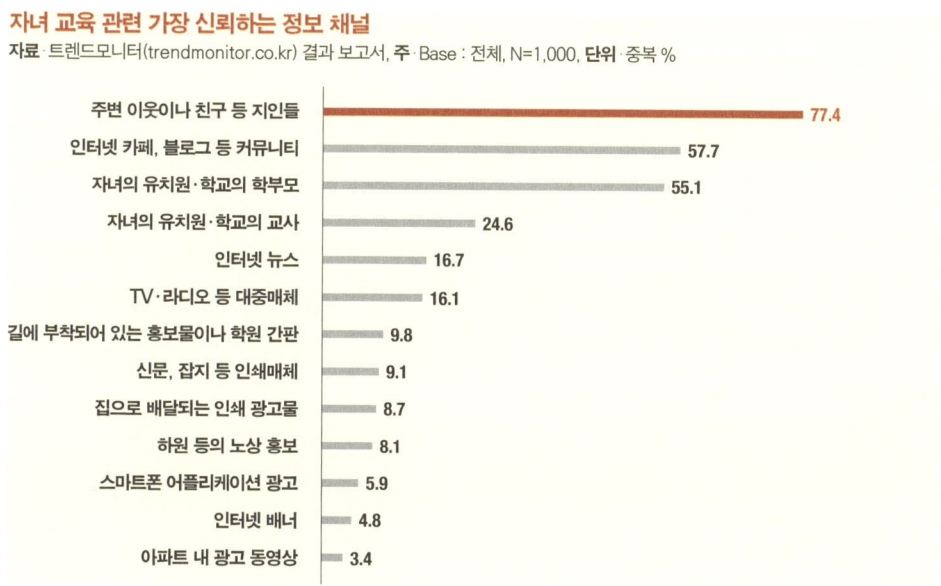

자녀 교육 관련 가장 신뢰하는 정보 채널
자료·트렌드모니터(trendmonitor.co.kr) 결과 보고서, 주·Base : 전체, N=1,000, 단위·중복 %

항목	%
주변 이웃이나 친구 등 지인들	77.4
인터넷 카페, 블로그 등 커뮤니티	57.7
자녀의 유치원·학교의 학부모	55.1
자녀의 유치원·학교의 교사	24.6
인터넷 뉴스	16.7
TV·라디오 등 대중매체	16.1
길에 부착되어 있는 홍보물이나 학원 간판	9.8
신문, 잡지 등 인쇄매체	9.1
집으로 배달되는 인쇄 광고물	8.7
학원 등의 노상 홍보	8.1
스마트폰 어플리케이션 광고	5.9
인터넷 배너	4.8
아파트 내 광고 동영상	3.4

유치원이나 어린이집을 다니기 시작한 후 부모는 아이의 생활이 더욱 궁금해집니다. 다른 친구와 싸웠다거나 선생님에게 꾸중을 들었다는 이야기를 듣고 나면 걱정이 되곤 합니다. 하지만 부모가 궁금하다는 이유로 아이에게 계속 물어보는 것은 좋은 방법이 아닙니다. 조사 결과처럼 자녀에 대해 궁금한 점을 이웃이나 친구 또는 커뮤니티에서 알아보는 경우도 많습니다. 이렇게 부모가 궁금한 점을 알아보는 것도 좋지만, 아이의 유치원 생활 중 궁금하거나 모르는 부분은 교사에게 직접 물어보는 것이 좋습니다.

TIP

궁금증을 해결할 수 있는 질문법

❶ **하루 동안 엄마나 아빠가 아이를 얼마나 보고 싶어했는지 이야기해주세요**
"하루 종일 정말 네가 보고 싶었어. 네가 보고 싶은 만큼 엄마(아빠)도 열심히 일했어. 나는 너를 아주 많이 사랑해. 너는 정말 멋지고 대단해."

❷ **아이의 감정과 생각을 읽어주세요**
"엄마와 함께 있지 않아서 많이 속상했니? 오늘 기분은 어땠어? 엄마였어도 그런 기분(생각)이 들었을 것 같아."

❸ **아이에게 상황이나 조건 등을 제시하며 구체적으로 질문해주세요**

오늘 유치원(어린이집)에서 어땠어?	→ ○○는 오늘 하루 동안 제일 재미있었던 일이 뭘까?
네 친구 이름이 뭐야?	→ 오늘 점심 먹을 때 친구 누구랑 같이 앉았니?
오늘 뭐 하고 놀았어?	→ 점심을 먹고 나선 무엇을 하고 놀았니?

2-2 수업이 종료된 후 궁금한 것을 물어보세요

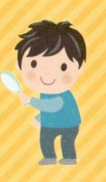

교사와의 전화 통화는 수업이 종료된 후 하는 것이 좋습니다. 일반적으로 공립 유치원은 1시 30분 전후로 오전에는 교육과정 교사가 교육과정을 진행하고, 오후 시간에는 방과후과정 교사가 하원 시간까지 방과후과정을 담당합니다. 사립 유치원이나 어린이집은 하원 후 연락하는 것이 좋습니다. 기관마다 시간이 다른 곳이 많으니 반드시 시간을 확인하고 전화나 상담 신청을 해야 합니다.

TIP

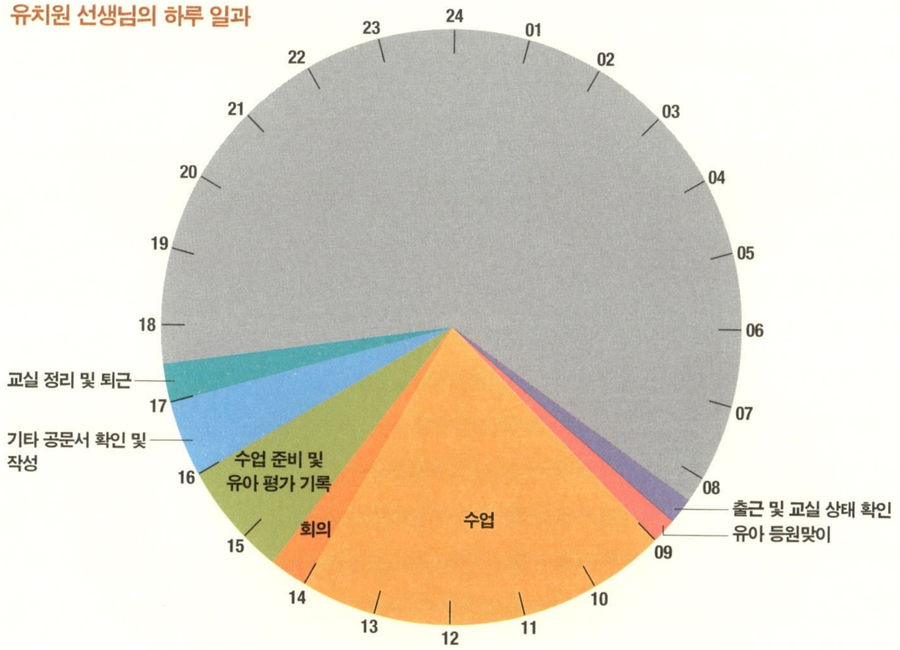
유치원 선생님의 하루 일과
24
01
02
03
04
05
06
07
08
09
10
11
12
13
14
15
16
17
18
19
20
21
22
23
출근 및 교실 상태 확인
유아 등원맞이
수업
회의
수업 준비 및 유아 평가 기록
기타 공문서 확인 및 작성
교실 정리 및 퇴근

2-3 휴대전화 통화와 면담을 적절히 활용하세요

하루에도 여러 번 자녀의 생활에 대해 궁금한 점이 생기는 순간이 있습니다. 아이가 하원 후 엄마에게 이야기한 내용이 궁금해서 밤잠을 이루지 못하는 날도 있게 마련입니다. 하지만 부모들이 궁금하다고 해서 시간을 고려하지 않고 교사에게 전화하는 것은 바람직하지 않습니다. 휴대전화 통화 또한 적절히 활용하는 지혜가 필요합니다.

근무시간 외 휴대전화로 인한 교권 침해 설문 결과
주·2018.6.8~6.20 전국 유·초·중·고 교원 1,835명 대상(95% 신뢰 수준에 ±2.29%P)

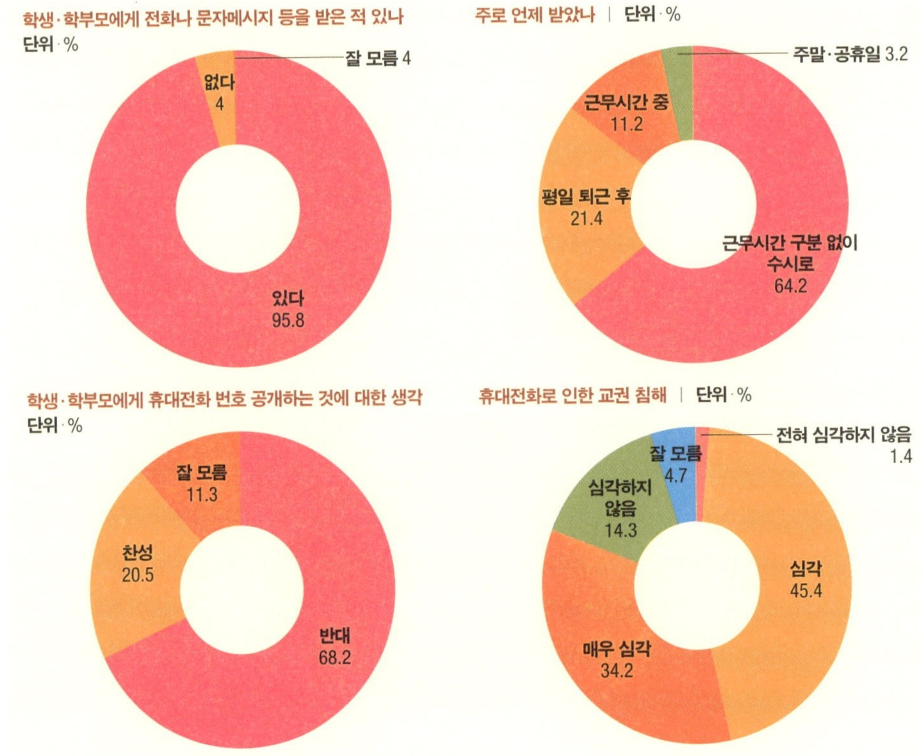

학생·학부모에게 전화나 문자메시지 등을 받은 적 있나 단위·%
- 있다 95.8
- 없다 4
- 잘 모름 4

주로 언제 받았나 단위·%
- 근무시간 구분 없이 수시로 64.2
- 평일 퇴근 후 21.4
- 근무시간 중 11.2
- 주말·공휴일 3.2

학생·학부모에게 휴대전화 번호 공개하는 것에 대한 생각 단위·%
- 반대 68.2
- 찬성 20.5
- 잘 모름 11.3

휴대전화로 인한 교권 침해 단위·%
- 심각 45.4
- 매우 심각 34.2
- 심각하지 않음 14.3
- 잘 모름 4.7
- 전혀 심각하지 않음 1.4

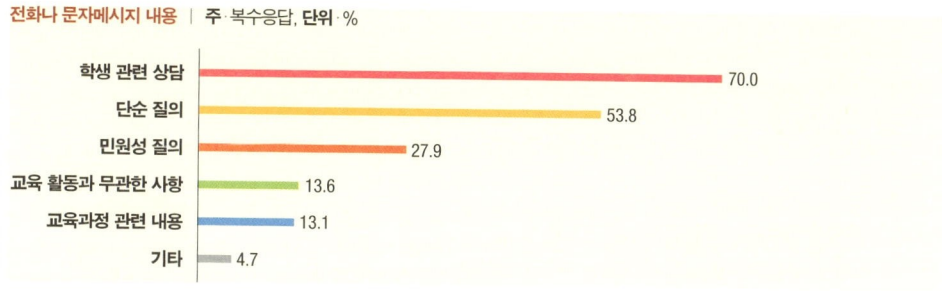

교사를 대상으로 설문 조사를 한 결과 많은 교사들이 근무시간 구분 없이 수시로 문자메시지나 카톡 등을 받고 있었으며, 이에 대해 많은 스트레스를 받는 것으로 나타났습니다. 학부모 입장에서는 한 명이지만 교사 입장에서는 다수의 학부모가 될 수 있습니다. 그러므로 가급적이면 교사에게 수업 시간 이후 연락하는 것이 좋으며, 교사의 휴대전화보다는 기관 대표번호로 연락하는 것이 더 좋습니다.

3
가정 연계 학습으로 아이의 생활교육을 잡아주세요

내 아이를 훌륭한 성인으로 키우기 위해서는 부모의 지혜와 노력이 절대적으로 필요합니다.

작은 활동이라도 아이와 함께 하며 즐거운 경험과 멋진 추억을 만들어주세요. 아이에겐 평생 잊지 못할 경험과 추억이 될 것입니다.

3-1 학습지를 꼼꼼히 살펴보세요

기관에서 가정으로 보낸 활동지나 학습 결과물을 부모와 함께 완성한 후에는 반드시 원으로 보내주세요. 일반적으로 가정에서 보내 온 결과물들은 친구 앞에서 소개하거나 일정한 장소에 전시합니다. 가정 연계 학습지를 하는 과정 중 그 내용이나 방법에 대해 궁금하다면 아이의 담임선생님에게 간단한 메모를 보내 확인해 보는 것도 좋습니다.

TIP

가정 연계 학습지 작성 방법

가정 연계 학습지는 일반적으로 그 주 또는 다음 주에 아이가 유치원이나 어린이집에서 배우고 익힐 내용으로 구성되어 있습니다. 예를 들어 동물에 대해 아이가 배운다면, 가정 연계 학습으로 아이가 좋아하는 동물에 대한 정보나 사진을 찾아볼 수 있습니다. 그러므로 부모들은 너무 어려워하지 말고 아이 수준에서 지금 나의 아이와 즐겁게 시간을 보내는 결과물로 연계 학습을 하고 작성하면 됩니다. 가정 연계 학습지는 부모의 지식이나 솜씨를 뽐내기 위한 자료가 아닙니다. 아이의 눈높이에 맞추어 아이와 함께한 결과물이 가장 가치 있는 것임을 꼭 기억하고, 아이와 함께 만들면 됩니다.

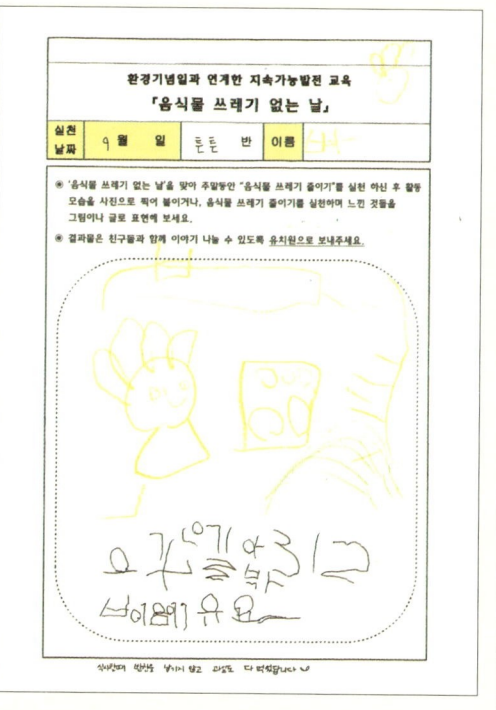

3-2 언어 전달장을 살펴보세요

언어 전달장은 교사가 아이에게 말로 내용을 전달하면, 가정에서 부모와 함께 아이가 그 내용을 적어보는 활동을 하는 작은 수첩입니다. 그날 아이가 언어 전달장의 내용을 기억하지 못 하였어도 너무 걱정하지 마세요. 아이가 언어를 기억하지 못하는 것은 매우 당연합니다. 아이가 하루 종일 즐겁게 생활했다는 증거가 될 수도 있으니 아이에게 엄하게 훈육하는 것은 좋지 않습니다. 대신 알림장이나 언어 전달장에 엄마가 교사에게 아이가 언어 전달을 잘 기억하지 못했으니 하원하기 직전에 한 번 더 안내해달라고 적어주면 좋습니다.

> **TIP**
>
> **바른 연필 잡기 지도법**
>
> 바르게 연필을 잡는 방법은 중요합니다. 하지만 지나치게 바르게 잡는 것을 강조하다 보면 아이가 글자에 대한 흥미를 잃을 수 있습니다. 그러므로 부모가 먼저 바르게 연필 잡는 법을 보여주어, 아이가 자연스럽게 방법을 익힐 수 있도록 하는 것이 좋습니다.
>
>
>
> ❶ 엄지손가락과 집게손가락의 모양을 둥글게 하여 연필을 잡습니다.
> ❷ 가운뎃손가락으로 연필을 받칩니다.
> ❸ 연필을 너무 세우거나 눕히지 않습니다.
>
> 연필을 집을 때에 너무 힘을 주면 안 돼요.

3-3 기본 생활 습관을 함께 지켜주세요

'세 살 버릇 여든까지 간다'는 말이 이제는 '세 살 버릇 백'까지 간다는 말로 바뀌고 있습니다. 기본 생활 습관은 아이의 평생에 걸쳐 영향을 주기 때문에, 어린 시기에 반드시 바르게 형성하는 것이 좋습니다. 아무리 자녀가 귀엽고 예쁘다고 할지라도, 어렸을 때부터 기본 생활 습관을 지키도록 하는 것이 필요합니다.

특히 자녀의 기본 생활 습관은 유치원이나 어린이집에서 배우고 지킨다고 형성되는 것은 아닙니다. 가정에서도 부모가 함께 참여하고 지키는 것이 필요합니다.

> **TIP**
>
> **기본 생활 습관 형성을 위한 팁** | 자료 · '아이도 올빼미가 될까 걱정이에요', 베이비 뉴스
>
> **❶ 규칙적인 생활을 하자**
>
> 규칙적인 생활은 바른 생활 습관의 기본입니다. 일정한 계획에 따라 생활하면 아이가 하루 일과를 예측할 수 있게 해주어 불안이 줄어들고, 좋은 신체 리듬을 갖게 됩니다.
>
> 잠자는 시간과 일어나는 시간, 식사 시간과 같은 시간들은 정해진 시간에 하는 것이 좋습니다. 매일 같은 시간에 잠들고 일어나도록 한다면 처음에는 잠들지 못하던 아이도 점차 그 시간이 되면 졸려서 잠자리로 가게 됩니다. 식사도 정해진 시각에 하지 않으면 다음 식사 때까지 기다리도록 해서, 정해진 시각에 밥을 먹지 않으면 다음 식사 시간까지 밥을 먹을 수 없다는 것을 알도록 합니다. 그렇게 되면 아이가 식사 시간에 집중할 수 있고, 엄마도 밥 먹이는 것이 한결 수월해질 것입니다.
>
> **❷ 물건 정리하기**
>
> 정리 정돈하는 습관은 물건을 소중히 여길 줄 아는 아이로 자라게 해줍니다. 자기 물건은 자기가 정리하는 습관을 들일 수 있도록 놀이를 마친 후 장난감을 제자리에 갖다두도록 해주세요.
>
> 너무 많은 장난감을 꺼내면 금방 치우기 어렵고 정리하기 힘들어서 싫증을 내거나 포기할 수 있습니

다. 따라서 조금씩 정리하면서 차차 범위를 넓혀나가도록 해주세요. 그리고 물건의 위치를 쉽게 찾을 수 있도록 장난감 자리에 사진이나 그림을 붙여주면 좋습니다.

❸ 아이에게 도움을 청하세요
아이가 도와줄 수 있는 간단한 집안일, 예를 들어 신발 정리나 양말 짝 맞추기, 빨래 서랍에 넣기와 같이 간단한 집안일을 도와달라고 해봅니다. 좀 더 재미있게 "OO이 출동~ 엄마가 도움이 필요해!"라고 하며 놀이 형식을 빌려 재미있게 참여할 수 있도록 유도하면 더 좋습니다.

NOTE

4
아이에게 피드백을 주세요

아이는 성인의 칭찬과 격려 속에서 자라납니다. 아이가 실천한 작은 행동이라도 놓치지 마시고 칭찬해주시면, 작은 행동이 좋은 습관으로 이어질 수 있습니다.

4-1 긍정적인 말투와 행동을 보여주세요

아이를 키우다 보면 부모로서 하루에도 몇 번씩 부정적인 말과 행동이 불쑥 나오기도 합니다. 마음속으로는 '부정적인 말을 하지 말아야지'라고 생각하다가도, 아이의 미운 행동과 말을 보는 순간 나도 모르게 부정적인 말이나 행동을 하곤 합니다. 하지만 가급적 아이에게 긍정적인 말과 행동을 하는 것이 좋습니다.

국립국어원의 조사에 따르면 자녀는 가정에서 듣고 싶은 말로 '노력에 대한 칭찬(52%)'과 '행동에 대한 칭찬(26.5%)'이 1, 2위를 차지했습니다. 유아기 아이들 또한 이러한 결과와 크게 다르지 않을 것이라 생각됩니다.

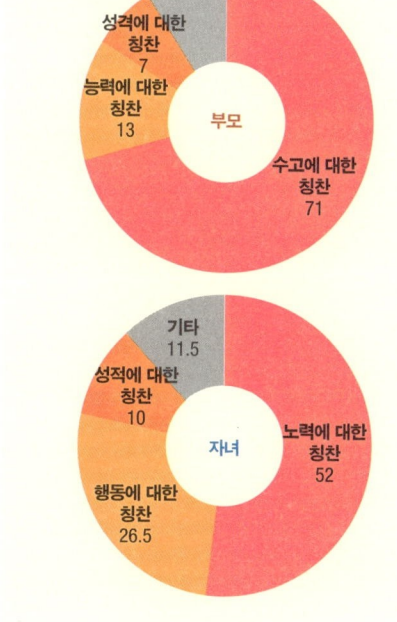

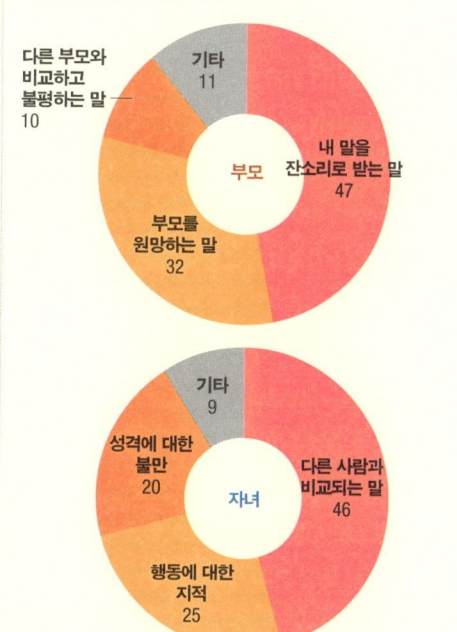

자료: 《국어정책통계연감》, 한국국립국어원(2015년), 단위: %

TIP

아이에 대한 부모의 긍정적 말 & 부정적 말 | 자료·한국심리상담센터

❶ 아이와의 좋은 대화 vs 관계를 망치는 대화

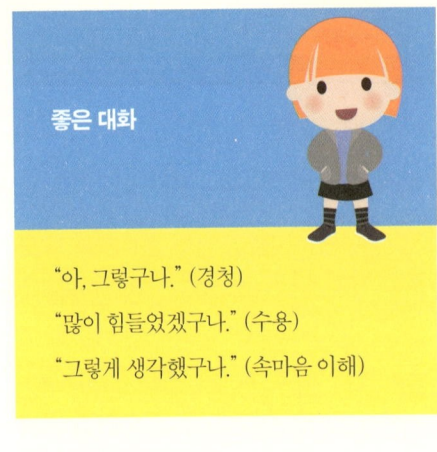

좋은 대화

"아, 그렇구나." (경청)
"많이 힘들었겠구나." (수용)
"그렇게 생각했구나." (속마음 이해)

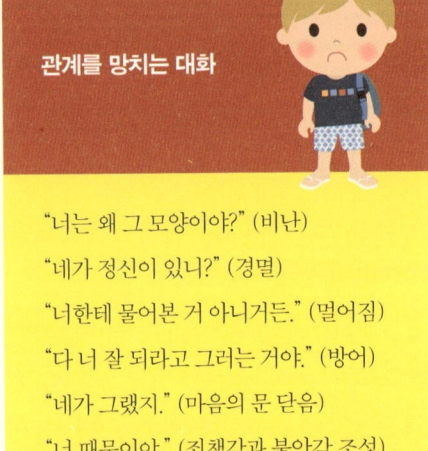

관계를 망치는 대화

"너는 왜 그 모양이야?" (비난)
"네가 정신이 있니?" (경멸)
"너한테 물어본 거 아니거든." (멀어짐)
"다 너 잘 되라고 그러는 거야." (방어)
"네가 그랬지." (마음의 문 닫음)
"너 때문이야." (죄책감과 불안감 조성)
"당장 그만둬." "빨리 해." (명령과 훈계)

❷ 성장 시기별 감정 코칭 원칙

- **감정 표현에 서툰 유아, 알아주지 않으면 더 엇나가**
  '싫어' 하고 반항하는 아이 속마음 읽기, 원초적인 독점욕 이해하기, 부모의 감정을 표현하고 조절하는 모습 보여주기

- **친구와의 관계가 중요한 취학 전 아동**
  아이 감정을 듣고 표현하도록 격려하기, 친구와 함께 감정조절법 익히기, 아이에게 의견을 묻기보다 선택권 주기, 아이들의 원초적 두려움 이해하기

- **초등학생, 모멸감과 수치심 심으면 안 돼**
  칭찬과 격려 아끼지 않기(1~2학년), 스스로 옳고 그름 생각하도록 돕기(3~4학년), 불안정한 감정 끌어안기(5~6학년)

- **질풍노도 사춘기, 공감하고 또 공감해야**
  죽 끓는 듯한 변덕 다 받아주기, 몸으로 배울 기회 많이 제공하기, 즐거운 경험 많이 하도록 돕기, 매니저가 아닌 컨설턴트로 다가가기

4-2 자녀의 올바른 생활 습관을 신경 써주세요

자녀의 육아에 있어서 가장 고민되는 부분은? | 단위·% 조사 시기·2018년 8월 8일~8월 15일 조사 대상·영유아 자녀를 둔 부모 1,186명

인성 및 예절 교육, 올바른 생활 습관 형성	정서발달, 사회성 함양	신체발달, 예체능 교육	한글, 영어 등 언어 교육
41.55	25.7	17.6	14.9

올바른 생활 습관을 가진 바른 아이로 자라도록 하는 가장 좋은 방법은 아이에게 긍정적인 말투와 행동으로 피드백을 주는 것입니다. 물론 긍정적인 말투와 행동을 꾸준하게 아이에게 해주는 것은 쉽지 않은 일입니다. 하지만 아이의 미래를 위해 조금씩 노력해보는 것이 필요합니다.

❶ **아침을 놓치지 마세요** | 아침에 일어나서 아이를 만나는 그 순간을 놓치지 마세요. 아이에게 "오늘 아침에 네가 웃는 모습을 보니 너무 기분이 좋구나. 너는 정말 웃는 게 멋져(사랑스러워). 사랑해" 등 아이에게 사랑과 긍정적인 피드백을 보내주세요.

❷ **시간이나 상황을 정하세요** | 언제, 어떤 상황에 긍정적인 피드백을 주어야 할지 고민된다면 스스로 시간이나 상황을 정해보세요. 아이가 기관에 가기 전이라든지 양치를 하고 난 후, 식사를 할 때 등 구체적인 시간이나 상황을 미리 생각해보세요. 처음에는 긍정적인 말을 어떻게 해야 할지 고민이 될 수 있지만, 시간이 조금 지나면 금세 아이에게 긍정적인 피드백을 주는 자신의 모습을 볼 수 있을 것입니다.

❸ **부정적인 상황이라도 긍정적인 피드백으로 아이를 격려해주세요** | 예를 들어, 아이가 컵을 깼을 때 "넌 왜 이렇게 조심성이 없니? 컵이나 깨고……"라고 이야기하기보다는 "괜찮니? 안 다쳐서 다행이다. 다음에는 컵을 들 때 손잡이 부분을 잘 들어보자" 등으로 잘못을

꾸중하기보다는 아이가 다치지 않았음이 더 중요하다는 것을 알려주는 것이 좋습니다.

❹ **아빠도 꼭 함께해주세요** | 많은 아빠들은 바쁘기 때문에 아이에게 긍정적인 피드백을 주기 어려울 수 있습니다. 하지만 사랑하는 아이는 세상 그 어떤 것보다 소중하다는 사실을 잊지 마세요. 아빠는 아침에 일어나서, 그리고 저녁에 잠들기 전에 반드시 하루에 2번 이상 아이에게 긍정적인 말투와 행동을 보여주기로 스스로에게 약속하면 좋습니다.

> **TIP**
>
> **부정적 지시와 자율성 발달과의 관계** | **자료** · '말 배우는 아이에겐 "뛰지 마" 대신 "천천히 걸어"', 베이비 뉴스
>
> 아기가 엄마의 "안 돼"를 이해하기보다는 뭔가 마땅치 않은 일을 하면 엄마가 무서운 표정을 짓고 손가락을 들어 올려 자기를 가리키며 소리 높여 "안 돼"라고 말한다는 것을 인지하게 된다. '돼'라는 말에 '안'을 붙이는 언어적 조합을 인지하고, 그 말을 반복하면서 연습한다. 그 연습으로 '안'이 조합된 언어에 재미를 느끼다가 마침내 아기는 무슨 말이든지 '안'을 붙이는 문법적 오류를 일으킨다. 엄마가 "○○야, 밥 먹자"라고 아기를 부르면, 아기는 엄마의 지시에 순응할 수 없다는 뜻으로 고개를 좌우로 흔들면서 "아니, 아니야, 안 밥 먹어"라고 말한다. 엄마는 아이의 말을 문법적으로 따지지 않고 의미적으로 이해하지만, 2~3세경에 많이 하는 말이다. 아이의 위험 상황 때문에 엄마는 부정적 지시어를 많이 쓰지만 긍정적 지시어를 사용하는 것이 바람직하다. 유아교육기관에서도 부정적 지시어를 쓰는 경향이 있는데, 성인 역시 부정적 지시어를 많이 듣고 성장하면서 자연스레 학습되었기 때문이다. 부정적 지시어를 긍정적 지시어로 바꾸는 연습이 필요하다.
> "하지 마, 뛰지 마, 떠들지 마, 남기지 마, 울지 마" 등의 말을 "해, 괜찮아. 천천히 걸어, 조용히 해, 잘 먹어" 등으로 바꿔 말해보자. 정중한 인사말과 감사함을 나타내는 단어를 따뜻한 시선과 함께 들려준다면 금상첨화가 될 것이다.

4-3 올바르게 훈육하세요

아이가 성장하면서 아이의 나쁜 습관이나 바르지 않은 행동을 자주 보게 됩니다. 그럴 때 부모로서 어떻게 훈육해야 할지 고민스럽습니다. 부모가 화가 난 상태에서 아이를 혼내면 올바른 훈육을 할 가능성은 낮아집니다. 아이를 올바로 훈육하기 위해서 부모 또한 자신의 훈육 방법에 대해 반드시 생각해봐야 합니다.

❶ 먼저 부모의 감정을 조절합니다

부모 스스로가 매우 화가 났을 때는 아이를 훈육하지 않습니다. 그럴 때는 잠깐이라도 아이와 떨어져서 부모의 감정을 조절하는 시간을 가져야 합니다. 화가 난 상태에서 아이와 마주하거나 이야기하면 부모와 아이 모두에게 좋지 않은 기억이 될 수 있습니다.

❷ 아이가 화가 났을 때는 아이에게도 잠깐의 시간을 줍니다

아이도 자신의 행동에 화가 났거나, 부모의 표정이나 행동을 보고 그 상황에 대해 화가 날 때가 있습니다. 그럴 때는 부모가 아이에게 약간의 시간을 주며, 아이 스스로 감정을 조절할 수 있도록 기다려주는 것이 좋습니다.

❸ 아이와 함께 약속과 벌을 정하고, 지킵니다

아이에게 기대되는 행동을 정할 때는 반드시 아이와 함께 정해야 합니다. 더불어 그 내용을 구체적으로 해야 합니다. 예를 들어 '물건 정리하기'보다는 '학교 다녀오면 책가방과 실내화 주머니를 제자리에 정리하기' 등으로 구체적으로 정하는 것이 좋습니다.

약속은 쉽게 지킬 수 있을 것부터 하나씩 시작하는 것이 좋습니다. 아이가 약속을 어기면 어떻게 할 것인지도 아이와 함께 정해야 합니다. 이럴 경우 아이의 권리를 제한하는 것이 좋습니다. 예를 들어, TV 시청이나 게임 시간 제한, 놀이터 이용 시간 제한 등 아이의 권리에 대한 부분으로 벌을 정합니다. 아이가 약속을 어길 경우 부모는 단호하고 짧게 "네가 지금 책가방과 실내화 정리를 하지 않았기 때문에 오늘은 놀이터에서 놀 수 없어"라고 말하는 것이 좋습니다.

❹ 체벌은 하지 않습니다

자녀에게 여러 번 설명하며 훈육했지만, 자녀가 반복적으로 같은 행동을 하면 부모로서 너무 화가 나 체벌을 하는 경우가 있습니다. 하지만 체벌을 하면 아이는 자존감에 심한 상처를 받습니다. 더불어 체벌 때문에 공격성도 학습하며 이로 인한 분노를 갖게 될 수 있습니다. 또 체벌이 반복되는 경우 부모-아이 관계에 부정적인 영향을 줄 수 있고, 또래 관계에서도 문제가 생길 수 있습니다. 그러므로 체벌은 하지 않는 것이 좋습니다.

❺ 잘한 행동에 대해 반드시 칭찬합니다

자녀가 노력하는 모습을 보이거나 잘한 행동을 했을 경우 반드시 칭찬합니다. 충분히 칭찬을 받은 아이는 더욱 노력하게 됩니다. 칭찬을 할 때는 구체적인 행동을 포함하여 칭찬하는 것이 좋습니다. 하지만 돈을 주거나 아이가 사달라는 물건을 사주는 등 보상 형태의 칭찬은 좋지 않습니다.

TIP

아이도 엄마도 행복한 훈육 팁 | 자료·중앙아동보호전문기관

정중한 요청 | 아동에게 어떤 요청을 할 때는 정중하게 해야 한다는 걸 잊지 말 것.
예) "나를 좀 도와주겠니? 사물함 정리를 깨끗이 하려무나"와 같이 요청하고 아동이 그렇게 하겠다고 하면, "고맙구나. ○○는 참 잘 도와주는구나"라고 말함.

논리적 결과 | 아동이 그릇된 행동을 했을 때 관련되어 나타나는 결과에 대해 논리적으로 수반되는 대가를 받도록 함.
예) "숙제를 해오지 않으면, 방과후교실에 남아서 못한 숙제를 하고 집에 가라."

나 – 전달법 | 정중한 요청을 해 아동의 행동을 변화시킬 수 없을 때 조용하나 단호한 목소리로 "나 – 전달법"을 사용하여 표현하면 효과적. "너(아동)"의 잘못을 지적하는 게 아니라 "나(부모)"를 주어로 문제 상황을 설명하는 대화 방식
예) "○○야! 네 주변을 어지럽히고 청소하지 않으니, 주변이 지저분해져 문제란다. 다른 사람들이 너를 대신해서 치워야 하니 시간도 걸리고 피곤하기 때문이야."

보상 | 긍정적인 행동은 즉각적으로 자주 보상하고 부정적인 행동은 적극적으로 무시
예) 사회적 보상(미소, 안아주기), 활동적 보상(만화영화 보여주기, 운동장에서 친구들과 놀기), 물질적 보상(아이스크림, 장난감 등)

타임아웃 | 아동이 부정적 행동을 했을 때 조용하고 지루한 타임아웃 장소에 둬 관심이나 보상을 받지 못하게 하는 것.
예) 생각하는 의자, 거실 모퉁이 등 타임아웃 장소를 선정해 휴대용 타이머(연령당 1분)를 맞추어두고 타이머가 울린 후 그 장소에 간 이유에 대해 이야기를 나눔.

5
아이를 안전하게 키워요

아이들은 호기심이 많아 쉽게 안전사고에 노출됩니다. 어른에게는 작고 사소한 부분일지라도, 아이들에게는 큰 사고로 이어질 수 있습니다. 아이가 마음껏 놀고 즐겁게 생활할 수 있는 환경을 만들어주세요.

5-1 어린이 안전사고를 예방하세요

❶ 집 안 곳곳에 있는 위험 요소를 확인합니다

아이들은 주변 환경에 대한 호기심이 매우 많습니다. 하지만 위험한 상황에서 자신을 보호할 수 있는 운동 기능이나 위험 인지 능력은 덜 발달되어, 안전사고에 자주 노출됩니다. 그러므로 가정에서는 집 안의 위험 요소를 잘 관리해야 합니다. 위험 요소를 관리하는 방법에는 바닥의 전선이나 장난감 정리, 가구 모서리에 보호대 부착, 난로·선풍기 안전망 설치, 베란다 문 잠그기 등이 있습니다.

❷ 아이와 함께 안전 점검 리스트를 작성해보세요

아이와 함께 가정 내 안전 점검을 합니다. 가정에 어떠한 위험 요소가 있으며, 안전하게 생활하기 위해 어떤 노력을 해야 할지 점검 리스트를 통해 확인합니다. 아이와 함께 안전 점검 리스트를 작성하는 동안 아이 스스로 안전에 대한 중요성을 알게 됩니다.

❸ 야외 활동을 할 때 안전 수칙을 지킵니다

아이가 자전거나 인라인스케이트를 탈 때 안전모, 무릎 보호대, 팔꿈치 보호대 등 보호 장구를 반드시 착용해야 합니다. '잠깐인데 어때……'라는 생각으로 아이에게 안전 보호 장구를 해주지 않는다면 아이는 위험한 상황에 노출될 수 있습니다.

❹ 다른 사람의 반려동물을 함부로 만지지 않게 합니다

최근 반려동물에게 물리는 사고가 자주 발생하고 있습니다. 가정에서도 아이와 함께 이런 사고의 위험성에 대해 충분히 이야기하고, 반려동물을 함부로 만지지 않도록 지도하면 좋습니다.

❺ **사고가 났을 때 침착하게 대처합니다**

부모가 생각하기에 작은 상처가 아니라고 판단된다면 가장 먼저 119에 연락하는 것이 좋습니다. 이후 환자의 상태를 말하고, 지시 내용에 따라 응급처치하는 것이 가장 바람직합니다. 임의로 시행하는 부적절한 응급처치는 상태를 악화시킬 수 있습니다.

TIP

가정 안전 점검 체크 리스트 | 자료·안전신문고

아이들이 마음껏 뛰어놀고 부모들이 안심하고 생활할 수 있는 안전한 가정환경을 만들고 계신가요? 한번 확인해보세요. 아이와 함께 점검하고 불량인 부분이 있다면 양호가 될 수 있도록 해주세요.

우리집 안전 환경 체크 리스트

점검 일시 :   점검자 :

항목	안전 상태		조치 결과
	양호	불량	
❶ 일반사항			
피난에 지장을 줄 수 있는 물건을 피난 통로에 쌓아두지 않고 있다.			
재난에 대비한 〈국민행동요령〉을 구비해두고 있다.			
평소 비상연락망을 준비해서 비치해두었다.			
응급처치를 위한 의약품이 비치되어 있고 약품의 상태는 양호하다.			
정기적으로 약품의 유통기한을 확인하여 유통기한이 지난 약품은 약국의 수거함에 넣는다.			
약품보관함은 아이의 손이 닿지 않는 곳에 두거나 잠금장치를 설치해두고 있다.			
비상식량, 물, 약품 등을 담은 비상배낭을 익숙한 장소에 준비해두고 있다.			

❷ 화재안전		
거실과 주방 등에 화재감지기가 설치되어 있다.		
가정에 소화기가 비치되어 있으며, 소화기의 압력표시부는 '정상(녹색)'을 가리킨다.		
인화성 물질을 화재 위험이 없는 곳에 별도로 보관하고 있다.		
❸ 가스안전		
가스 호스가 낡거나 손상된 곳이 없다.		
비눗물을 호스 연결 부위 등에 발랐을 때 거품이 일어나지 않는다.		
가스 연소가 주변에 불이 타기 쉬운 물체를 두지 않고 있다.		
연소기는 자주 청소하여 음식물 찌꺼기 등이 끼어 있지 않다.		

5-2 안전사고 요소를 제거하세요

유아기에는 가정 내 안전사고가 가장 많이 발생합니다. 아이를 안전하게 키우기 위해 가정에서도 좀 더 많은 노력을 해야 합니다.

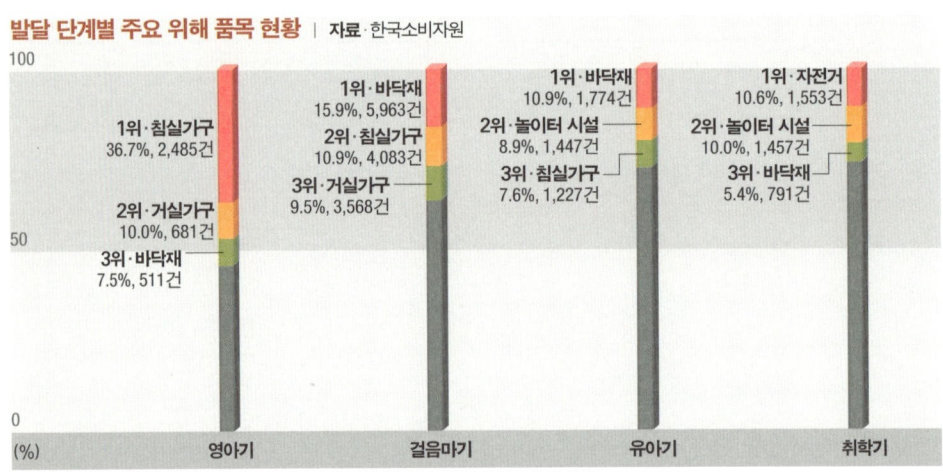

발달 단계별 주요 위해 품목 현황 | 자료·한국소비자원

- 영아기: 1위·침실가구 36.7%, 2,485건 / 2위·거실가구 10.0%, 681건 / 3위·바닥재 7.5%, 511건
- 걸음마기: 1위·바닥재 15.9%, 5,963건 / 2위·침실가구 10.9%, 4,083건 / 3위·거실가구 9.5%, 3,568건
- 유아기: 1위·바닥재 10.9%, 1,774건 / 2위·놀이터 시설 8.9%, 1,447건 / 3위·침실가구 7.6%, 1,227건
- 취학기: 1위·자전거 10.6%, 1,553건 / 2위·놀이터 시설 10.0%, 1,457건 / 3위·바닥재 5.4%, 791건

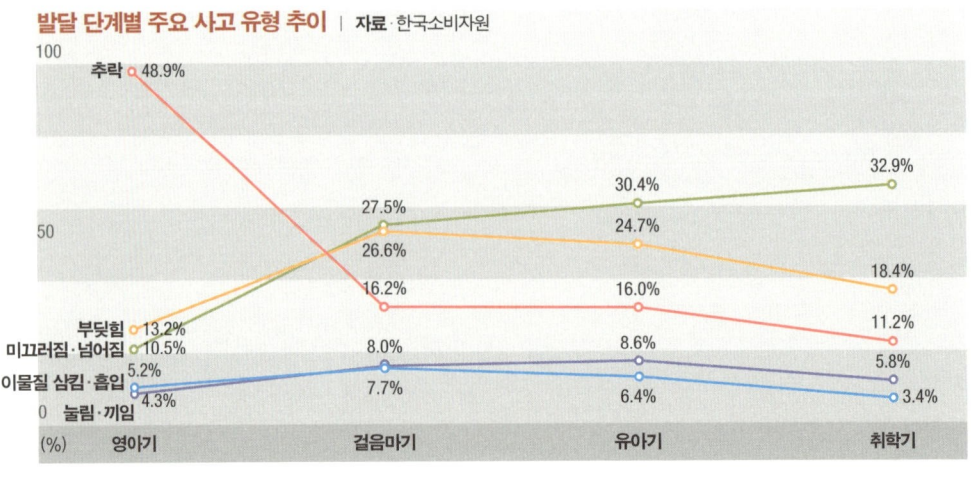

발달 단계별 주요 사고 유형 추이 | 자료·한국소비자원

- 영아기: 추락 48.9%, 부딪힘 13.2%, 미끄러짐·넘어짐 10.5%, 이물질 삼킴·흡입 5.2%, 눌림·끼임 4.3%
- 걸음마기: 부딪힘 27.5%, 추락 16.2%, 미끄러짐·넘어짐 26.6%, 이물질 삼킴·흡입 8.0%, 눌림·끼임 7.7%
- 유아기: 미끄러짐·넘어짐 30.4%, 부딪힘 24.7%, 추락 16.0%, 이물질 삼킴·흡입 8.6%, 눌림·끼임 6.4%
- 취학기: 미끄러짐·넘어짐 32.9%, 부딪힘 18.4%, 추락 11.2%, 이물질 삼킴·흡입 5.8%, 눌림·끼임 3.4%

TIP

시기별 안전사고 예방법

❶ 걸음마기 | 미끄러지거나 넘어지는 사고가 1위

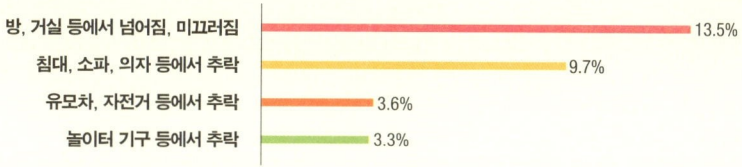

- 방, 거실 등에서 넘어짐, 미끄러짐 — 13.5%
- 침대, 소파, 의자 등에서 추락 — 9.7%
- 유모차, 자전거 등에서 추락 — 3.6%
- 놀이터 기구 등에서 추락 — 3.3%

걸음마기는 방이나 거실 등에서 넘어지거나 미끄러지는 사고 발생률이 가장 높습니다. 다음으로 침대, 소파, 의자 등에서 추락하는 사고, 정수기, 다리미 등 가정용 기기에 의한 화상 사고, 완구를 삼키는 사고가 발생하기 쉽습니다.

❷ 안전사고 예방법

㉠ 영아는 모든 물건을 입에 넣는 습성이 있어서 아이 주위에는 삼킬 수 있는 물건은 모두 치워야 하며, 침대에서 잠을 잘 때는 떨어지지 않도록 보호대를 설치해야 합니다.
㉡ 유모차를 타고 이동할 때에는 안전벨트를 꼭 채워야 하고, 에스컬레이터나 계단으로 이동하지 않도록 합니다.
㉢ 뜨거운 주방용품 같은 물건은 아이들 손에 닿지 않는 곳에 놓아야 합니다.
㉣ 아이가 넘어지거나 미끄럼 방지를 위해 미끄러지지 않는 바닥재나 미끄러짐 예방 제품을 사용하고, 넘어지면서 주위 가구나 물체에 부딪칠 수 있으니 모서리 등에 안전용품을 설치하도록 합니다.
㉤ 방문, 창문에 끼이지 않도록 손 끼임 방지 안전 문이나 보호 장치를 설치합니다.

❸ 4~6세 유아기 | 추락 및 넘어짐, 미끄럼 사고가 많아요

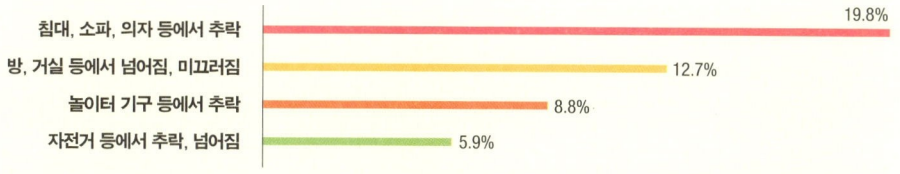

- 침대, 소파, 의자 등에서 추락 — 19.8%
- 방, 거실 등에서 넘어짐, 미끄러짐 — 12.7%
- 놀이터 기구 등에서 추락 — 8.8%
- 자전거 등에서 추락, 넘어짐 — 5.9%

점차 활동 범위가 넓어지는 시기지만, 여전히 안전사고 발생 장소 1위는 가정입니다. 이때 침대, 소파, 의자 등에서 추락하는 사고가 가장 많이 일어나고, 다음으로 넘어지거나 미끄러지는 사고, 놀이터 기구 등에서 추락하거나 넘어지는 사고, 자전거 등에서 추락하거나 넘어지는 사고 순으로 나타납니다.

5-3 응급 상황에 대처하세요

갑자기 아이가 다쳤을 때 부모는 너무 당황스럽고 어떻게 해야 할지 하나도 생각나지 않게 됩니다. 하지만 아이보다 부모가 더 놀라거나 당황하는 모습을 보이면 아이 또한 심리적으로 위축되어 아이와 부모 모두에게 좋지 못한 결과를 가져옵니다.
아이가 응급 상황일 때 부모는 침착하게 행동하는 것이 좋습니다. 더불어 응급 상황에 맞는 처치를 미리 익혀 치명적인 부작용이 생기지 않도록 주의해야 합니다.

❶ 코피가 날 때

자료 · 보건복지가족부 보육 시설 응급처치 매뉴얼

- 앉은 자세를 유지한다.
- 머리를 약간 앞으로 숙이게 해서 혈액이 목으로 넘어가지 않고 코의 앞부분을 통해 흘러나올 수 있게 한다.
- 목뒤로 넘어가게 되면 질식하거나 메스꺼움, 구토 등을 일으킨다.
  ㉠ 엄지와 다른 두 손가락으로 코를 쥐고 5분간 서서히 압박한다.
  ㉡ 환자는 윗입술과 잇몸 사이에 둥글게 말은 거즈를 넣고 압박한다.
  ㉢ 코와 뺨 주위에 얼음물 주머니를 올려 지혈을 돕는다.

❷ 뼈가 부러졌을 때

개방성 골절이라고 하더라도 당장 생명이 위험한 경우는 드물다.
- 즉시 119에 신고한 후 주위가 위험한 상황이 아니면 환자를 가급적 움직이지 않는다.
- 다친 곳의 옷은 조심스럽게 벗긴다. 필요 시 옷을 잘라내야 한다.
- 발가락이나 손가락을 가볍게 만져 감각이 있는지 물어본다.
- 감각이 없다면 신경계가 척추 손상의 우려가 높으므로 주의한다.
- 부러진 곳을 부목으로 고정시킨다.
- 환자를 완전하게 고정시킨다.

❸ 벌레가 귀에 들어갔을 때
- 귓구멍 속에서 돌아 나올 수 있는 정도의 작은 벌레가 아니라면, 계속 고막 쪽으로 파고들 수 있기 때문에 바로 병원으로 간다.
- 핀셋이나 면봉으로 벌레를 제거하려고 시도하는 것은 자칫 벌레를 더 자극할 수 있기에 하지 않는다.

❹ 즉시 병원에 가야 하는 경우
- 코피가 나면서 몸의 다른 곳에서도 출혈이 있을 때
- 너무 많은 피를 흘렸을 때
- 얼굴이 창백해질 때
- 의식이 흐려질 때
- 입으로 피를 토할 때
- 식은 땀을 흘릴 때
- 코가 자주 막히면서 코피가 자주 날 때
- 머리를 부딪친 후에 코피를 흘릴 때

TIP

119에 전화하는 요령 | 자료·보건복지가족부 보육 시설 응급처치 매뉴얼

● **119로 전화하면 응급처치 지도를 받을 수 있다**
- 응급 환아가 발생하면 그 즉시 119에 신고한다.
- 119에 환아의 상태를 설명한다.
- 전화를 끊지 않고 119의 응급처치 요령을 전달받는다.
- 119 구급대가 현장에 도착하기 전까지 부모나 교사는 환아에게 응급처치를 실시한다.
- **확인** | 응급 상황 및 응급처치에 대한 정보는 119나 1339(응급의료정보센터)에 전화하면 자세히 알 수 있다.

- **당신의 주소는?** → ○○구 ○○동 ○○번지 ○○어린이집
- **주변 건물은?** → 가까운 거리에 있는 큰 건물(빌딩, 은행, 관공서 등)
- **어떤 상태입니까?** → 질병 또는 사고 상태 등
- **전화번호는?** → ☎ ○○○-○○○○(경우에 따라 휴대전화)

- 아이의 문제에 관련해 이야기를 꺼내기 전에 아이의 바람직한 행동이나 장점에 대해 먼저 말합니다. 지나치게 자신의 아이를 낮추어 이야기하기보다는 아이가 잘하는 점 한두 가지 정도를 이야기하며 상담을 시작하는 것이 좋습니다.

- 면담하고 싶은 내용을 구체적으로 이야기합니다. 예를 들어 '아이가 동생을 때리는 행동'에 대해 이야기하고 싶다면 언제, 어디에서 그러한 행동을 보이는지 관찰하는 것이 좋습니다.

- 면담 도중 면담 내용과 관계가 적은 의견을 말하지 않아요. 교사와 이야기를 나누다 보면 면담과 관계가 적은 의견을 말할 때도 생깁니다. 하지만 이때 그러한 이야기를 계속하기보다는 면담과 관련된 이야기를 하는 것이 좋습니다.

- 예의 바른 자세로 앉습니다. 교사와 대화할 때는 예의 바른 자세로 앉아서 이야기하는 것이 좋습니다. 손이나 다리를 꼬거나 턱을 괴거나 팔짱을 끼는 등의 자세는 좋지 않습니다.

- '왜?'라는 질문보다는 '어떻게?'라는 질문을 합니다. 교사가 아이에 대해 이야기할 경우 부모의 의견과 다를 수 있습니다. 그럴 때 '왜?'라는 질문보다는 "어떻게 그렇게 생각하셨어요?", "어떤 부분이 그런가요?" 등으로 바꾸어 질문하는 것이 좋습니다.

- 긍정의 행동 메시지를 보냅니다. 교사와 정면으로 대하고 눈을 마주치면서 교사의 의견에 공감한다는 의미로 종종 고개를 끄덕이거나 미소를 짓는 등 진행을 부드럽게 하는 것이 좋습니다.

- 신뢰와 긍정의 메시지를 보냅니다. 교사에게 부모로서 당신을 신뢰하고 있음을 알려주는 것이 좋습니다. 면담하면서, 그리고 면담이 끝난 후 교사에게 매우 유익한 시간이었음을 언급하는 것도 좋습니다.

- 면담 내용을 부부가 공유합니다. 면담 시 학부모가 함께 참여하는 것이 가장 이상적이지

만 그렇게 하지 못한다면 그 내용을 부부간에 반드시 공유해야 합니다. 따라서 면담이 끝나면 면담 내용을 간단히 정리하여 기록하고 보관하는 것이 좋습니다.

부모 역할 체크 리스트 | 자료 · '6세 아이에게 꼭 해줘야 할 59가지', 네이버 지식백과

	부모 자신이 어렸을 때 싫어했던 부모의 말, 태도, 행동, 습관 등을 기억하여 자신이 그렇게 되지 않도록 애쓴다.
	물건을 잘 정리할 수 있도록 환경을 만들어준다.
	아이가 정해진 시간에 잠을 자도록 밤늦게 텔레비전을 켜지 않는다.
	화가 났을 때 소리 지르지 않고 부모가 느끼는 감정을 적절히 말한다.
	유치원 선생님과 신뢰감 있는 관계를 맺어 아이에 대한 것을 의논할 수 있다.
	아이의 특정 재능이 무엇인지 관찰하고 발견한다.
	아이의 재능을 알고 그것을 키워주기 위해 노력한다.
	지나친 꾸중이나 비난, 공포, 좌절의 상황을 만들지 않는다.
	하루 일과를 아이와 함께 계획한다.
	아이와 함께 식단을 짠다.
	아이 앞에서 다른 사람이나 어른의 흉을 보지 않는다.
	텔레비전이나 비디오에서 지나친 폭력물이나 공포물은 보지 않는다.
	동생을 본 큰아이의 질투가 심하다면 당분간 큰아이를 더 따뜻하게 대한다.
	수저 놓기, 화분에 물 주기 등 작은 집안일을 돕게 한다.
	아이와 함께 동물원이나 박물관에 한 달에 한 번쯤 간다.
	컴퓨터에 아동 보호 장치를 해두었다.
	유치원 준비물을 빠뜨리지 않으며, 아이와 함께 챙긴다.

결과 보기
- **10개 이상** | 자녀에 대해 좋은 태도를 지닌 훌륭한 부모
- **6~9개** | 자녀에 대한 이해와 사랑이 좀 더 필요한 부모
- **5개 미만** | 자녀에 대한 이해와 사랑이 부족한 부모

4교시

소망의 문
더 해주고 싶은데,
무엇을 더
해주어야 하나요?

자녀에게 많은 것을 해주어도 늘 부족한 것 같아 미안한 생각이 드는 것이 부모의 마음입니다. 그런 생각에 주위를 둘러보면 너무 많은 정보들이 있어서 무엇이 꼭 필요한 것들인지 고르는 것도 어렵기만 합니다.

1
좋은 책을 읽히고 싶어요

대부분의 부모들은 아이에게 좋은 책을 접하게 해주면 아이 발달에 많은 도움이 된다는 사실을 잘 알고 있습니다. 하지만 서점 혹은 인터넷을 통해 아이에게 맞는 책을 찾아보려고 하면 어떤 책을 골라야 할지 망설여진다고 합니다. 아이에게 좋은 책은 연령에 맞고 흥미로우며, 아이에게 긍정적 영향을 줄 수 있어야 합니다.

1-1 유아에게 알맞은 그림책을 고르세요

❶ 유아의 흥미, 나이, 발달 상태 등을 고려합니다.
❷ 그림책을 고를 때 전문가의 추천을 받았는지 살펴봅니다.
  - **도서 상 수상 작품** | 칼데콧 상, 케이트 그린 어웨이 상, 존 뉴베리 상, 한국도서출판협의회 상 등
  - **추천 도서** | 도서협회, 평론협회, 미국도서협회, 한국유아교육협회 등
❸ 문학적 요소(구성, 주제, 인물, 배경 등)가 적절한지 보고 고릅니다.
❹ 그림책이 유아의 발달에 적합한지 살핍니다.
  - 잘 모를 때는 서점에 가면 전문가들이 추천하는 좋은 도서란을 참고하여 고르면 실패하지 않습니다.
❺ 그림이 이야기를 보완하는지 살핍니다.
❻ 이야기 속에 편견적 특성이 나타나지 않는지 살펴봅니다.
❼ 책의 인쇄, 제본 상태가 양호한지 보고 고릅니다.

TIP

유아 독서 지도법 | 자료 · '유아·초등생 '잡히는 대로 독서' 스톱', 동아일보

❶ **내 아이의 독서 수준부터 파악하라**
  무조건 연령, 학년에 따라 책을 고르면 아이가 독서에 흥미를 잃는다. 아이가 책의 내용을 얼마나 소화하는지 살펴본 뒤 다음 읽을 책의 수준을 정해야 한다.

❷ **유아는 다독, 초등학생은 분야별로 골고루 읽게 하라**
  아주 어릴 때는 좋아하는 책을 읽으며 독서에 대한 흥미를 키우는 것이 가장 중요하다. 분야별, 장르별로 다양한 책을 읽게 하는 것은 초등학교 이후부터 하도록 한다.

❸ **다양한 방식의 독후 활동을 하라**
반드시 독후감을 쓸 필요는 없다. 책 내용에 관한 대화, 일기쓰기, 그림 그리기, 만들기 등 여러 방식을 활용하는 것이 좋다.

❹ **집 안에 독서 환경을 조성하라**
무엇보다 중요하다. 부모와 함께 책을 읽는 분위기를 조성해야 올바른 독서습관이 유지된다.

1-2 아이와 함께 재미있게 책을 읽어주세요

좋은 책과 더불어 아이들에게 중요한 점은 어떻게 책을 읽는가 입니다. 책을 좋아하는 아이로 만드는 데 가장 중요한 점은 부모가 어떻게 아이들과 책을 읽으면서 어떠한 상호작용을 나누는지입니다.

❶ 그림책을 읽다가 이미 잘 알고 있는 내용이 나오면 말해보게 합니다
말을 하다가 막히거나 잘 몰라 하는 부분은 부모가 보충해줍니다.
"이거(강아지 그림을 가리키며), 할머니 댁에서 본 것 같은데? 혹시 기억나니? 다리가 몇 개였지? 어떻게 생겼었지?" 등 아이가 경험하거나 알고 있는 것에 대해 이야기할 수 있도록 격려해줍니다.

❷ 읽으면서 가끔 질문을 합니다
그림책을 줄줄 읽는 방법보다는 구연동화의 방법을 사용하고, 지루하지 않게 읽어주는 것이 좋습니다. 이를 위해 부모가 먼저 혼자서 책을 읽고 난 후 충분히 글의 내용을 이해하고 나서 아이와 함께 읽는 것이 필요합니다. 더불어 책을 읽으며 재미있는 질문을 해 아이에게 호기심과 흥미를 갖게 해주는 것도 좋습니다.

❸ 책의 내용을 질문할 때 개방적인 질문을 합니다
단답형의 답이 나올 수 있는 것은 피하고, 유아의 자발적인 반응이 나올 수 있게 개방적인 질문을 합니다.
"토끼는 어떻게 되었을까?"

❹ 유아가 하는 모든 말에 적절히 반응해줍니다
말이 안 되는 내용을 말하더라도 유아의 수준에 맞게 격려하고 안내해줍니다. 예를 들어 풍

선과 관련된 이야기책을 읽는 중에, 아이가 자동차에 대해 이야기한다면, "OO야, 왜 자동차 이야기를 했어? 엄마는 OO가 왜 자동차 이야기를 했는지 궁금해. 왜 그렇게 이야기했는지 말해줄 수 있어?" 등으로 반응해줄 수 있습니다.

❺ 유아가 한 말에 대해 적절하게 정보를 첨가하여 다시 말해줍니다
유아-"풍선이 있네?", 부모-"노란 풍선이 세 개 있네."

❻ 유아가 틀리거나 부정확한 말도 수용하고, 바르게 다시 이야기해줍니다
책을 읽으며 아이가 "세탁기로 청소해요"라고 이야기했을 때, 부모는 "그래, 세탁기로 옷을 깨끗이 세탁할 수 있겠다. 그럼 세탁기 말고 청소할 수 있는 것은 무엇이 있을까?"라고 이야기할 수 있습니다. 이때 중요한 점은 부모의 태도와 음성입니다. 아이에게 다시 이야기를 해줄 때는 따뜻하고 부드럽게 이야기해주세요.

❼ 유아 이외의 다른 사람과는 이야기하지 말고, 조용한 장소를 택하세요
유아가 그림책에 집중할 수 있도록, 아이와 둘이서 조용한 장소에서 책을 읽는 것이 좋습니다.

❽ 유아가 흥미를 갖고 책을 읽도록, 처음에는 유아가 좋아하는 책을 고릅니다
책 읽는 습관을 가질 수 있도록 유아의 건강 상태와 흥미 등을 고려하여 책을 선정하는 것이 필요합니다.

> **TIP**
>
> **가정에서 지켜야 할 규칙** | **자료**: '부모가 유아에게 그림책 읽어주기', 우리 아이 책카페
>
> ❶ 분위기를 편하고 흥미를 갖게 해준다.
>   유아의 건강 상태, 흥미가 저조한 날은 유아와 대화한 뒤 하루 쉬어도 된다.
> ❷ 반드시 TV는 끄고 책을 읽어준다.
> ❸ 유아가 글씨를 잘 읽을 때는 유아가 읽게 한다.
>   부모는 알맞은 질문을 한다거나 유아가 힘들어할 때 도와주며 함께 읽도록 한다.

❹ 유아가 항상 쉽게 책을 볼 수 있도록 정리대의 높이를 조절한다.

　유아가 좋아하는 책은 유아의 키 높이에 꽂아둔다.

❺ 유아와 부모가 함께 책 읽는 시간은 10~15분을 초과하지 않도록 유의한다.

　유아의 평균 집중 시간은 '15분 이내'라는 사실을 기억한다.

❻ 유아가 읽은 책을 반복해서 읽더라도 꾸중하지 않는다.

　유아와 함께 목소리를 바꾸어 구연한다거나 역할극을 해봄으로써 동화의 내용을 잘 이해하는 데 도움을 준다.

❼ 책을 빨리 읽으라고 서두르지 않는다.

❽ 유아의 책을 부모가 알아서 사주기보다는 함께 서점에 가서 고른다.

　유아가 고른 책이 적절하지 않을 때는 이유를 충분히 설명해주고, 될 수 있으면 유아가 흥미를 갖는 책을 사주는 것이 좋다.

❾ 책을 읽을 때는 부모 가까이에서 읽게 한다.

　유아와 같이 읽거나 옆에서 부모는 다른 책을 읽다가 유아가 궁금해하거나 어려워하는 말이 있어 질문을 할 때 언제든지 도움을 줄 수 있게 한다.

❿ 하루에 많은 양의 책을 읽도록 해서는 안 된다.

1-3 그림책 읽기에 좋은 가정환경을 만들어주세요

❶ **부모가 평소 가정에서 책 읽는 습관을 기릅니다.**
단 월간지, 잡지보다는 어른들이 읽을 수 있는 책을 정해서 읽는 모습을 보여주고 유아가 따라 할 수 있는 분위기를 조성합니다.

❷ **가정에 유아가 읽을 책을 많이 준비합니다.**

❸ **도서관이나 서점에 가는 일을 습관화합니다.**
유아와 함께 서점에 가서 책을 고르는 것도 좋은 독서 환경입니다.

❹ **유아의 방에 책을 읽을 수 있는 공간을 마련합니다.**
책을 읽을 수 있는 공간 주위를 항상 차분하게 정리합니다.

❺ **가족이 함께 동화 내용을 역할극을 꾸미거나 이야기 나누는 시간을 갖습니다.**

❻ **잠들기 전 유아에게 책을 읽어줍니다.**

❼ **책을 소중하게 다루고, 본 책은 제자리에 정리하는 것도 가르쳐줍니다.**

❽ **아이에게 책 내용을 바탕으로 제작한 동영상을 보여줍니다.**
동화책을 동영상으로 제작한 것으로는 '백설 공주와 일곱 난쟁이', '신데렐라', '잠자는 숲속의 미녀', '피노키오', '피터팬', '정글북', '슈렉', '이상한 나라의 앨리스', '아기 곰 푸우', '아기 사슴 밤비' 등이 있습니다.

국내외 문학상 수상작을 중심으로 아이들에게 좋은 책을 매년 선정합니다.
국립어린이청소년도서관 홈페이지에는 국내외 문학상 수상작 도서를 정리해놓았습니다. 국내외 문학상 수상작은 문학적으로 가치 있는 책이기 때문에 아이들에게 매우 좋은 영향을 줍니다.

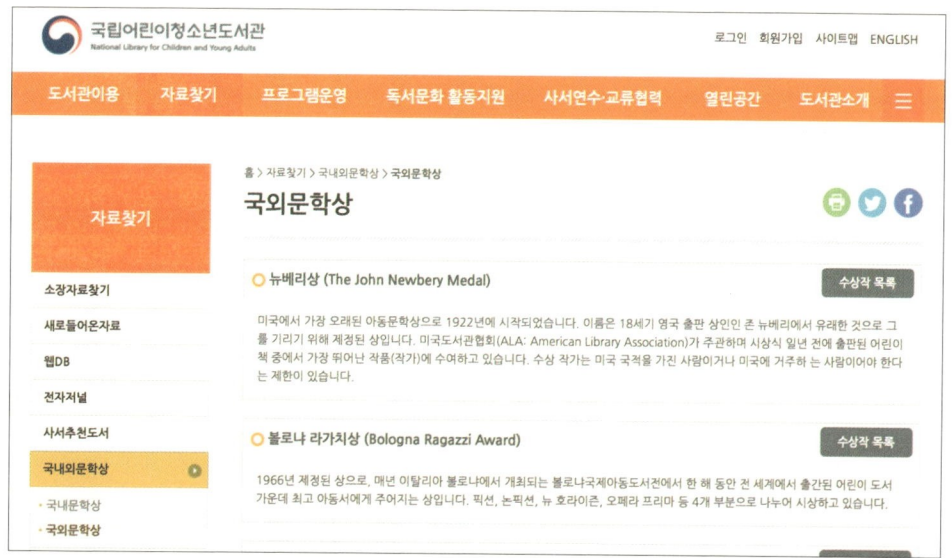

TIP

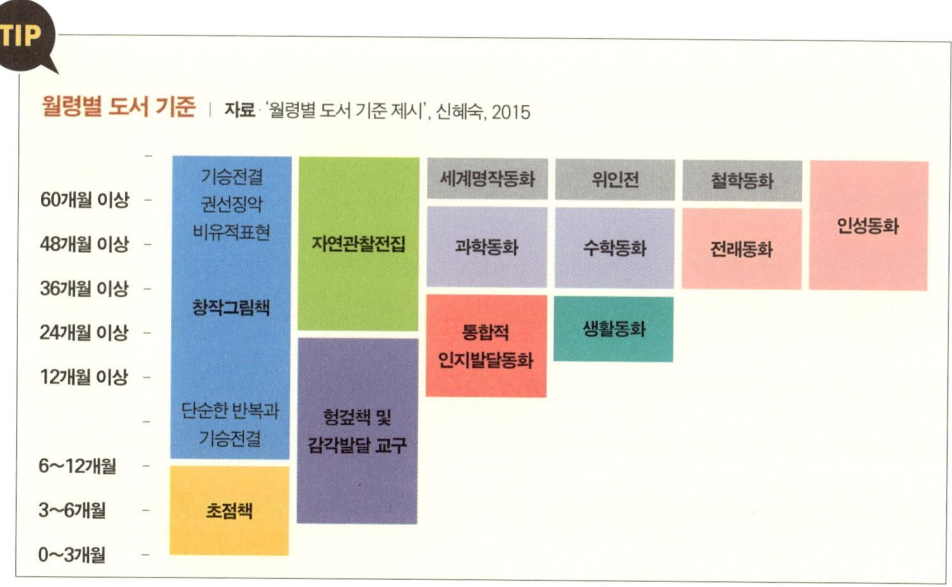

4교시 · 소망의 문 – 더 해주고 싶은데, 무엇을 더 해주어야 하나요?

2
함께 놀고 싶어요

아이는 부모와 함께 즐겁게 놀이할 때 가장 행복해하며 큰 소리로 웃습니다. 부모와 아이가 모두 행복한 놀이를 위해 가장 중요한 것은 부모의 관심과 노력입니다.

2-1 아이가 어떻게 놀이를 하는지 관찰해보세요

아이에게 놀이는 최고의 학습 방법이며 가장 큰 즐거움입니다. 아이와 함께 놀기 위해서는 아이의 놀이 패턴을 잘 알고 있어야 합니다. 부모는 아이의 놀이를 잘 관찰하여 아이의 놀이 방법과 좋아하는 장난감 등을 파악해야 합니다.

TIP

신체 놀이 · 가족 스트레칭 | **자료** '엄마 아빠와 자녀가 함께 하는 패밀리 스트레칭!', 이브자리

베개가 달린 상상의 나무

❶ 엄마(아빠)와 자녀가 나란히 서서 머리 위에 베개를 올리세요. 베개는 자녀 머리를 너무 누르지 않으면서도 미끄러지지 않도록 무게가 적당히 나가는 것이 좋습니다.
❷ 머리 위에서 베개가 균형을 잡도록 한 뒤 양팔을 나뭇가지처럼 쭉 뻗으세요.
❸ 그 상태에서 한쪽 무릎을 구부려 발바닥을 반대쪽 종아리(또는 무릎)에 붙입니다. (발바닥을 붙이는 지점이 위로 올라갈수록 난이도가 올라갑니다.)
❹ 시선은 정면을 향하고 몸 전체가 수직이 될 수 있도록 유지해주세요. (발가락 전체를 쫙 펴서 바닥을 눌러주면 균형을 잡기 쉽습니다.)

패턴 밟기 댄스

❶ 커다란 패턴이 있는 이불을 바닥에 깔고 그 위에 엄마(아빠)와 자녀가 마주 보고 서서 손을 잡으세요.
❷ 자녀는 엄마 아빠 발등에 올라탑니다. 짠! 한 몸이 되었어요.
❸ 자녀와 떨어지지 않도록 손을 꼭 잡은 채 한 발짝 한 발짝

움직이세요. 이때는 이불의 특정 패턴(예 : 파란색 원)만 밟기로 합니다.

❹ 자녀가 상황을 인지할 수 있도록 발을 움직이기 전에 자녀에게 '왼쪽', '오른쪽' 등 발을 움직일 방향을 알려주세요.

아빠(엄마) 품으로 쏙~ 들어올래?

❶ 아빠(엄마)와 자녀가 마주 본 채 서로를 향해 다리를 쭉 펴고 바닥에 앉으세요. 이때 서로의 발바닥이 닿는 것이 포인트!

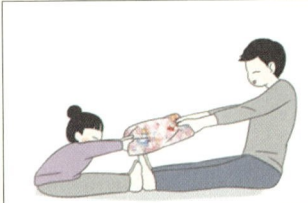

❷ 아빠와 자녀는 서로 같은 베개의 끝을 꼭 잡습니다.

❸ 먼저 아빠가 등을 바닥 쪽으로 젖히면서 베개를 자신의 배 쪽으로 당기세요. 자연스럽게 반대쪽 베개를 잡은 자녀의 몸이 아빠 쪽으로 따라올 거예요.

❹ 베개를 당길 때는 자녀의 연령과 신체 능력에 맞춰 당기는 힘을 조절합니다.

❺ 선수 교체! 이번엔 자녀가 등이 바닥에 닿도록 몸을 눕히면서 베개를 자기 쪽으로 당기게 하세요.

❻ 허리와 가슴은 항상 활짝 편 상태에서 가능한 지점까지 몸을 숙여주세요. (과도하게 몸을 숙이기 위해 허리를 굽히면 부상을 입으니 무리하지 마세요.)

2-2 놀이 시간을 확인하고 먼저 아이에게 놀자고 이야기하세요

아이와 놀이를 할 때는 부모가 아이와 함께 보낼 수 있는 시간이 얼마인지 확인하고, 시작하는 것이 좋습니다. 놀이 중간에 아이는 아직 더 놀고 싶은데 아빠나 엄마가 그만 놀자고 하면 아이는 매우 실망하며 부모와의 놀이를 더 이상 기다리지 않을 것입니다.

> **TIP**
>
> **부모와 놀이의 중요성** · 관계적 경험 키우기
>
> 아이가 행복한 사람으로 성장하기 위해 부모는 아이에게 관계적 경험을 많이 주어야 합니다. 관계적 경험이란 인간과의 상호작용을 통해 일어나는 경험을 말합니다. 아이는 관계적 경험을 통해 행복감을 느낍니다. 일반적으로 초등학생 이상의 어린이는 개인적인 경험을 통해 행복을 느끼는 비중이 큰 반면, 유아는 관계적 경험을 통해 행복을 느끼는 비율이 월등히 높기 때문입니다.
>
> 예를 들어, 스키를 타본 경험, 놀이동산에서 즐겁게 논 경험 등이 개인적인 경험이라면, 누구와 함께 그 활동을 했는지가 중심이 되는 것은 관계적 경험이라고 할 수 있습니다. 유아기는 '어떤' 활동을 했기 때문에 행복을 느끼기보다는 '누구'와 함께 그 활동을 했기 때문에 행복감을 느끼는 경향이 있습니다.
>
>

2-3 놀아주는 게 아니고 함께하세요

간혹 부모는 아이에게 "내가 놀아줄게"라고 말하며 아이와 놀이를 하곤 합니다. 하지만 아이와 즐겁게 놀이를 하기 위해서는 함께 노는 것이 좋습니다. '아이와 놀아주는 사람'은 자신의 의지와 관계없이 어쩔 수 없이 아이와 놀이를 하게 됩니다. 아이가 부모에게 놀자고 오랜 시간을 졸라서 피곤한 몸을 이끌고 억지로 노는 경우겠지요. '함께 노는 사람'은 억지로 놀이하는 것이 아니기 때문에 서로에게 매우 즐겁고 좋은 경험이 됩니다.

> **TIP**
>
> **아빠와 함께 놀이** | 자료 《통통 튀는 아버지들의 통하는 육아법》, 여성가족부(2013년)
>
> **살금살금 지렁이 사냥을 떠나자**
>
> ❶ 준비물 | 지렁이 모양의 간식, 젓가락, 통
> ❷ 방법
>
>
>
>
>
> - ○○아, 아빠랑 사냥을 떠날까? 어떤 사냥을 떠나볼까?
> - 그것도 재밌겠구나. 오늘은 아빠랑 지렁이 사냥을 떠날 거야.
> - 지금 길쭉길쭉 지렁이가 여기저기 숨을 거야. 잘 보고 찾아봐.
> - 찾는 지렁이는 젓가락으로 잡아서 통에 담아야 해. 손을 사용하지 말고 젓가락을 이용해봐.
>
> - ○○이가 지렁이 숨어 있는 곳을 잘 발견하네.
> - ○○이는 젓가락질도 정말 잘하는구나. 아빠처럼 잘 움직이네.
> - ○○아, 아직 숨어 있는 지렁이가 ○마리 더 있어. 어디에 있었더라?

- 통이 물고기로 가득 찼네. 우리 ○○이 발낚시도 잘하는구나.
- 이번엔 아빠도 함께 잡아볼까?
- ○○이가 아빠보다 잘 잡는구나. 아빠도 열심히 잡아야겠네.
- ○○이 발이 안 보이는 것 같아!

부모 교육 자료 다운로드

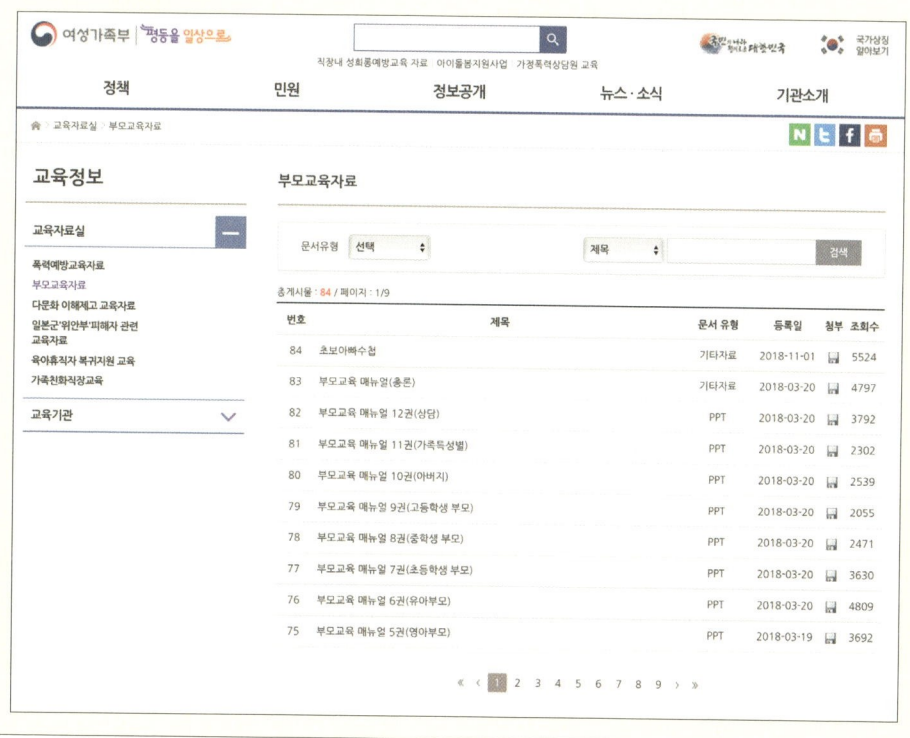

4교시 · **소망의 문** – 더 해주고 싶은데, 무엇을 더 해주어야 하나요?

3

가족 체험학습을
하고 싶어요

아이들과 더 많은 시간을 보내고, 아이와 함께 다양한 체험 활동을 하고 싶어 하는 부모가 점점 많아지고 있습니다. 휴일과 휴가 등 쉬는 날은 많지만 자녀와 함께 어떻게 시간을 보내고 놀아주어야 할지 고민이 더욱 깊어지기도 합니다. 하지만 주변을 살펴보면 아이와 함께 할 수 있는 가족 체험학습 거리가 많습니다.

3-1 문화가 있는 날을 즐기세요

매월 마지막 수요일은 문화가 있는 날로 많은 무료 공연과 영화 할인 혜택 등이 있습니다. 집을 벗어나 먼 곳으로 여행을 가는 것도 좋지만, 가까운 영화관에서 아이들이 좋아하는 영화나 공연을 보며 즐거운 시간을 보내는 것도 좋습니다. 이러한 공연이나 영화는 문화가 있는 날로 검색하면 정보를 얻을 수 있습니다.

> **TIP**
>
> ### 문화가 있는 날
>
> 문화가 있는 날 홈페이지(http://www.culture.go.kr/wday/index.do)는 17개 시도에서 아이들과 함께 할 수 있는 공연과 문화 행사에 대한 내용을 살펴볼 수 있습니다.
>
>
> ❶ 문화가 있는 날 홈페이지 접속
>
>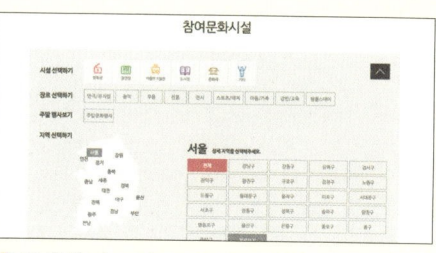
> ❷ 검색할 시도 및 공연 종류 선택
>
>
> ❸ 세부 내용 선택
>
>
> ❹ 아이와 함께할 수 있는 공연 및 행사 정보

3-2 그림책과 함께하는 여행을 하세요

아이의 역사, 사회 지식에 도움을 줄 수 있는 체험학습이 있습니다. 아직 유아기이기 때문에 지나친 역사나 사회학습은 좋지 않습니다. 하지만 아이와 관련 지역의 그림책이나 동화책을 읽고 주말에 함께 여행을 다녀오는 것은 아이와 부모에게 즐거운 기억이 될 수 있습니다.

> **TIP**
>
> **한국관광공사**
>
> 한국관광공사 홈페이지(http://korean.visitkorea.or.kr/kor/bz15/addOn/main/publish/index.jsp)에 접속하면 17개 시도의 관광지 중 교과서에 수록된 지역의 내용을 살펴볼 수 있습니다.
>
>

3-3 아빠 맞춤형 육아 정보 사이트를 활용하세요

고용노동부가 제공하는 아빠를 위한 맞춤형 육아 정보 사이트는 자녀와 함께하면 좋은 다양한 정보를 담고 있습니다. 또 다양한 놀이를 소개해 주말에 공원이나 산책을 가서 함께하는 것도 좋습니다. 아이와 야외에서 특별한 날에 이벤트처럼 놀이를 하여 관계를 돈독하게 만드는 것도 좋습니다.

아빠넷 · papanet4you.kr

아빠넷은 고용노동부에서 지원하는 아빠의 육아 관련 홈페이지입니다. 아빠의 당당한 선택이라고 소개하는 첫 화면에서도 알 수 있듯이 자녀 양육에 참여하는 아빠의 권리를 응원하고 안내해주는 내용이 많습니다.

여름에 좋은 무료 물놀이 | 자료·고용노동부

❶ 여의도 '물빛광장' ❷ 송파구 '성내천 물놀이장' ❸ 의정부 '낙양물사랑공원'

❹ 하남 '유니온타워 어린이 물놀이장' ❺ 광주 '시민의 숲 물놀이장' ❻ 부산 '어린이대공원 키드키득파크'

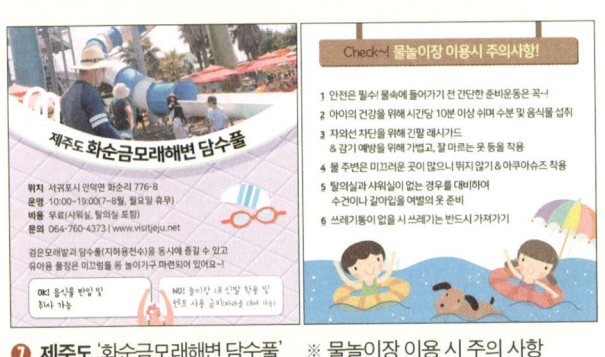

❼ 제주도 '화순금모래해변 담수풀' ※ 물놀이장 이용 시 주의 사항

NOTE

4
아이의 소질을 키워주고 싶어요

사람은 누구나 각기 소질을 갖고 태어납니다. 부모는 이러한 아이의 소질을 어렸을 때부터 개발하여 성인이 되었을 때 많은 도움이 되기를 바랍니다. 하지만 아이의 소질은 어렸을 때 발견할 수도 있지만, 초등학교나 청소년기에 발견할 수도 있습니다. 더불어 계발 가능성 또한 무한하기 때문에 쉽게 아이의 소질이 무엇이라고 단정 짓기는 매우 어렵습니다. 하지만 부모로서 자녀에게 어떠한 소질이 있는지 살펴보고 발견하고자 노력하는 것은 매우 중요합니다.

4-1 다양한 체험 활동을 제공해주세요

아이가 다양한 체험 활동을 할 수 있도록 기회를 마련해주세요. 이 시기 아이들은 자기가 무엇을 좋아하는지, 어떤 것을 잘하는지 인지적으로 설명하는 것이 매우 어렵습니다. 그러므로 아이들이 체험을 통해 자신이 좋아하는 것과 잘하는 것을 알 수 있도록 많은 경험을 해야 합니다.

산과 들, 바다에서 다양한 동식물을 접하고 다양한 직업을 체험하는 것 등 아이가 주변의 많은 환경을 경험할 수 있도록 해주면 좋습니다.

> **TIP**
>
> **바다, 산, 강으로 가기 전에 부모가 먼저 살펴봐주세요.**
>
> 아이와 바다, 산, 강으로 체험 활동을 떠나기 전에 부모가 먼저 바다와 산, 강에서 무엇을 볼 수 있는지, 어떤 일을 할 수 있는지 살펴봐야 합니다.
>
> **❶ 인터넷에서 관련 정보 수집하기**
>
> 아이와 함께 가고자 하는 체험 활동지의 관련 정보를 수집합니다. 계절과 장소, 지역 위치 등을 고려하여 어떠한 것들이 있을지 예상하면 좋습니다.
>
> **❷ 집에 있는 책 활용하기**
>
> 집에 있는 자연 관찰 책을 미리 읽어보는 것이 좋습니다. 예를 들어, 바다를 간다면 바다에서 볼 수 있는 생물을 소개하는 책을 읽어보면 좋습니다.
>
> **❸ 도서관의 책 활용하기**
>
> 시간이 된다면 집 근처 도서관을 방문해 현장 학습지에서 볼 수 있는 다양한 생물이나 동물, 환경과 관련된 책을 빌려봅니다. 아이와 함께 가서 책을 선택할 수도 있지만, 그보다는 부모가 먼저 관

련 책을 살펴보는 것이 좋습니다. 현장 학습지에서 볼 수 있는 것들은 한정되어 있기 때문입니다.

❹ 다큐멘터리나 동영상 살펴보기

현장 학습을 가기 전에 아이와 함께 관련 다큐멘터리나 동영상을 보는 것도 좋습니다. 아이와 바다를 가기 전에 바다 생물에 대한 다큐멘터리를 본다면, 아이는 바다에 호기심을 갖고 어떠한 생물이 살고 있는지 좀 더 생생하게 기억할 수 있습니다.

4-2 체험 활동을 하고 난 후 아이와 대화를 나누세요

체험 활동 자체만으로 아이의 소질을 키워줄 수 있는 것은 아닙니다. 체험 활동을 하며 아이가 얼마나 즐거워하는지, 어떠한 부분에 관심이 있는지 등을 부모가 세밀하게 관찰한 후, 아이와 이야기를 나누세요.

> **TIP**
>
> **체험 활동 후 아이와의 대화법** | 자료 · '과자집' 만드는 체험 활동 후, 중앙일보
>
> 갤러리 쿠오리아 차정연 강사는 부모들이 체험 과정에 대화를 나누는 것도 아이들의 상상력과 표현력을 기르는 데 도움을 줄 수 있음을 강조했다. 차 강사는 "예컨대 부모가 점토로 인형을 만들고 있는 아이에게 '지금 뭘 만들고 있니?', '네가 이렇게 표현한 이유가 궁금하구나' 같은 질문을 하고 아이가 대답하는 과정에서 표현력을 키울 수 있다"라고 설명했다. 질문을 했다면 아이 스스로 생각을 정리해보고 대답할 수 있는 시간을 줘야 한다. 부모가 생각하는 대답과 전혀 다른 방향으로 얘기해도 성급하게 "그건 아니야", "답은 이거란다"와 같은 반응을 보이지 않도록 주의해야 한다. 체험 활동을 마친 후 이를 기록으로 남기면 학습 효과는 더욱 커진다. 《체험 학습 보고서 쓰기 가족 신문 만들기》의 저자 강승임 씨는 "글씨 쓰기를 부담스러워하는 초등학교 저학년은 체험 활동을 사진으로 찍은 다음 체험 활동 순서에 따라 아이 스스로 배열해보며 설명할 수 있게끔 해주면 좋다"라고 추천했다. "이때는 사진마다 주인공을 찾아 오려내도록 하는 것이 아이들의 흥미를 끌어낼 수 있는 방법"이라고 덧붙였다.

4-3 방과후과정에 참여하세요

방과후과정은 일반적으로 가정과 같이 편안하고 안정적인 분위기에서 유아가 활동하도록 운영합니다. 휴식·건강·안전·영양 및 바깥 놀이 등을 포함한 기본적인 돌봄 위주의 활동을 제공합니다.

> **TIP**
>
> **방과후과정 살펴보기** | 자료: '유치원 방과후활동 특성화 프로그램', 사교육걱정없는세상
>
> **❶ 특성화 프로그램 운영**
> 교육과정 이후 방과후과정에서 운영되는 프로그램입니다. 일반적으로 미술, 체육, 언어, 음악 등 다양한 프로그램이 운영됩니다. 이러한 프로그램은 유치원 운영위원회를 거쳐 유아 1일 1인당 1개 40분 이내 운영을 기본으로 합니다.
>
> **❷ 특성화 프로그램의 실제**
> 특성화 프로그램에서 가장 많은 비중을 차지하는 언어 분야 중 실시 횟수와 단가 등이 가장 높은 과목은 영어였습니다. 만 5세를 기준으로 살펴보면 영어 과목은 국공립 중 36%(21곳), 사립 중 67%(261곳)가 개설한 것으로 나타나 국공립과 사립의 차이도 컸으며, 같은 언어 분야에 속하더라도 한글·독서 관련 과목을 개설한 유치원은 13%(62곳)에 불과한 것으로 나타났습니다. 특히 언어 분야 과목은 평균적으로 많이 개설된 다른 과목(미술, 음악)에 비해 단가도 높았습니다.
>
>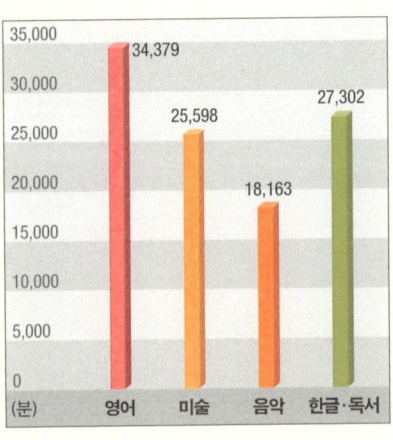

또 언어 분야에는 한글, 논술, 한자, 영어 등이 속하고, 연령별로 영어 과목의 비율이 높았으며, 특히 사립은 80%가 넘는 것으로 나타났습니다.

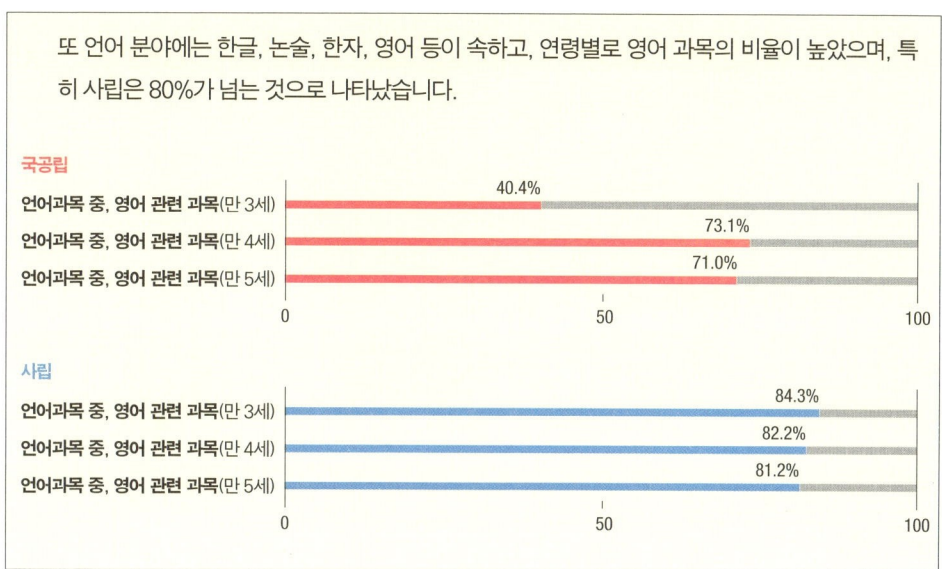

Q. 아침마다 가기 싫대요. 어떻게 이야기해야 하나요?

자녀도 적응 과정에서 불안감을 느낄 수 있어요

간혹 대소변 실수를 하거나 아기처럼 응석도 부려요.	선생님이 싫다고 하거나 다른 친구만 좋아한다고 해요.	기관에서 음식을 먹지 않아요.

 자녀들의 적응 기간 중, 불안감에 따른 행동 예시

아침에 피곤해서 가기 싫다고 해요.	친구가 때리고 괴롭힌다고 해요.	기관에 들어서면 계속 울거나 아프다고 해요.

출근 준비로 몸도 마음도 바쁜 아침, 아이가 기관에 가고 싶지 않다며 울거나 짜증을 내는 경우 화가 나기도 하고 한편으로 속상하기도 합니다. 아이가 기관에서 친구들과 잘 어울리지 못하는 것은 아닌지, 괴롭히는 친구가 있어서 가지 않겠다고 하는 것은 아닌지, 부모로서 여러 가지 생각이 듭니다. 이럴 때 좋은 방법은 담임선생님과 상담하는 것입니다. 아이가 오늘 한 번 안 간다고 해서, 그 날 교사와 상담을 요청하는 것은 좋지 않습니다. 이럴 경우 다음과 같이 해보면 좋습니다.

❶ 아이의 패턴을 자세히 살펴보세요
아이의 생활 모습 중 평소와 다른 점이 있는지 살펴보세요. 예를 들어 늦잠을 잤거나 잠자리에 들기 전에 속상한 일이 있는지 등을 꼼꼼하게 살펴보는 것이 좋습니다.

❷ 따뜻한 말투로 이유를 물어보세요
아이에게 친절하고 따뜻한 말투로 이유를 물어보세요. 아마도 아이가 이야기할 확률은 매

우 낮을 것입니다. 그래도 시간을 갖고 기다려주는 것이 필요합니다.

"지금 이야기하고 싶지 않다면, 나중에 이야기하고 싶을 때 해줄 수 있겠니? 네가 왜 가고 싶지 않은지 그 이유를 엄마가 아는 것은 너와 나에게 아주 중요한 일이야. 엄마는 ○○가 즐겁게 유치원을 다녔으면 좋겠거든. 네가 알려주어야 엄마가 도와줄 수 있어. 엄마가 기다릴게."

❸ 담임선생님과 상담을 요청해요

아이가 일주일에 2~3번 이상 반복적으로 가기 싫다고 이야기한다면 담임선생님과 상담하는 것이 좋습니다. 상담 시 가정에서 관찰한 점을 교사에게 솔직하게 이야기합니다. 기관과 관련된 문제는 대부분 교사와 협력하면 쉽게 해결할 수 있습니다.

❹ 지켜봐주세요

아이가 다행히 어린이집이나 유치원에 다시 잘 다니기 시작했다면 부모는 다음에 혹시 아이가 또 기관에 가지 않는다고 하면 "전에도 그랬는데, 뭐……" 하며 무심하게 지나치곤 합니다. 하지만 아이에게 또 다른 변화나 어려움이 생겼기 때문에 그러한 행동이 나올 수 있음을 항상 생각해두는 것이 좋습니다.

Q. 유치원에 다니기 시작하면서 자주 아파요.
   왜 그럴까요?

이 시기의 아이들은 성인보다 면역력이 약하기 때문에 쉽게 감기나 전염병에 걸립니다. 하지만 커 가면서 나아지기 때문에 지나치게 걱정할 필요는 없습니다. 더불어 손을 깨끗하게 씻는 것만으로도 아이의 질병을 미리 예방할 수 있습니다. 외출 후에는 비누나 세정제를 사용하여 깨끗하게 씻습니다. 아이에게 혼자 씻으라고 하기보다, 부모와 함께 씻는 것이 좋습니다. 손 씻는 방법에 따라 정확하게 아이가 씻을 수 있도록 도와주세요.

단체생활증후군 체크 리스트 | 자료·'단체생활증후군을 극복하는 생활 수칙 5가지', 베이비 뉴스

	짜증이 부쩍 늘었다.
	잘 먹지 않거나 편식이 심해졌다.
	감기, 중이염 등에 걸리는 횟수가 늘었다.
	감기, 중이염 등이 회복되는 데 걸리는 시간이 길어졌다.
	예전과 달리 외출 등으로 피곤하면 다음 날까지 이어진다.
	열이 나거나 기침을 하면 해열제나 항생제를 일단 복용시킨다.
	몸이 약해서 단체 생활을 연기하거나 포기할까 생각한 적이 있다.

결과 보기
- **2개 이하** | 지켜봐도 되는 상황으로 너무 걱정하지 마세요. 지금과 같이 돌봐주면 아이가 잘 이겨낼 수 있어요.
- **3~4개** | 단체생활증후군의 조짐이 보여요. 세심한 주의가 필요하며 아이가 단체 생활의 이점을 잘 얻을 수 있도록 체크해주세요.
- **5개 이상** | 현재 심한 단체생활증후군에 시달리고 있거나 앞으로 시달릴 가능성이 높아요.

단체생활증후군 예방 가이드 | 자료·'단체생활증후군을 극복하는 생활 수칙 5가지', 베이비 뉴스

❶ 미지근한 물을 마시도록 하여 소화기를 보호해주세요
체온에 가까운 온도의 음식을 먹으면 복통, 설사 등의 소화기 질환을 막을 수 있어요. 냉장고에서 꺼낸 음식은 찬기가 가신 후 먹게 하고, 찬 음식을 먹은 후에는 미지근한 물을 마셔 소화기를 보호해줘요.

❷ 감기가 오래간다면 쿵쿵 뛰기 놀이를 해요
아이가 어려서 줄넘기를 못한다면 100회 정도 쿵쿵 뛰기 놀이를 하게 해주세요. 간장, 비장, 신장의 경락이 풀리면서 감기가 낫지 않고 오래갈 때 도움이 돼요.

❸ 땀을 흘린 후에는 등을 따뜻하게 해주세요
등을 따뜻하게 하면 감기로부터 아이를 보호할 수 있어요. 감기가 들어오는 관문 중 하나가 바로 '등'이거든요. 땀을 흘린 상태, 또는 감기 초기 증상 일 때라면 드라이기로 등을 따뜻하게 해주면 좋아요.

❹ 잠들기 전에 다리를 주물러주세요
하루 종일 신체 활동이 많았던 아이는 오후가 되면 체력이 바닥난 상태에서 잠드는 경우가 많아요. 잠들기 전에 다리를 주물러주면 쌓인 피로를 풀고 쉽게 잠들 수 있어요.

❺ 간지럼 놀이로 몸과 마음의 스트레스를 풀어주세요
야외 활동이 줄어들고 실내에 머무는 시간이 많아지면 아이의 근육도 약해지고 기분이 쉽게 가라앉기도 해요. 이때 1분 정도 아이 옆구리를 간질이면 긴장이 풀리면서 스트레스 해소에 도움을 줍니다.

Q. 집에 오면 배가 고프대요.
   어떤 간식을 주면 좋을까요?

하원 후 아이는 배가 고프다는 말을 하곤 합니다. 아이에게 안전하고 건강한 간식을 주고 싶은 마음은 모든 부모가 같을 것입니다. 안전한 먹거리 간식을 고를 수 있는 방법을 알려 드립니다.

❶ **어린이 기호 식품 품질 인증 마크를 확인하세요**
제품 포장지에 어린이 기호 식품 품질 인증 마크가 있는지 확인합니다. '어린이 기호 식품 품질 인증'은 식품의약품안전처에서 선정한 안전하고 영양을 고루 갖춘 어린이 기호 식품에 부여하는 품질 인증 제도입니다.

❷ **고열량·저영양 식품이나 고카페인 식품인지 확인하세요**
이 시기에 고열량·저영양 식품이나 고카페인 식품을 많이 먹으면 질병에 걸리거나 영양 불균형이 될 수 있습니다. 식품의약품안전처에서는 고열량·저영양 식품 유무를 확인할 수 있는 사이트(https://www.foodsafetykorea.go.kr/hilow/index.do)를 운영합니다. 간식 구입 시 제품명을 검색하여 확인할 수 있습니다.

❸ **영양 표시를 꼼꼼히 살펴보세요**
포장의 영양 표시를 확인합니다. 특히 열량이나 당류, 나트륨 등 함량을 확인하는 것이 좋습니다.

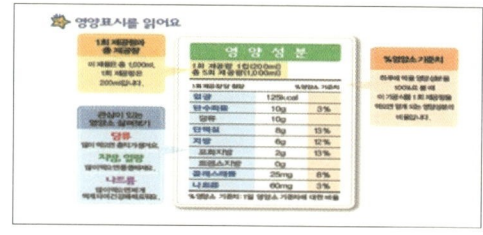

Q. 선생님이나 친구들과 대화를 하지 않아요.
　　어떻게 해야 하죠?

아이의 언어 발달은 개인차가 매우 큽니다. 그러므로 너무 조급해할 필요는 없습니다. 하지만 아이가 대화를 하지 않는 이유와 그 과정에 대해서는 부모가 알고 있는 것이 중요합니다.

❶ 아이의 말과 행동을 관찰해보세요
아이의 말과 행동을 주의 깊게 살펴봅니다. 특히 가정에서 어떻게 의사소통하는지 관찰합니다. 아이가 말은 느리지만 자신의 생각이나 요구를 행동으로 표현하는지 살펴보세요. 예를 들어, 아이가 무엇인가를 갖고 싶을 때 사물을 언어로 이야기하지 않고 손을 끌고 가거나 손가락으로 가리키는 행동을 하는 경우입니다.

❷ 다른 사람의 말을 이해하는지 확인하세요
아이가 다른 사람의 말을 듣고 이해하는지를 확인하는 것이 매우 중요합니다. 이러한 이해를 바탕으로 다른 사람과 상호작용을 할 수 있기 때문입니다. 부모가 관찰하고 확인했을 때 이러한 부분이 잘 이루어지고 있다면 단순히 말이 늦는 경우가 많습니다.

❸ 안정 애착 관계를 만들어요
안정 애착이란 부모가 아이에게 안정감을 주는 것입니다. 안정 애착 형성에서 가장 중요한 점은 부모의 노력입니다. 아이는 주 양육자에 대한 신뢰를 가져야 합니다. 쉽게 말하면 애착은 '배고프고 힘들 때 도와주는 사람이 엄마구나' 하고 양육자에 대한 확신을 가지는 겁니다. 이 부분에 대해 안정감을 느끼고 세상을 바라보면 이 세상에는 엄마와 같은 사람이 많다고 생각하며 세상에 다가가고 친구들을 만날 때 적극적으로 행동할 가능성이 높아집니다.

Q. 친구들과 자주 다퉈요.
무슨 문제가 있는 걸까요?

유치원이나 어린이집에서 아이가 친구와 다투었다는 내용을 접하게 되면 부모로서 덜컥 겁이 나거나 혹은 아이에게 무슨 문제가 있는 것이 아닌지 걱정이 앞서곤 합니다. 하지만 유아들은 자기중심성이 강한 편이어서, 친구들과 갈등이나 다툼이 쉽게 일어나게 됩니다.
이처럼 또래 간 갈등이나 다툼은 아이가 성장 과정에서 겪게 되는 자연스러운 경험이므로, 지나치게 걱정하기 보다는 편안한 마음과 자세로 아이를 바라봐주는 것이 좋습니다. 더불어 아이가 다툼이나 갈등을 경험했을 때, 어떠한 마음을 갖고 있는지 그리고 어떻게 행동하는지에 대해 자세하게 살펴보는 것이 좋습니다. 아이의 마음과 대처법을 자세히 살펴보고, 아이의 행동이 부모가 판단하기에 지나치다고 느끼는 부분에 대해서는 아이와 함께 이야기를 나누어보는 것이 좋습니다.
아이는 자신의 행동이나 말에 대해 깊게 생각하지 않고 말을 하거나 행동하는 경우가 많기 때문에 잘못된 언어 습관이나 행동에 대해서는 부모의 지도가 필요합니다.
다만, 아이가 친구들과 지나치게 자주 다투어서 유치원이나 어린이집의 생활에 문제가 되고 있다면 아이의 마음속에 어떠한 어려움이 있는지 세심하게 살펴보는 것이 좋습니다.

❶ 자기중심성이 강한 아이
일반적으로 아이들은 자기중심성이 강한 편입니다. 하지만 또래 관계를 형성하며 성장함에 따라 이러한 자기중심성은 조금씩 줄어들게 됩니다. 아이가 자기중심적인 성향이 또래보다 강한 편이라면, 부모로서 아이에게 타인의 입장에 대해 생각해볼 수 있는 기회를 자주 주는 것이 필요합니다. 예를 들어 사회성 관련 그림책을 읽고, 등장인물의 생각이나 느낌에 대해 아이와 대화를 나누어보세요. 아이가 내용을 어려워한다면, 일상생활과 연결 지어서 이야기해보는 것도 좋습니다.

❷ 잘못된 습관이 고착화된 아이
요즘은 아이가 하나 혹은 둘인 경우가 많아서 부모의 자녀에 대한 사랑이 매우 깊습니다. 그러한 이유인지 아이가 어렸을 때부터 다른 사람과 갈등이나 다툼이 있을 경우, 그 갈등이나 다툼마저 귀엽다고 생각하고 지나치는 경우가 있습니다. 하지만 이러한 경우가 반복되면 아이는 갈등이나 다툼에 대해 "이게 왜 잘못된 거야? 엄마 아빠는 괜찮다고 했어"라고

생각하고 더 이상 신경 쓰지 않고 무관심해집니다. 그러므로 부모는 영아기를 지나서 아이가 말을 이해하고, 의사소통이 이루어진 후에는 아이의 다툼이나 갈등에 대해 자세히 살펴보고, 아이가 바르게 해결할 수 있도록 도와주는 것이 좋습니다.

❸ 다른 아이와 함께 하는 경험이 적은 아이

아이들 중 유독 자신의 물건에 집착하고, 다른 사람과 나누는 것에 대해 어려워하는 아이들이 있습니다. 또래 관계는 서로 나누고 함께 하는 것이 바탕이 되어야 하기에, 이러한 아이들은 또래 관계에서 어려움을 겪기도 합니다. 하지만 이러한 경우 부모의 도움으로 아이의 다툼과 갈등을 줄일 수 있습니다. 주말이나 자유 시간에 자녀를 다른 친구와 어울릴 수 있는 기회를 주는 것이 필요합니다. 이때 부모는 처음에는 지나치게 간섭하지 않고, 자녀와 다른 아이와 노는 모습을 살펴보는 것이 좋습니다. 그리고 자녀가 다른 아이와 갈등이 일어나는 상황이 발생하면, 바로 개입하기보다는 아이가 어떻게 문제 해결을 하는지 지켜봅니다. 그 후, 아이의 문제 해결 방법이 적절하지 않다면, 아이와 그 상황에 대해 이야기하며 차근차근 설명해주는 것이 좋습니다.

Q. 아이가 욕을 많이 해요. 어떻게 해야 하죠?

아이가 욕을 하는 데는 여러 이유가 있습니다. 정말 화가 나거나 혹은 부모나 다른 사람의 주의를 끌기 위해 욕을 하는 경우도 있습니다. 아이의 욕이 당황스러워 빨리 그 상황에서 벗어나려고 하기보다는, 욕을 하는 이유를 살펴보는 것이 중요합니다.

❶ 화가 나서 욕을 한 아이

아이가 화가 나서 욕을 할 때는 부모가 같이 화를 내거나 큰 소리를 지르는 것보다 침착하게 대처하는 것이 좋습니다. 먼저 부드러운 목소리로 아이의 이름을 불러주고, 품에 꼭 안아주며, 아이의 긴장을 풀어줍니다. 그런 후 아이에게 욕을 하는 것이 매우 잘못된 행동임을 단호하게 말합니다. 욕을 하는 것은 다른 사람에게 폭력을 쓰는 것과 다름없음을 이야기하고, 그 상황에서 쓸 수 있는 다른 말을 알려주는 것이 좋습니다. 예를 들어, "씨"라는 말을 할 때 "왜 이렇게 안 되지?", "기분이 나빠" 등 구체적으로 감정을 표현하는 말들을 알려주세요. 이 과정을 통해 아이는 욕을 하는 횟수를 줄일 수 있을 뿐만 아니라 자신의 감정을 말로 정확히 표현하는 법을 배울 수 있습니다.

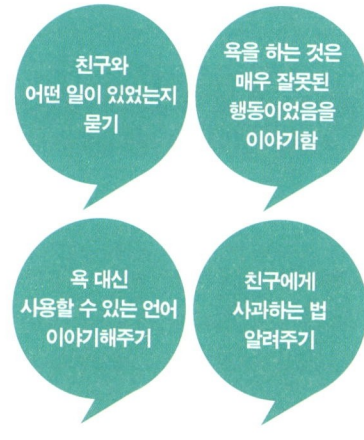

❷ **관심을 끌기 위해 친구에게 욕을 한 아이**

어떤 아이들은 부모나 다른 사람들의 관심을 끌기 위해 '똥꾸', '바보' 등의 말을 합니다.

특히 남자아이는 친구와 친해지거나 관심을 받기 위해 이런 행동을 하는 경우가 있습니다. 이때 부모는 아이에게 친구에게 욕을 하면 관계가 나빠질 수 있으며, 좋은 친구가 되기 위해서는 어떤 행동을 해야 하는지 이야기해주는 것이 좋습니다. 또 친구에게 욕을 했다면 반드시 사과하는 것이 필요합니다.

❸ **관심을 끌기 위해 부모에게 욕을 한 아이**

만약 아이가 부모에게 욕을 한다면 그 순간에는 관심을 주지 않는 것이 좋습니다. 아이는 부모가 당황하거나 하지 말라며 아이를 말리는 것을 자신에 대한 관심으로 잘못 이해할 수 있습니다. 그리고 일정 시간이 지난 후에 아이에게 욕을 한 이유를 물어봅니다. 더불어 욕을 하는 것이 매우 잘못된 행동이었음을 단호하게 이야기합니다. 아이가 속마음을 이야기하면 고개를 끄덕이거나 눈을 마주치며 충분히 공감해주세요.

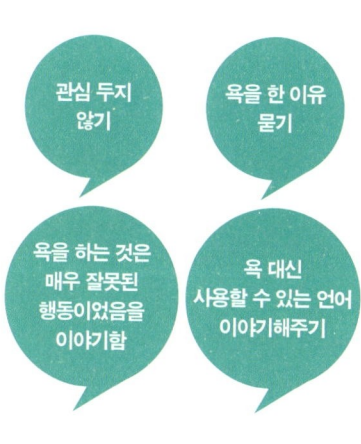

이때 5~10초 이상 스킨십을 해주는 것이 좋습니다. 신체적 접촉은 아이가 사랑과 관심을 받고 있다는 생각을 하게 함으로써 정서적 안정감을 키울 수 있습니다.

Q. 우리 아이만 글을 모르는 것 같아요.
불안한데 글을 가르쳐야 할까요?

아이가 어린이집이나 유치원을 다니기 시작하면 부모는 '이제 우리 아이 한글 공부를 시켜야 하지 않을까' 하는 고민에 빠집니다. 아이의 친구들이 한글을 익히기 위해 학습지를 하고 있다는 얘기만 들어도 불안해지곤 합니다.

실제 초등학교 1학년 학생을 둔 학부모를 대상으로 한 설문 조사에서도 초등학교 입학 전 한글을 포함한 국어 사교육을 받았다는 응답이 74.2%로 매우 높은 편이었으며, 학습지를 이용한 경우가 가장 많았습니다.

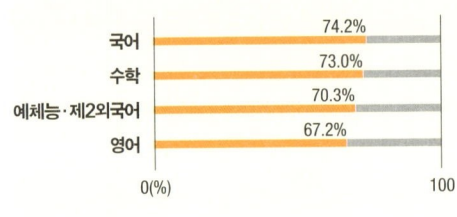

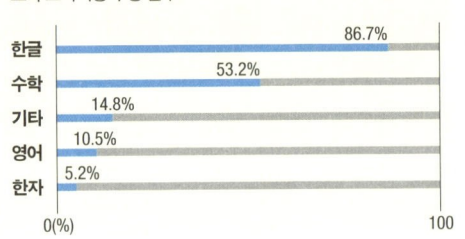

그렇다면 한글 교육을 시작할 적기는 언제일까요.
전문가마다 차이는 있지만 뇌 발달 시기를 고려했을 때 최소 48개월 이후 시작하는 게 좋다고 합니다. 하지만 더욱 중요한 점은 아이 스스로 한글에 흥미를 보일 때까지 기다려줘야 한다는 것입니다. 아이마다 한글에 대한 관심과 습득 속도에는 차이가 있습니다.

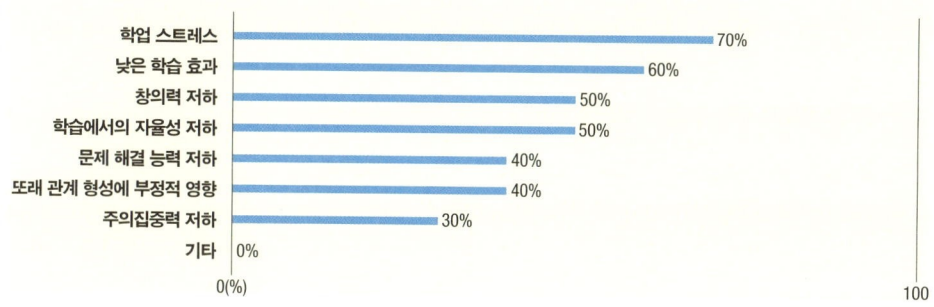

전문가들은 영유아기 한글이나 수학 등의 인지적 부분을 가르치는 조기 인지 교육에 대해 부정적인 의견을 보이고 있습니다. 그 이유로 학업 스트레스나 낮은 학습 효과, 창의력 저하 등을 언급합니다. 그러므로 무조건적인 조기 교육보다 아이의 성장 속도에 맞춘 적기 교육이 바람직합니다.

Q. 옆집 아이는 국영수 학원에 다녀요.
   우리 아이도 보내야 할까요?

최근 조사에서는 주변의 엄마들 때문에 사교육을 더 시키는 것 같다는 의견이 47.8%로 매우 높았습니다. 더불어 자신의 아이가 다른 아이들보다 사교육을 적게 하면 왠지 불안하다는 의견 또한 40.5%였습니다. 이처럼 엄마들 간의 경쟁의식과 걱정 때문에 아이에게 사교육을 시키는 경우가 매우 많았습니다.

이러한 학부모의 걱정과 경쟁의식 때문에 만 2세 54.4%, 만 5세 52.4%의 아이들이 사교육을 받고 있었으며, 국어와 관련된 교육을 받는 아이의 수가 가장 많았습니다.

영유아 학습 사교육 이용 현황 | 자료·육아정책연구소 '육아정책 Brief' 통권 제55호, 주·응답부모 : 537명

만 2세(국어, 영어, 수학, 과학·창의) 54.5%
만 5세(국어, 영어, 수학, 과학·창의) 52.4%

하지만 한 조사에 따르면 우리나라의 지나친 교육열 때문에 자녀를 외국에서 키우고 싶다는 생각을 한다는 부모가 매우 많았습니다.

미취학 자녀의 사교육에 대한 인식 | 자료·사교육걱정없는세상 교육통계센터

자녀를 외국에서 키우고 싶다는 생각을 종종함(한국의 지나친 교육열) 69.9%
사교육을 하지 않으면 공교육 따라가기 어렵다고 생각함 65.7%
교육 때문에 시달리는 자녀가 안쓰럽다 62.6%

Q. 아이가 책 읽기를 싫어해요.
어떻게 하면 책 읽는 습관을 들일 수 있나요?

아이가 책 읽기를 싫어한다면 평소 부모의 독서 습관을 돌아보는 것이 좋습니다. 아이가 책을 잘 읽으려면, 부모가 먼저 책을 가까이해야 합니다. 또한 어린 시절부터 부모가 재미있고 효과적으로 책을 읽어주는 것이 좋습니다.

❶ **부모의 목소리로 읽어주세요** | 부모의 목소리로 책을 읽어주는 것은 독서 습관 형성에 매우 좋습니다. 부모의 목소리를 들으며, 아이는 안정감을 느끼고 어휘력과 표현력이 풍부해집니다.

❷ **목소리 톤을 다양하고 실감 나게 읽어주세요** | 톤과 목소리 굵기를 조절해서 읽으면 책에 대한 흥미를 높일 수 있습니다. 부모가 쑥스럽다고 생각하지 말고 과장된 목소리와 실감 나는 연기를 더해서 읽어주세요.

❸ **반복해서 읽어주세요** | 아이가 관심을 가지는 책은 반복해서 읽는 것이 좋습니다. 아이는 이미지나 구절을 기억하고 말하면서 표현력과 어휘력을 늘릴 수 있습니다.

❹ **도서관에 함께 가요** | 도서관에 가면 다양한 분야의 책을 보고 책 읽는 분위기를 느낄 수 있습니다. 아이 대상의 독서 프로그램도 참여해보는 것도 좋습니다.

❺ **부모가 먼저 책을 읽어요** | '아이는 부모의 거울'이라는 말처럼 항상 책을 읽는 모습을 보입니다. 책을 읽으라고 강요하기보다는 책을 읽어주면서 독서 습관을 들이는 것이 필요합니다.

❻ **스티커를 활용해 독서 습관을 길러주세요** | 아이와 함께 스티커를 정한 후 읽은 책에 스티커를 붙여보게 합니다. | 자료 · '책과 친해지기' 올바른 독서 습관 기르는 법, 키즈맘

● **스티커를 활용하니 아이가 읽은 책을 확인할 수 있습니다** | 아이가 무슨 책을 얼마나 읽었는지 굉장히 궁금합니다. 스티커를 붙이면, 아이 스스로 읽더라도 언제든지 확인하고 조언해줄 수 있었습니다.

● **엄마, 아빠에게도 도전이 됩니다** | 막연히 '난 책을 많이 읽어주는 아빠야!'라고 생각했는데, 스티커 개수를 눈으로 확인해보니 '어? 이건 아닌데'라는 생각이 들면서 엄마 아빠를 일깨우는 계기가 되었습니다.

● **아이 입장에서도 독서 편식을 막을 수 있습니다** | (스티커를 붙인 이후) 가능하면 읽어보지 않은 책을 선택하는 것 같았습니다.

● **스티커 붙이는 행위를 칭찬으로 생각해서 더 열심히 읽습니다** | 일반적으로 스티커 하면 유치원에서 칭찬할 만한 일을 했을 때 주는 상으로 인식합니다. 그렇기에 아이들은 무의식중 책에 붙이는 스티커 역시 칭찬의 일종으로 받아들여 더 열심히 책을 읽는 것을 확인할 수 있습니다. 아이들의 성향에 따라 좀 다르겠지만요.

● **책 읽는 습관을 들이는 데 매우 좋습니다** | 칭찬으로 여기다 보니 언제든지 시간이 남을 때 책을 읽고 붙이려 합니다. 형제끼리 경쟁도 유발할 수 있는 것 같고요.

Q. 아이가 집에 오면 놀자고 해요.
어떤 놀이가 좋을까요?

자료 : '부모와 함께 하는 스킨십 놀이', 베이비 뉴스

육아정책연구소의 연구에 따르면 우리나라 유아들이 가장 행복했던 순간에 함께했던 사람을 물었을 때 엄마나 아빠가 80%로 높은 비율로 나타났고, 좋아하는 놀이나 활동을 할 때 함께 하고 싶은 사람도 엄마 아빠로 나타났습니다. 아이와 함께하는 놀이는 아이의 사회적 능력, 자기 조절 능력, 감정 지능 등 유아 발달에 긍정적인 영향을 줍니다.

❶ 인사 놀이

아침 기상을 "일어나!"라는 외침이 아닌 재미있는 스킨십으로 합니다. 아이가 갓난쟁이 때는 키 크는 스트레칭을 자주 해주었을 것입니다. 일어나라고 말하지 않고 부드럽게 혹은 장난스럽게 어루만져주며 자연스럽게 잠이 깨도록 합니다. 아이들은 부드럽게 만지는 부모 손길에 부모의 사랑도 느끼고, 장난스러운 부모 모습에 덩달아 기분도 좋아집니다.

❷ 몸을 이용한 놀이

장난감 말고도 몸으로 놀아주는 여러 가지 방법이 있습니다. 아이들은 퇴근한 후 돌아온 부모를 반갑게 맞이하며 부모의 다리를 끌어안거나 매달리기도 할 것입니다. 그때마다 "귀찮게 왜 이래, 저리 가"라고 할 게 아니라 원숭이처럼 다리에 매달려 있는 아이들을 화장실까지 끌고 가보거나, 부모를 붙잡으려는 아이들을 피해 요리조리 피해보는 것도 한 가지 놀이가 될 수 있습니다.

Q. 유치원에 입학하기 전에
어떤 예절 교육을 시켜야 하나요?

처음으로 가정을 떠나 유치원이나 어린이집에 가는 유아들은 규칙이나 단체 활동이 낯섭니

다. 그러므로 부모가 먼저 교육기관의 특성과 일과를 파악하고 준비물과 생활 습관을 꼼꼼히 챙겨주는 것이 좋습니다.

시기 | 늦어도 2월에는 시작하는 것이 좋습니다.
필요한 예절 | 단체 생활에 잘 적응할 수 있는 기본적인 능력

❶ 화장실 사용하기

유치원이나 어린이 집에서 아이는 불안감에 실수하는 경우가 많습니다. 부모는 가정에서 아이 혼자 겉옷과 속옷을 차례로 내리고 변기에 앉는 방법, 뒤처리하는 방법, 다시 옷을 순서대로 입는 방법 등을 알려주고 충분히 연습시키는 것이 좋습니다. 더불어 화장실에 가고 싶을 때 교사에게 이야기할 수 있도록 알려주세요.

입학 전에 유치원이나 어린이집 화장실을 미리 이용해봅니다.

입학식이나 예비 소집일 등 부모가 아이와 함께 기관의 화장실을 이용할 기회가 있다면 아이와 함께 화장실 위치, 사용 방법 등을 경험하는 것이 좋습니다.

❷ 자기 물건 정리하기

자신의 물건을 스스로 정리할 수 있는 습관을 들이는 것이 필요합니다. 아이 물건에 이름을 붙여주는 것도 매우 좋습니다. 매직으로 아이 이름을 적어주어도 되지만, 아직 아이가 한글을 정확하게 알지 못해 자신의 이름을 모른다면 그림이나 모양 스티커 등을 이용해 아이 스스로 자신의 물건을 찾을 수 있도록 합니다.

❸ 같이 쓰는 물건 사용하기

유치원에는 혼자 사용하는 물건도 있지만, 친구들과 함께 사용하는 공간이나 물건이 많습니다. 그러므로 부모는 입학 전에 같이 쓰는 공간과 물건은 차례를 지켜서 사용하고, 다른 사람의 물건은 함부로 만지면 안 된다는 점을 충분히 알려주는 것이 좋습니다.

❹ 신발 신고 벗기

대부분의 기관에서는 유아들이 등원하면서 신발을 신발장에 정리하고, 실내에서는 실내화나 양말만 신고 생활합니다. 그러므로 유아 스스로 자신의 신발을 신고 벗을 수 있는 습관이 중요합니다. 특히 보기에 좋은 신발보다는 아이가 신고 벗기 편한 신발을 준비하는 것이 좋습니다. 일반적으로 끈보다는 고무줄이나 밴드로 된 운동화가 좋습니다.

❺ 수면 취하기

영·유아기 수면은 유아의 성장·발달에 중요합니다. 이 시기의 뇌는 낮에 받아들인 수많은 정보와 기억을 잠자는 동안 다른 정보와 연결하기도 하고, 중요한 기억으로 저장하기도 합니다. 더불어 성장·면역 호르몬은 깊은 수면 단계에서 왕성하게 분비됩니다.

하지만 많은 아이들의 수면 시간이 적다는 연구가 있습니다. 아이들은 최소한 하루에 9~11시간 정도 자는 것이 좋습니다.

연령대별 권장 수면 시간 | 자료·미국 국립수면재단

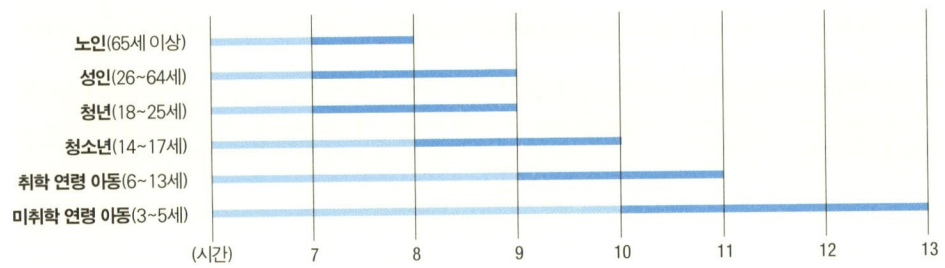

Q. 주변 공공 기관에서 제공하는 무료 교육이 많은데, 어떤 걸 시켜야 하죠?

도서관이나 아동센터 등 주변 공공기관에서 하는 교육이 많이 있습니다. 특히 이 시기 아이에게 가장 좋은 공공 기관 무료 교육은 시도별 유아교육진흥원, 육아종합지원센터, 건강지원종합센터 등에서 실시하는 교육입니다.

실시 시기와 내용이 기간과 내용별로 다르기 때문에 방학 전이나 체험 전에 미리 살펴보는 것이 좋습니다. 특히 유아교육진흥원은 아이들이 좋아하는 다양한 실내 영역과 실외 영역으로 구성한 프로그램을 운영해 아이들이 매우 즐거워하므로 꼭 한번 체험하면 좋습니다.

유아 관련 정부의 육아 지원 서비스 제공 기관은?

육아종합지원센터
- **대상** | 취학 전 모든 아동 및 양육자
- **지원(신청) 절차** | 인근 육아종합지원센터 방문 이용
- **문의처** | 1577-0756 / 02-701-0431
- **홈페이지** | http://central.childcare.go.kr
- **대표적인 지원 내용**

  육아 상담, 장난감·도서 대여·놀이체험실, 양육자 교육·양육자 자녀 체험 프로그램, 시간제 보육

유아교육진흥원
- **대상** | 전국 유치원 자녀를 둔 양육자 대상
- **지원(신청) 절차** | 지역 소재 유아교육진흥원 온라인 신청
- **문의처** | 지역 소재 유아교육진흥원(교육 일정 및 내용, 신청 방법 등 지역별 상이)
- **대표적인 지원 내용**

  양육자 교육, 양육자 연수, 가족 체험 프로그램
- **홈페이지**

  서울특별시유아교육진흥원 | https://www.seoul-i.go.kr
  전라북도유아교육진흥원 | http://jb-i.kr/index.jsp
  대구광역시유아교육진흥원 | http://www.daegu-i.go.kr
  제주유아교육진흥원 | http://www.jjkids.go.kr
  부산광역시유아교육진흥원 | http://child.pen.go.kr
  광주광역시유아교육진흥원 | https://iedu.gen.go.kr
  충북유아교육진흥원 | http://www.cbiedu.go.kr
  충청남도유아교육진흥원 | http://www.cn-i.go.kr
  울산광역시유아교육진흥원 | http://www.uskids.kr
  대전유아교육진흥원 | http://dje-i.go.kr
  전라남도유아교육진흥원 | http://iedu.da.jne.kr
  강원유아교육진흥원 | https://www.gwch.go.kr
  인천광역시유아교육진흥원 | https://sbafter.ice.go.kr
  대구광역시유아교육진흥원 | http://www.daegu-i.go.kr

PART 2

1 교시

1학년 생활백서
학교란 이런 곳이야

12년이라는 긴 공교육의 마라톤이 시작되는 초등학교 입학. 이제 첫발을 내딛은 우리 아이. 엄마, 아빠의 세심한 준비와 관심이 필요합니다.

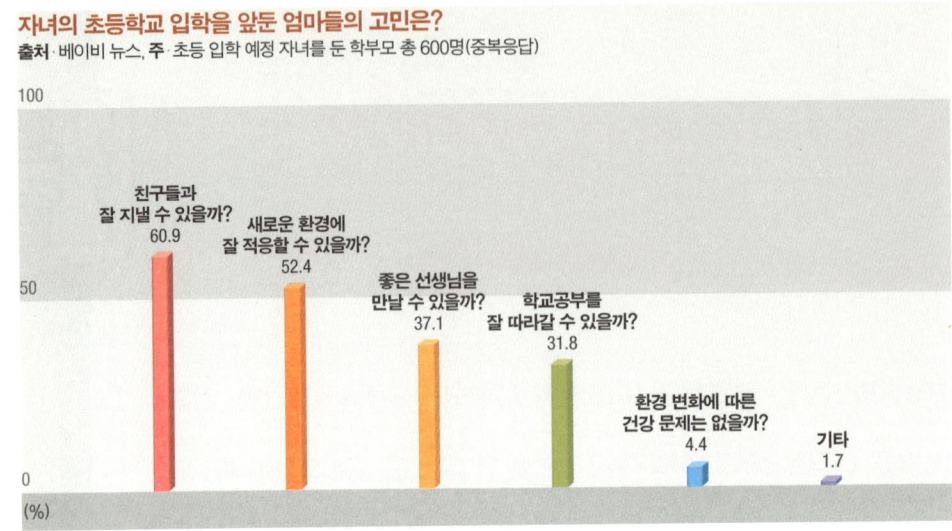

자녀를 둔 엄마들의 고민은 비슷합니다. 교우관계, 적응력, 선생님, 공부, 건강 등 아이를 위해 꼭 필요한 것들을 제대로 갖추고 있는지 궁금한 것이죠. 이제는 유치원을 무사히 졸업한 자녀의 손을 잡고 '초등학교'라는 새로운 교육의 장으로 나아가야 합니다.

하지만 유치원과 초등학교는 교육과정과 교수 학습 방법에 차이가 있습니다.

구분		유치원	초등학교
연간 교육 과정 운영	법정 시수	연간 180일 이상	연간 190일 이상
	수업 시간	하루 최저 180분	일 연간 총 830시간 정도
	지도 시간	• 정해진 등·하원 시간 외에는 시간 운영이 자유로움	• 40분 수업, 10분 쉬는 시간 • 공부하는 시간과 쉬는 시간이 명확히 구분됨
교육과정		• 신체운동·건강, 의사소통, 사회관계, 예술경험, 자연탐구	• 교과 활동·창의적 체험 활동
교수 학습 방법		• 활동과 놀이 중심의 교육 활동 • 구체물을 조작하고 대화, 놀이 등 직접적인 경험을 통한 수업 활동	• 교사의 통제 하에 일제학습, 협동학습, 능력별 개별학습 등의 형태를 적용 • 발문과 반응, 토론, 관찰, 측정, 분류 등 다양한 방법으로 학습함

출처 · 학교 정보 고시, 학교알리미

교육과정이 좀 더 세분화되고 교수 학습 방법이 구체화되는 것이 초등학교 시기입니다. 특히 10일 이상의 법정 시수가 증가하면서 자녀들이 학교 나가는 날짜가 늘어납니다.

초등학교에는 공립, 국립, 사립 초등학교가 있습니다. 특히 설립 유형별 교과 운영 및 수업료 차이를 알고 선택하는 것이 좋습니다.

	공립	사립	국립
교과	• 7차 교육과정개정 정규교과 과정 운영	• 특기적성교육 일부를 정규교과에 편입 • 예체능을 의무 편성하는 경우 많음	• 사립과 동일
영어	• 3학년부터 교육 • 원어민 교사 없는 곳 많음	• 대부분 1학년부터 교육 • 원어민 교사 및 어학실 구비 • 일부 학교는 교과를 영어로 가르치는 영어몰입교육 실시	• 사립과 비슷
학비	• 입학금, 등록금 없음 • 급식비 월 3만 원 정도 • 희망자에 한해 특기적성, 교육비 (2~6만원)	• 입학금 50만~100만 원 • 등록금 분기당 70~170만 원 • 통학버스비 분기당 평균 20만 원	• 공립과 동일

출처 · 학교 정보 고시, 학교알리미

TIP

혁신 학교

2009년 경기도에서 처음 시작되었고 공립학교에서 시도하는 새로운 형태의 학교입니다. 경쟁보다는 협동을 강조해 일제고사와 같은 시험이 없으며 지역 교육지원청에서 일정 지원비를 받아 운영합니다. 일반 시수, 교과서는 공립을 그대로 따르지만 블록타임제(60~80분 수업, 20~30분 휴식), 테마별 수학여행(모둠별, 학급별), 다양한 체험학습(외국 교환학생, 학교 예술교육 등)과 같이 특색 있는 교육과정을 집중적으로 운영하는 학교를 말합니다.

1
새로운 책가방과 실내화를 가지고

취학 통지서, 입학식, 방과후학교 등 부모가 미리 알고 준비하면 아이들은 학교생활에 쉽게 적응합니다.

1-1 취학 통지서를 받고 무엇을 준비해야 할까요?

❶ 초등학교 취학 절차 흐름도

기간	아동, 보호자	읍, 면, 동장	학교장	국·사립 초
10월		10.1자 기준 취학 아동 명부 작성 (10. 31)		
	조기 입학, 입학 연기 신청 (10. 1~12. 31)	입학 연기 신청 접수 (10. 1~12. 31)		신입생 모집 공고 및 원서 교부
11월	취학 아동 명부 열람 제공(10일)	취학 아동 명부 열람 제공(10일)		원서 접수
	국·사립 초교 취학 희망자 원서 제출	전·출입 등 취학 아동 변동 상황의 명부 반영		
		입학 기일과 통학 구역 통보 접수(11. 30)	입학 기일과 통학 구역 통보(11. 30)	신입생 확정
12월		국·사립 초 입학 허가자 명부 접수(12. 10)		입학 허가자 명부 통보 (12. 10)
	취학 통지 수령 (12. 20)	취학 통지 (12. 20)	취학 명단 접수 (12. 20)	
	조기 입학, 입학 연기 신청 종료(12. 31)	조기 입학, 입학 연기 접수 마감(12. 31)		
1월 2월	학교 예비 소집 참석 (1, 2월)		예비 소집(1, 2월)	
		변동 취학 아동 통보	변동 취학 아동 접수	
3월 이후	입학식		입학식	
		미입학 아동 및 입학 면제(유예)자 접수	미입학 아동 및 입학 면제(유예)자 통보	

❷ 취학 통지서 배부는 매년 12월 중

만 6세 이상 아동이 있는 가정이라면 매년 12월 중 취학 통지서가 인편 및 우편으로 배송됩니다. 만약 취학 통지서가 집으로 오지 않는다면 거주지 관할 주민센터로 확인한 후 예비 소집일을 확인하고 제출할 서류를 준비해야 합니다. 예방접종 증명서 및 방과후돌봄 수요 조사서를 작성하여 예비 소집일 가지고 가면 됩니다. 만약 자녀가 예방접종 도우미 사이트에 전산 등록되어 있다면 자동으로 학교로 전송됩니다.

❸ 예비 소집일은 매년 1월 중

만 6세 이상의 아동과 만 6세가 되지 않았지만 조기 입학을 신청한 아동을 대상으로 거주지로 취학 통지서를 받은 대상자는 각 학교 강당, 1학년 교실 등에서 예비 소집을 진행합니다. 예비 소집일에는 보호자(대리인 가능)가 참석해야겠죠?

예비 소집일에 학교 소개 자료 및 입학 전 준비물, 학교생활 등의 전반적인 내용을 안내 받습니다. 학교마다 차이가 있지만, 기본 학용품을 나누어주거나 학용품 구입에 대한 안내문을 배부하니 입학 시 안내문을 참고하여 학용품과 준비물을 구입하면 됩니다.

만약 워킹맘과 같이 부득이한 사정으로 소집일 당일 방문하기 어렵다면 미리 학교에 연락하여 등록 의사를 밝히고 필요 서류 제출 일정을 조율해야 합니다. 만약 별도의 연락을 하지 않을 경우 미등록 학생이 될 수 있으니 반드시 학교에 전화를 걸어 등록 의사를 밝혀야 합니다.

예비 소집일 필요 서류

취학 통지서, 신입생 가정환경 조사서, 방과후돌봄 수요 조사서(필요 시), 예방접종 증명서(DTaP 5차, 폴리오 4차, MMR 2차, 일본 뇌염-사백신 4차 또는 생백신 2차), 가족 관계 증명서 1부

❹ 초등학교 입학식은 매년 3월 중

자녀와 함께 초등학교에서 입학식을 진행하게 됩니다.

만약 예비 소집일 제출 서류 중 미제출분이 있다면 입학식에 제출해야 하며, 예비 소집일에 학교에서 안내해준 준비물을 미리미리 챙겨놓으면 좋습니다. 특히 물건을 잘 잃어버릴 수 있는 아이를 위해 물건에 이름표를 달아둡니다.

취학 통지서를 받은 후 이사하는 경우

취학 통지서에 적힌 취학 학교로 전화해 이사 간다는 사실을 알린다. → 새로 이사한 곳의 주민센터에 전입신고를 한다. → 해당 주민센터에서 주소지에 해당하는 취학 통지서를 발급받는다. → 주민센터에서 지정된 초등학교에 주민등록등본과 취학 통지서를 제출한다.

TIP

초등학교 입학 준비물 리스트

가방	아이가 착용했을 때 가볍고 편안한 것으로 준비
신발 주머니	실내화 크기에 맞고, 이름을 쓸 수 있는 것으로 준비
실내화	여름용과 겨울용으로 2개 구입
파일 상자	가정통신문이나 기타 신청서를 담을 용도
공책	담임선생님이 지정해주는 것으로 구입
필기구 및 필통	지퍼로 여닫는 천이나 하드케이스 재질로 준비
물티슈 및 손수건	손수건은 하루에 한 번 교체

1-2 입학식 날 부모와 아이는 뭘 하나요?

엄마가 꼭 챙겨야 할 '입학식 날 부모가 해야 할 일'

❶ 입학식장까지 같이 가주기

아이들은 낯선 환경에 매우 당황해할 수 있습니다. 입학식 전날에 학교 주변을 미리 가보거나 자녀에게 자신감을 불어넣어주는 이야기를 많이 해야 합니다. 그리고 당일에는 입학식 예정 시간보다 20분 전에 도착해 안정된 상태에서 입학식을 할 수 있도록 배려해야 합니다.

❷ 담임선생님 및 교실 확인하기

입학식 날 예비 반에 따라 자녀들은 줄을 서고 절차에 따라서 담임선생님을 발표하게 됩니다. 그때 담임선생님의 이름과 얼굴을 익혀두면 좋습니다. 또 자녀의 돌발 상황이나 도움을 받기 위해 교실의 위치를 파악해두어야 합니다.

아이가 꼭 알아야 할 '입학식 날 아이가 해야 할 일'

❶ 담임선생님 이름, 전화번호, 전달 사항 적기

자녀에게 학교에 가서 선생님 이름, 전화번호, 전달 사항을 꼭 적어 오게 하세요. 아이가 아직 글자를 모를 수 있기에 담임선생님은 가정통신문을 줍니다. 꼭 챙기라고 이야기하세요.

❷ 학교 방과 후 돌아오는 길 파악하기

가급적이면 학교 첫날은 자녀와 함께 하교하는 것이 좋습니다. 자녀가 끝나는 시간에 맞춰 학교 정문이나 후문에서 만나 집까지 걸어오면서 학교 주변을 설명해주면 아이가 학교에 적응하는 데 도움이 됩니다.

TIP

알아두면 좋은 초등 학부모를 위한 온라인 서비스

● **취학 통지서 온라인 서비스**
(서울시 제공)

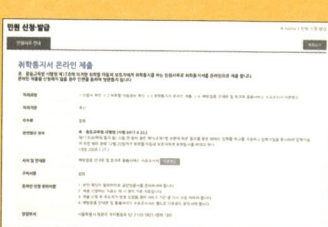
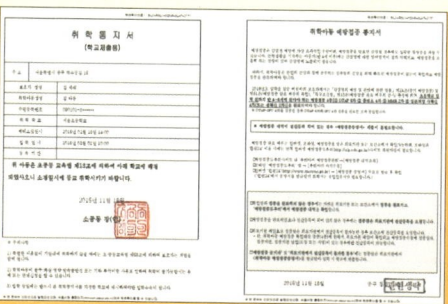

* 자료 · MY TISTORY | winand.tistory.com/510

취학 아동의 세대주, 부모, 조부모로 자녀와 따로 사는 경우에도 확인 가능합니다. 단, 공인인증서 본인 확인 후 사용 가능합니다.
→ minwon.seoul.go.kr/icisuser/minwon/info.do

처리 과정 | ① 인증서 확인 → ② 취학 아동 정보 확인 → ③ 취학 통지서 온라인 제출 → ④ 예방접종 안내문 및 방과후돌봄 서비스 수요 조사서 다운로드

● **학교알리미 서비스**
해당 학교의 학생, 교원 현황과 학교 교육 활동 내용, 학교 시설, 급식 등 다양한 현황을 공개적으로 살펴볼 수 있는 곳입니다.
→ www.schoolinfo.go.kr/

● **나이스 대국민 서비스**
자녀의 출결 상황, 급식 정보, 초등 돌봄 교실 등에 대한 정보를 확인할 수 있는 곳입니다.
→ www.neis.go.kr/pas_mms_nv99_001.do

● **방과후학교 포털 시스템**
방과후학교 정보 및 돌봄 서비스와 지역아동센터에 대한 정보를 확인할 수 있는 곳입니다.
→ www.afterschool.go.kr/

1-3 방과 후에 아이를 어떻게 해야 하나요?

	1학년	2학년		3학년	4학년		5학년	6학년
1교시	09:20~10:00	09:20~10:00	1교시	09:20~10:00	09:20~10:00	1교시	09:20~10:00	09:20~10:00
2교시	10:00~10:40	0:00~10:40	2교시	10:00~10:40	10:00~10:40	2교시	10:00~10:40	10:00~10:40
중간놀이활동	10:40~11:00 (20분)	10:40~11:00 (20분)	중간놀이활동	10:40~11:00 (20분)	10:40~11:00 (20분)	중간놀이활동	10:40~11:00 (20분)	10:40~11:00 (20분)
3교시	11:00~11:40	11:00~11:40	3교시	11:00~11:40	11:00~11:40	3교시	11:00~11:40	11:00~11:40
점심	11:40~12:40	11:40~12:40	4교시	11:40~12:20	11:40~12:20	4교시	11:40~12:20	11:40~12:20
4교시	12:40~13:20	12:40~13:20	점심	12:20~13:20	12:20~13:20	5교시	12:30~13:10	12:30~13:10
5교시	13:20~14:00	13:20~14:00	5교시	13:20~14:00	13:20~14:00	점심	13:10~14:10	13:10~14:10
6교시			6교시	14:00~14:40	14:00~14:40	6교시	14:10~14:50	14:10~14:50

초등학교 일과표를 보면 학년별로 다르지만 보통 2~3시에 학교 수업이 끝납니다.

《초등 1학년 365일》의 저자 이현진 교사는 "활동적인 아이라도 처음 입학하면 긴장해 교실에서 움직임이 적다"며 "방과 후엔 놀이터에서 마음껏 뛰어놀게 하라"고 권했습니다. 그리고 "그러고 나야 차분한 마음으로 독서나 공부에 집중할 수 있다"라고 말했습니다.

방과 후 시간이 많다고 학원을 여러 곳 등록하는 경우가 많습니다. 그러나 새 학기인 3월에는 이미 다니고 있는 학원 말고 또 다른 학원을 또 등록하는 것은 바람직하지 않습니다. 아이에게 낯선 학교와 새 학원에 모두 적응해야 하는 이중 부담을 주기 때문입니다. 맞벌이로 부득이하게 아이를 혼자 둘 수밖에 없다면 저학년은 방과후돌봄 교실, 중·고학년은 방과후학교에 다니는 것이 좋습니다. 무엇보다도 방과 후 아이를 집에 혼자 두는 일은 피해야 합니다.

연세대학교병원 소아정신과 신의진 교수는 "이 또래의 아이는 정신적·정서적으로 어른이 곁에 없으면 몹시 혼란을 느낀다"며 "호기심은 왕성한 반면 신체 조작 능력은 능숙하지 않아 안전사고가 발생하기 쉽다"라고 강조했습니다. 또 "저소득층과 맞벌이 부부 자녀를 위한 방과후학교·공부방·놀이방을 미리 알아보고 아이가 어른의 보호 아래 있도록 조치해야 한다"라고 덧붙였습니다.

초등학생 방과후수업 설문 조사 | 자료 : '초등학생 방과후수업 설문 조사'(윤선생 제공), 연합뉴스

초등학교 학부모 528명을 대상으로 방과후수업에 대한 설문 조사를 한 결과, 학부모 81.8%는 자녀가 방과후수업에 참여한 경험이 있다고 대답했습니다. 초등학교 방과후수업으로 학부모는 영어(42.8%), 수학(30.8%)을, 자녀는 과학(31.5%), 미술(24.8%)을 선호하는 것으로 조사됐습니다.

실제 자녀가 수강한 방과후수업 과목(복수 응답)은 수학(37.5%), 영어(35.0%), IT(정보 기술, 34.3%)가 많아 학부모 의견이 주로 반영된 것으로 나타났습니다.

TIP

방과 후 나라별 모습 살펴보기 | 자료·JEI 재능교육

방과후수업이 한국처럼 다양하지 않지만 특이하게도 원하는 수업이 다른 학교에 있는 경우 신청할 수 있습니다.

OSCA(Out of School Care) 프로그램이 있으며 대상은 5~13세입니다. 체육과 건강에 투자하는 시간은 어느 과목보다 중요하게 생각합니다. 학교마다 방과 후에 참여할 수 있는 다양한 운동 종목을 학기별, 계절별로 마련해놓고 있습니다.

수요일에는 다양한 형태의 특별 활동을 실시하면서 하루 1시간 방과후수업을 하는데, 주로 교내 숙제를 알려주는 형식입니다.

SAFE(Supervised Activities For Children of Employed Parent) 프로그램이 있으며, 아이들이 안전하게 보육을 받는 개념으로 방과 후에도 부모가 오기까지 안전하게 보살피는 데 목적을 두고 있습니다.

교육의 사회적 기능은 개인으로 하여금 뒷날 사회에서 이룩하게 될 역할을 수행할 수 있는 소질을 부여하는 일이다. 즉, 개인의 성격을 사회적 성격에 접근시켜 그의 욕구를 그의 사회적 역할에 필요한 것과 일치시키도록 하는 일이다. 어떠한 사회의 교육제도도 모두 이와 같은 기능에 의해서 결정된다. 자기 성격과 사회적 성격을 일치시키고, 자기 욕구와 사회적 역할에 필요한 것을 일치시켜 나가는 교육! 그러한 교육을 소중히 여기도록 하자.

- E. 프롬

2
대화가 필요해요

초등학교 담임선생님과의 상담, 학부모들과의 정보 교류, 자녀와의 교육적 대화를 통해 빠른 학교 적응에 도움을 줄 수 있습니다.

2-1 담임선생님과의 대화 요령

❶ 일주일 전에 상담 날짜와 시간 정하기

상담을 원하는 날 일주일 전에 담임선생님에게 미리 연락해 상담 시간과 장소, 그리고 간략한 상담 내용에 대한 의사를 전합니다. 약속 시간을 정하는 것은 담임선생님의 입장에서는 학부모와의 상담을 준비할 수 있는 시간적 여유를 주어 효과적인 상담을 진행할 수 있도록 해줍니다. 학부모 입장에서도 담임선생님의 얼굴조차 마주치지 못하고 헛걸음하는 번거로움을 줄일 수 있습니다.

❷ 상담 신청 전화는 오후 3시 이후에 하기

초등학교 저학년은 2시 이후, 중·고학년은 3시 이후에 담임선생님에게 전화하는 것이 좋습니다. 정규 수업 시간에 전화를 걸면 통화가 되어도 수업 중이기에 수업을 방해할 수 있습니다.

❸ 알림장이나 문자메시지 사용하기

'~이유로 상담을 원하니 편한 시간에 연락주세요'와 같이 상담을 희망하는 글을 공손한 인삿말과 함께 적어 아이 편이나 휴대전화 문자로 보내는 것도 한 방법입니다.

❹ 교실에서 만나서 이야기 나누기

교사 입장에서는 외부에서 만나는 것을 상당히 부담스러워합니다. 교실은 아이의 학교생활을 간접적으로 파악할 수 있는 상담 자료들이 열려 있는 곳입니다. 아이의 활동 사진, 시험지, 학습지 등과 내 아이가 하루의 절반을 보내고 있는 책상과 사물함을 살펴보면 아이의 생활 습관이나 상태를 간접적으로 알 수 있습니다.

❺ 선물이나 음료수는 제외하기
학부모들은 상담하러 갈 때 빈손으로 가는 것이 예의에 어긋난다고 생각하는 경우가 있는데, 선생님들은 먹을거리(음료수, 빵)를 기대하거나 바라지 않습니다. 주는 사람도 불편하겠지만, 받는 입장에서도 난감하고 마음이 불편한 경우가 많습니다.

❻ 간단한 상담은 여럿이, 깊이 있는 상담은 혼자 가기
선생님은 아직 얼굴이 익숙하지 않은 학부모와의 개별 면담을 어려워하기도 한답니다. 첫 상담이라면 서너 명의 학부모가 함께 찾아가 대화를 나누며 먼저 친밀감을 높이는 것이 좋습니다. 이후 아이에 대해 진지하고 깊이 있는 상담을 원한다면 개인 면담을 신청해 아이에 대한 정보를 솔직하게 공유할 수 있습니다.

❼ 궁금한 내용 정리해서 물어보기
'우리 아이가 학교생활을 잘하고 있나요?'와 같은 포괄적인 질문보다는 내 아이에 대해 자세히 알고 싶은 부분에 대한 세부적이고 구체적인 질문을 미리 준비해 가는 것이 바람직합니다. 주로 인성, 학습, 사회성, 교우관계가 대부분을 차지합니다.

- 우리 아이가 보충해야 할 부분은 무엇인가요?(인성)
- 부족한 부분을 보충하려면 집에서 어떻게 해야 하나요?(학습)
- 우리 아이가 학교생활에서 겪는 특별한 문제는 없나요?(사회성)
- 친구는 누구랑 주로 어울리나요?(교우관계)

❽ 가정과 연계할 수 있는 방안 질문하기
아이의 학업과 행동 발달 면에서 부족한 부분을 개선하고 향상시키기 위해서는 담임선생님과 부모의 일관된 교육 방침이 중요합니다. 가정에서 못 고치는 버릇이나 나쁜 습관도 담임선생님과 협력하면 고칠 수 있습니다.

TIP

학급 톡방 만들어 활용하기 · 카카오톡 플러스친구

학부모의 개인 상담 신청이나 고민을 올려놓으면 담임선생님이 개인적으로 메시지를 보내 보안성과 즉시성을 모두 보장받을 수 있는 유용한 애플리케이션입니다.

❶ 구글 플레이어에서 '플러스친구 관리자' 검색하여 다운받기

❷ 플러스친구 관리자 열고 로그인 하기

❸ 카카오톡 관리자 가입하기

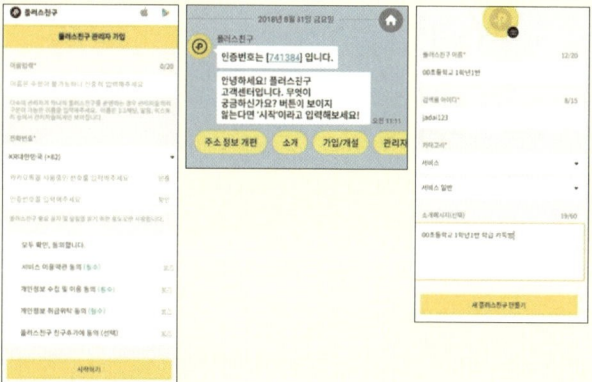

❸ 가입 완료

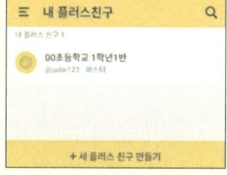

2-2 같은 반 학부모와의 대화 요령

❶ 공통 주제를 찾아라

처음 만나는 학부모와 대화하려고 할 때 공통 주제를 찾는 것이 첫걸음임을 명심하세요. 교육, 주거, 취미 등 일상적이면서 서로의 관심과 흥미가 같은 주제를 찾아 이야기를 나누면서 공감대를 형성해야 합니다.

우선 "저는 커피를 매우 좋아해요. 어떤 커피를 좋아하세요?"라고 물어보세요. 이렇게 매우 자연스러운 방법으로 대화를 시작하는 것이 바람직합니다.

❷ 긍정적인 어투를 사용하라

보통 유쾌한 이야기를 하면 부정적인 이야기를 하는 것보다 더욱 효과적입니다.
"댁의 자녀는 표정이 참 밝아요!", "아이가 엄마를 닮아서 차분하네요!"와 같이 먼저 말을 해보면 더욱더 친밀감을 느낄 수 있습니다.

❸ 사람들을 기억하라

우리는 대부분 매일 여러 사람과 만납니다. 자녀의 학교에서 등하교 때 많은 동 학년이나 동 학급 학부모를 만나곤 합니다. 이때 이름과 얼굴을 정확하게 기억하기 어려울 수 있습니다. 하지만 사람들의 이름을 기억하기 위해서뿐만 아니라 유대 관계를 강화하기 위해서도 이름을 부르는 것이 중요합니다.

"안녕하세요. 저는 김○○ 엄마입니다"라고 먼저 자신을 소개하세요. 그렇게 반복하다 보면 이름을 기억에 새기는 데 서로에게 도움이 될 것입니다.

❹ 칭찬하라

칭찬은 어색함을 누그러뜨릴 수 있습니다. 대부분의 학부모들은 칭찬을 받을 때 긍정적으로 반응합니다. 구체적인 내용을 선택하여 칭찬하고, 반드시 진실해야 합니다. 목소리 톤과

표정이 종종 당신의 생각을 전달하므로 진심으로 칭찬해야 한다는 사실을 명심하세요. "김
○○는 정말 발표를 잘하는 것 같아요. 비결이 뭔가요?"와 같은 칭찬을 통해 신뢰 관계가
돈독해집니다.

❺ 자녀 이야기에만 치우치지 마라

대부분의 부모는 자녀 이야기만 듣곤 해서, 아이들 싸움이 어른들 싸움으로 번지는 경우가
많습니다. 그러한 문제를 미리 막으려면 엄마들과의 교류가 있어야 합니다. 그리고 학부모
간의 문제는 가급적 아이들 앞에서 이야기하지 않고 어른끼리 전화나 만남을 통해 해결하
는 것이 좋습니다. "엄마가 김○○ 엄마랑 이야기해볼게. 화가 나도 조금 진정하고 쉬고 있
어라!"와 같이 감정을 달래주어야 합니다. 특히 학교 폭력 문제는 당사자와 담임선생님이
있는 자리에서 이야기하는 것이 바람직합니다.

TIP

초등 학부모 밴드나 카페 살펴보기

❶ 초등 학부모 밴드

약 2,000개 이상 활동하고 있으며 대부분 학교
나 학급별로 해당 연도에 구성했다가 해체하는
것이 일반적입니다.

❷ 초등맘 카페

약 700개가 있으며 특히 '초등맘(초등 학부모 커
뮤니티)'의 경우는 2018년 8월 31일 자 회원 수
1만 9,420명을 유지할 정도로 많은 회원과 정
보를 자랑합니다.

2-3 자녀와 대화하는 요령

학생들이 가장 듣기 싫었던 말

엄마
- 쯧쯧, 한심하다 37%
- 성적이 이게 뭐니? 23%

아빠
- 저거 누구 닮아서 그래? 20%
- 공부 좀 해라, 커서 뭐가 될래? 19%

선생님
- 왜 맨날 그 모양이니? 32%
- 그 성적으로 대학이나 가겠니? 12%

가장 듣기 좋았던 말

- 칭찬은 학생도 춤추게 한다!
- 장하다, 자랑스럽다
- 정말 잘했어. 기특하다
- 잘했어. 넌 정말 열심히 한 거야

자료: 교육부가 초·중·고등학생, 학부모, 교사 등 1만 1,449명을 대상으로 '듣기 싫었던 말, 좋았던 말'에 대해 설문 조사한 결과

❶ 아이 입장에서 들어주기

부모가 하고 싶은 이야기는 정확하고 분명하게 말하세요. 자녀의 의견이 부모와 다를 때 끝까지 부모 의견만 관철시키려고 하면 안 됩니다.

"너는 만날 왜 그래?"라는 식이 아니라 "나는 그럴 때마다 화가 나고 네가 걱정된단다"라는 식으로 '나'를 주어로 삼아서 말하세요.

❷ 잔소리나 과거 일 들추지 않기

잔소리나 과거 일을 들추는 것보다는 앞으로 변화되었으면 하는 대안을 제시하세요. "엄마한테 미리 이야기해주면 걱정을 덜할 것 같다"와 같이 친절하고 정확한 지침을 주어야 합니다.

❸ 한꺼번에 너무 많은 변화와 행동 요구하지 않기

자녀와 이야기를 나눌 때 화풀이, 폭력, 폭언을 자제해야 합니다. 대화는 서로 화가 나거나 기분이 좋지 않을 때 피하는 것이 현명합니다.
"엄마가 정말 어이가 없네. 조금 뒤에 이야기하자!"와 같이 시간 공백을 가지세요.

❹ 화가 나면 잠시 피하거나 심호흡하기

화난 자신의 감정을 들여다보세요. 화가 난 이유를 생각해보고 그것이 100% 타당한가 검토를 해봅니다. 그리고 화난 감정을 적절한 행동으로 바꿔보세요.
"엄마, 잠시 화장실 다녀올게!"와 같이 감정을 추스를 수 있는 공간과 시간을 가지세요.

❺ 진솔한 마음 전하기

부모가 자신의 모습을 솔직하게 인정할 수 있을 때 비로소 자녀의 모습을 객관적인 시각으로 바라볼 수 있습니다. 진솔한 마음을 전하기 위해서는 솔직해져야 합니다.
"엄마는 왜 네가 스마트폰에 그렇게 빠져서 공부를 안 하는지 궁금하고 화가 난단다. 설명해줄 수 있니?"와 같이 솔직하게 물어보세요.

TIP

자녀가 대화를 거부할 때 부모의 바람직한 태도

❶ 자녀가 침묵할 때

다음 말을 위해 생각하거나 준비 중일 수 있습니다. 부모의 일방적인 훈시로 부모에게 이야기해봐도 소용없다고 생각될 때 보이는 행동입니다. 다그치지 않고 생각할 수 있도록 기다립니다. 그리고 평소 자녀와의 대화 방법을 점검해봅니다. 불편한 마음을 알아주고 수용해줍니다. 지금이 아니더라도 다시 대화할 기회를 주세요.
"너의 생각이 다 정리되면 그때 이야기해줘."

❷ 자녀가 거짓말을 할 때

부모는 자녀가 진심을 말할 용기가 없을 때 거짓말을 할 수밖에 없었던 두려움을 공감해야 합니다. 자녀를 사랑하기 때문에 자녀의 거짓말을 덮어둘 수 없음을 이해시킵니다. 또 자녀의 거짓말에 숨은 진실을 이해해야 합니다. 숨기고 싶어 하는 것과 바라는 것이 무엇인지 구체적으로 이해합니다.

"네가 왜 그런 말을 해야 했는지 이해는 되지만, 네가 진짜로 숨기고 싶어 한 이유가 뭔지 알려주었으면 해!"

❸ 자녀가 속상해할 때

자녀가 어떠한 처지에 놓여 있을지라도 사랑하는 마음은 흔들리지 않음을 전합니다. 자녀가 무엇 때문에 어려워하고 실망하는지 구체적으로 이해합니다. 즉흥적인 충고는 도움이 되지 않습니다.

"어떻게 해야 위로가 될지 잘 모르겠구나. 엄마 아빠가 함께 있다는 사실을 잊지 마."

❹ 자녀가 화가 났을 때

자녀가 화가 났을 때는 진정될 수 있도록 잠시의 시간을 두어야 합니다. 감정이 누그러지면 왜 화가 났는지 대화로 풀어야 합니다. 그리고 화가 난 문제의 합리적인 해결책을 찾아 자녀의 고민거리를 해결해주어야 합니다.

"화가 많이 났구나. 너를 화나게 한 것이 무엇이고 해결할 방법을 이야기해보자!"

옛적에 태임(太任)이 문왕(文王)을 임신하였을 때 태교법을 실행하였다. 그 덕택으로 문왕은 나면서부터 밝고 성스러웠다. 옛 성인들도 태중(胎中)에 있을 때부터 자녀교육을 시작했는데 하물며 요즘, 유아기나 청소년기의 교육이야 오죽하겠는가. 태아부터 죽는 그 날까지 좋은 교육이 필요하다. 그 점을 명심해야 한다.

- 권발(權潑)

3
학교생활 이렇게 준비해요

학교의 각종 시설과 위치를 파악해야 합니다. 그래야 방과후수업을 신청하고 찾아가는데 어려움을 겪지 않습니다. 학원을 선택할 경우, 방과후수업이 마무리되고 선택하는 것이 좋습니다.

3-1 학교에는 다양한 시설이 있어요

❶ 교실 배치도, 교실 구성표

일반적으로 학교 중간에 위치한 정문 복도나 현황판에 배치되어 있습니다.

교실 배치도

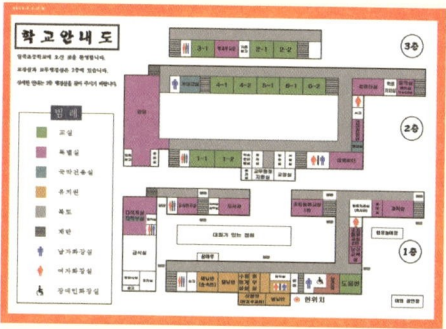

교실 구성표

구분	수량	구분	수량	구분	수량	구분	수량
보통교실	42	영어전용교실	1	다목적강의실	4	도서관	1
과학실	4	도서열람실	4	음악실	1	상담실	1
미술실	1	보건실	1	컴퓨터실	2	시청각실	1
관리실	10	방송실	1	교육자료실	1	교직원	2
전산실	1	건강관리실	1	급식실	1	창고자료실	1
대강당	1	기타	28				

❷ 기타 주요 시설

상담실 | 화장실 | 급식실 | 체육관
보건실 | 교무실 | 행정실 | 과학실

도서관	돌봄교실	방송실	컴퓨터실

TIP

학교에서 볼 수 있는 표지판

3-2 방과후수업 선택 시 자녀의 의사를 존중하세요

초등학교 1학기 방과후학교 프로그램 운영표

프로그램명	요일	장소	수업 시간	대상
역사 교실	월	2층 음악 전담실	2시 10분~2시 50분	1~2학년
	금	2층 음악 전담실	2시 10분~3시 30분	3~4학년
	월	2층 음악 전담실	3시~4시 20분	5~6학년
통기타	목	2층 음악실	3시~4시 20분	4~6학년
밴드	수	2층 음악실	1시 50분~3시 10분	5~6학년
바이올린	목	방과후교실 2	3시 10분~4시 30분	3~6학년
	금	방과후교실 2	2시 10분~3시 30분	3~4학년
바이올린	월	방과후교실 2	2시 10분~3시 30분	1~2학년
우쿨렐레	수	방과후교실 2	2시 10분~3시 30분	1~3학년
과학 요리	월	2층 과학실	2시 10분~3시 30분	2~3학년
	화	2층 과학실	3시~4시 20분	4~5학년
아동 파티시에	월	1층 영어실	3시~4시 20분	5~6학년
	화	1층 영어실	2시 10분~3시 30분	1~2학년
	수	1층 영어실	2시 10분~3시 30분	3~4학년

이렇게 많은 프로그램 앞에서 자녀는 흥미와 재미 위주로 선택하고, 부모는 학습에 도움이 될 만한 프로그램을 하기를 원합니다. 과연 어떤 것이 좋은 선택일까요?

2학년 어린이가 '과학 요리' 같은 프로그램을 원하지만, 부모가 같은 시간대의 '바이올린' 수업을 권할 때 갈등을 겪게 됩니다. 즐겁고 자신의 다양한 재능을 키워야 할 방과후수업이 출발부터 삐걱거리죠. 자녀가 수동적인 태도로 방과후수업에 임한다면 교육에 도움이 되지 않을 것입니다. 자녀의 욕구를 충족시켜줄 수 있는 방과후수업 프로그램을 선택하는 것이 최고의 결정입니다.

TIP

방과후학교 신청 절차

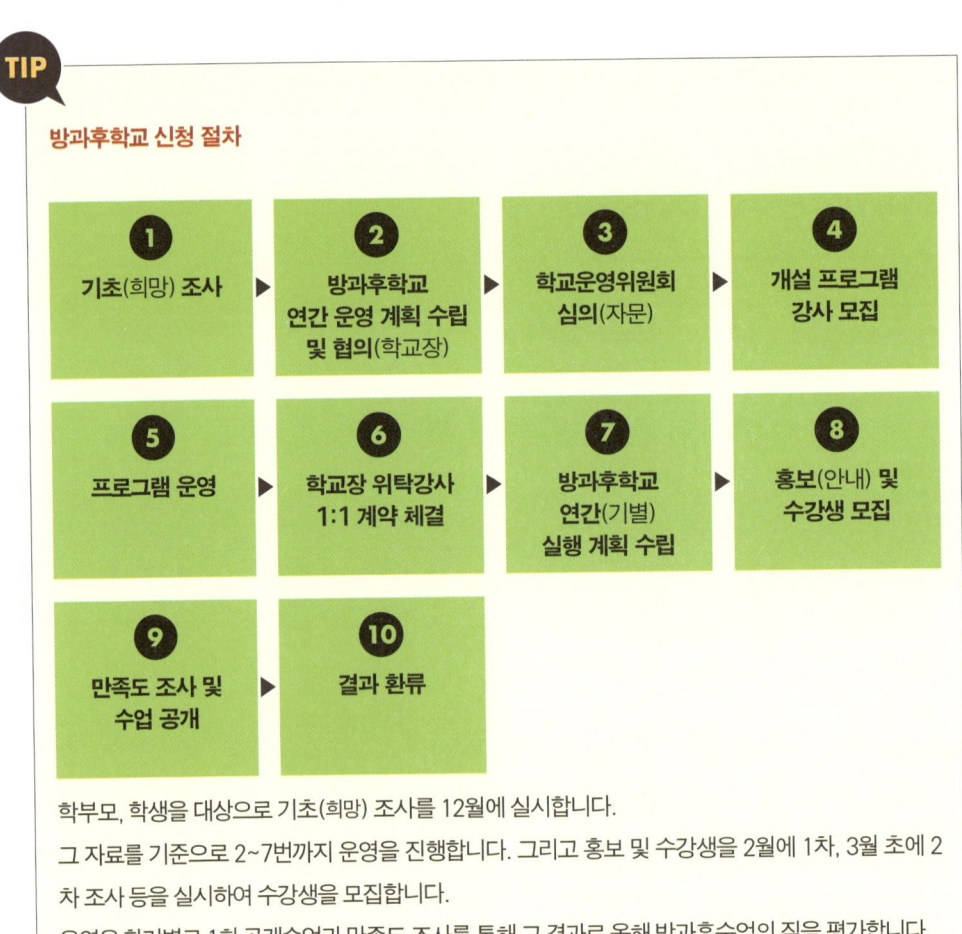

학부모, 학생을 대상으로 기초(희망) 조사를 12월에 실시합니다.
그 자료를 기준으로 2~7번까지 운영을 진행합니다. 그리고 홍보 및 수강생을 2월에 1차, 3월 초에 2차 조사 등을 실시하여 수강생을 모집합니다.
운영은 학기별로 1회 공개수업과 만족도 조사를 통해 그 결과로 올해 방과후수업의 질을 평가합니다.

3-3 학원에 보낼 때 신중하게 파악하고 보내세요

❶ 아이의 수준을 고려한 선택이었는가?

부모나 주변 사람들의 의견을 더 존중해서는 안 됩니다. 자녀의 소질과 성적을 세부적으로 분석하여 자녀에게 맞는 학원을 선택해야 합니다.

❷ 강사 수준을 고려했는가?

방학을 맞이하는 시기가 되면 수강생이 급격하게 늘어납니다. 이때 일부 학원에서는 무자격 학원 강사를 채용하는 경우가 있습니다. 정규 강사로 구성된 학원이 더욱 좋습니다.

❸ 비싼 수강료를 요구하지 않는가?

학원 고시가에 준한 수강료를 받는지 확인해야 합니다. 수강료가 터무니없이 비싼 학원은 고려해보아야 합니다.

❹ 아이들의 생활지도가 잘 이루어지고 있는가?

아이들이 탈선하지 않도록 사전 예방 교육을 하고 있는지도 살펴보아야 합니다. 여기에는 학원장의 교육철학과 분위기도 매우 중요합니다.

❺ 아이들과 의사소통이 잘 이루어지는 학원인가?

학원 강사들과 아이들이 대화를 자주 나누는지 살펴보아야 합니다. 또 권위적인 분위기인지, 친절한 분위기인지를 파악해야 합니다.

❻ 결과보다 과정을 더 중요하게 여기는 학원인가?

단기적 결과에 매달리지 않고 장기적인 계획에 따른 성적 향상과 습관 형성을 중요하게 여기는 교육철학이 있는지 알아보아야 합니다.

TIP

방과 후 시간표 짜기

- **시간표 짤 때 주의 사항**

❶ 빡빡한 계획은 사절, 학교수업에 흥미를 잃지 않도록 하세요.
❷ 밖에서 마음껏 뛰어놀 수 있는 시간을 주세요.
❸ 가족과 함께 하는 시간에는 대화를 충분히 하세요.
❹ 가급적 아이를 혼자 두지 마세요.
❺ 아이가 자신 없는 부분을 연습할 수 있는 학원을 선택하세요.

- **예시 자료**

12:00	귀가
13:00	점심식사
14:00	운동 또는 예체능 학원
16:00	간식
16:30	숙제 및 독서
17:30	TV, 학습비디오(교육방송) 시청
18:00	저녁식사
20:00	가족과 함께 하는 시간
21:00	취침

방과후학교 포털시스템

교육부, 시도교육청, 한국교육개발원이 함께하는 방과후학교 포털시스템(https://www.afterschool.go.kr/)을 소개합니다. 내 자녀에게 도움이 되는 방과후학교에 대한 다양한 정보를 살펴볼 수 있습니다.

교육은 도덕과 지혜의 두 기반 위에 서지 않으면 안 된다. 도덕은 미덕을 받들기 위해서고, 지혜는 남의 악덕에서 자기를 지키기 위해서다. 도덕에만 중점을 두면 성인군자나 순교자밖에 나오지 않는다. 지혜에만 중점을 두면 타산적인 이기주의가 나오게 된다. 어느 한 쪽에 치우치지 말고 도덕과 지혜의 두 기반 위에 교육이 서 있어야 좋은 열매를 거둘 수 있는 것이다.

- S.R.N. 샹포르

4
학교 행사와 소식을 알아야 해요

학교에서 돌아오는 자녀의 가방 안에는 학교에서 내준 가정통신문과 주간학습계획표가 있습니다. 이 둘은 학교 행사나 소식 등이 들어 있으니, 매일 확인하고 체크해야 합니다.

4-1 학교 이모저모 살펴보기

❶ 아침 활동

초등학교에서는 아침 활동을 월별로 계획해 짧게는 10분, 길게는 20분 동안 특성 있는 아침 교육을 실천하고 있습니다. 특별한 행사나 천재지변이 없는 한 계획대로 시행합니다.

요일	활동	내용	장소
월	방송 조회	훈화 및 시상	방송실 및 교실
화	독서 활동	아침 독서	교실
수	놀이 활동, 안전 교육	놀이 활동(1, 2, 3주차), 안전 교육 방송(4주차)	교실
목	독서 활동	아침 독서	교실
금	영어 교육	아침 영어 방송	방송실 및 교실

❷ 중간 놀이(점심)

규모가 작은 초등학교는 정해진 식사 시간에 일괄적으로 담임선생님이 인솔해 식사를 합니다. 그러나 과밀학급은 학년별로 식사 시간이 다릅니다. 급식소가 전체 인원을 수용할 수 없는 크기이기 때문에 학년별로 시간 차를 두어 급식을 실시하는 것이지요. 초등학교는 점심시간도 근무로 간주하기에 교사의 급식 지도는 필수입니다. 식사 습관이나 예절에 대한 교육을 수시로 지도합니다. 또한 질서 교육을 통해 모두가 더불어 사는 생활 습관 교육도 자연스럽게 체득하게 됩니다.

	1학년	2학년		3학년	4학년		5학년	6학년
1교시	09:20~10:00	09:20~10:00	1교시	09:20~10:00	09:20~10:00	1교시	09:20~10:00	09:20~10:00
2교시	10:00~10:40	0:00~10:40	2교시	10:00~10:40	10:00~10:40	2교시	10:00~10:40	10:00~10:40
중간놀이활동	10:40~11:00 (20분)	10:40~11:00 (20분)	중간놀이활동	10:40~11:00 (20분)	10:40~11:00 (20분)	중간놀이활동	10:40~11:00 (20분)	10:40~11:00 (20분)
3교시	11:00~11:40	11:00~11:40	3교시	11:00~11:40	11:00~11:40	3교시	11:00~11:40	11:00~11:40
점심	11:40~12:40	11:40~12:40	4교시	11:40~12:20	11:40~12:20	4교시	11:40~12:20	11:40~12:20
4교시	12:40~13:20	12:40~13:20	점심	12:20~13:20	12:20~13:20	5교시	12:30~13:10	12:30~13:10
5교시	13:20~14:00	13:20~14:00	5교시	13:20~14:00	13:20~14:00	점심	13:10~14:10	13:10~14:10
6교시			6교시	14:00~14:40	14:00~14:40	6교시	14:10~14:50	14:10~14:50

❸ 수업 활동

초등학교는 40분 수업, 10분 휴식을 원칙으로 합니다. 블록 수업의 경우 80분 수업, 20분 휴식을 취합니다. 과목별 주당 수업 시수가 정해져 있기에 이에 준해 수업을 실시합니다. 특히 3학년부터 영어, 체육 같은 특정 교과는 담임선생님이 아닌 전담 선생님(원어민 강사)이 수업을 진행합니다. 좀 더 전문성을 갖춘 교사와 함께 수업을 하는 거죠. 이 밖에도 예술 교육, 경제 교육 등은 외부 강사와 교사가 공동으로 실시하는 협력 수업을 경험하기도 합니다.

❹ 청소

과거와 다르게 아이들이 화장실, 운동장 청소를 하지 않고 청소 용역을 주어서 실시합니다. 아이들은 자신의 교실과 복도를 청소하는데, 진공청소기가 있어 쉽게 할 수 있지요. 청소하는 시간을 통해 자신의 주변 책상과 사물함을 정리하는 요령을 배웁니다.

❺ 동아리 활동

초등학교에서는 자신이 관심 있고 좋아하는 분야에 대한 동아리 활동을 합니다. 체육, 미술, 음악과 같은 예체능이나 봉사 활동과 연계된 활동 등을 합니다. 담당 선생님 1명 이상이 아이들과 함께 활동합니다.

TIP

학교 홈페이지를 통한 내 자녀 교육과정 살펴보기

❶ 인터넷 검색하기를 통해 학교 정보를 한눈에 알아볼 수 있습니다.

❷ 홈페이지에는 해당 연도에 실시한 학교 행사에 대한 안내와 사진 등 결과물이 잘 정리되어 있습니다.

❸ 학년별 현장 체험학습에 대한 안내문과 다녀온 학급별 사진이나 소감문 등이 올라와 있습니다.

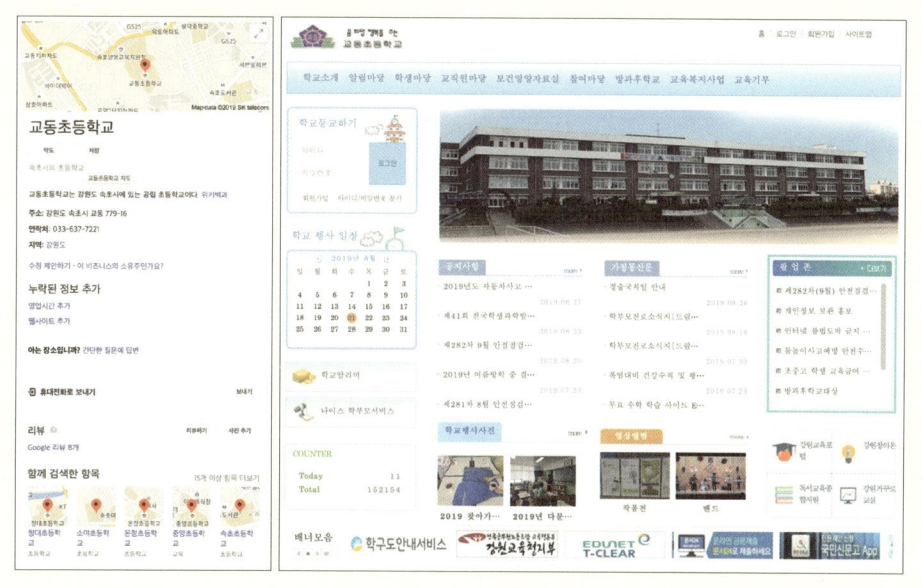

4-2 교내 행사에 적극적으로 참가하기

1, 2학기 시정표

	3월	• **시업식**(2), **입학식**(2) ｜ 새로운 친구, 선생님을 만나는 행사 • **학급어린이회 임원 선출**(12~16) ｜ 학급의 회장과 부회장을 선발하는 행사 • **전교어린이회 임원 선출**(21) ｜ 전교회장과 부회장을 선발하는 행사 • **상반기 학교 설명회**(23) ｜ 학부모를 대상으로 하는 학교 설명회 행사
1학기	4월	• **학부모 상담 주간**(10~13) ｜ 학부모와 담임선생님이 만나 자녀 상담을 실시하는 행사 • **과학의 달 행사** ｜ 전자과학탐구대회, 항공우주탐구대회, 탐구토론대회 등 과학 관련 행사 실시
	5월	• **한마음 축제**(17) ｜ 봄 운동회 행사 • **가족의 달 행사** ｜ 어린이날, 어버이날 등 다양한 가족 관련 행사 실시
	6월	• **호국보훈의 달 행사** ｜ 한국전쟁과 관련되거나 한국의 독립을 위해 애쓰신 애국자에 대한 행사 실시
	7월	• **여름방학식**(26) ｜ 여름방학 행사
	8월	• **개학식**(21) ｜ 2학기를 시작하는 행사
	9월	• **자녀 학교 방문의 날**(20) ｜ 학부모 공개수업의 날 행사
	10월	• **학부모 상담 주간**(8~12) ｜ 학부모와 담임선생님이 만나 자녀 상담을 실시하는 행사
	11월	• **스포츠클럽체육대회** ｜ 전국 스포츠클럽체육대회를 종목별로 실시하는 행사
2학기	12월	• **동아리 작품 전시회**(3~7) ｜ 동아리별 작품을 전시하는 행사 • **동아리 발표회**(7) ｜ 동아리별 장기 자랑을 발표하는 행사 • **겨울방학식**(28) ｜ 겨울방학 행사
	1월	• **개학식**(28) ｜ 겨울방학이 끝나는 행사 • **꿈·끼 탐색 주간**(28~31) ｜ 각 학급별 프로젝트 학습이나 보충수업을 실시하는 행사 • **졸업식**(31), **종업식**(31) ｜ 1~5학년은 마무리, 6학년은 졸업식 행사

월별 계획표(예시)

월	주	일수							학교·학년 행사 및 활동
		일	월	화	수	목	금	토	
3	1					1	2	3	시업식(2), 입학식(2)
	2	4	5	6	7	8	9	10	
	3	11	12	13	14	15	16	17	학급어린이회 임원 선출(12~16)
	4	18	19	20	21	22	23	24	전교어린이회 임원 선출(21) 상반기 학교 설명회(23)
	5	25	26	27	28	29	30	31	
4	6	1	2	3	4	5	6	7	
	7	8	9	10	11	12	13	14	학부모 상담 주간(10~13)
	8	15	16	17	18	19	20	21	
	9	22	23	24	25	26	27	28	
	10	29	30						
5	11			1	2	3	4	5	
	12	6	7	8	9	10	11	12	
	13	13	14	15	16	17	18	19	한마음 축제(17)
	14	20	21	22	23	24	25	26	
	15	27	28	29	30	31			
6	16						1	2	
	17	3	4	5	6	7	8	9	
	18	10	11	12	13	14	15	16	
	19	17	18	19	20	21	22	23	
	20	24	25	26	27	28	29	30	
7	21	1	2	3	4	5	6	7	
	22	8	9	10	11	12	13	14	
	23	15	16	17	18	19	20	21	
	24	22	23	24	25	26	27	28	여름방학식(26)
	25	29	30	31					

월	주	일 수							학교·학년 행사 및 활동
		일	월	화	수	목	금	토	
8	1				1	2	3	4	
	2	5	6	7	8	9	10	11	
	3	12	13	14	15	16	17	18	
	4	19	20	21	22	23	24	25	개학식(21)
	5	26	27	28	29	30	31		
9	6							1	
	7	2	3	4	5	6	7	8	
	8	9	10	11	12	13	14	15	
	9	16	17	18	19	20	21	22	자녀 학교 방문의 날(20)
	10	23	24	25	26	27	28	29	
	11	30							
10	12		1	2	3	4	5	6	
	13	7	8	9	10	11	12	13	학부모 상담 주간(8~12)
	14	14	15	16	17	18	19	20	
	15	21	22	23	24	25	26	27	
	16	28	29	30	31				
11	17					1	2	3	
	18	4	5	6	7	8	9	10	
	19	11	12	13	14	15	16	17	
	20	18	19	20	21	22	23	24	
	21	25	26	27	28	29	30		
12	22							1	
	23	2	3	4	5	6	7	8	동아리 작품 전시회(3~7) 동아리 발표회(7)
	24	9	10	11	12	13	14	15	
	25	16	17	18	19	20	21	22	
	26	23	24	25	26	27	28	29	겨울방학식(28)
	27	30	31						

월	주	일수							학교·학년 행사 및 활동
		일	월	화	수	목	금	토	
1	28			1	2	3	4	5	
	29	6	7	8	9	10	11	12	
	30	13	14	15	16	17	18	19	
	31	20	21	22	23	24	25	26	
	32	27	28	29	30	31			개학식(28), 꿈·끼 탐색 주간(28~31), 졸업식(31), 종업식(31)

초등학교에서는 연 1~2회 학부모 상담주간을 운영합니다. 이때 담임선생님에게 상담 신청서 양식을 보내야 합니다. 간단한 소개 글의 안내장과 상담 신청서를 제출하면 됩니다.

(학부모용) **상담 신청서**
상담을 원하는 **날짜**와 **시간**, **상담 방법** 표시하여 제출

학년 반	아동명	학부모명
		(인)
상담방법	대면 상담	전화 상담

날 짜				
9월 16일	9월 17일	9월 18일	9월 19일	9월 20일

시 간				
2:35 ~3:00	3:00 ~3:25	3:25 ~3:50	3:50 ~4:15	4:15 ~4:40

○○초등학교장 귀하

(담임용) **상담예약확인서**

학년 반	아동명
날짜	( )월 ( )일
시간	시 분
장소	교실

위와 같이 학부모 상담이 예약되었습니다.
담 임   (인)

학부모님 귀하

TIP

초등학교 도서관 활용하기

❶ **운영 시간**
- **학기 중 운영 시간** | 월~금요일, 오전 9시~오후 4시

- **휴관일** | 공휴일, 토요일, 기타 학교장이 지정하는 날

❷ **도서 대출과 반납**
- 도서 대출 및 반납은 컴퓨터와 바코드를 이용한 전산 처리 방식으로 합니다.
- 1회 대출 기간은 일주일이며 도서 대출 권수는 2권을 원칙으로 합니다.
- 기간 내에 읽지 못한 책은 2일간 1회 연장할 수 있습니다.
- 도서를 연체하면 연체한 날짜만큼 대출이 불가합니다.(특별한 경우 도서실에서 봉사를 하고 대출할 수 있습니다.)
- 자료의 예약 제도는 실시하지 않습니다.
- 대출한 도서는 기일 내 도서실에 반납합니다.
- 도서를 반납한 후 확인합니다.
- 파손이나 분실 시 동일한 도서로 배상함을 원칙으로 하나 절판 등 불가피한 사유의 경우 도서의 원가를 받을 수도 있습니다.

❸ **대출증 발급**

 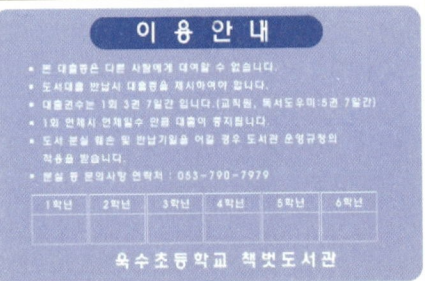

- 학생에게 대출증을 발급합니다.(대출증을 만들 때는 사진과 개인정보 동의서가 필요함)
- 대출증 분실 시 사서 교사에게 신고한 후 재발급받습니다.
- 전입생은 대출증을 사서 교사에게 신청한 후 발급받습니다.
- 전출생은 전출 시 반납할 책을 반드시 확인합니다.

4-3 가정통신문 한눈에 살펴보기

방과후학교　　**우유 급식**　　**운동회**　　**현장 체험학습**

> **TIP**
>
> **학교에서 무료로 제공받을 수 있는 것들**
>
> ❶ **학용품** | 개인당 1년을 기준으로 1만~2만 원으로 책정해 각 학급 담임선생님이 일괄로 준비물을 신청해줍니다. 주간 학습 안내를 통해 학생별로 꼭 챙겨야 하는 준비물만 준비하면 됩니다.
> ❷ **수학여행** | 5~6학년의 경우 최대 13만 원까지 지급 가능합니다.
> ❸ **교과서** | 개인당 1회 무료 제공, 분실 시 개별로 구입해야 합니다.
> ❹ **교육 복지** | 학교 교육 복지사와 함께하는 다양한 사업(진로, 소통, 상담 등)에 신청하여 체험할 수 있습니다.
> ❺ **육상대회 및 스포츠클럽대회** | 신청자에 한해 간식 및 식사, 차량비 등을 무료로 제공받을 수 있습니다.
> ❻ **동아리** | 학교에서 운영하는 동아리에서 사용되는 일체의 경비를 지원받습니다.

초등학교 학년별 건강 검사

학년	항목
1학년	• **건강검진** ｜ 키, 몸무게, 비만도, 근/골격 및 척추, 시력, 색각 이상 유무, 안 질환, 청력, 귓병, 콧병, 목병, 피부병, 혈압 측정, 기관 능력, 진찰 및 상담, 치아 상태, 구강 상태, 소변 검사, 혈액형 검사 • 정서행동특성 검사
2학년	• **신체의 발달 상황** (키, 몸무게, 비만도) • 구강 검사 • 시력 검사 • 소변 검사
3학년	• **신체의 발달 상황** (키, 몸무게, 비만도) • 구강 검사 • 시력 검사 • 소변 검사
4학년	• **건강검진** ｜ 키, 몸무게, 비만도, 근/골격 및 척추, 시력, 색각 이상 유무, 안 질환, 청력, 귓병, 콧병, 목병, 피부병, 혈압 측정, 기관 능력, 진찰 및 상담, 치아 상태, 구강 상태, 소변 검사, 혈액 검사(비만 학생) • 정서 행동 특성 검사
5학년	• **신체의 발달 상황** (키, 몸무게, 비만도) • 구강 검사 • 시력 검사 • 소변 검사
6학년	• **신체의 발달 상황** (키, 몸무게, 비만도) • 구강 검사 • 시력 검사 • 소변 검사

초등돌봄교실

자료 · 〈2017 초등돌봄교실 운영 길라잡이〉, 한국교육개발원

❶ 개념
- 초등돌봄교실이란 별도 시설이 갖추어진 공간에서 돌봄이 필요한 학생을 대상으로 정규 수업 외에 이루어지는 돌봄 활동을 말합니다.
- 방과후학교 연계형 돌봄교실은 방과 후에 돌봄이 필요한 3~6학년 맞벌이, 저소득층, 한부모 가정 등의 학생 중 방과후프로그램에 참여시키는 돌봄 활동을 말합니다.

❷ 수요 조사 | 단위 학교를 기준으로 학교 여건에 따라 1년에 1~4회 정도 실시합니다.

❸ 대상
- 오후 돌봄은 1~2학년을 대상으로 합니다.
- 저녁 돌봄은 오후 돌봄에 참여한 맞벌이, 저소득층, 한부모 가정 등의 추가 돌봄이 필요한 학생을 대상으로 합니다.

❹ 운영 규모
돌봄교실 및 방과후학교 연계형 돌봄교실은 1실당 20명 내외로 편성, 운영합니다.

❺ 프로그램
매일 1개 이상의 무상 프로그램 이외에 학부모가 별도로 돌봄교실에서 수익자 부담으로 추가 제공을 원하는 경우 유상으로 제공할 수 있습니다. 다만 교육비 지원 대상 학생은 전액 무상으로 합니다.

❻ 운영 시간
- 오후 돌봄 및 방과후학교 연계형 돌봄교실 : 17시까지 운영
- 저녁 돌봄 : 학교 및 지역 돌봄 기관에서 자율적으로 운영

❼ 비용

급식, 간식은 수익자 부담으로 제공하되 교육비 지원 대상 학생은 무상으로 제공합니다.

2018년부터 초등돌봄교실 달라지는 점

자료 · '2018년부터 이렇게 달라집니다', 교육부

before ──────────→ after

돌봄교실 어린이의 간식은 핫도그, 토스트, 빵, 음료 등 패스트푸드를 많이 제공

친환경이나 농산물우수관리(GAP) 인증을 받은 제철과일을 간식으로 주1회 무상 제공

교육의 목적은 인격의 형성에 있다. 교육의 목적은 기계적인 사람을 만드는 데 있지 않고, 인간적인 사람을 만드는 데 있다. 또한 교육의 비결은 상호존중의 묘미를 알게 하는 데 있다. 일정한 틀에 짜여진 교육은 유익하지 못하다. 창조적인 표현과 지식에 대한 기쁨을 깨우쳐주는 것이 교육자 최고의 기술이다.

- 아인슈타인

2교시

2학년 생활백서
초등 공부 이야기

초등학교 2학년부터 본격적인 공부가 시작됩니다. 내 자녀의 공부 성향을 파악하고, 그에 맞는 공부 습관을 형성하고, 최적의 공부 환경을 조성하는 출발점입니다. 이 시기에 자녀가 올바른 공부 습관과 학습 경향을 갖출 수 있도록 도와야 합니다.

1
공부의 시작은 '물음표(?)'에서 출발해요

초등학교 시기에는 자신의 공부 성향을 모르고 무작정 공부를 하거나 시켜서는 안 됩니다. 공부는 마라톤입니다. 결승점을 앞두고 스피드를 내기 위해서는 초등학교 시기에 적절한 페이스 조절이 필요합니다.

1-1 자가 진단하기로 학습 경향을 알아야 해요

학습 유형 자가 진단을 분석해서 자신의 학습 성향을 파악합니다.

❶ 적극적인 학습자와 숙고하는 학습자

적극적 학습을 선호하는 학생	숙고하는 학습을 선호하는 학생
● 토론하거나 제안하거나 혹은 다른 사람들에게 그것을 설명한다.	● 우선 조용히 그것에 대해 생각하길 좋아한다.
1 정보를 가장 잘 기억하고 이해하려는 경향이 있다. 2 "한번 해보고 어떻게 되는지 보자." 3 그룹 작업을 더 좋아하는 경향을 보인다. 4 필기하며 강의 내내 앉아 있는 것을 힘들어 한다.	5 "우선 곰곰이 생각해보자." 6 혼자 일하는 것을 선호한다.

❷ 감각적인 학습자와 직관적인 학습자

감각적 학습을 선호하는 학생	직관적 학습을 선호하는 학생
7 시각, 촉각, 청각 등 감각 정보에 집중한다. 8 무슨 일이 벌어지는지 보려 한다. 9 사실과 데이터를 원한다. 10 표준 방식대로 문제를 해결하려 한다. 11 세세한 내용을 참을성 있게 대한다. 12 '실생활'과 무관한 강의를 싫어한다. 13 시간 제한이 있는 시험을 싫어한다.	14 아이디어, 기억, 가능성 등 직관적 정보에 집중한다. 15 의미를 찾으려 한다. 16 이론과 모델을 원한다. 17 다양성을 좋아하고 반복을 싫어한다. 18 세세한 내용을 따분해한다. 19 원리 원칙대로의 강의를 싫어한다. 20 어떤 종류의 시험도 별로 좋아하지 않는다.

❸ 시각적인 학습자와 언어적인 학습자

시각적 학습을 선호하는 학생	언어적 학습을 선호하는 학생
● 그림, 도표, 차트, 구성, 지도, 보여주기 등을 선호한다.	● 칠판에 쓰거나 말로 하는 것을 선호한다.

❹ 순차적인 학습자와 총체적인 학습자

순차적인 학습을 선호하는 학생	총체적인 학습을 선호하는 학생
● 일직선으로 한 단계씩 연계된 방식으로 배움	● 큰 덩어리로 연결된 방식으로 배움
21 부분적 정보로도 일을 할 수 있다. 22 분석을 잘한다.	23 부분적 정보로는 일을 못한다. 처음에는 굼뜨고 혼자 일하는 것을 선호한다. 시험도 못 보는 것처럼 보이며, 일찍 이해하지 못하면 학습을 포기한다. 24 통합을 잘한다.

❺ 귀납적인 학습자와 연역적인 학습자

귀납적 학습을 선호하는 학생	연역적 학습을 선호하는 학생
● 자료를 관찰하고 나서 규칙과 원리를 도출한다.	● 규칙과 원리로 시작해서 그 결과와 현상에 적용한다.
25 학습 동기가 필요하다. 26 귀납이 배우는 스타일이다.	27 탐구열이 필요하다. 28 연역이 쉽고 효과적인 강의 방법이다.

자료 《새시대 교수법》, 조벽

> **TIP**
>
> **공부 잘하는 아이 만드는 엄마표, 아빠표 공부법**
>
> | 구분 | 엄마표 공부법 | 아빠표 공부법 |
> |---|---|---|
> | 특징 | 하루 1회 1시간 공부하기 | 주 1회 1시간 공부하기 |
> | 방법 | 학원이나 학교에서 배운 내용을 들어주고 질문하면서 소통하기 | 특강 형식으로 자녀들의 공부나 인생에 도움이 되는 사례 중심 대화하기 |
> | 효과 | 매일 규칙적인 공부 습관과 내용에 대한 피드백 | 멘토에 대한 다양한 경험 체득 |
> | 장소 | 가정이나 놀이터 | 커피숍이나 여행지 |

1-2 동기부여가 중요해요

1학년 동안은 학교 적응 훈련과 기초지식 훈련이 주를 이룹니다. 실제적인 공부는 2학년부터 시작된다고 할 수 있습니다. 이 시기에는 다음 수기 공모전을 통해 학습 유형 자가 진단과 더불어 동기부여가 무엇보다 중요함을 알 수 있습니다.

아들은 초등학교 4학년까지 좋은 말로 표현하자면 하위 그룹, 꼴찌 대열에 있었다. 공부를 잘하는 상위 그룹은 꼴찌 대열을 바라보며 얼마나 창피할까 생각할 수도 있다. 그러나 아들은 누가 공부를 잘하는지 못하는지는 관심 밖이고, 그저 모든 것을 내려놓고 큰 영향을 받지 않는 상태로 친구들과 어울려 노는 데만 집중하며 행복해했다.

이런 아들이 5, 6학년 때 공부를 알게 되고 중학교에 올라가서는 차츰 성적이 올라 전교 1등과 함께 전 과목 올 100점으로 주위를 놀라게 했으며 고등학교 입학 때 내신과 모의고사를 합해 1등으로 들어갔다. 어릴 때 아들의 성적을 아는 친척들과 이웃들은 어려운 환경에서 발전에 발전을 거듭한 아들에게 모두 기적이라고 입을 모았다.

어떻게 아들은 이렇게 공부를 열심히 하게 되었을까? 우선 그전에 우리 엄마들이 자녀에게 간절히 바라는 것은 이것이 아닐까 생각한다. 바로 공부하라고 잔소리를 하기 전에 알아서 스스로 공부를 잘해주는 것. 하지만 그렇게 되기란 정말 심히 어렵다.

그렇다면 공부를 스스로 열심히 하게 되는 특효약은 없을까? 있다. 공부를 스스로 열심히 하게 만드는 최고의 방법은 바로 동기부여다.

생각하건대 아들이 공부를 열심히 하게 된 것에는 바로 이 동기부여가 가장 큰 역할을 했다고 확신한다. 아들의 강력한 동기부여 중에 재미있는 일화가 있다.

4학년 때쯤 일이다. 표정이 어두운 아들이 들어와서는 대뜸 "엄마, 친구 할머니께서 내가 공부를 못한다고 나만 집에 못 놀러 오게 하셔. 할머니께 잘 보이려고 뛰어가서 인사도 잘하는데 나만 미워하셔"라고 말했다. 듣고 나니 너무 황당하고, 기죽은 아이를 보니 마음이 요동쳤지만 이렇게 말하며 위로했다.

"괜찮아, 그 할머니께서 우리 아들을 잘 몰라서 그래. 너는 앞으로 공부도 잘하고 최고가 될 거야. 그때 그

할머니께서 아마 너를 찾아와 놀러 오라고 사정하게 될 테니까 걱정 마. 아마 땅을 치고 후회하실 거야."

그냥 달래주는 말이 아니라 아들에 대한 믿음이 있었기에 할 수 있는 위로였다. 그 말이 씨가 되듯 뒤늦게 엄마표 공부를 시작한 아이는 시간이 갈수록 점점 공부를 잘하게 되었다. 시간이 지나고, 어느 날 흥분한 아들이 뛰어 들어오면서 이렇게 말했다.

"엄마 말대로 길에서 만난 할머니께서 나에게 집에 놀러 오라고 하셨어!"

아들은 너무 좋아서 그 말을 하며 방방 뛰어다녔다. 그 순간 나와 아이의 마음속에 생긴 것이 있다. 바로 공부에 대한 강한 동기부여가 생긴 것이다. 그 후부터는 아들 스스로 공부에 열정을 쏟기 시작했다. 공부를 잘한다는 게 어떤 건지 스스로 알게 된 것이다.

• 김민숙 · 〈사교육에 의존하지 않고 자녀 교육하기/공부하기〉 수기 공모전 우수상 수상자

> **TIP**
>
> **아이에게 동기부여해주는 법**
>
> ❶ **문제를 스스로 해결할 기회를 주자** | 공부법에 문제가 있다면 어떻게 공부하라고 지시하기보다는 "어떻게 하는 것이 좋겠니?"라고 물어보고 스스로 답을 찾아서 실천하게 하세요.
>
> ❷ **수용하고 격려해주자** | '나는 할 수 있다'는 자신감을 심어주는 것이 핵심입니다. 일단 시도해보고, 최선을 다하며 좌절을 견뎌내도록 북돋아주세요. "엄마가 보기에 너는 할 수 있다고 생각해", "엄마는 네가 자랑스러워"라고 자주 말해주세요.
>
> ❸ **화를 내거나 냉소적인 태도는 피하자** | 낮은 성적에 부모가 화를 내고 얼굴이 붉어지는 것은 피해야 합니다. 목표를 달성하지 못했더라도 실패에 대한 감정을 다스리는 능력을 키워주는 것이 매우 중요합니다.
>
> ❹ **비교하지 말자** | 형제나 친구, 친척과 비교하는 것은 아이를 위축시키고 자존감을 낮추게 됩니다.
>
> ❺ **목표는 현실적으로 세우자** | 아이의 '준비 상태'를 충분히 감안해 현실적인 목표가 설정되면 아

이는 행복해하고 학습 동기가 높아지며 자발성이 생깁니다.

❻ **학습의 모델이 되자** | 아이는 부모를 보고 배웁니다. 아이가 공부할 때 옆에서 책을 같이 읽거나 공부에 대한 토론을 자주 해서 공부하는 분위기를 만들어주세요.

❼ **칭찬과 보상을 아끼지 말자** | 부모의 적절한 보상에서 생겨나는 자신감은 아이에게 동기를 불러일으킵니다. 즉 책임감 있는 아이로 성장하는 바탕이 됩니다.

1-3 좋아하는 것과 잘하는 것은 달라요

아이들에게 '좋아하는 것'이란 '흥미 interest'를 의미하고 '잘하는 것'이란 '적성 aptitude'을 의미합니다. 특히 '적성'이라는 단어는 우리가 흔히 말하는 '소질'의 의미로 인식되고 있습니다. '흥미와 적성의 불일치'에 따른 고민에 대해 거의 모든 아이들은 제한과 타협이라는 두 가지 카테고리 안에서 선택을 반복합니다. '흥미와 적성의 불일치'로 고민하지만, 고민만 하고 있을 수는 없겠죠. 무언가 좀 더 정보를 취득하거나 실제 최종적인 선택을 위해 일련의 행동, 즉 노력을 해야 합니다.

아이가 좋아하는 일이라고 다 할 수는 없는 것이 현실이고, 아이가 소질이 보인다고 다 할 수 없는 것이 현실입니다.

물론 흥미, 적성 이외에도 가치관이나 상황을 고려해야 합니다. 그러나 실제로 흥미나 적성은 환경의 영향을 많이 받습니다. 자녀가 자주 접해본 일에는 흥미나 적성이 더 발현될 수 있습니다. 그러므로 지금 적성이 없다고 포기하기보다는 해당 영역에 대해 더 많이 공부하고 필요한 능력을 기르는 것이 현명한 태도입니다.

> **TIP**
>
> ### 일상생활에서 아이의 적성 발견하는 법
>
> **❶ 좋아하고 잘하는 과목을 살펴보자**
>
> 과목에 따라 해당되는 직업군을 선택하는 것도 좋은 방법입니다.
>
> | 국어 | 수학 | 사회 | 과학 | 영어 | 실과 | 음악 | 미술 | 체육 |
> |---|---|---|---|---|---|---|---|---|
> | 작가 | 수학자 | 변호사 | 과학자 | 통역사 | 공학자 | 가수 | 화가 | 운동선수 |
> | 기자 | 금융가 | 철학자 | 의사 | 외교관 | 요리사 | 작곡가 | 건축가 | 경찰 |
> | 아나운서 | 회계사 | 정치가 | 발명가 | 번역가 | 환경가 | 비평가 | 해설가 | 탐험가 |

❷ 자신의 취미 생활을 발전시키자

취미란 좋아하는 일을 자신이 골라서 하는 것인데 이를 자꾸 반복하면 시간이 지남에 따라 그에 대한 능력을 향상시킬 수 있습니다. 예를 들어 용돈기입장이나 다이어리를 정리하는 것이 취미인 아이가 있다면, 돈이나 숫자에 대한 개념과 체계적이고 논리적으로 꼼꼼하게 계획을 세우는 능력이 발달해 수학자, 금융가, 회계사 등의 직업군을 선택해야 합니다.

❸ 일상생활의 사소한 장점을 키우자

겉으로는 아무 특징이 없고 조용하지만 언제나 친구들의 불평 섞인 이야기나 투덜거림을 끝까지 잘 들어주는 친구를 주위에서 쉽게 발견할 수 있습니다. 얼핏 아무런 장점이 없어 보이지만 다른 사람의 이야기를 잘 들어준다는 것은 매우 뛰어난 능력입니다. 이런 적성은 상담 전문가, 심리 치료사, 정신과 의사 등의 직업군을 선택해야 합니다.

❹ 항상 기발하고 엉뚱한 생각을 인정하자

때로는 황당무계한 이야기도 진지하게 들어주어야 합니다. 상상의 날개를 펼 수 있도록 해야 아이들이 내면의 세계를 외부로 표출할 수 있기 때문입니다. 이러한 성향의 아이들은 창의적인 아이디어나 항상 새로운 것을 추구하는 광고 분야나 예술 계통의 직업군을 선택해야 합니다.

❺ 준비하고 기다려주자

학업 성적이나 사회성이 좋지 못한 아이들은 자신의 능력을 과소평가할 가능성이 높습니다. 조금 부족한 부분을 부모로서 보충해줄 수 있는 과정을 마련하고 기다려주어야 합니다. 짜증이나 화를 내기보다는 격려가 필요합니다. 대기만성(大器晩成)형 아이들은 생각이 깊은 면이 있어서 철학자, 기자 등의 직업군을 선택해야 합니다.

❻ 진로 탐색 프로그램을 활용하자

교육부에서 관리하는 초등학생용 진로 탐색 프로그램으로는 주니어 직업 정보, 미래 사회와 직업, 진로 흥미 탐색(저학년용, 고학년용)을 제공합니다.

2
공부 습관은 '느낌표(!)'로 습득해요

2학년 때는 책 읽고 문장 쓰기와 글을 듣고 자신만의 언어로 말하기 공부가 지속적으로 이루어져야 합니다. 모든 공부의 기초는 국어의 완성임을 명심하시기 바랍니다.

2-1 읽기와 쓰기로 기초를 쌓으세요

기초학력 보장의 출발점이며 모든 학습의 기초가 되는 것이 읽기 지도입니다. 그래서 각 시도 교육청에서는 학습 부진의 주된 원인을 '읽기 부진'으로 진단하고, 단계적·체계적인 한글 문해 교육을 연중 실시하고 있습니다.

국민대학교 이애진 교수는 '읽기 학습의 어려움이 있는 아동을 위한 읽기·쓰기 지도 방법'이라는 주제로 "인지 처리 기능에 문제가 있는 아동일지라도 한글 음소 분석, 음운의 변동 파악, 소리 내어 반복적으로 읽기 등 체계적인 지도를 통해 문제를 극복할 수 있다"며 "읽기의 기초를 닦은 후 동화나 그림책을 읽으며 의미 중심으로 지도하면 아동의 자신감과 읽기 능력이 향상될 수 있다"라고 말했습니다.

책 읽기 4가지 핵심 체크 사항

❶ **책 읽기는 어릴 때부터 시작하라** | 터프츠대학교 아동발달학과 교수인 매리언 울프는 "음성언어와 문자언어가 같은 의미를 지닌다는 사실을 알아가면서 책 읽기를 배워나간다"라고 말했습니다. 이는 어릴 때부터 꾸준히 책 읽는 연습을 해야 한다는 것을 뜻합니다.

❷ **책을 읽을 때는 낭독을 하라** | 소리 내어 읽기를 해야 합니다. 눈, 귀, 입이 모두 열려야 할 수 있습니다. 특히 가정에서 소리 내어 읽기를 한 아이와 그렇지 않은 아이는 학교에서 실시하는 국어 수업의 이해도와 적극성에서 차이를 보입니다.

❸ **책 읽기를 놀이처럼 하라** | 아이들은 첫째도 재미, 둘째도 재미를 찾습니다. 독서가 아무리 훌륭하고 좋은 것이라 해도 재미를 느끼지 못하면 아무 소용이 없습니다. 가정에서 책 읽기를 공부처럼 의무적으로 시키기보다는 놀이처럼 접근하도록 해야 합니다.

❹ **스스로 찾아 읽는 습관을 만들라**

주변에 책을 쉽게 접할 수 있고, 책을 읽을 수 있는 가정의 분위기를 만들어주어야 합니다. 그러기 위해서는 책 읽는 시간에 휴대전화, TV를 가족 모두가 멀리해야 합니다. 아이가 책을 읽고 그 내용에 대해 스스로 이야기할 때까지 섣부르게 확인해서도 안 됩니다.

초등학교 저학년 일기 쓰기 지도에서 주의할 사항

❶ **일기는 매일매일 쓰지 마라** | 아이가 쓰고 싶은 주제가 있을 때 쓰는 것이 좋습니다.

❷ **다양한 일기 형식으로 써라** | 그림 일기, 탐정 일기, 상상 일기 등 다양한 형식으로 쓰면서 자신만의 개성과 창의성을 키워주세요.

❶ 20년 후의 내 모습 상상해보기
❷ 좋아하는 과일을 주제로 동시 쓰기
❸ 보고 싶은 친구에게 편지 쓰기
❹ 부모님 인터뷰하기
❺ 우리 동네 탐방 일기 쓰기
❻ 동화 속 주인공에게 편지 쓰기
❼ 내일이 개학날이라면?
❽ 내가 좋아하는 것들 소개하기
❾ 즐거운 여행 계획 짜기
❿ 미래의 배우자에게 편지 쓰기

❸ **일기 형식의 책을 소개하라** | 아이들은 자연스럽게 책의 형식과 내용을 모방하여 일기를 쓰기 시작합니다. 그리고 차츰 자신만의 스타일을 찾아갑니다.

자료 ·《일기, 독서록, 체험학습 보고서 쓰기》, 김수정(2011년)

❹ **부모도 일기를 써라** | 아이에게 부모의 일기를 읽어주거나 아이가 읽게 합니다. 일기 쓰기도 솔선수범이 중요합니다.

❺ **일기 박물관을 방문하라** | 일기 박물관에는 수많은 일기 사본과 체험이 가득하답니다. 대통령 일기부터 전쟁 일기, 인기 스타의 일기까지 다양한 일기가 전시되어 있습니다.

TIP

생각이 자라는 일기 쓰기 주제 | 자료·아이스크림(i-Scream) 초등 가정용 학습 프로그램 '홈런(Home-Learn)'

영역	순	주제	확인
상상하기	1	인간 모두에게 날개가 생긴다면 어떤 일이 벌어질까 써보기	
	2	엄마랑 내가 역할이 바뀐다면 어떤 일이 생길지 써보기	
	3	내가 잠깐 동안 동물이 될 수 있다면 무엇이 되고 싶은지 써보기	
	4	내가 꼭 이루고 싶은 소원 한 가지만 선택하여 써보기	
	5	순간이동 능력이 생긴다면 어떻게 사용할 것인지 써보기	
탐구하기	1	집에서 기르는 식물 하나에 대해 자세히 알아보기	
	2	고사성어 하나를 찾아 유래와 의미를 알아보고 내가 얻을 수 있는 교훈이 무엇인지 생각해보기	
	3	국어사전에서 내가 몰랐던 단어 5가지를 찾아보고 뜻 써보기	
	4	주변사람에게 소개하고 싶은 책 하나를 골라 이유를 써보기	
	5	주말에 가족 중 한 사람의 일과를 밀착 취재하기	
교감하기	1	엄마나 아빠의 가장 친한 친구가 누구이고 왜 친한지 알아보기	
	2	엄마나 아빠의 어린 시절에 대해 궁금한 질문 3가지 해보기	
	3	엄마 아빠가 가장 좋아하는 노래를 알아보고 요즘의 노랫말과 비교해보기	
	4	가족에게 각자 필요한 물건이 무엇일지 생각해보기	
	5	우리 반에서 나랑 가장 대화를 적게 해본 친구와 이야기해보고 어떤 이야기를 했는지 써보기	
세상보기	1	뉴스를 시청하고 뉴스의 내용과 관련한 나의 생각 쓰기	
	2	신문이나 TV 광고를 보고 문제점은 없는지 생각해보기	
	3	신문, 뉴스를 시청하다가 알게 된 낱말의 뜻 알아보기	
	4	한 주 동안 가장 많이 보도된 뉴스가 무엇이었는지 알아보기	
	5	다른 나라에서 있었던 주요 뉴스 중 한 가지를 골라 써보기	
성찰하기	1	한 주 동안 내가 했던 행동 중에서 후회되는 것에 대해 글쓰기	
	2	우리 반 친구들이 고쳐야 할 점은 없는지 생각하고 글쓰기	
	3	가족에게 미안했던 일은 없었는지 생각하고 글쓰기	
	4	나의 생활에서 버려야 할 단어 3가지를 골라 그 이유 설명하기	
	5	이번 주에 내가 가장 노력해야 할 점이 무엇인지 생각하기	

2-2 듣기와 말하기 연습을 자주 하세요

초등학교 수업에 잘 적응하려면 가정에서 듣기와 말하기 연습을 해야 합니다. 특히 의자에 앉아서 40분 동안 수업을 해야 하기에, 앉아서 공부하는 습관을 키워야 합니다. 갑자기 자리에 앉아서 공부하기보다는 10분, 20분, 30분, 40분으로 시간을 조금씩 늘리면서 앉아서 공부하는 습관을 길러주어야 합니다. 1대 다수의 학교 수업 방식에 적응하려면 듣기와 말하기 연습을 해야 합니다. 가정에서는 일대일 방식이다 보니 아이들 질문에 바로 답변을 해줄 수 있지만, 학교는 특성상 질문하는 요령과 순서가 있기에 가정에서 미리 연습해야 학교 수업에 잘 적응할 수 있습니다. 연습을 하지 않으면 간혹 자신의 주장이나 생각을 순서 없이 마구 말하거나, 친구의 발표를 잘 듣지 않는 등의 행동으로 수업을 방해할 수 있기 때문입니다.

'2015 개정 교육과정'에서는 독서 교육의 비중이 크게 늘었습니다. 초등학교 저학년 때부터 책을 읽고 난 뒤 생각을 표현하는 습관을 길러야 합니다.

독서를 통해 국어 학습 능력을 기르는 효과적인 방법 중 하나로 책의 내용을 요약해 말하는 것입니다. 개정 교과서가 듣기와 말하기의 중요성을 강조하는 만큼 이런 습관은 자녀의 전반적인 국어 학습 역량을 기르는 데 효과적입니다.

상당수의 부모들은 수학이나 영어에 비해 국어 과목을 소홀히 여기는 경향이 있습니다. 하지만 국어는 모든 교과의 기초이자 학습의 토대임을 알아야 합니다.

2018년 9월까지 개발된 국어 듣기 음원 자료로는 1~2학년 군 1, 2학기 듣기 자료 파일과 3~4학년 군 1학기 듣기 자료 파일을 다운받아서 사용할 수 있습니다. 앞으로 계속해서 등재되니 해당 사이트에 접속하여 다운받아 사용해보세요.

교과서민원바로처리센터(www.textbook114.com) → 교과서 정보 서비스 → 교과서 일반 자료실 → 교과서 일반 자료 → 20, 29, 30번

20	초등학교 1~2학년군 국어(1학기) 듣기자료 파일	juqro1	2017-06-23		245
30	초등학교 3~4학년군 국어(1학기) 듣기자료 파일	juqro1	2018-03-15		265
29	초등학교 1~2학년군 국어(2학기) 듣기자료 파일	juqro1	2018-03-15		275

TIP

국어 교과서 듣기 파일 목록(GOM 파일)

구분	내용	쪽	크기(KB)
1-1 8단원	공 나르기 놀이	208	2,602
	동물들이 어떻게 읽는지 들어보기	206	4,377
	현수의 편지	220	749
1-2 2단원	동물 농장	36	1,590
1-2 4단원	딴 생각하지 말고 귀 기울여 들어요	100	3,199
		102	4,667
1-2 5단원	똑같아요	120	1,045
2-2 1단원	훨훨 간다	24	3,395
2-2 2단원	가은이와 선생님의 대화	44	1,696
2-2 5단원	종이접기	130	550
	참 좋은 말	123	1,158
2-2 7단원	거인의 정원 일부분	185	1,275
	거인의 정원	182	21,431
	쇠붙이를 먹는 불가사리	186	3,701
2-2 8단원	재성이의 일기	218	934
3-1 3단원	훈민이의 대화	102	3,241
3-1 5단원	동물을 치료하는 직업	143	1,120
	박물관 선생님 말씀	137	897
	복을 물어다주는 제비	140	1,947
3-1 6단원	행복한 짹짹콩콩이	174	7,123
4-1 2단원	일기예보	67	2,062
4-1 8단원	진영이에게 있었던 일	226	2,491

2-3 발표를 잘하는 게 공부의 핵심이에요

학교와 집에서 자녀들이 공부할 때 보이는 태도에 차이가 있음을 알아야 합니다. 집에서는 이야기도 잘하고 목소리도 큰 아이가 수업 시간에는 작은 목소리로 더듬거리며 이야기하기도 합니다. 왜 그럴까요? 그런 아이들은 가정에서 어떻게 가르쳐야 할까요?

아이의 발표력을 높일 수 있는 노하우

❶ 문제의 원인을 찾아라

가정에서는 엄마와 함께 질문과 대답을 하기에 일정한 형식이 필요하거나 부끄러움을 느낄 상황이 없습니다. 그러나 학교에서는 친구들과 돌아가면서 발표와 듣기를 하려면 일정한 형식을 지켜야 하죠. 또 많은 사람들 앞에서 발표하기 어색한 아이들은 부끄러워서 얼굴도 못 들고, 말도 더듬거리면서 발표하곤 합니다. 그럴 때는 이렇게 이야기해주세요.

저학년의 경우	○○이가 발표하기를 부끄러워하는 건 우리 ○○ 어깨 위에 부끄럼 요정이 있어서 그렇단다. 부끄럼 요정을 사라지게 하려면 발표하기 전에 마음속으로 '부끄럼 요정아, 사라져라!' 하고 주문을 외워봐!
고학년의 경우	○○야! 친구들 앞에서 발표하니까 힘들지. 엄마도 네 나이 때는 다 그랬어. 괜찮아! 대신에 다음에는 조금 더 크고 자신 있게 이야기하자!

이렇게 아이의 눈높이에 맞게 힘을 실어주는 부모의 따스한 말이 필요합니다.

❷ 말하기 능력을 키워라

평소 부모와 대화를 많이 하는 어린이들은 학교 수업에 적응하는 데 별문제가 없습니다. 특히 맞벌이 부부의 아이들이 수업 시간에 힘들어하는 경우가 많습니다. 그만큼 유년 시절에 부모와 나누는 대화는 말하기 능력의 기초가 됩니다. 초등학교 1~2학년 시기에는 하루에 1시간 이상 자녀와 대화하는 시간을 가져야 합니다. 그러한 대화가 자연스럽게 자녀의 말하기 능력을 신장시키는 기폭제가 됩니다. 일상적인 대화에서 학교의 일까지 질문하고 대답하고, 함께 고민 해결법을 생각하는 대화를 하는 것이 핵심입니다.

더불어 조금 더 말하기 능력을 신장시키고자 한다면 소리 내어 책 읽기, 역할극 하기, 친척에게 안부 전화하기, 웅변 배우기, 말하는 모습 동영상 찍어 보여주기 등을 실천하면 좋습니다.

❸ 부담을 주지 마라

발표할 때 너무 잘하려고 하거나 다른 사람의 시선을 지나치게 의식하면 아이는 여러 사람 앞에서 말하기가 힘들어집니다. 사람들의 평가에 대한 두려움이나 걱정이 발표하기 전에 작용하기 때문에 발표를 제대로 못하게 되죠. 그러므로 아이에게 발표를 잘하라고 하지 말고 실수를 할 수도 있고 다른 사람들이 어떻게 생각할지는 걱정하지 말라고 격려해주세요. 그리고 발표 전에는 아이와 함께 발표하는 연습을 충분히 하세요. 발표도 훈련이고 습관이랍니다.

❹ 교감하고 소통하는 법을 가르쳐라

발표를 할 때도 앉아서 대화할 때와 똑같이 자연스럽게 얘기하는 것이 핵심입니다. 대부분의 아이들은 앉아서 얘기할 때와 서서 얘기할 때가 180도 다릅니다. 앉아서는 표정, 몸짓, 대화 내용까지 무척 자연스러운데 일어서서 발표를 하면 갑자기 동상이 되면서 친구들과 교감하지 못하고 자기 혼자 중얼거리고 끝납니다. 이런 문제를 해결하기 위해서는 자신이 하고 싶은 말을 솔직하게 끝까지 논리 정연하게 얘기하는 연습이 필요합니다. 내 생각을 꺼내서 자연스럽게 끝까지 말하는 것이 중요합니다. 가끔 〈세상을 바꾸는 시간, 15분〉 또는, TED 사이트(www.ted.com)에서 유명인들의 강의를 자녀들과 함께 들어보세요. 많은 것을 배울 수 있습니다.

말하기 훈련에 도움을 줄 수 있는 곳

❶ 각 시도 교육청 방과후교실

시도 교육청에서 주최하는 스피치 관련 수업이 좋은 반응을 얻고 있습니다. 방학 때 운영하는 스피치 아카데미와 방과 후 스피치 교실 등 다양한 수업이 있습니다. 사설 학원에 비해 저렴하면서 전문 강사, 탄탄한 커리큘럼, 지속적인 재정 지원 등이 이루어져 학부모들 사이에서 신뢰도가 가장 높습니다. 각 지방자치단체 홈페이지에서 확인할 수 있습니다.

❷ 청소년 문화센터
시(구)나 군에서 운영하는 청소년 문화센터에서는 저학년을 대상으로 방학을 이용하여 기초과정 스피치 강좌를 운영합니다. 방학 일주일 전에는 학교를 통해 안내장이 각 가정으로 배부되니 잘 살펴보기 바랍니다.

❸ 각종 복지재단
지역 지자체에서 교육 보조비를 받아 초등학생을 대상으로 하는 스피치 강좌나 말하기 치료 강좌를 운영하는 복지재단이 많습니다. 대부분이 1학년을 대상으로 하며, 전액 무료로 운영하고 있습니다. 가까운 동사무소나 교육청의 안내판을 잘 살펴보기 바랍니다.

❹ 백화점 문화센터
주 5일제 수업 전면 실시에 맞춰 발 빠르게 아이들 관련 강좌를 늘리는 추세입니다. 주로 초등학교 3~4학년, 5~6학년으로 나누어 진행하며 사설 학원 못지않은 전문 강사를 초빙하는 것이 특징입니다. 백화점에 자리해 접근성이 좋으며 수강료는 다른 사설 학원과 비슷한 수준입니다.

❺ 스피치 전문 트레이닝 학원
주로 전·현직 아나운서가 운영하며 목소리 톤, 말하는 속도, 몸짓 등 단순 발표력 향상이 아닌 전문적인 교육을 하는 것이 특징입니다. 초등학교 고학년을 중심으로 가르치며 특히 전교 학생 회장 선거를 준비하는 아이들이 많이 찾습니다. 수강료는 비교적 비싼 편입니다.

❺ 청소년 수련관, 도서관
청소년을 대상으로 하는 만큼 초등학교 저학년보다 고학년 중심으로 스피치 강좌를 개설합니다. 주 1회 수업으로 일반 사설 학원에 비해 저렴합니다. 어린이 토론 교실, 독서 논술, 창의적인 리더십 교육 등 스피치 강좌와 연계해서 들으면 아이들의 사고력에 도움이 되는 강좌가 많습니다.

❻ 사설 학원

우리가 흔히 알고 있는 '웅변 학원'과 같은 개념으로 최근 '스피치 학원'이라는 새로운 이름으로 불립니다. 이제 막 초등학교에 입학한 1학년부터 고학년까지 모두 다닐 수 있으며 보통 6개월 기준으로 커리큘럼을 운영합니다.

TIP

아이 유형별 스피치 훈련법 | 자료 · 대교 교육 매거진 〈미즈코치〉(2015년 2월호)

❶ 자신감이 없는 아이

남 앞에서 말을 잘 못하는 아이는 다른 사람의 시선을 의식하기 때문이에요.
이럴 때에는 무작정 '넌 할 수 있어'라고 말하는 것은 큰 도움이 되지 않아요.
자신감이 부족한 상태에서는 말 잘하는 경험을 여러 번 만들어주시고,
칭찬해주시는 방법이 필요한데요.
아이가 다른 사람 앞에서 말하는 모습을 잘 캐치하시고,
작은 것 하나라도 칭찬해주시면 좋아요.
'친구들 앞에서 떨지 않고 말 하던데~?', '큰 목소리로 이야기 잘 하더라'라는 식인데요.
남들 앞에서 인정받았다는 생각이 자신감을 키우고,
이런 경험이 여러 차례 반복되면 '나도 말을 잘할 수 있구나'라는 믿음을 심어줄 수 있어요.

❷ 웅얼거리는 아이

말할 때 웅얼거리는 아이들이 있는데요.
이는 말하기 전에 입 주변 근육을 적극적으로 사용하는 연습이 도움이 돼요.
혀를 좌우로 길게 빼기, 볼에 공기를 가득 넣었다 빼기 등을 통해
소리를 만드는 조음기관을 활발하게 움직이게 해주세요.

❸ 말의 요점이 불명확한 아이

아이들은 어른에 비해 내용의 흐름을 파악하는 데에 미숙해요.
그래서 떠오르는 생각을 잊기 전에 전달하느라 말을 두서없이 늘어놓는 경우가 있는데요.
이는 말의 요점을 정리할 수 있는 방법이 발표 잘하는 아이로 키우는 데에 도움이 돼요.
이를 위해서는 평소 글을 많이 써보는 것이 좋은데요.
'누가, 언제, 어디서, 무엇을, 어떻게, 왜'의 육하원칙에 따라

하고 싶은 말을 글로 자주 쓸 수 있게 해주세요.
글은 길지 않고, 짧게 쓰는 연습을 자주 해주시면 좋아요.

❹ 목소리가 작은 아이

목소리가 작은 아이는 발성연습을 통해 발표력을 키울 수 있어요.
발성연습은 숨을 깊게 들이마시고 내쉬는 복식호흡이 좋은데요.
이를 돕기 위해서는 풍선을 활용하여 내쉴 때마다
숫자를 세며 호흡량을 늘려주시는 방법이 좋아요.

❺ 발음이 정확하지 않은 아이

혀짧은 소리를 자주 내거나 발음이 정확하게 내지 않는 아이들에게는
틀리기 쉬운 발음을 꾸준하게 연습하도록 도와주세요.
흔히 헷갈리는 '예'와 '애'의 발음 방법,
'ㅅ'의 발음 방법 등을 아이에게 정확하게 알려주세요.
꾸준하게 연습하면 발음이 차츰 정확해지고,
발표할 때도 정확한 발음으로 또박또박 이야기할 수 있어요.

다섯 살 된 자식은 당신의 주인이고, 열 살 된 자식은 노예이며, 열다섯 살 된 자식은 동등하게 된다. 그 후부터는 교육시키는 방법 여하에 따라 벗이 될 수도 적이 될 수도 있다.

- 탈무드

3
공부의 기본은 '쉼표(,)'로 준비해요

공부를 무엇부터 시작해야 하는가 하는 질문에 초등학교 전문가들은 이구동성으로 교과서를 공부하라고 말합니다. 교과서의 내용을 손으로 직접 쓰고, 다른 친구나 가족 앞에서 말하는 연습이 중요합니다.

3-1 교과서를 자세히 보게 하세요

"교과서로 공부했어요."

공부 잘하는 초등학생들은 모두 이렇게 말합니다. 그러나 보통의 학생들은 이 말을 믿지 않고 뭔가 특별한 공부법이 있을 것이라고 생각합니다. 그래서 교과서는 무시한 채 다양한 공부법에 도전합니다. 여기서 공부 잘하는 학생들이 교과서로 공부했다는 말의 속뜻을 정확히 이해해야 합니다. 우선 교과서로 기본을 충실히 다진 후 자신에게 맞는 문제집이나 참고서로 넘어갔다는 사실을 알아야 합니다.

요즘은 자녀들의 가방에 교과서가 들어 있지 않은 경우가 많습니다. 스마트폰이 있어 인터넷에 쉽게 접속해 공부에 필요한 정보를 얻을 수 있기에, 굳이 무겁고 제한적인 정보를 담은 교과서나 참고서를 가지고 다닐 필요가 없어졌기 때문입니다.

기성세대가 공부하던 방식을 아날로그 방식, 요즘 초등학생들이 공부하는 방식을 디지털 방식이라고 할 수 있습니다. 엄마, 아빠 시절에는 시험지와 다양한 참고서를 보조 자료로 활용해 교과서의 내용을 보충하면서 시험공부를 했습니다. 그러나 최근에는 QR코드 방식으로 수십 장의 내용을 간단히 스마트폰에 저장하거나 언제든 열어볼 수 있는 패턴으로 변화하고 있습니다. 이 방법은 편리하기는 하지만 아이들의 장기 기억으로 입력시키는 데는 효율적이지 못합니다. 뇌는 디지털 방식보다는 아날로그 방식으로 배운 공부 내용을 오래도록 기억한다는 것을 현장의 교사들은 경험으로 알고 있습니다.

최근의 교과서는 음원, 사진, 동영상, 스티커 등 다양한 활동으로 배울 수 있게 설계되어 있습니다. 그렇기에 가정에서는 교과서의 다양한 활동을 자녀가 잘 따라 하고 있는지만 확인해도 학교 수업에 대한 참여도와 이해도를 알 수 있습니다.

교과서 분실 시 한국검인정교과서협회(www.ktbook.com)에서 온라인으로 구입할 수 있으며 전국 매장도 검색 가능합니다.

TIP

디지털 교과서 활용하기

디지털 교과서란 기존 교과 내용(서책형 교과서)에 용어 사전, 멀티미디어 자료, 평가 문항, 보충·심화 학습 내용 등 풍부한 학습 자료와 학습 지원 및 관리 기능이 부가되고 에듀넷·티클리어 등 외부 자료와 연계할 수 있는 교과용 도서입니다.

❶ **서비스 대상** │ 전국 초등학교, 중학교, 고등학교 학생 및 교사
  ※ 디지털 교과서 활용을 위해 에듀넷·티클리어 회원으로 가입해야 합니다.
  ※ 만 14세 미만 학생은 회원가입을 위해 보호자의 동의가 필요합니다.

❷ **서비스 과목**
  • 초등학교 3~4학년(사회, 과학, 영어), 5학년(사회, 과학)
  • 중학교 1학년(사회, 과학1, 영어1)
  • 고등학교(영어, 영어Ⅰ, 영어 회화, 영어 독해와 작문)

❸ **디지털 교과서 뷰어 설치하기**
  디지털 교과서를 설치하려는 OS 및 기기에 적합한 뷰어를 선택하여 내려받기를 클릭합니다.
  ※ 모바일 OS/기기의 경우 해당 앱 마켓으로 이동해 '디지털 교과서'로 검색한 후 다운받아야 합니다. 패드와 스마트폰 모두 활용할 수 있습니다.
  ※ 내려받은 파일은 실행하여 해당 기기에 설치합니다.

❹ 교과서 내려받기

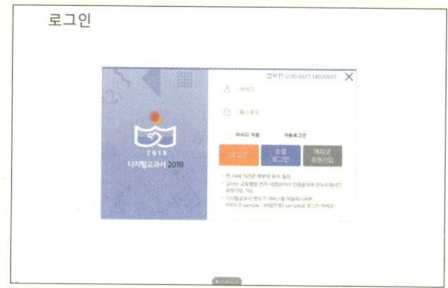

1 뷰어를 실행하여 로그인 화면에서 아이디/비밀번호를 입력합니다.

2 목록보기를 클릭하여 교과서 내려받기 화면으로 이동합니다.

3 내려받을 교과서를 클릭합니다.

4 내려받을 단원을 선택한 후 '선택한 책 내려받기 버튼'을 클릭합니다.

❺ 디지털 교과서 활용 자녀 지도 요령

디지털 교과서에는 종이 교과서에는 없는 〈보충 심화 학습 자료〉, 〈멀티미디어 자료〉, 〈평가 문항〉, 〈용어 설명〉, 노트, 쓰기, 검색 등과 같은 〈학습 지원 도구〉 등이 있습니다. 가정에서 예습 또는 복습하는 데, 시험을 앞둔 막바지 정리에 유용하게 활용할 수 있습니다.

디지털 교과서는 인터넷으로 한 번 다운받은 후에는 인터넷에 연결하지 않아도 이용할 수 있습니다. 인터넷에 연결하지 않으면 디지털 교과서의 일부 기능은 이용할 수 없으나 공부하는 데 큰 지장은 없습니다. 자녀가 다운받은 디지털 교과서를 웹하드, P2P, 공개된 정보 통신망에 올리면 저작권법 위반이므로 자녀들이 공개된 사이트에 디지털 교과서를 올리지 않도록 반드시 주의를 주십시오. 초등학교, 중학교는 의무교육으로 디지털 교과서는 국가가 학생들에게 무상으로 제공하고 있습니다.

대상 학년, 교과	초등3~6학년 사회, 과학, 영어 / 중학교 사회, 과학, 영어 / 고등학교 영어
적용 일정	2018년(초등3~4학년, 중1, 고등학교 영어)부터 2020년까지 순차 적용
학교 현장 사용	서책형 교과서와 병행 방식
구매	초·중학교는 교육부 예산, 고교 교과서는 학생 개별 구매

3-2 공부한 내용을 꾸준히 손 글씨로 적어야 해요

공부한 내용을 노트에 잘 정리하는 것은 필수입니다. 이러한 공부법은 세계의 많은 심리학자와 신경학자들의 연구 결과로도 증명되고 있습니다.

인디애나대학교 심리학자 카린 할만 제임스의 연구 또한 이와 같은 사실을 뒷받침합니다. 그는 읽고 쓰는 법을 아직 배우지 않은 어린이들을 세 그룹으로 나눠 글자와 도형을 보여주는 실험을 했습니다.

점선을 따라 그리는 그룹, 백지에 그리는 그룹, 컴퓨터에 타자로 입력하는 그룹으로 자신이 본 이미지를 재생산하도록 했습니다. 그리고 다시 이미지를 한 차례 더 보여주며 뇌를 스크린했습니다. 그 결과 점선을 따라 그리는 그룹의 아이들은 어른들이 읽거나 쓸 때 활성화되는 뇌의 활동이 모두 활발해지는 것으로 나타났습니다. 다른 두 그룹에서는 이러한 모습이 관찰되지 않았으며 뇌의 활동도 현저하게 약했습니다. 연구 팀은 '글씨를 직접 쓰면 키보드로 입력할 때보다 뇌 발달과 기억력에 유리하다'는 연구 결과를 발표했습니다.

플로리다국제대학교 로라 다인하트 Laura Dinehart 교수와 연구진은 유치원 어린이 1,000명을 4년 동안 추적 관찰했습니다.

초등학교 2학년이 됐을 때 읽기와 수학 과목 성적을 비교한 결과, 손 글씨에 익숙한 그룹은 두 과목 모두 평균 B학점인 반면, 손 글씨에 서툰 그룹은 평균 C학점이었습니다. 또 손으로 글씨를 쓴 학생들이 읽는 법을 배우는 속도가 더 빨랐으며 정보를 더 오래 유지한 것으로 나타났습니다. 다인하트 교수는 이에 대해 "손 글씨와 뇌가 연관 있다는 사실이 밝혀진 만큼 손 글씨의 중요성을 다시 생각해야 됩니다"라고 말했습니다.

위와 같은 연구의 영향 때문일까요? 손 글씨의 필요성이 부각되면서 미국 8개 주는 손 글씨

교육을 초등학교 교과과정에 반드시 포함하도록 의무화했고, 이런 추세는 더욱 확산되고 있습니다.

> **TIP**
>
> ### 노트 종류와 사용법
>
> **❶ 떡 제본 노트** | 흔히 노트 하면 떠올리는 바로 그것. 일러스트, 캐릭터, 사진 등 다양한 표지 디자인으로 취향에 따라 고를 수 있습니다. 두꺼울수록 바인딩 부분 근처에 필기하기가 불편하다는 단점이 있습니다.
>
>
>
> **❷ 스프링 노트** | 일반 노트보다 넘기기 편리합니다. 두꺼워도 180도로 펼쳐지기 때문에 두꺼운 제품도 많이 나오고 있습니다. 다만 오른손잡이는 왼쪽을 쓸 때, 왼손잡이는 오른쪽을 쓸 때 스프링에 손이 걸려서 필기가 불편하다는 단점이 있습니다.
>
>
>
> **❸ 바인더 노트** | 겉표지의 바인더 링에 속지를 끼워 사용하는 노트. 바인더에 넣지 않은 상태로 속지에 필기하면 링에 손이 걸릴 일도 없어서 편리합니다. 내용의 순서 바꾸기, 내용 추가, 내용 삭제 등 사용자의 편의에 맞게 편집하기도 쉽습니다. 보통 여러 과목을 한꺼번에 꽂는 용도로 사용합니다.
>
>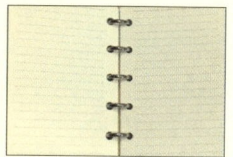
>
> **❹ 리갈 패드** | 의사 선생님들이 많이 쓰는 것. 수업 때 빠르게 필기할 수 있는 노트로 활용합니다.
>
>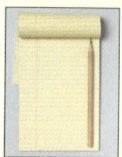
>
> **❺ 실제본 노트** | 겉모습은 떡 제본과 비슷하지만 180도 펼쳐지는 노트입니다. 스프링이 없어 제본된 부분 근처에 필기하기 매우 편리합니다. 다만 일반 노트보다 좀 비싼 것이 단점이라면 단점.
>
>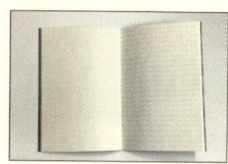

❻ 수첩 | 한 손에 쏙 들어오는 수첩은 휴대성이 좋습니다. 잘 안 외워지는 내용은 수첩에 적고 수시로 들여다보세요.

❼ 연습장 | 수학 공부할 때 필수품! 외워야 하는 내용을 반복 연습할 때에도 필수품!

3-3 자신이 배운 내용을 설명하게 하세요

학습 피라미드 Learning Pyramid 이론을 들어보았나요? 학습 피라미드는 다양한 방법으로 공부한 다음, 24시간 후 기억에 남아 있는 비율을 피라미드로 나타낸 것입니다. 이 피라미드를 통해 수업 전달 설명은 5%, 읽기는 10%, 시청각 교육은 20%, 시범이나 현장견학은 30%의 기억률을 나타내고 있음을 알 수 있습니다.

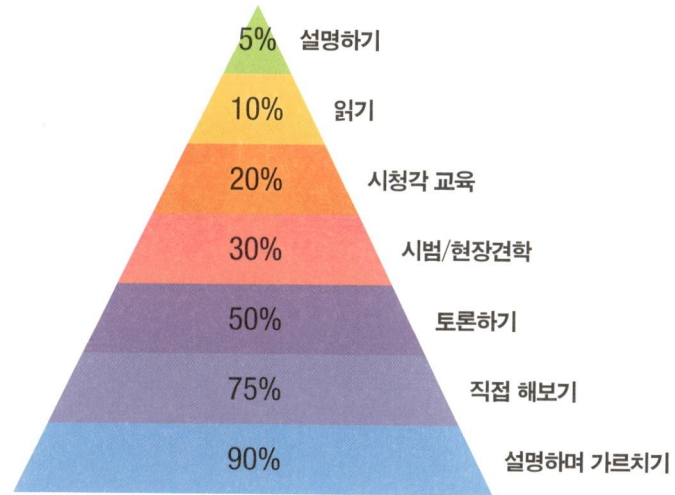

강의식 교육은 학습 효율성이 5%에 불과하다고 합니다. 아이들이 책상에 앉아 열심히 읽으면서 공부하는 것이 10%, 그렇게 강조해온 시청각 교육 역시 20%로 미비합니다. 이처럼 기존의 방식인 수동적 학습법은 효율성이 매우 떨어집니다. 그에 비해 토론은 50%, 직접 해보는 것은 75%, 다른 사람에게 설명하는 것은 90%의 효율성을 나타냈습니다. 친구나 가족에게 설명하는 방법으로 1시간 공부한 아이와 같은 효과를 얻으려면 읽기는 9시간, 강의식 수업으로는 18시간 공부해야 합니다. 누군가에게 설명하는 공부법은 수업을 듣기만 하는 공부보다 18배의 효율성을 발휘한다는 사실을 꼭 명심하기 바랍니다.

최근 하브루타가 학교교육에서 환영받고 있습니다. '하브루타'라는 단어는 '우정', '동료' 등을 뜻합니다. 하브루타는 파트너와 함께 대화와 소통 그리고 토론을 통해 서로에게 좋은 영향을 주고받으며 학습하는 것을 말합니다. 이러한 학습법은 좁은 의미로는 동급생, 넓은 의미로는 가족 및 선생님과의 대화를 통해 자기주도학습 능력을 향상시키고 사고력과 창의력을 높일 수 있습니다.

하브루타의 효과는 실제 교실에서도 증명됩니다. 2014년 부산교육대학교 석사 논문(장영숙)을 살펴보면, 하브루타 방식으로 과학 수업을 진행한 반 학생의 탐구 능력 향상도가 일반 수업 방식의 반 학생의 향상도보다 크게 높아졌습니다. 부산의 한 초등학교를 대상으로 26명씩 두 반을 3개월 동안 비교했더니 하브루타 수업의 경우 과학 탐구 능력이 높아졌음을 알 수 있었습니다.

구분	기초 탐구 능력(A)	통합 탐구 능력(B)	과학 탐구 능력(A+B)
하브루타	41.9 → 54.2	35.2 → 48.9	77.1 → 103.1
일반 수업	45.2 → 43.2	34 → 33.7	79.2 → 76.9

TIP

설명하기 공부법 | 자료 ·《드디어 공부가 되기 시작했다》, 정동완·문주호 공저(우먼센스북스)

❶ 공부한 내용의 핵심 단어를 정리한다.
❷ 핵심 단어를 중심으로 중심 내용을 정리한다.
❸ 문장 형식으로 요약문을 만든다.
❹ 요약문을 발표문으로 수정한다.
❺ 거울을 보거나 자신에게 중얼거리면서 연습한다.
❻ 설명하는 내용을 휴대전화로 녹음한다.
❼ 녹음된 음성을 들어보고 발표문을 수정한다.
❽ 수정된 발표문으로 동영상을 촬영한다.
❾ 동영상을 살펴보고 최종으로 발표문을 수정한다.
❿ 친구나 가족에게 공부한 내용을 설명한다.

자식을 낳으면, 철들 때부터 착하게 인도하여야 한다. 어려서 가르치지 않다가 이미 자란 다음에 바로잡으려 하면 매우 어려울 것이다. 교육은 빠를수록 좋다. 교육은 착하게 인도할수록 좋다. 교육은 바르게 가르칠수록 좋다.

― 이이

4 공부 에너지는 '마침표(.)'로 환경을 만들어주세요

초등학교 2학년의 공부는 독서와 놀이가 함께 병행됩니다. 독서는 다양한 체험학습과 연계되어야 하며, 놀이는 친구나 가족과 함께 자연스럽게 이루어져야 합니다.

4-1 독서와 연계된 체험학습으로 기초를 잡아야 해요

독서는 모든 공부의 마중물입니다. 그렇기에 초등학교 저학년 시기부터 올바른 독서법을 실천해야 합니다.

❶ **발음에 주의하며 천천히 읽기** | 초등학교 국어 교과서는 체계적이고 쉽게 한글을 익히고 쓸 수 있도록 구성되었습니다. 저학년 때는 교과서 속의 단어가 무슨 뜻을 지니고 있는지, 어떠한 받침으로 구성되고 어떠한 상황에 쓰이는지를 파악하고, 고학년은 단어가 문장 속에서 어떤 뜻으로 사용되는지, 사건이나 상황을 잘 이해하면서 천천히 읽으며 공부해야 합니다.

❷ **학습 목표 확인하기** | 학습 목표는 단원에서 무엇을 배우는지를 설명하는 안내 표지판입니다. 그렇기에 학습 목표를 숙지하고, 무엇에 집중해야 하는지를 알고 책을 읽어야 합니다.

❸ **뜻을 음미하며 흉내 내어 읽기** | 학년이 올라갈수록 새로운 단어를 자주 접합니다. 이때 이 단어가 무슨 뜻을 지녔는지 관련 그림을 보고 유추도 해보고, 문장의 구성은 어떤지를 살펴보면서 상황에 맞게 흉내 내며 읽어야 합니다.

❹ **문장부호와 조사를 자연스럽게 이해하기** | 국어 교과서에는 ?, !, " " 등 새로운 문장부호와 '은', '는', '이', '가', '을', '를' 등의 조사가 등장합니다. 각각의 문장부호는 어떨 때 쓰이는지 쓰임새를 파악하고 연습해야 합니다.

❺ **책의 줄거리 요약하고 발표하기** | 단원 읽기가 끝나면 내용을 숙지하면서 읽은 것인지, 단순히 단어만 읽은 것인지 확인해야 합니다. 그렇기에 가정에서 요약하고 발표하는 연습을 꾸준히 해야 합니다.

❻ **시간 정해 읽기** | 아침밥 먹기 전 30분, 잠자기 전 30분, 점심 식사 후 30분 동안 책을 읽으세요. 자투리 시간을 활용해 규칙적으로 책을 읽는 습관을 기르면 자연스럽게 독서 습관이 만들어집니다.

❼ 도서관 다니기 ｜ 일주일에 정해진 요일에 도서관을 방문하여 책을 대여하거나 책을 1시간 이상 읽어 보세요. 혼자 가기보다는 가족이나 친구와 함께 규칙적으로 다니면서 독서 습관을 키워야 합니다.

현장 체험학습이란 '학교 밖에서 이루어지는 일체의 교육 활동'을 뜻합니다. 학교 수업에서 벗어나 현장에서 직접 보고 느끼면서 익히는 현장 체험학습은 교과서, 참고서와 씨름하며 익히는 학습과는 다른 효과를 줍니다.

독서와 연계된 현장 체험학습은 숙박형과 1일형으로 구분합니다.

❶ 숙박형

수학여행	수련 활동	기타
교육과정과 연계하여 다양한 사회, 자연, 문화 등에 대한 직접 체험을 통해 견문을 넓히기 위해 실시하는 단체 숙박형 여행	교육과정과 연계하여 청소년 시기에 필요한 공동체 의식, 협동심을 함양하는 단체 활동	수학여행과 수련 활동을 제외한 활동으로, 일정 기간 숙박을 하면서 이루어지는 체험 활동 (문화예술 활동, 봉사 활동, 직업체험 활동, 과학실험 활동, 동아리 활동, 청소년단체 활동 등)

❷ 1일형 ｜ 하루에 이루어지는 단순 관광, 관람, 견학, 강의 등 비숙박 체험 활동.

초중등교육법 시행령 제48조 제5항에서 현장 체험학습 출석 인정은 연간 7일 이내(학교장에 따라 20일까지도 인정 가능)에서 시행하되 공휴일은 제외합니다. 시행 절차는 ① 현장 체험학습 신청서 제출 → ② 신청서 승인 → ③ 현장 체험학습 실시 → ④ 현장 체험학습 보고서 제출 → ⑤ 출석 처리 결정 등에 의해 실시합니다.

현장 체험학습 신청서와 보고서 양식은 담임선생님에게 요청하면 됩니다.

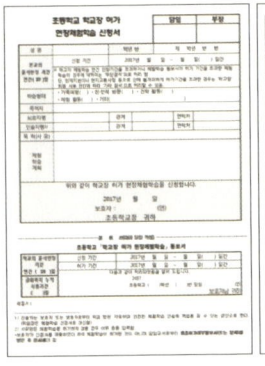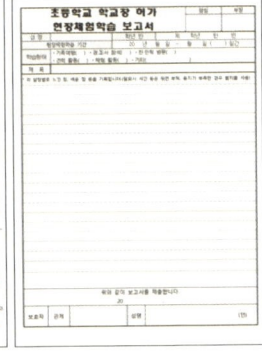

현장 체험학습 신청서와 보고서

TIP

잘못된 독서 습관 유형별로 바로잡는 방법

❶ 책만 읽으면 자는 아이

초등학생 중 수업 시간에 책을 읽다가 눈을 감거나 아예 엎드려 자는 아이들을 간혹 볼 수 있습니다. 그런 아이들을 대상으로 개인 상담을 해보면 밤늦게 자는 경우가 대부분입니다. 독서는 습관이라는 말처럼 잠도 규칙적으로 실천하지 않으면 아이들은 독서에 집중하지 못하고 졸기 일쑤입니다. 자녀들이 잠을 충분히 자도록 배려하고 감독해야 합니다.

❷ 긴 글을 읽지 못하는 아이

장문의 글을 읽다 보면 매우 힘들어합니다. 그러나 어떤 아이들은 작품에 푹 빠져서 시간 가는 줄 모릅니다. 과연 무엇이 그런 차이를 만들까요? 긴 글을 읽지 못하는 아이들은 책을 싫어하는 것이 아니라 특정한 책을 좋아하기 때문입니다. 만화책이나 공상 소설 등 자신의 기호에 맞는 책을 선호합니다. 자녀가 좋아하는 장르의 책과 읽으면 좋은 책을 일대일 비율로 읽게 해야 합니다. 부모의 강요로 무조건 책을 읽게 하면 아이는 독서에 대한 흥미를 잃고 책을 멀리할 수 있음을 주의해야 합니다.

❸ 읽은 내용을 쉽게 잊는 아이

대부분의 아이들은 다 읽은 책의 줄거리를 이야기해보라고 하면 매우 어려워합니다. 이런 아이들에게는 한 권의 책을 읽고 마음을 정리할 시간과 장소를 마련해주어야 합니다. 독서의 '쉼'이 필요합니다. 특히 남자아이들이 이런 경험을 자주 합니다. 한 권의 책을 읽고, 하루 정도는 책의 내용을 연상해보고, 이야기를 나누거나 그림으로 표현하는 활동을 할 수 있는 시간과 장소를 허락해서 내면화할 수 있는 여유를 주어야 합니다.

❹ 손에 잡히는 책은 뭐든지 읽는 아이

다독이 무조건 나쁜 것은 아닙니다. 그러나 개인의 능력 차에 따라 독이 될 수도 있고 약이 될 수도 있습니다. 한 권을 읽더라도 집중하고, 그 내용을 이해하고 자신의 생각을 정리하는 아이라면 다독을 해야 합니다. 단, 앞에 읽은 책과 전혀 다른 내용의 책을 골라서 읽는 것보다는 작가나 주제, 시대 배경 등 공통점이 있는 책을 읽어 머릿속에 관련 지식을 연결 지어 기억하는 것이 좋습니다. 다시 말해 연결성이 있는 다독을 해야 합니다.

❺ 책을 다 읽지도 않고 다른 책을 잡는 아이

특이한 경우이지만 간혹 이런 아이가 있습니다. 이런 아이들의 독서법을 '바보 피카소 독서법'이라고 합니다. 적게는 2권, 많게는 5~6권을 번갈아가며 읽는 아이가 있습니다. 해당되는 책을 읽고 줄거리나 느낀 점을 나누어보면 역시 뒤죽박죽이죠. 이런 아이들은 당장 혼합해서 읽는 것을 금지하는 것이 아니라 부모나 선생님이 책의 전반부를 읽어주거나 같이 읽어주고 나서 후반부를 읽도록 지도하는 것이 좋습니다. 이렇게 몇 권을 같이 읽어주는 활동을 통해 완독의 즐거움을 체험하면 바보 피카소는 자연스럽게 사라질 것입니다.

4-2 놀이와 공부를 병행하세요

2학년 교실에서는 패션쇼가 진행되고 있었다. 칠판에는 카우보이, 스위스, 한복, 네덜란드, 그리스라고 쓰여 있었다. 패션쇼 진행 순서를 적어놓은 것인데 카우보이 복장을 한 여섯 아이가 나오자 소란이 일었다. 종이로 만든 허리띠를 두르고 가슴에 노란 별을 붙인 아이들이 장난감 총을 들고 한바탕 신나게 총싸움을 벌이더니 포즈를 취했다. 아버지의 가죽 장갑을 낀 아이, 카우보이 모자 대신 등산모를 쓴 아이도 있었다. 다문화를 주제로 진행된 프로젝트 수업 마지막 날 모습이었다. 남대구초등학교 교무 기획부장은 "얼핏 보면 놀이와 공부가 구분되지 않아 배울 걸 제대로 배우지 못할 것이라고 걱정할 수 있다. 그러나 과거 국가수준학업성취도평가 결과를 보면 다른 학교에 결코 뒤지지 않는 학업 성취도를 보였다. 우리 학교 졸업생에 대한 중학교 선생님들의 평가도 좋다"고 강조했다.

출처 · 놀이와 공부 결합 '학교 시간표의 혁신', 국민일보

위의 기사처럼 놀이와 공부를 가정에서도 병행해야 합니다.
서로에게 배우며 놀이하듯 공부하는 사람들에 대한 심층 보고서인 《공부하는 사람들 New Culture of Learning》(더글라스 토머스, 존 실리 브라운 지음, 1993년)을 살펴보면, 기존의 교육체계는 답변을 얻기 위해 질문하는 구조로 세워져 있습니다. 이는 학생들의 배우고자 하는 열정을 꺾고 공부를 피곤한 짐으로 만들어버렸습니다. 반대로 공부를 '질문에 대답하는 것'에서 '질문하는 것'으로 전환해 '놀이'와 같은 즐거운 사회적 경험으로 재구조화해야 한다고 주장했습니다. 이 책은 '우리는 서로에게 배울 수 있다'는 미래의 교육을 바라보는 강력한 관점을 제시합니다. 저자들의 생각에 공감한다면 자녀들에게 질문하지 말고 질문하라고 이야기하세요.

학생들이 즐겁게 배울 수 있도록 해주는 교실 놀이가 초등학교 현장에서 갈수록 주목받고 있습니다. 놀이 수업은 배움을 전제로 하는 놀이라는 면에서 그냥 노는 것과 다릅니다. 학습 목표를 달성하는 데 얼마나 적합한 놀이 방식을 선택하는지가 관건이죠. 수학 수업에 카

드놀이와 게임을, 역사와 국어 시간에 역할 놀이 기법을 쓰는 이유이기도 합니다.

이러한 현실을 반영해 '2015 개정 교육과정'에서는 학습량의 적정화, 융합, 능동, 협력, 직접 체험, 자기주도적 배움이 강조되고 있습니다.

2007년 시작돼 지금까지 11권이 발간된 《윔피 키드》는 형에게 구박받고 동생에게 놀림 당하는 소심한 중학생 그레그가 벌이는 엉뚱한 일을 그림 일기식으로 풀어낸 어린이 소설입니다. 이 시리즈는 지금까지 전세계적으로 1억 8,000만 부라는 판매고를 기록하며 선풍적인 인기를 끌었습니다. 이 책을 지은 미국의 만화가 제프 키니 Jeff Kinney가 한국의 학부모에게 공부와 놀이에 대해 이렇게 충고하고 있습니다.

> "학력 경쟁이 치열하다고 들었는데, 어릴 때는 노력해야 하는 부분 못지않게 즐거워해야 하는 부분이 있는 만큼 둘 사이의 균형을 잘 맞추는 것을 권하고 싶습니다."

TIP

뇌를 활성화하는 놀이 공부법

❶ 뇌를 자극하는 놀이하기 | 낱말 채우기, 스도쿠 Sudoku를 하세요. 먼저 오목이나 고누 놀이 등으로 워밍업을 합니다. 이러한 놀이를 통해 창의력을 증가시키는 도파민이 활성화되어 공부에 적합한 상태가 됩니다. 또 게임에 능숙해지면 뇌에서 신체의 주요 에너지원인 글루코스 Glucose의 소비량이 감소합니다. 글루코스 소비량이 감소한다는 것은 배움의 과정에 필요한 에너지를 줄일 수 있다는 것입니다. 최소한의 노력으로 공부에서 최대한의 효과를 볼 수 있습니다.

- **스도쿠(4×4)**
  좌, 우, 대각선 같은 번호가 중복되면 안 된다.
  4개 네모 칸 안에 같은 번호가 중복되면 안 된다.

		1	
4			
			2
	3		

3	2	1	4
4	1	2	3
1	4	3	2
2	3	1	4

❷ 논리적이고 전략적인 놀이하기

사물들 사이의 연관성을 통해 문제를 해결하고 새로운 상황에 적용하는 능력인 '유동성 지능Fluid Intelligence'을 높여야 합니다. 이를 위해서는 틀린 그림 찾기, 페르미 추정Fermi Problem과 같은 놀이를 통해 10대 후반 절정에 이르는 유동성 지능에 날개를 달아주어야 합니다.

• **페르미 추정** | 출처 · 〈신화가 된 인재 '세계를 경영하라'〉, SBS 스페셜

골프공 표면의 구멍은 몇 개일까?

> 골프공 둘레를 최대 5cm, 구멍의 지름을 2mm로 예상한다.
> 그렇게 하면 총 25개의 테두리가 된다.
> 공식으로 표현하면 25+(24×2)+(23×2)… ≒ 약 125개로 추정한다.
>
> 실제 정답은 108개다.

❸ 난해한 문제로 뇌 자극하기

암호해독, 퍼즐, 수수께끼를 연습하세요. 이 활동은 아이들의 다양한 사고 과정을 자극해 뇌를 공부에 대한 즉각적이고 능동적인 수용 상태로 만들 수 있습니다.

• **암호해독** | 출처 · 〈문제적 남자〉, tvN

> 33-1-20-20-3=? | 목소리로만 연기하는 배우
> 32-4-20-13-3=? | 경상북도에 있는 신라 천 년의 고도
> 33-1-54-45-9-20=? | 부러워하며 바라는 것
> 다음 규칙을 따랐을 때 이 암호가 나타내는 단어는 무엇일까?
> 20-3-13-3-33-1-54
>
> 우주선

❹ 단순한 놀이로 시작하기

단순하고 반복적인 놀이부터 시작하는 것이 좋습니다. 놀이 때문에 스트레스를 받는다면 놀이를 하는 의미가 없고 오히려 공부에 역효과를 낼 수 있습니다. 초등학교 시절 많이 했던 구구단 외우기, 끝말잇기를 연습하세요. 점차 익숙해지면 수학 공식 외우기, 영어 단어 외우기와 같은 교과 놀이로 발전시킬 수 있습니다.

• **중간 말 잇기** | 출처 · 《드디어 공부가 되기 시작했다》, 정동완·문주호 공저(우먼센스북스)

> 단어는 세 글자만 사용한다. 중간 글자가 앞 글자가 되어 단어를 제시한다.
> 가로등------로미오------미술관-----술버릇-----버들잎……

4-3 최적의 공부방을 만들어주세요

❶ 주로 공부하는 곳은?

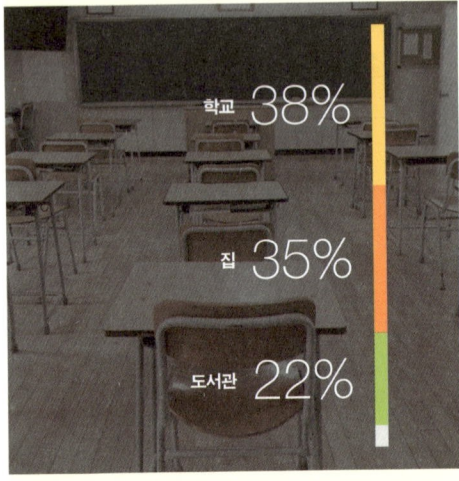

학교 38%
집 35%
도서관 22%

❷ 내 공부방의 환경을 점수로 매긴다면?

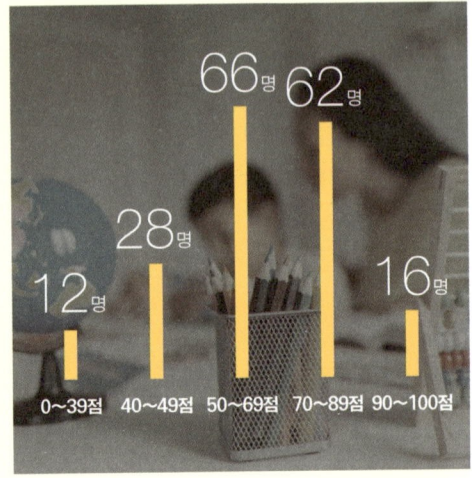

12명 0~39점
28명 40~49점
66명 50~69점
62명 70~89점
16명 90~100점

❸ 공부방을 새롭게 꾸민다면 내 의견이 얼마나 반영되길 원하나요?

벽 색부터 가구까지 같이 고르고 싶다
57%

❹ 가장 공부가 안 되는 계절은 언제인가요?

여름 50%
겨울 36%
봄 1%   가을 7%

❺ 다음 다섯 가지 중 한여름에 방을 쾌적하게 만드는 데 중요한 역할을 하는 것부터 순위를 매겨주세요.

1순위 온도
2순위 소음
3순위 조명
4순위 습도

❻ 공부방에 에어컨이 필요하다고 생각하나요?

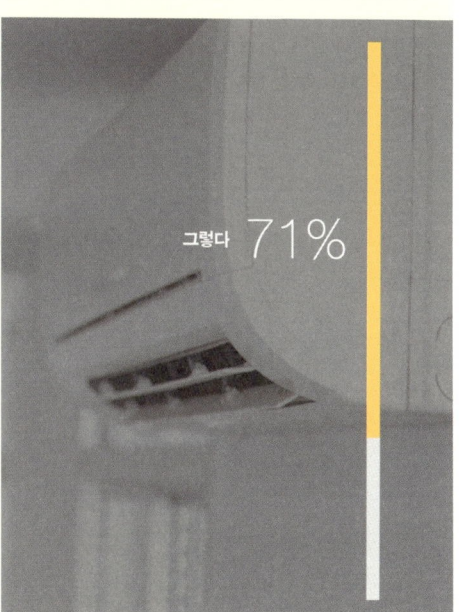

그렇다 71%

❼ 엄마가 내 방에 에어컨을 따로 설치해주지 않는 이유는 무엇이라고 생각하나요?

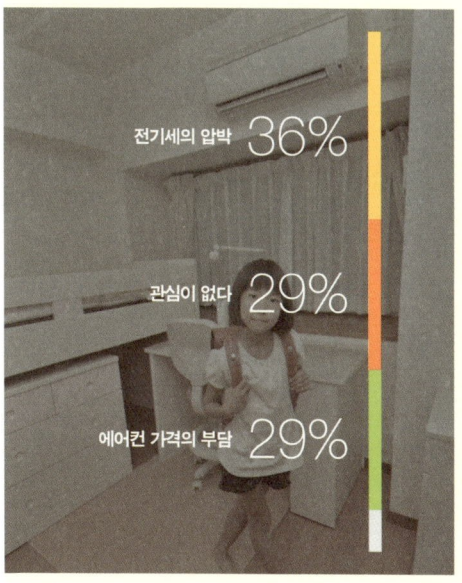

전기세의 압박 36%
관심이 없다 29%
에어컨 가격의 부담 29%

❽ 이상적으로 생각하는 학습 공간의 인테리어 색상 톤은?

카페 같은 원목 느낌, 베이지 46%

출처·나의 공부방 설문 조사(학생 259명), 〈주부생활〉(2017년 1월)

> **TIP**
>
> **나에게 가장 좋은 공부 장소 찾는 법** | **출처** · 《특종! 최강 공부법》, 박동혁 글 · 유인주 그림(2006년)
>
> ① 전화기나 컴퓨터, 텔레비전과 같이 공부를 방해하는 물건이 거의 없다.
> ② 공부할 때 다른 사람들이 방해하는 일이 없다.
> ③ 전화 소리, 음악 소리, 말소리가 들리지 않는다.
> ④ 쉴 때와 공부할 때를 마음대로 정할 수 있다.
> ⑤ 이번 주에도 이곳에서 규칙적으로 공부했다.
> ⑥ 여기서 공부할 때 잠깐만 쉬고 공부를 계속한다.
> ⑦ 여기서 공부할 때 다른 사람들과 거의 이야기하지 않는다.
> ⑧ 여기서 공부하는 동안 온도는 매우 적절하다.
> ⑨ 이곳에 있는 의자는 공부하기에 아주 편안하다.
> ⑩ 이곳에 있는 책상은 공부하기에 편안하다.
> ⑪ 이곳의 조명은 공부하기에 아주 적당하다.
> ⑫ 이곳에는 공부나 학교 숙제와 관련 없는 물건이 거의 없다.
>
> 공부할 때 자주 이용하는 장소 세 곳을 적은 뒤 각각의 질문에 해당하는 장소에 표시해보세요. 가장 표시가 많이 된 곳이 가장 좋은 공부 장소입니다.

오늘날 교육은 가장 진보된 투자로 여겨지고 있다. 투자가 많아지면 그만큼 생산성은 높아지고 수익도 증대된다. 투자가 진전되면서 최고의 생산성에 이르기까지에는 시간이 걸린다. 또 투자가 고도화되면서 그 성과를 올리기까지에는 시간이 걸린다. 또 투자가 고도화되면서 그 성과를 올리기까지에는 비용도 증가한다. 그러나 교육에 투자하는 것을 주저하지 말자. 과감히 교육에 투자하여 모든 분야에서 생산성과 수익을 높이자.

- 드러커

학교안전공제회 진행 절차

사고 발생 통지 | 출처 · 교육부 블로그

사고 발생 통지서는 해당 학교가 소속되어 있는 시·도교육청에 설치된 학교안전공제회에서 확인 후 접수 처리함

	업무명	화면명	업무처리
학생	사고 발생		
학교	접속	www.schoolsafe.or.kr	공제급여관리시스템 로그인 • 학교별 아이디 • 학교별 비밀번호
학교	사고 통지	사고 통지서	기타사항을 제외한 모든 사항 입력
학교	결재	학교장 결재	사고현황·사고 통지 목록에서 수정 가능
학교	통보	사고현황·사고 통지 목록	해당 지역 공제회로 전송
공제회	공제회 접수		공제회 접수 문서 상태에 따른 처리 • 미접수 ｜ 삭제, 수정 가능 • 보완 ｜ 수정 가능 • 접수 ｜ 재작성 가능(수정, 삭제 불가능) • 반려·보안 ｜ 사고현황/사고 통지 목록에서 사유 확인 후 조치
공제회	통지 완료		

사고를 당한 학생이 치료를 마친(치료 중인 경우 포함) 경우, 학교 담당자가 사고 통지서를 학교안전공제회의 인터넷에 접수한 후 공제 급여 청구가 가능합니다.
공제급여관리시스템(www.schoolsafe.or.kr)에 접속해 공제 급여 청구서를 작성해 출력합니다.

필요한 서류

① 학부모 서명 또는 날인한 공제 급여 청구서
② 치료 영수증 원본(처방전을 첨부한 약제비 영수증 원본)
③ 학부모 은행 통장 사본
④ 진단서(50만 원 초과 시)
⑤ 주민등록등·초본(50만 원 초과 시)

학교폭력대책자치위원회 진행 절차

● **학교 폭력이란 무엇인가?** | 출처 · 도란도란 학교 폭력 예방

학교 내·외에서 학생을 대상으로 발생한 상해, 폭력, 감금, 협박, 약취·유인, 명예훼손·모욕, 공갈, 강요·강제적 심부름 및 성폭력, 따돌림, 사이버 따돌림, 정보통신망을 이용한 음란폭력 정보 등에 의하여 신체·정신 또는 재산상의 피해를 주는 행동 모두를 학교 폭력으로 정의합니다.

학교 폭력 종류 | 출처 · 도란도란 학교 폭력 예방

언어폭력

신체폭력

사이버폭력

금품갈취

따돌림

성폭력

강요

● 학교 폭력 신고 및 접수

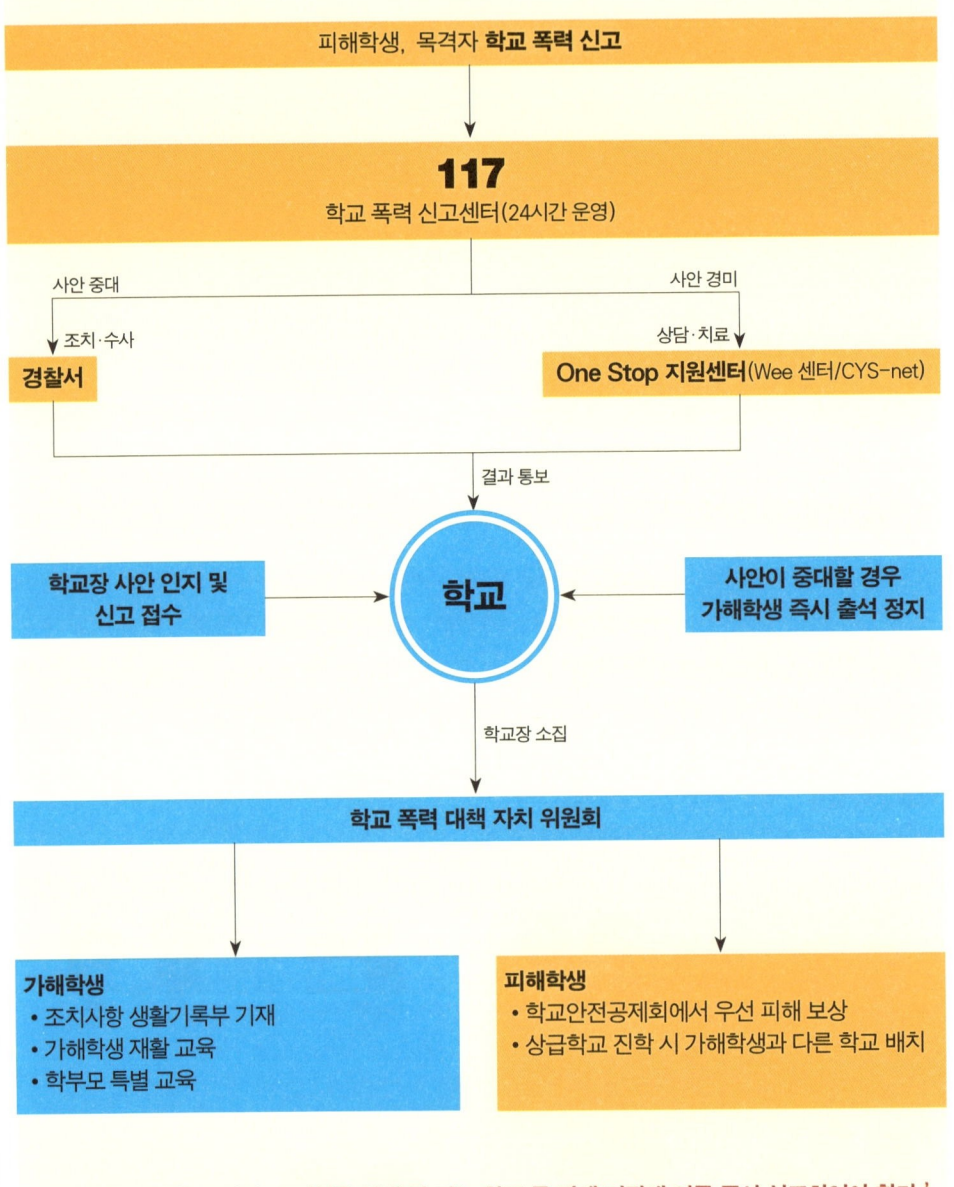

● 2019년 학교 폭력 예방 및 대책에 관한 개정 법률안

현행	개선
학교 폭력 발생 시 무조건 학교폭력대책자치위 개최해 처리	경미한 학교 폭력은 학교 자체 해결
가해자 조치 사항은 모두 학생부 기재	경미한 조치(서면 사과, 접촉 금지, 교내봉사)는 학생부 기재 유보. 단 2회 이상 가해자로 조치를 받을 경우, 이전 조치 포함해 기재
각 학교별로 학교폭력대책자치위 구성	학교폭력대책자치위를 교육지원청으로 이관, 전담 변호사 등 전문 인력 확충, 외부 위원 비중 확대

● 학교 폭력 징계 처분 종류

- 1호 서면 사과
- 2호 피해학생 접촉·보복 금지
- 3호 교내봉사
- 4호 사회봉사
- 5호 특별교육 이수 또는 심리 치료
- 6호 출석 정지
- 7호 학급 교체
- 8호 전학
- 9호 퇴학

PART 3

3교시

3학년 생활백서
공부는 습관이다

초등학교 3학년은 교과서의 내용과 수가 폭발적으로 증가합니다. 그렇기에 무조건 외우는 것이 아니라 배운 내용과 연관 지어 체험하고 발표하여 내면화해야 하는 중요한 시기입니다.

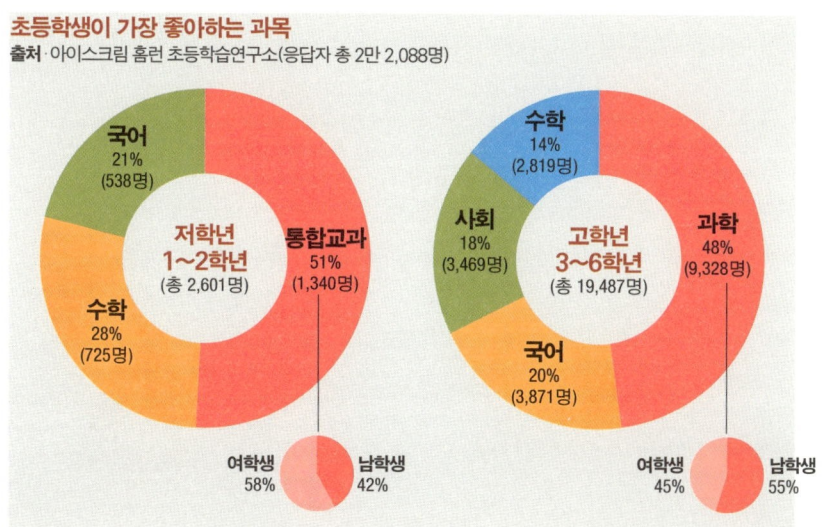

초등학생이 가장 좋아하는 과목
출처·아이스크림 홈런 초등학습연구소(응답자 총 2만 2,088명)

저학년 1~2학년 (총 2,601명)
- 국어 21% (538명)
- 수학 28% (725명)
- 통합교과 51% (1,340명)
- 여학생 58% / 남학생 42%

고학년 3~6학년 (총 19,487명)
- 수학 14% (2,819명)
- 사회 18% (3,469명)
- 과학 48% (9,328명)
- 국어 20% (3,871명)
- 여학생 45% / 남학생 55%

1
국어 공부가 쉽다고요?

1~2학년 시기에 기초를 마련했다고 하면 3학년은 뼈대를 만들어야 합니다. 교과서에 수록된 작품을 정독하면서 맞춤법과 띄어쓰기를 집중적으로 연습해야 합니다.

1-1 많이 읽기보다 제대로 읽는 습관을 가지세요

초등학생이 선호하는 도서 분야
출처 · 문화체육관광부

- 소설 19.3
- 위인전 13.9
- 역사 10.9
- 연예·오락 10.8
- 동화 10.4
- 취미 10.3
- 과학 9.1
- 그림책 4.3
- 예술 2.8
- 철학 2.7
- 자기계발서 2.0
- 기타 1.8
- 동시 1.0
- 수필 0.4
- 종교 0.3

5~10세 어린이가 주로 읽는 책
출처 · 국립어린이청소년도서관

- 창작동화 32.8
- 전래동화 24.8
- 그림책 16.0
- 학습만화 9.5
- 지식정보책 7.1
- 학습 관련 도서 5.8
- 이야기 만화 3.4
- 외국어 관련 도서 0.5

초등학교 3~4학년이 되면 아이들은 매일 책을 읽습니다. 자신이 좋아하는 책을 고르고, 친구들과 정보를 공유하면서 도서관을 제집 드나들듯이 합니다. 그런데 정작 아이들의 손에는 만화책이나 간단한 동화책이 대부분을 차지합니다. 그렇다 보니 하루에 1~2권 읽는 것은 그렇게 어렵지 않습니다. 어린 시절부터 다독했던 습관이 지금 아이들의 독서 습관이 된 것을 알 수 있습니다.

어린 시절 책을 많이 읽는 것이 부모 입장에서는 좋아 보일 수 있으나 자칫하면 독서의 가장 중요한 정독을 방해할 수 있습니다. 그렇기에 일주일에 1권 정도 읽을 수 있는 책과 아이가 좋아할 주제를 선택하여 읽도록 해야 합니다. 가정에서는 많은 시간을 독서에 투자하기보다 초등학교 시절에는 자투리 시간을 활용해서 책을 읽도록 하면 좋습니다. 그렇게 책을 자연스럽고 스스로 읽는 습관이 형성되면 1시간 동안 책을 읽는 것은 어렵지 않습니다. 규칙적이고 강제적인 독서 습관은 독서의 진정한 기쁨을 줄 수 없다는 점을 명심해야 합니다. 자연스럽고 자기주도적인 독서를 실천해야 합니다. 이러한 정독이 바탕이 된 상태에서 다독과 속독이 이루어지는 것이 바람직합니다.

> **TIP**
>
> **독서 정독법으로 돌파하라!**
>
> **❶ 습관을 형성하라**
> 정해진 시간에 정해진 분량만큼 천천히 읽어야 합니다.
> 평소에 30분 동안 동화책 30쪽을 읽는 어린이는 1분에 1쪽을 읽는 연습을 해야 합니다.
>
> **❷ 생각하면서 읽어 사고력, 상상력을 성장시켜라**
> 책을 읽으면서 계속 질문과 호기심을 가질 수 있는 분위기를 허용해야 합니다. 어떠한 질문도 수용하는 부모의 태도가 매우 중요합니다.
>
> **❸ 책을 완독한 후 내용을 요약하고 자신의 말로 이야기하라**
> 책에 대한 자신만의 생각과 느낌을 이야기할 줄 알아야 합니다. 100자 이내로 요약하기, 주인공 입장에서 이야기하기 등을 실시합니다.
>
> **❹ 글의 내용을 요약하며 서술하는 훈련을 하라**
> 독서와 글쓰기를 병행해야 합니다. 그렇기에 핵심 단어나 문장을 이용해 내용을 간추리는 연습을 자주 해야 합니다.
>
> **❺ 독서는 양보다 질에 중심을 둬라**
> 10장을 읽고 무슨 내용인지 헷갈리기보다는 1장을 읽고 완벽하게 이해하는 책 읽기를 해야 합니다.

1-2 교과서에 실린 작품을 읽으세요

거인 부벨라와 지렁이 친구

글·조 프리드먼, **그림** 샘 차일즈, **옮김**·지혜연

부벨라는 거인이에요. 모든 사람이 부벨라를 무서워했는데 이 자그마한 목소리의 주인공만은 예외였어요.

부벨라는 발 근처 땅바닥을 자세히 들여다보았어요. 땅속에서 지렁이 한 마리가 고개만 빠끔히 내밀고는 말을 하고 있었어요.

이번에는 부벨라가 말을 시작했어요.

"난 부벨라야. 네 이름은 뭐니?"

"이제야 뭔가 제대로 되네. 나는 지렁이라고 해."

국어 3-2 ㉮

교과서에서 다루는 소설이나 수필 등은 내용 전체를 실을 수 없습니다. 주로 사건이나 주제가 잘 드러난 부분을 발췌하여 적습니다. 해당 부분만을 공부하고 전체의 줄거리를 이해한다는 것은 '모래 위에서 바늘 찾기'와 같습니다. 그러므로 교과서에서 다루는 작품은 책으로 구입해 완독해야 합니다. 이렇게 하면 작품과 작가의 생각을 정확히 이해함으로써 국어 독해력이 향상됩니다.

간혹 엄마들과 상담할 때 "어머니, 혹시 아이들이 1년 동안 배우는 국어 교과서가 몇 권인지 아세요?" 하고 묻습니다. 대부분의 엄마들은 쉽게 대답하지 못하지요. "초등학교 6년 동안 총 48권의 국어 교과서를 배웁니다" 하고 말하면 대부분 깜짝 놀랍니다. 그 만큼 국어 수업에서 다루는 학습량이 많다는 것을 알아야 합니다. 책 한 권 중 서너 쪽만 잘라 실은 교과서 지문으로 등장인물의 성격, 줄거리, 작가 의도까지 파악해야 합니다. 그렇기에 아이들이 작품을 온전히 즐길 수 없습니다. 요즘 학생들은 스펙을 쌓기 위해 책을 읽는 경향이 강합니다. 학년별 추천 도서를 더 빨리, 더 많이 읽으려고 합니다. 이러한 독서 습관 때문에 원래 책을 좋아하던 아이가 억지 독후 활동으로 책과 멀어지는 것을 학교 현장에서 자주 봅니다. 교과서에 실린 작품의 원작을 찾아서 읽고, 더 나아가서 해당 작가의 다른 작품도 읽어 독서의 폭을 더 넓혀야 합니다. 비슷한 문체, 배경이 비슷한 동일 작가의 작품을 통해 작가의 생각을 파악할 수 있는 색다른 경험은 아이들에게 국어 실력을 향상시키는 기폭제가 될 수 있습니다. 나이에 맞는 꾸준한 독서 습관을 길러주는 것이 중요합니다. 많이 읽는 독서 습관보다는 깊이 있게 읽는 독서 습관을 길러야 합니다. '글밥'도 밥이라 빨리 먹다간 체한다는 사실을 알아야 합니다.

국어 교과서에는 '실린 작품'을 소개하는 내용이 있습니다. 각 학년에 맞게 선별하여 읽게 해주세요.

1-3 맞춤법과 띄어쓰기를 연습하세요

맞춤법과 띄어쓰기는 매우 중요하면서도 어렵습니다. 이미 학교를 졸업한 성인도 헷갈리기는 마찬가지입니다. 그렇기에 맞춤법과 띄어쓰기는 원리를 알고 자주 써보아야 합니다. 초등학교 아이들에게 원리를 설명하고 암기하게 하는 데는 무리가 있습니다. 그렇기에 예시 자료를 통해 부단히 연습하는 것이 중요합니다.

10가지로 정리된 맞춤법 예시 자료

보기 1 인가가 띠엄띠엄 흩어져 있는 → 띄엄띄엄

보기 2 '는가'와 '은가'

┌ 가지 않는가?(○) : 가다 ⇒ 동사
└ 가지 않은가?(×)

┌ 먹지 않는가?(○) : 먹다 ⇒ 동사
└ 먹지 않은가?(×)

┌ 허다하지 않은가?(○) : 허다하다 ⇒ 형용사
└ 허다하지 않는가?(×)

┌ 아름답지 않은가?(○) : 아름답다 ⇒ 형용사
└ 아름답지 않는가?(×)

보기 3 '채'와 '체'

① 채 : 신을 신은 채로
② 채 : 날이 채 밝기도 전에
③ 체 : 못 본 체하다.

보기 4 냄새가 베어 → 냄새가 배어
보기 5 구박께나 받았다 → 구박깨나 받았다
보기 6 증기를 오래 들어마시다 → 들이마시다
보기 7 밝았다 어두었다 → 어두워서, 어두웠다, 어두워졌다
보기 8 넓다란 물그릇 → 널따란
보기 9 마을이 밤나무 숲으로 둘러 있다 → 둘려 있다
보기 10 인구 1만 정도에 머물었다 → 머무르다

띄어쓰기에서 알아야 할 10가지 예시 자료

보기 1 의존명사 '수'
　　　① 너같이 어린 아이가 그런 힘든 일을 할 수 있겠니?
　　　② 나는 그 사실을 알 수 없었어요.
　　　③ 나는 그렇게 할 수밖에 없다.
보기 2 의존명사 '데'
　　　① 높은 데가 어디냐?
　　　② 배 아픈 데는 이 약이 좋다.
　　　③ 노래 부르는 데도 소질이 있다.
　　　④ 네가 밤새워 공부를 하는데 안 될 이유가 있겠느냐?
보기 3 의존명사 '만큼'과 보조형용사 '만한'
　　　① 소현아, 그것은 무거우니 네가 들을 만큼만 들어라.
　　　② 명희야, 그 영화 볼 만하니?
　　　③ 너만큼은 나도 할 수 있다.
　　　④ 그 작품이 내 것만하니?
보기 4 'ㄴ지'와 'ㄴ 지'는 다음과 같이 구별해서 쓴다.
　　　① 무슨 일을 하고 있는지 가보자.
　　　② 내가 온 지도 닷새나 되었다.

보기 5 조사 '~부터'

　　　　그 가게는 열 시부터 문을 연다. 내 사랑은 무엇으로부터 시작되었나?

보기 6 관형사 '~ 같은'과 조사 '~같이'

　　　　① 앵두 같은 네 입술.

　　　　② 달덩이같이 예쁘다.

　　　　③ 같이 가자.

　　　　④ 이것과 같이 하여라.

보기 7 부사 '따라'

　　　　① 산 따라 강 따라 나는 가네.

　　　　② 저 선생님을 따라가면 교무실이 나올 거야.

보기 8 '뿐'과 '때문에'

　　　　① 나는 선생님 말씀대로 했을 뿐이야.

　　　　② 너는 나의 하나뿐인 친구야.

　　　　③ 너 때문에 우리가 졌어.

보기 9 '대로'

　　　　① 그리운 것은 그리운 대로 내 곁에 둘 거야.

　　　　② 그러면 너는 너대로 나는 나대로 하자.

보기 10 부사 '뿐만 아니라'와 접미사 '뿐더러'

　　　　① 네가 생각날 뿐만 아니라 보고 싶기도 하다.

　　　　② 그뿐더러 사과까지 대풍이야.

TIP

원고지 사용법 | 출처·광림초등학교 사서 교사 박주현

원고지를 사용해 올바른 띄어쓰기와 맞춤법을 연습하는 시간을 가져야 합니다.
특히 ❶ 학교와 이름 쓰기 ❷ 본문 쓰기 ❸ 문장부호 쓰기를 알아야 합니다.

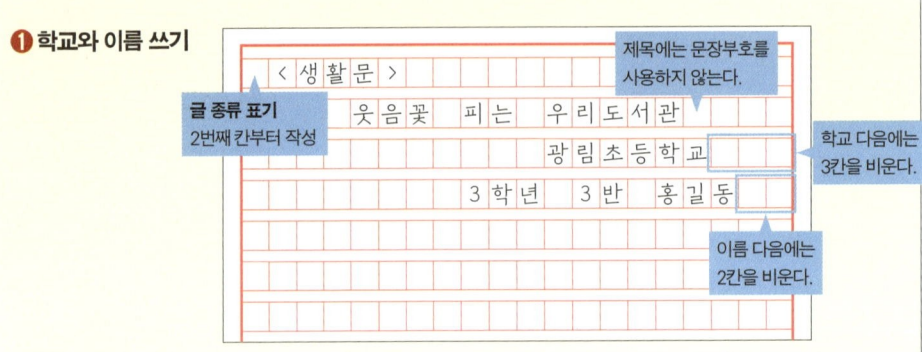

❸ 문장부호 쓰기

• 물음표
그 동안 잘 있었니?
그래, 참 황당한(?) 일이지.

• 느낌표
너, 참 예쁘구나!
빨리해!
"오랜만이다. 광석아!"

❸ **문장부호 쓰기**   • **큰따옴표** | 대화글, 인용글에 사용
- "현준아, 저녁은 먹고 책을 읽어야지."
  어머니께서 걱정스러운 표정으로 말씀하셨다.
  "알겠어요. 밥 먹을게요."
- 그 상황에서 어린 왕자는 "그래, 좋아" 하고 말했습니다.

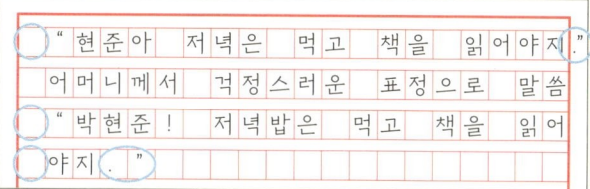

❹ **실제 원고지에 아래의 문장을 적어보세요.**

거인 부벨라와 지렁이 친구

부벨라는 거인이에요. 모든 사람이 부벨라를 무서워했는데 이 자그마한 목소리의 주인공만은 예외였어요.
 부벨라는 발 근처 땅바닥을 자세히 들여다보았어요. 땅속에서 지렁이 한 마리가 고개만 빠끔히 내밀고는 말을 하고 있었어요.
 이번에는 부벨라가 말을 시작했어요.
"난 부벨라야. 네 이름은 뭐니?"
"이제야 뭔가 제대로 되네. 나는 지렁이라고 해."

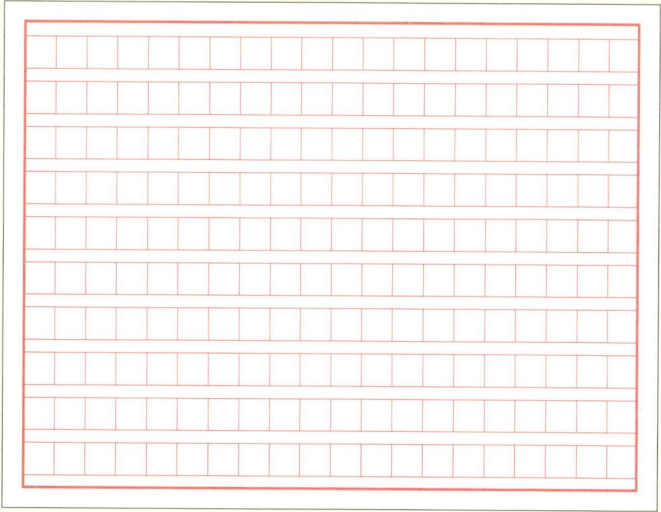

2
수학 공부가 지겹다고요?

수학에서는 원리와 이해를 중심으로 하는 창의적 사고방식을 가질 수 있도록 다양한 교구나 풀이 과정을 경험하게 해주어야 합니다. 수학 보드게임이나 알쏭달쏭 수학문제 등을 자주 접하는 것이 좋습니다.

2-1 수학 언어를 공부하세요

수학은 두 가지 언어가 있습니다.
그래프와 같은 그림 언어와 연산과 같은 수식 언어로 나누어집니다.
수학을 잘하려면 이 두 가지를 능숙하게 구사해야 합니다. 수학은 곧 과학의 언어입니다. 수학은 과학적 지식을 전달하는 언어입니다. 아이가 말을 배우듯이 자연스럽게 공부해야 합니다.
다시 말해 우리 주변의 것들을 자신만의 수학 언어로 표현하고 설명할 수 있어야 합니다. 수를 다양한 그래프로 표현하는 것과 수의 원리를 이해하고 문제 상황에 맞는 공식을 적용하는 연습을 많이 해야 합니다. 이러한 연습의 기본은 수학 언어를 이해하는 독해 능력에 달려 있습니다. 그렇기에 매일 문제를 풀고 이해하려는 습관을 가져야 합니다. 그것을 실천하지 못하면 초등학교 수포자(수학포기자)가 될 수 있습니다. 수학은 언어입니다. 그렇기에 수시로 접할 수 있는 분위기가 형성되어 있어야 합니다. 시간과 장소를 구분하지 않고 틈틈이 수학 언어를 활용하는 수학 공부를 실천하기 바랍니다.

요즈음의 수학 교과서는 스토리텔링 기법을 자주 활용합니다. 스토리텔링은 학생들이 수학을 어려워하고 싫어하기에 좀 더 '쉽게 가르치고 재미있게 배우는' 방법 중 하나로 제시되었습니다. 수학적 스토리텔링이 되려면 수학적 어휘력이 바탕이 되어야 합니다. 이는 독서 습관과도 연결됩니다. 문제 풀이는 방법은 알아도 문제의 조건을 이야기하는 문장을 이해하지 못한다면 수학 풀이 능력은 무용지물입니다. 그렇기에 아이들의 어휘력을 키워주는 데 집중해야 합니다.

TIP

수학 공부 습관들이는 법

❶ 예습보다 복습을 우선시하라.

❷ 암기보다는 이해 중심의 문제 풀이를 하라.

❸ 나만의 수학 사전을 만들어 용어와 개념을 파악하라.

❹ 자신이 배운 내용을 부모 앞에서 설명하게 하라.

❺ 일상과 연관된 수학 문제를 풀어보는 경험을 가져라.

❻ 점수에 연연하지 말고, 기초부터 탄탄하게 단계를 밟아서 공부하라.

❼ 친구와 함께 공부해 선의의 경쟁의식을 키워라.

❽ 스토리텔링 기법으로 수학 문제에 접근하라.

❾ 문제 풀이와 문제 만들기를 병행하라.

❿ 문제집보다는 교과서를 자세히 공부하라.

2-2 창의적인 사고방식으로 접근하세요

아이들은 재미있고 다양한 방식으로 접근하는 수학적 사고가 중요합니다. 이를 위해 학부모는 창의적인 수학 문제를 접할 수 있는 환경을 만들어주어야 합니다. 지금부터 창의적 사고방식을 키우는 방법을 알아보겠습니다. 수학 관련 수수께끼나 창의적 문제를 찾아야 합니다. TV 프로그램 〈문제적 남자〉에서 다루는 문제 등을 활용하면 좋습니다. 해당 문제를 변형해 더욱더 연계된 사고방식을 키워주어야 합니다. 규칙을 변형하거나 형식을 바꿔서 제시하는 것이 좋습니다.

다음 문제를 풀어보세요.

❶

	12		
			30
		?	
3			

❷

			3
12			
		21	
	?		

'?'에 들어갈 숫자를 고민해봤나요?

정답은 ❶ 21 ❷ 30입니다. 방법은 십의 자리는 왼쪽 빈칸의 수 또는 위 빈칸의 수, 일의자리는 오른쪽 빈칸의 수 또는 아래 빈칸의 수를 의미합니다.

조금 더 변형한 문제를 풀어볼까요?

❸

0			
	11		20
		11	
	?		0

❹

3			
	2		10
		1	
	?		0

'?'에 들어갈 숫자가 보이나요?

정답은 ❸ 2, ❹ 10입니다. 방법은 십의 자리는 대각선 왼쪽 빈칸의 수, 일의 자리는 대각선 오른쪽 빈칸의 수를 뜻합니다. 한 가지 문제로 다양하게 문제 만드는 방법을 알아보았습니다. 이처럼 부모가 같이 노력해야 하는 과목이 수학입니다. 이러한 공간의 규칙성을 활용한 수학 수수께끼 문제는 아이에게 수에 대한 창의적이고 수학적인 해석 능력을 키워줍니다.

> **TIP**
>
> **뇌를 활성화하는 스도쿠 놀이**
>
> 스도쿠는 숫자를 뜻하는 한자 수(數)를 일본식 발음으로 표현한 '스'와 '혼자'라는 의미의 독(獨)을 일본식으로 표현한 '도쿠'를 합해 만든 언어입니다. 우리말로 바꾸어 말하면 '한 개의 숫자'라고 표현할 수 있습니다. 휴식을 취할 때 스도쿠를 친구나 가족과 같이 해봅시다. 요령은 가로와 세로에 같은 숫자가 겹치지 않으면 됩니다. 또 9개의 굵은 선으로 표시된 칸에 같은 숫자가 들어가지 않으면 됩니다.

왼쪽은 문제이고 오른쪽은 정답입니다. 아이들과 함께 해보세요.

		2	
2	4	3	
	3	1	2

3	1	2	4
2	4	3	1
4	3	1	2
1	2	4	3

3	6			8	1	2		
			7	5		1		9
								7
6					8		5	
	4						8	
	5		3					6
2								
4		1		6	3			
		6	5	7			1	3

3	6	7	9	8	1	2	4	5
8	2	4	7	5	6	1	3	9
5	1	9	2	3	4	8	6	7
6	9	3	1	2	8	7	5	4
7	4	2	6	9	5	3	8	1
1	5	8	3	4	7	9	2	6
2	3	5	4	1	9	6	7	8
4	7	1	8	6	3	5	9	2
9	8	6	5	7	2	4	1	3

2-3 여러 가지 풀이 방법과 교구를 활용하세요

문제 | 97×93을 계산하시오.

❶ 일반식 수학 계산법
세로식 곱셈을 한다.
97×93

97×93=(97×3)+(97×90)=9021
① 97×3=291
② 97×90=8730
③ 291+8730=9021

❷ 암산식 수학 계산법
십의 자리가 같을 때 한다.
ab×ad=(ab+d)×a×10+b×d

997×930=(97+3)×9×10+7×3=9021
① (97+3)×9×10=9000
② 7×3=21
③ 9000+21=9021

❸ 넓이식 수학 계산법
도형을 그려서 계산한다.

	90	7
90	8100	630
3	270	21

97×93=(90×90)+(7×90)+(3×90)+(3×7)=9021
① (90×90)+(7×90)=8730
② (3×90)+(3×7)=291
③ 8730+291=9021

수학은 좋아하는데 곱셈 단원의 성적이 낮은 5학년 학생이 있었습니다. 그래서 채점한 시험지를 보니 10문제 중 앞의 3문제를 맞히고 뒤의 7문제는 손도 대지 못했더군요. 아이를 불러 물어보니 "곱셈 풀이 과정에서 속도가 나지 않아 시간이 부족했어요"라고 말했습니다. 이처럼 초등학교 고학년의 곱셈은 풀이 과정에서 시간을 많이 소요합니다. 1, 2학년부터 배운 곱셈은 5, 6학년이 되면 분수와 소수의 곱셈 영역까지 풀어야 합니다. 즉 기초적인 계산법 원리와 이해가 중요합니다.

그러나 짧은 시간 동안 많은 문제를 풀어야 하는 고학년에서는 풀이 시간을 단축하는 것도 생각해야 합니다. 문제 풀이 시간을 줄이기 위해서 일반식 풀이 과정을 숙지하고 암산식, 넓이식 풀이 과정도 연습해 문제의 경향에 맞게 풀이 과정을 선택해 풀이 시간을 단축하는 연습이 필요합니다. 연산은 반복 연습과 풀이 과정 이해가 필수입니다.

수학은 다른 교과보다 더 많은 다양한 교구를 사용합니다. 퍼즐, 보드게임, 블록, 쌓기 나무, 큐빅, 펜토미노 등 수십 개의 교구를 시중에서 판매합니다. 그중 가정에서 가장 쉽게 접할 수 있는 수학 교구로는 이쑤시개, 동전, 주사위 등이 있습니다. 비싼 교구를 사기보다는 가정에서 흔히 사용하는 다양한 물건을 수학 공부에 활용하는 것이 바람직합니다. 특히 학년이 올라가고 호기심이 떨어지면 비싼 돈을 주고 산 수학 교구들이 창고에 쌓여 방치되거나 쓰레기 취급당합니다. 수학 교구를 꼭 사고 싶다면 온 가족이 할 수 있는 보드게임과 같은 가족 놀이용 교구를 사서 가족 모두가 함께 즐길 수 있는 공부 놀이를 실천하기 바랍니다.

> **TIP**
>
> ### 가족이 함께 하는 루미큐브 | 출처·위키백과(루미큐브)
>
> 루미큐브는 타일 기반 보드게임으로 1930년대 초 루마니아 출생인 유대인 에프라임 헤르트자노 Ephraim Hertzano가 터키의 전통 게임인 오케이 Okey를 바탕으로 러미, 도미노, 마작, 그리고 체스의 요소를 섞어 이스라엘에서 만들었습니다. 'Rummikub', 'Rummycube' 등으로 팔리며 오래전에 나온 만큼 다양한 형태(클래식, 보이저, 트래블 등)로 개발되어 나오고 있습니다.
>
> **❶ 타일**
>
> 루미큐브는 다음과 같은 106개의 타일을 사용한다.
>
>

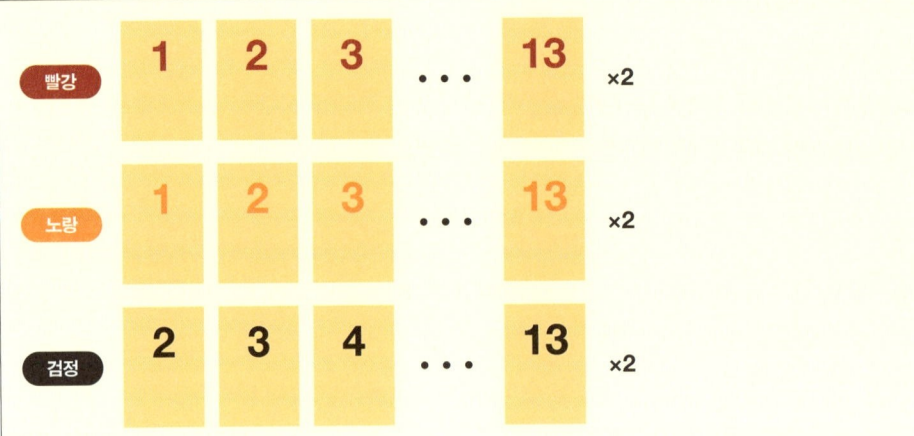

❷ (타일) 랙
받침대 위에 가지고 있는 타일들을 세워놓지만 루미큐브 XXL 같은 경우는 두께와 무게가 있기 때문에 받침대를 쓰지 않는다.

❸ 테이블
타일을 조합하는 자리를 말하며 가운데 공동으로 놓인다.

❹ 놀이 방법
2~4인용으로 각각 처음 받게 되는 14개의 타일을 가지고 시작한다. 자신이 가지고 있는 타일들을 테이블 위에 규칙에 따라서 조합하고 내려놓는데, 이를 통해 가지고 있던 타일을 모두 내려놓고 소진하는 사람이 이기는 것이다.
- 등록과 세트를 규칙에 따라 만든 다음 패를 털어낸다.
- 가벼운 타일을 가지고 이어 붙인다.
- 족보는 없지만 타일 3개를 완성 패로 잇거나 붙인다.
- 조합은 타일을 자유롭게 움직이며 이루어진다.

❺ 규칙
타일을 테이블에 내려놓는 것은 다음의 조건에 따라 배열해야 한다.

Run은 같은 색깔에 연속되는 3개 이상의 숫자 조합을 말한다. (이음패)

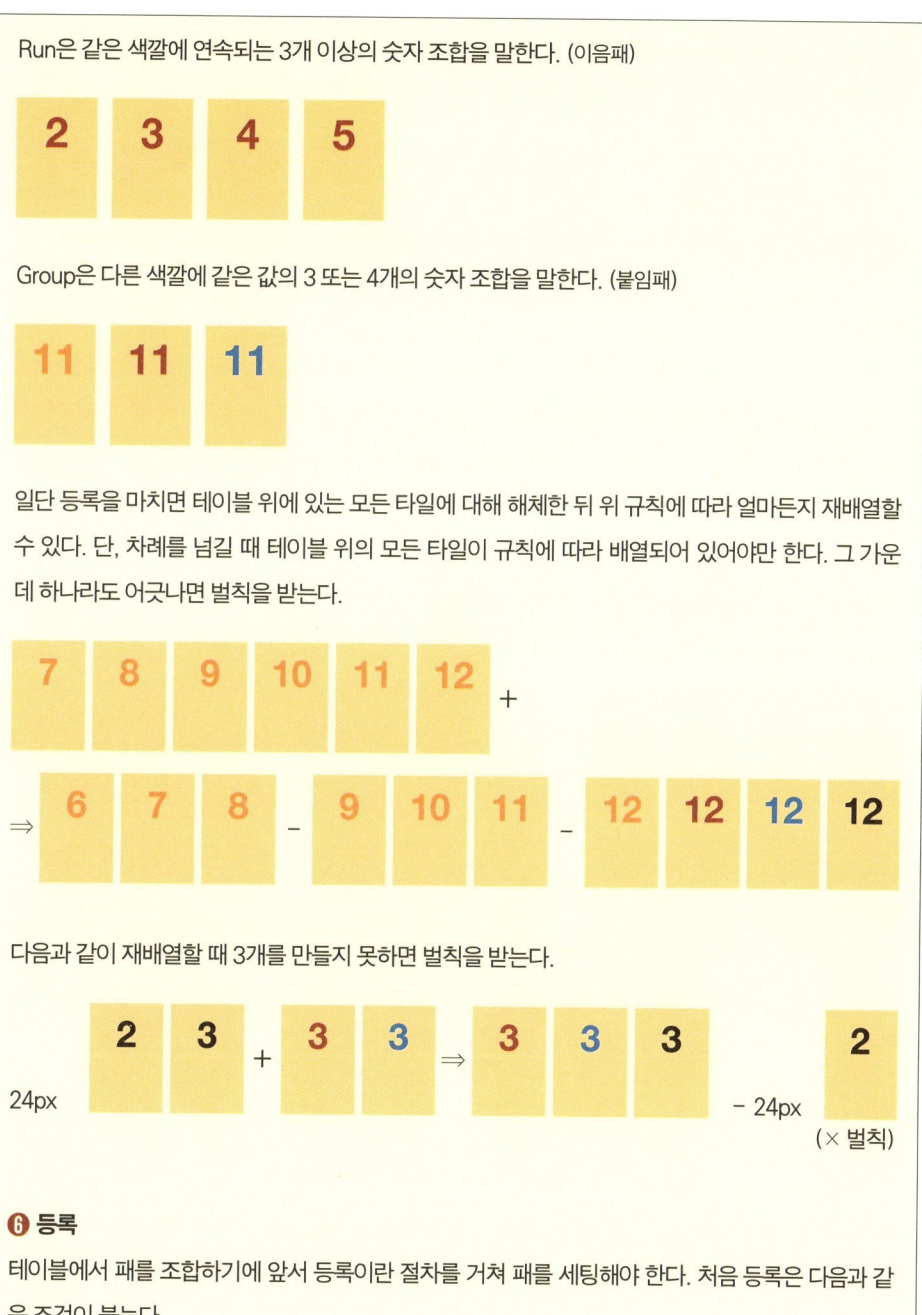

Group은 다른 색깔에 같은 값의 3 또는 4개의 숫자 조합을 말한다. (붙임패)

일단 등록을 마치면 테이블 위에 있는 모든 타일에 대해 해체한 뒤 위 규칙에 따라 얼마든지 재배열할 수 있다. 단, 차례를 넘길 때 테이블 위의 모든 타일이 규칙에 따라 배열되어 있어야만 한다. 그 가운데 하나라도 어긋나면 벌칙을 받는다.

다음과 같이 재배열할 때 3개를 만들지 못하면 벌칙을 받는다.

❻ 등록

테이블에서 패를 조합하기에 앞서 등록이란 절차를 거쳐 패를 세팅해야 한다. 처음 등록은 다음과 같은 조건이 붙는다.

자신이 가지고 있는 타일만으로 해야 한다.
타일 값이 반드시 30 이상이 되어야만 한다. (타일 값은 타일에 새겨진 숫자)

❼ 조커
조커는 숫자 패가 아닌 타일을 말하는데, 대개 얼굴이 그려진 형태이다. 조커는 타일 색과 무관하게 배열에서 모든 색상과 모든 값에 쓰일 수 있다. 조커의 결합에 따른 배열을 어떻게 처리하냐에 따라서 놀이 방법이 달라지기도 한다. 조커는 대개 타일 값으로 30이나 50의 값을 가지며, 이 값은 점수 계산에 사용한다.

❽ 벌칙
타일을 하나도 내려놓지 못하고 차례를 마치면 타일 더미에서 타일을 하나 가져와야 한다. 자신의 차례를 넘길 때 내려놓은 타일이 제대로 배열되어 있지 못하다면 처음 상태로 되돌린 다음 타일 더미에서 타일을 3개 가져와야 한다.

❾ 마침
가장 먼저 자신이 가진 타일을 모두 내려놓는 사람이 승자 곧 루미가 된다. 그다음 나머지 사람들에게 남겨진 타일 렉의 타일 값이 가장 적은 사람을 차위로 한다. 루미를 제외한 사람들은 자신의 타일 값만큼 점수를 빼야 하며 이를 루미에게 넘겨준다. 또는 패배한 사람의 타일 합이 같을 경우 가지고 있는 타일 수가 많은 사람이 패배로 정해지며, 그렇게 여러 판을 거듭한 뒤 가장 점수가 높은 사람이 최후의 승자가 된다.

⑩ 나머지

만약 타일 더미에서 타일을 다 써버렸는데도 모든 사람이 패 조합을 할 수 없다면 가지고 있는 타일 값이 가장 적은 사람이 이긴다. 또 더블-같은 색 같은 값-을 3쌍 이상 가지고 있다면 게임을 다시 시작하도록 요청할 수 있다.

3
사회 공부가 복잡하다고요?

저학년 시기에는 나와 이웃까지가 행동의 범위였다면 3학년 시기부터는 마을과 도시의 개념까지 확대됩니다. 그렇기에 체험학습의 범위나 내용이 더욱더 광범위하게 변합니다. 이를 위해 다양한 매체와 방법을 활용해서 공부해야 합니다.

3-1 신문, 뉴스를 자주 보세요

혹시 사회를 암기 과목이라고 생각하나요? 사회는 암기를 하는 과목이 아니라 삶과 밀접한 관련이 있는 과목입니다. 평가에서 단순히 지식을 암기해야 문제를 해결할 수 있는 경우는 거의 없습니다. 사회를 공부할 때 암기보다는 사회현상을 이해하고 평소 사회문제에 관심을 가지며 해당 자료를 해석하는 힘을 기르는 것이 중요합니다.

그렇기에 평소 신문이나 뉴스를 자주 보아야 합니다. 맨 처음에는 아이들이 잘 보지 않거나 연예란만 보려고 하더라도 자꾸 접하다 보면 익숙해집니다. 그리고 옆에서 함께 보거나 읽으면서 어려운 단어나 문장에 대해 설명해주는 부모의 역할도 중요합니다. 더불어 해당 주제에 대해 자유 토론을 하면서 아이들과 재미있는 사회 공부를 해나갈 수 있습니다. 자녀들과 사회적인 현상, 우리나라 지리적 특성, 경제 문제, 법과 절차 등에 대해 폭넓게 대화해보는 것이 중요합니다. 부모가 좀 더 보고 배우고 느껴야 하는 어려움이 있지만, 대화를 통해 자녀들이 좀 더 쉽게 사회에 대한 관심을 갖고 즐겁게 사회 공부를 할 수 있는 분위기를 만들어야 합니다.

신문과 뉴스는 사회 공부에 매우 가치 있는 교육 자료입니다. 신문을 활용하는 교육을 NIE$^{Newspaper\ In\ Education}$라고 합니다. NIE는 다양한 학습에서 창의력, 논리력, 토론 능력 및 의사소통 능력 향상에 도움이 됩니다. 특히 사회현상을 주로 다루는 사회 공부를 할 때 큰 역할을 합니다. 사회에서 다루는 지역 문제, 환경 문제, 민주주의에 대한 내용을 폭넓게 공부할 수 있습니다.

TIP

아이들이 볼 만한 신문

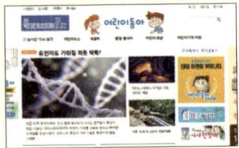
- **어린이동아** | 동아일보에서 발행하는 어린이 일간신문으로, 어린이뉴스, 글동산, 만화마을, 공부방, 새로 나온 책, 정보통신 역사 등을 제공해요.

- **어린이조선일보** | 조선일보에서 발행하는 어린이 일간신문으로, 어린이뉴스, 공부, NIE, 게임/만화, 펜팔, 건강 상담 등을 제공해요.

- **소년한국일보** | 한국일보에서 발행하는 어린이 일간신문으로, 어린이뉴스, 공부, NIE, 게임/만화, 펜팔, 건강 상담 등을 제공해요.

- **송알송알** | 인터넷 어린이신문으로, 환경, 과학, 영어독후감 및 일기, 가족, 학급신문을 제작하고 교육할 수 있어요.

- **청와대 어린이신문 - 푸른누리** | 청와대에서 운영하는 어린이 사이트예요. 청와대도 둘러보고 대통령님도 한번 만나보세요.
http://children.president.go.kr/

- **어린이경제신문** | 어린이를 위한 경제신문으로 경제, 광고, 산업, 과학 등 다양한 정보를 제공해요.

3-2 사진, 그림, 도표, 그래프를 요약하세요

사회 교과서와 사회과부도를 살펴보면 사진, 도표, 그래프를 자주 볼 수 있습니다. 교과서에 나오는 사진과 그림은 중요한 내용을 알기 쉽게 나타내기 위한 것이며, 도표와 그래프는 이해하기 어려운 내용을 요약해서 보여주는 것입니다.

따라서 교과서에 사진, 그림, 도표, 그래프가 있다면 무심코 지나치지 말고 교과서 내용과 어떻게 연결되는지 정리하여 요약해야 합니다. 수업 시간에 선생님이 들려주는 재미있는 설명이나 사실 등을 적거나, 친구들과 모둠 수업에서 발견하고 종합한 내용을 적어놓습니다. 이처럼 꾸준히 실천하여 '사회 학습 공부 카드'를 만드는 것도 좋은 방법입니다. 이러한 학습 카드가 시간이 촉박한 숙제나 시험에 유용하게 활용될 수 있습니다.

더욱 좋은 것은 마인드맵으로, 읽고 생각하고 분석하고 기억하는 모든 것을 마음속에 지도 그리듯 하는 독특한 공부법입니다. 사회에서 배운 내용을 단원별로 마인드맵을 사용하여 정리하는 것은 매우 좋은 공부 방법입니다.

또 사회 단원 평가를 위해 가장 좋은 방법 가운데 하나는 괄호 넣기 문제를 풀어보거나 스스로 문제를 만들어 풀어보는 것입니다. 이는 사회 과목에서 중요하게 다루는 개념이나 용어를 명확하게 이해하는 데 많은 도움이 됩니다.

TIP

초등 '노트 필기 왕'이 알려주는 정리의 기술
출처·'초등 "노트 필기 왕"이 알려주는 정리의 기술', 어린이조선일보(2013년)

❶ 색깔 펜을 적절히 활용하라

한 가지 색의 펜을 매번 사용하는 것보다 중요한 내용이나 강조하고 싶은 부분에 빨간 펜·파란 펜·녹색 펜을 적절히 사용하면 눈에 잘 띈다. 핵심 단어에는 형광펜으로 강조하는 것도 좋다.

❷ 글씨를 잘 써야 한다는 부담감을 떨치자

보기 좋은 떡이 먹기에도 좋다고 필기할 때 글씨를 예쁘게 쓰면 좋겠지만 부담을 느낄 필요는 없다. 자신이 알아볼 수 있도록 깨끗하게 또박또박 쓰기만 하면 된다.

❸ 반복하여 보면서 보충하라

노트에 정리해놓고 다시 훑어보지 않으면 아무 소용이 없다. 반복하여 보면서 복습하는 데 활용하고 추가로 보충할 내용이 있다면 포스트잇을 활용해 기록해둔다.

❹ 이미지를 그리거나 붙여놓아라

그림·사진·표·그래프·지도 등 시각 자료를 활용하면 기억하기 쉽다. 아주 복잡한 이미지의 경우 복사해서 오려 붙이고, 복잡하지 않다면 직접 그려보는 것이 좋다.

❺ 중요한 내용은 비교해서 정리하라

교과서에 나오는 내용은 서로 치밀하게 연결돼 있다. 공통점·차이점·장점·단점 등을 비교해서 각 특성을 정리하는 것이 좋다.

❻ 최소한 핵심어만이라도 정리하자

노트를 정리하기 어렵다면 해당 단원에서 가장 강조하는 핵심어가 무엇이고, 어떤 의미를 지니는지 정리해본다.

3-3 전체적인 맥락을 파악하세요

사회는 일상생활과 밀접한 관련을 가지는 과목인 만큼 가능한 한 많이 보고 경험하면 이해를 도울 수 있습니다. 예를 들어 지구온난화로 북극에서 북극곰들이 살 터전을 잃어가는 상황을 신문이나 TV에서 보게 됩니다. 그러면 이에 대해 깊이 생각해보고 궁금한 점이 있다면 자녀가 부모에게 질문을 하겠죠? 이때 부모가 질문에 대한 답을 찾아갈 수 있도록 길잡이를 해줍니다. 이는 '2. 환경과 조화를 이루는 국토' 단원과 관련된 교과 내용을 자연스럽게 학습하는 기회가 됩니다.

더불어 사회현상에 대해 확산적 사고를 가질 수 있도록 다음과 같은 질문을 해보세요.

"펭귄이 사는 곳도 지켜주고 우리도 발전하려면 어떻게 해야 할까?"
"입장을 바꾸어 우리가 펭귄이라고 생각해보자. 인간들이 우리 삶의 터전을 잃게 만든다는 것을 안다면 펭귄은 어떤 생각이 들까?"
"펭귄에게 가장 필요한 것은 무엇일까?"

> **TIP**
>
> **역사 공부 재미있게 하는 법**
>
> ❶ **상상하여 말하기**
> 역사야말로 하나하나 외우려고 생각하면 끝이 없습니다. 외우기보다는 아이들이 스스로 실제 그 상황이 되었다고 생각하고 그때 사람들은 어떤 생각이 들지 상상해보게 하는 것이 좋습니다.

❷ **역할극 활용하기**

역사 속 인물의 역할을 해봄으로써 당시의 상황과 감정을 충분히 체험할 수 있습니다. 이를 통해 자연스럽게 역사적 사실이나 역사의 흐름을 파악할 수 있습니다. 역사는 어려운 것이 아니라 흥미로운 것이라는 사실을 직접 체험하는 경험이 역사 공부의 기초가 됩니다.

❸ **사실에 입각한 재미있는 역사 이야기 들려주기**

예를 들어 단군 신화의 환웅이 바람, 비, 구름의 신을 데리고 왔다는 이야기로 들려줌으로써 아이들은 고조선이 가뭄과 비와 같은 날씨가 매우 중요한 농경사회였다는 사실을 자연스럽게 알 수 있습니다.

❹ **영화나 소설과 관련된 주인공이나 사건을 중심으로 공부하기**

영화 〈명량〉을 보고 가족이 모여 임진왜란과 이순신을 공부한다면 훨씬 집중하고 공부를 하게 됩니다. 그렇게 국내 역사나 사회현상에 대한 영화에서 출발해 세계의 이모저모를 살피면서 공부의 영역을 넓힐 수 있습니다.

❺ **가족 여행으로 유적지나 박물관 가기**

가족끼리 하루에 한 가지 테마를 가지고 여행과 역사 공부를 하면서 추억도 쌓고 학습 효과도 얻을 수 있습니다.

도덕 교육은 악이 사람의 마음을 점령하기 전에 일찌감치 시작해야 한다. 그 이유는 만약 밭에 좋은 씨를 뿌리지 않으면 가장 흉한 잡초만이 자라날 것이기 때문이다.

- 코메니우스

4
과학 공부가 재미없다고요?

초등학교 과학은 실험으로 시작해서 실험으로 끝납니다. 그만큼 실험 중심의 수업을 진행합니다. 과학을 잘하고 싶다면 학교나 가정에서 실시하는 실험을 적극적으로 참여하시기 바랍니다.

4-1 과학 탐구 능력을 기르세요

과학 공부를 잘한다는 것은 통합 및 자유 탐구 능력이 향상되는 것을 말합니다. 더불어 자연현상에 호기심을 갖고 자신에게 필요한 다양한 책을 충분히 읽어 과학적 소양을 갖춘 상태를 말합니다.

또 과학 관련 홈페이지나 과학 잡지를 정기적으로 구독해 사고의 폭을 넓히는 것도 중요합니다. 이런 노력을 통해 과학 관련 용어나 공식 등을 자신만의 언어로 해석하고 정리할 수 있습니다. 수학과 마찬가지로 과학도 개념 노트를 활용해 공부하는 것이 바람직합니다.

과학을 잘하는 아이들의 특징

❶ 수학 성적이 우수하다
수학은 과학 언어라고 말했듯이 과학적 식견을 갖추는 데 기초가 되기 때문입니다.

❷ 각종 실험에 적극 참여한다
과학은 실험을 통해 자연현상이나 사실을 증명하는 과목이기에 경험이 매우 중요합니다.

❸ 자신만의 공간과 시간을 갖는다
유명한 과학자들은 자신만의 고민하는 시간이나 장소에서 큰 과학적 발견을 했습니다. 뉴턴이 사과가 떨어지는 모습을 보고 만유인력의 법칙을 발견한 일화를 볼 때 자신만의 시간과 장소에서 고뇌하고 사색하는 것은 과학을 공부하는 데 매우 중요합니다.

TIP

과학 공부를 잘하는 방법 | **출처** · 눈높이과학플러스온

❶ 과학 개념 다지기	• 과학 개념은 암기보다 이해 • 한 단원의 개념을 머리에 그리기 • 용어와 기호, 단위 의미 이해 • 예습 : 복습을 1 : 9로 학습	생각 다지기, 개념 쏙쏙 정리, 한눈에 정리하기 코너 활용
❷ 과학 탐구 능력 키우기	• 주변의 사물과 현상을 주의 깊게 관찰하는 습관 들이기 • 그림, 표, 그래프, 분석 능력 키우기 • 관찰, 분석 내용으로 문제 해결하기	관찰, 분류, 자료해석, 자료변환, 한눈에 정리하기 코너 활용
❸ 창의적으로 사고하기	• 창의적 사고의 핵심은 자기주도적 • 과학 개념과 탐구 능력을 바탕으로 문제 해결 방안을 스스로 찾는 수행 능력이 중요	생각, 놀이터, 포트폴리오 창의 발명 코너 활용

4-2 공상하는 시간을 가지세요

다양한 자유 탐구 주제를 정해서 '거꾸로 생각하기' 시간을 가져야 합니다. 우리의 생활 주변에서 찾아볼 수 있고, 자신이 아는 사실을 가지고 더 발전시켜 탐구한다면 사고의 폭을 확장할 수 있습니다. 아이들과 함께하는 과학 시간 '거꾸로 생각하기' 수업의 모습을 살펴보겠습니다.

먼저 "과학적인 생각이나 일반적인 사실과 다른 자신의 생각이나 경험을 발표해볼까요?" 하고 자유 탐구 주제를 제시합니다. 그리고 엄마 아빠가 하는 이야기 중 자신의 경험이나 생각과 다른 내용을 찾습니다. 아이들이 고민하고 적는 시간에 예문을 학생들에게 제시해 주고 같은 형식으로 적도록 합니다. 이때 교사가 제시하는 예문-"여자가 남자보다 더 오래 산다고 한다. 그러나 우리 가족은 할머니, 고모가 먼저 돌아가셨다. 왜 그럴까?"-의 아래 빈칸에 적을 수 있도록 합니다. 그리고 각자가 만든 문구를 교환하여 읽고 재미있는 '거꾸로 생각하기'를 몇 개 선정해 발표합니다. 마지막으로 아이들이 적은 문구를 모아서 카드집을 만들어 수시로 볼 수 있도록 교실의 한 공간에 비치합니다.
아이들이 적은 기발한 문구 몇 가지를 소개합니다.

여자가 남자에 비해 잠이 많다고 했다. 그런데 엄마는 새벽에 나가서 저녁까지 일하다 온다. 그리고 아빠는 주말에 잠만 잔다. 왜 그럴까?

남자는 하늘이라고 한다. 그리고 여자는 땅이라고 한다. 그런데 엄마와 아빠를 보면 이상하다. 땅이 하늘보다 높기 때문이다. 왜 그럴까?

어른들은 말한다. 남자는 열심히 돈을 벌어 가정을 책임져야 한다고 했다. 그런데 아빠는 직장은 안 가고 집에서 설거지와 청소만 한다. 왜 그럴까?

TIP

초등학교 학년별 과학 교과의 특징

초등학교 1, 2학년
주변을 관찰하며 과학에 대한 호기심을 키우는 시기

1, 2학년 때는 통합교과를 통해 우리 주변에서 일어나는 자연적 현상을 배웁니다. 이 시기는 생활 속 다양한 경험을 통해 과학에 흥미를 갖게 해야 합니다. 직접 보고, 듣고, 만지고, 느끼는 과정을 통해 사물과 상황이 어떻게 변하는지 관찰하게 해주세요. 우리 주변의 모든 것은 과학적으로 설명할 수 있습니다. 아이가 "왜?", "어떻게?"라는 질문을 할 때 적극적으로 함께 답을 찾아가며 아이의 호기심을 충족시키는 것이 과학적 사고의 첫 단추라고 할 수 있습니다.
이와 함께 과학에 동화적 요소를 가미한 과학 동화를 읽으면 과학적 원리를 쉽게 이해할 수 있어서 도움이 됩니다.

초등학교 3, 4학년
과학 실험을 통해 과학 원리를 이해하는 시기

초등학교 3학년 때부터 본격적인 과학 학습을 시작하게 됩니다. 교과서는 여러 실험을 통해 여러 가지 개념을 이해하도록 구성되어 있고 수업 또한 실험 위주로 진행됩니다. 그래서 단순 암기로는 과학 학습에 한계가 있습니다. 과학은 눈으로 보고 직접 해보는 것이 중요합니다. 어떤 현상이 왜 일어나는지 관찰하고, 어떤 결과가 나올지 예상하는 과정에서 개념과 원리를 좀 더 확실하게 체득할 수 있습니다. 과학 수업을 한 후에는 이해하지 못한 부분이나 어려운 용어는 복습을 통해 익힐 수 있도록 해주세요.
과학은 원리와 개념이 중요한 과목이기에 배운 것을 바로바로 내 것으로 만들어야 합니다. 낯선 용어가 나올 때는 반드시 이해하고 넘어가야 합니다. 용어를 정확하게 이해하지 못한 채 그냥 외우기만 하면 결코 좋은 성적을 낼 수 없겠지요. 과학을 좀 더 쉽고 재미있게 접하고 싶다면 과학교실이나 과학 캠프 등에 참여하는 것도 좋습니다.

초등학교 5, 6학년
기초 과학 지식을 다지고 어려운 과학 이론을 배우는 시기

5, 6학년 과학은 3, 4학년 때 배운 기초 과학 지식을 배경으로 스스로 생각하고 탐구하는 내용이 많습니다. 또 어려운 과학 용어가 많이 등장해 이를 완벽하게 이해하지 못하면 과학 공부가 점점 어려워지는 시기이기도 합니다. 그래서 교과서에 등장하는 과학 용어는 정확히 익혀야 합니다.

과학을 쉽게 이해하기 위해서는 실험 동영상을 활용하면 좋습니다. 앞에서도 이야기했듯이 과학 수업은 실험 위주로 진행되기에 어려운 부분은 실험 동영상을 반복해 보면서 중요한 내용을 다시 한 번 공부하면 도움이 됩니다. 이 과정에서 어려웠던 과학 개념이 이해되고 어려운 용어도 자연스럽게 익히게 됩니다.

모든 학습이 그렇겠지만 과학은 흥미가 우선되어야 하는 과목입니다. 과학 관련 책을 읽으면서 과학에 대한 관심을 높이고 배경지식을 쌓아가면 과학에 흥미를 갖게 될 것입니다. 초등 고학년은 과학 책을 선택할 때 통합적 사고력을 키울 수 있는 책을 고르는 것이 좋습니다. 인문학, 환경, 철학 등 여러 분야와 연결해 과학적 원리를 생각하는 책이 도움이 됩니다.

4-3 간단한 실험은 꼭 하세요

자신이 과학자가 된 것처럼 직접 설계하고 실험하며, 결과를 예측하고 확인하는 과정을 통해 과학적 소양이 향상됩니다. 과학자들처럼 생각하고 실천해야 합니다. 또 스스로의 힘으로 지적 탐구를 꾸준히 해야 합니다. 우리 주변의 사물이나 현상에 대해 간단한 실험과 조사부터 시작하는 습관을 통해 과학의 원리와 개념을 올바르게 이해할 수 있습니다. 아이들이 쉽게 볼 수 있는 상황이나 물건을 가지고 실험하고 조사할 수도 있습니다. 실험 대상물이 사람과 기계가 될 수도 있습니다.

실험이 이루어지기 위한 6가지 절차

❶ 평상시 궁금한 사항에 대한 질문하기 → '인간과 엘리베이터 중 누가 더 빠른가?'
❷ 질문에 대한 가설 세우기 → '엘리베이터가 인간보다 빠르다.'
❸ 실험 조건 정하기 → '엘리베이터가 있는 10층 아파트를 대상으로 한다.'
❹ 실험 절차 정하기 → '인간과 엘리베이터는 1층에서 출발하며 엘리베이터 문이 열렸다 닫히는 순간 인간은 출발한다.'
❺ 실험할 때 반복해서 결과 얻기 → '10번의 실험에서 10번 모두 엘리베이터가 빨리 도착했다.'
❻ 원리를 밝히고 정리하기 → '엘리베이터는 규칙적인 수직 상하 운동을 하지만 인간은 체력의 소모로 시간이 갈수록 속도가 느려진다.'

> 나는 특별한 재능이 있는 것이 아니고 단지 굉장히 호기심이 많다.
> - 알베르트 아인슈타인

과학은 호기심을 가질 때 시작됩니다. 호기심은 지적 능력을 향상해주는 도화선입니다. 끊임없이 질문하고 해답을 찾으려고 노력하면 과학 공부가 재미있어집니다. 호기심을 가지고 문제를 스스로 해결했을 때 느끼는 기쁨은 아이들이 과학 공부를 계속하는 데 큰 힘이 됩니다. 그렇다고 호기심으로만 과학적 개념을 이해할 수는 없습니다. 호기심은 동기를 부여하는 역할을 하지만 해결 방법을 제시하지는 못합니다. 그래서 권장하는 활동이 바로 독서, 즉 책을 읽는 것입니다. 책은 전문 지식이 함축된 지식의 창고로 아이들의 지적 호기심을 충족시켜줄 수 있는 가장 훌륭한 수단입니다. 책을 통한 간접 체험을 바탕으로 다양한 방법으로 공부하는 것이 과학의 지름길입니다. 자신이 관심 있는 분야에 대한 배경지식을 쌓아 사고의 폭을 유연하게 만들어야 합니다.

> **TIP**
>
> **아이들이 둘러보면 좋은 과학 웹진**
>
>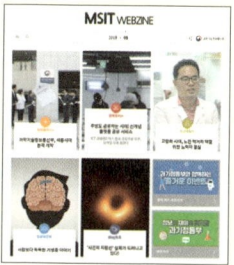
>
> **과학기술정보통신부 Blog톡톡** | www.msit.go.kr
> '웹진'에서 매월 발행되는 다양한 과학에 대한 이야기들을 카드뉴스의 형식으로 볼 수 있습니다.
>
>
>
> **사이언스올 인포그래픽** | www.scienceall.com
> 싸이테인먼트의 '인포그래픽'에서, 다양한 과학적 사실에 대한 그림과 설명 자료를 다운받을 수 있습니다.
>
>
>
> **크레존 카드뉴스** | www.crezone.net
> '카드뉴스'를 클릭하면, 공부, 창의성, 과학 등에 대한 다양한 정보들이 카드뉴스로 정리되어 있습니다.

5
영어 공부가 어렵다고요?

3학년이 되면 영어를 수업시간에 배우게 됩니다. 대부분의 학교는 영어 전담 선생님과 원어민 선생님이 있어 실제 생활에 사용하는 대화 위주의 공부를 꾸준히 하도록 지도합니다.

5-1 영어 단어장을 만드세요

초등학교 3~4학년은 약 240개의 단어와 5개 낱말 이내의 문장, 초등학교 5~6학년은 약 260개의 단어와 7개 낱말 이내의 문장을 배우며 확장단어까지 포함해 초등학교 4년 동안 총 800여 개의 단어를 공부하게 됩니다. 가정에서 매일 또는 일주일 단위로 5~10개를 외우고, 발음하고, 쓰는 연습을 꾸준히 해야 합니다. 우선 어휘 카드를 만들어야 문장 카드 만들기가 효과를 볼 수 있습니다. 문장 카드 만들기를 실천한 아이들은 학교에서도 원어민과 대화하는 데 별 어려움 없이 소통합니다.

주변에 영어를 잘하는 학생의 책상을 살펴보면 다른 점을 발견할 수 있습니다. 바로 책상 정리가 깔끔하고 책상 주변에 포스트잇으로 하루 공부의 목표나 단어, 스케줄을 붙여놓는 다는 것입니다. 또 잘 외워지지 않는 단어나 어구는 포스트잇에 써 붙여 수시로 오가면서 보게 합니다. 암기나 이해가 잘 되지 않는 단어나 어구는 포스트잇의 색깔을 달리하거나 화장실, 신발장, 냉장고 등 주변에 붙여 자주 보게 하는 것도 좋은 영어 공부법입니다.

영어 교과서나 교사용 지도서에는 부록으로 낱말사전이 제시됩니다. 그 예로 대교 출판사의 교사용 지도서에는 3학년에는 ant~curry 126개, 4학년에는 afternoon~wash 107개를 제시하고 있습니다. 5학년에는 airplane~write 128개, 6학년에는 actor~zookeeper 136개가 교과서 부록에 정리되어 있습니다.

영어 교과서의 구성은 Listen(듣기), Say(말하기), Write(쓰기), Activity(활동)으로 구성되어 있으며, 각 단원에서 사용한 단어를 무작정 외울 것이 아니라 해당 단어가 사용된 문장도 함께 암기하면 영어에 대한 풍부한 어휘력과 표현력을 키울 수 있습니다.

> **TIP**

간단한 영어 단어장 만드는 법

❶ 들고 다니기 편하고 조그마한 노트를 준비합니다.
❷ 반을 세로로 접습니다.

❸ 왼쪽 위에 날짜를 씁니다.

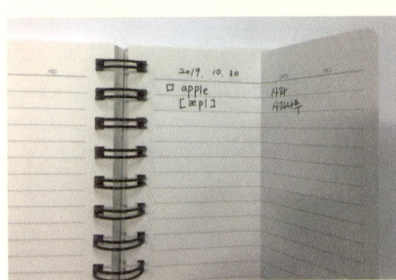

❹ 왼쪽에 단어를 쓰고, 그 밑에 발음기호를 씁니다.
❺ 오른쪽에 뜻을 씁니다.
❻ 네모난 체크 박스를 만들어 체크나 세모로 외웠는지 안 외웠는지 체크합니다.

5-2 영어 교과서의 학생용 듣기 자료를 활용하세요

학기 초에 가정통신문으로 영어 e-교과서를 다운받아 사용할 수 있도록 안내장이 나갑니다. 해당 교과서의 노래(Song, Chant)를 다운받아 휴대전화에 옮겨 수시로 듣기를 해야 합니다. 듣고 따라 부르기만 해도 아이들의 듣기 능력과 말하기 능력이 크게 향상됩니다. 3학년 영어 교과서를 살펴보면 노래 부르기(Sing! Sing!)를 단원별로 반복해서 배웁니다.

TIP

영어 교과서 파일 다운로드받는 방법

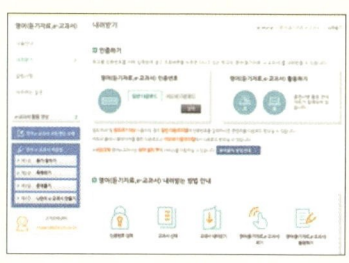

❶ 에듀넷을 검색합니다.
❷ 검색하여 에듀넷을 클릭하고 접속합니다.
❸ 메인 화면의 '영어-e교과서'를 클릭합니다.
❹ 영어 듣기 자료를 클릭합니다.
❺ 인증하기에서 인증 번호를 넣으라고 합니다. 이때 인증 번호는 담임선생님에게 문의하면 알 수 있습니다.

5-3 영어 동화책 또는 만화책을 읽으세요

아이가 가정에서 만화책을 읽으면 부모는 어떤 생각이 드나요? 아마도 대부분 다른 책을 읽었으면 좋겠다고 생각할 겁니다. 하지만 아이들이 영어 만화책을 읽는다면 어떨까요? 요새는 인터넷으로 구입하기 쉽고, 학습용으로 나온 영어 만화책도 꽤 많습니다. 이를 통해 재미와 공부, 두 마리 토끼를 모두 잡을 수 있습니다. 부모가 일방적으로 사주기보다는 용돈을 모아 자신의 돈으로 사서 읽도록 하는 것이 바람직합니다. 그래야 더욱더 열심히 읽으니까요! 하루에 5~10쪽씩 읽어나간다면 독해력이 일취월장할 것입니다.

어학 공부를 할 때 제일 중요한 건 균형감 있게 공부하는 것입니다. 단어 하나를 알아도 들을 수 있고, 말할 수 있고, 쓰기를 할 수 있어야 합니다. 어느 하나를 잘 못해도 머릿속에서만 맴돌고 입 밖으로 나오지 않습니다. 그렇기 때문에 어학 공부를 할 때 중요한 부분인 보고, 듣고, 말하고, 쓰기를 균형감 있게 해야 합니다.

영어 공부 잘하는 방법은 education → training → test coach라고 합니다.
다시 말해 학교나 학원에서 주어진 시간 동안 얼마나 교육받느냐(교육), 학교나 학원에서 배운 것을 얼마나 습득했느냐(반복/연습), 교육받고, 반복/연습한 것을 얼마나 습득했느냐(결과) 순으로 공부해야 합니다.
위의 세 가지 기능이 중요하며 짧은 시간 내에 얼마만큼 영어 단어를 습득할 수 있는가가 중요합니다.

TIP

영어 공부 순서 | **출처**: '영어 공부 잘하는 어학기 활용법', 중앙일보

❶ 영어 교재로 습득하는 방법 | 교재 선택하기

잘 맞는 교재를 선택해서 학습한 후 문제를 풉니다. 문제를 풀고 나면 답이 틀린 문제를 분류해서 정리합니다. 또 계속 틀리는 것, 내가 잘하는 부분과 못하는 부분을 나눕니다. 못하는 부분은 교재 내용을 찾아 포스트지로 기록해놓습니다. 그리고 오답은 확실하게 익히고 넘어갑니다. 이렇게 기록하지 않으면 어느 순간에는 멍해져서 어디서부터 어떻게, 내가 뭐가 안 되는지 자세히 몰라서 뭐부터 해야 할지 모릅니다.

❷ 회화 테이프, mp3, 인터넷 방법 | 어학실에서 공부하듯 원어민 발음을 알고 익히기

발음을 익히는 방법입니다. 보고, 듣고, 따라 하면서 내 발음을 비교해야 합니다. 이런 학습 방법이기 때문에 회화 테이프, mp3, 인터넷 학습이 필요합니다. 학습할 때 중요한 것은 내 발음을 원어민 발음과 비교해서 수정해야 합니다. 비교, 수정을 반복하면 발음이 좋아지는 느낌이 들고 영어 자신감도 생깁니다.

❸ 영어로 대화 및 1:1 이야기하기 | 일상생활에서 영어 사용하기

- **나랑 비슷한 사람과 대화하기** | 학교나 학원에서 배운 것을 상대방과 이야기하듯 반복합니다.
- **나보다 잘하는 사람과 대화하기** | 나보다 잘하는 사람한테 원어민 발음을 배웁니다. 계속 혼자 반복합니다.
- **나보다 못하는 사람과 대화하기** | 가르침도 배움의 연속입니다. 주변 사람들이 알려달라고 할 때 성심껏 알려주세요. 계속 영어를 사용해야 합니다. 말하다가 모르는 것은 찾든지 물어봐서라도 알고 넘어가야 합니다.

❹ 현대적 영어 공부 방법 | 어학 학습 기자재 사용하기

예전에는 어학 기자재가 정말 부족했습니다. 대표적으로 전자사전만 해도 그렇습니다. 하지만 기술력이 발전해 전자사전 기능은 어디에서나 쉽게 볼 수 있으며, 현재는 어학원에서 공부하는 형태를 기술과 접목해 단어 암기, 문장 암기는 기본이며 어학실처럼 발음교정을 하고 작문까지 할 수 있으며, 그 어렵던 회화도 원어민 발음만 따라 하면 쉽게 할 수 있습니다.

❶ 수행평가란

학생들이 학습 과제를 수행하는 과정부터 결과까지 담임선생님이 직접 관찰하고, 그 결과를 토대로 학생의 능력을 전문적으로 판단하는 평가 방식입니다. 다시 말해 결과를 한 번에 평가하는 것이 아니라 학습에 능동적으로 참여하는 과정을 지속적으로 평가하는 방식입니다.

- **서술형 시험** | 주어진 주제에 대해 자유로운 형식으로 서술하는 평가
- **구술 시험** | 담임선생님이나 친구들과의 대화 형식으로 치르는 평가
- **실기 시험** | 만들기, 그리기 등 직접 활동하는 내용을 평가
- **토론 시험** | 주제에 대해 자신의 생각을 말하고 듣는 태도에 대한 평가
- **발표 시험** | 주제에 대한 자료를 수집하고 그 결과를 다양한 방법으로 발표하도록 하는 평가
- **실험·실습 시험** | 직접 실험·실습을 하게 한 후 실험 과정 및 결과 보고서를 평가하는 방법
- **포트폴리오 시험** | 학생이 만든 작품집을 평가

❷ 초등 수행평가는 주로 서술형 문제 형태로 출제됩니다

따라서 서술형 문제에서 묻고 있는 기본 개념을 정확하게 쓸 수 있는 글쓰기 훈련이 필요합니다. 서술형 문제는 아무리 학습 내용을 완벽히 이해하고 있다 하더라도 문제가 의도하는 바에 맞게 정답을 적지 못하면 감점 요인이 될 수 있기 때문입니다. 과목별, 단원별로 서술형 평가의 유형을 잘 파악하고, 답을 정확하고 구체적으로 서술하는 훈련을 해나가도록 합니다.

서술형은 학습 내용을 정확하게 알고 있는 능력뿐만 아니라 이것을 얼마나 논리적으로 적을 수 있는지도 함께 평가하는 문제입니다. 따라서 평소 글쓰기 실력을 연습한다면 서술형 문제에 좀 더 쉽게 다가갈 수 있습니다.

❸ 글쓰기는 어릴 때부터 연습이 필요합니다

글쓰기를 처음 시작하는 아이들에게 맞춤법, 띄어쓰기 등의 형식적인 부분을 지나치게 강요하면 안 됩니다. 엄마들은 보통 띄어쓰기와 오·탈자를 지적하는 경향이 많이 있어 아이에게 상처를 줍니다. 글쓰기에 상처를 받은 아이들은 으레 글쓰기를 싫어하게 됩니다. 어렵

다고 인식하기 때문이지요. 한번 어렵다고 인식하면 평생 글쓰기를 멀리하게 됩니다.

❹ 글을 잘 쓰는 방법은 많이 써보는 것 외에는 방법이 없습니다
글을 쓴다는 것은 머릿속에 든 생각을 문자화하는 훈련입니다. 그렇기에 시간과 노력을 투자해야 하죠. 아이들에게는 칭찬으로 동기를 부여해주면서 글쓰기와 친하게 만드는 것이 현재 글을 좀 더 잘 쓰고 못 쓰고 하는 것보다 더 중요함을 알아야 합니다.

❺ 책 읽기를 많이 하는 아이들이 글을 잘 쓴다는 편견은 버려야 합니다
책 읽기가 도움은 될 수 있으나 앞에서 이야기한 것처럼 쓰기는 훈련이 필요합니다. 그렇기에 글쓰기는 생활화되는 것이 가장 좋습니다. 즉 일기나 편지 쓰기와 같은 생활문 형식의 글쓰기를 실천할 수 있도록 지도해야 합니다.

각 학년별 추천 도서

자료 · 김성현 선생님의 초등교육 이야기

1학년 추천 도서

추천 도서명	저자	출판사
오소리와 벼룩	안도현	미세기
슈퍼 거북	유설화	책읽는곰
우리 몸은 대단해	식룬 다니엘스도티	푸른숲주니어
왜 법을 어기면 안 되나요?	조지혜	참돌어린이
짜장면 더 주세요	이혜란	사계절
우리 가족	하세가와 슈헤이	문학과지성사
울지마, 꽃들아	최병관	보림
꼬박꼬박 저축은 즐거워	전윤호	주니어김영사
하루 10분 국어 교과서	김대조	주니어김영사
칠판 앞에 나가기 싫어	다이레 포세트	비룡소
뻔뻔한 실수	황선미	창비
뻥이오, 뻥	김리리	문학동네
싫어요 몰라요 그냥요	이금이	푸른책들

2학년 추천 도서

추천 도서명	저자	출판사
우당탕탕 2학년 3반	안선모	청어람주니어
가슴 뭉클한 옛날이야기	김장성	사계절
인성 생활 동화	정진	파랑새어린이
파랑새 돈이 되고 싶은 아이	조성자	시공주니어
탈무드	권영이	파랑새어린이
쿠키 한 입의 행복 수업	에이미 크루즈 로젠탈	책읽는곰
꿈꾸는 소녀 테주	테주 베한	비룡소
내 다리는 휠체어	프란츠요제프 후아이니크	주니어김영사
누가 내 머리에 똥쌌어	베르너 홀츠바르트	사계절
리디아의 정원	사라 스튜어트	시공주니어
내가 좋아하는 것	앤서니 브라운	에스오디커뮤니케이션
틀려도 괜찮아	마키타 신지	토토북
밤똥	이경주	문학과지성사

3학년 추천 도서

추천 도서명	저자	출판사
초등학생을 위한 탈무드	김홍래	웅진주니어
아빠, 게임할 때 왜 시간이 빨리가?	이남석	토토북
다윈 원정대	시모나 체라토	동아사이언스
지구의 마법사 공기	허창희	풀빛
과학자처럼 생각하고 실험하는 과학놀이	런던과학박물관	사파리
나 홀로 버스	남강한	북극곰
관을 짜는 아이	한정영	가교출판
내 짝꿍 최영대	채인선	재미마주
작가가 되고 싶어	앤드루 클레먼츠	사계절
카리브해 보물 탐사대	크리스티안 틸만	JDM중앙

바보이반	톨스토이	대교출판
모네와 함께한 하루	이봉 브로쉬	문학동네
니체 아저씨네 발레 교실	전현정	주니어김영사

4학년 추천 도서

추천 도서명	저자	출판사
나의 라임오렌지 나무	J.M. 바스콘셀로스	청년사
독서왕 수학왕	고정욱	파랑새
완벽한 행복 계산법	질 티보	뿌르아르
또 다시 학교가 괴물로 가득 찬 날	강경수	스콜라
굿모닝, 굿모닝	한정영	미래아이
거짓말쟁이와 스파이	레베카 스테드	책과 콩나무
어린이를 위한 흑설공주 이야기	노경실외	뜨인돌
어린이를 위한 배려	한상복	위즈덤하우스
큰형 학교 똥장 반장	길지연	소담주니어
몰라쟁이 엄마	이태준	우리교육
이마에 아저씨의 토닥토닥 클래식	이채훈	책 읽는곰
위대한 천재 위대한 탄생	김경우	파랑새
윔피키드	제프 키니	아이세움

5학년 추천 도서

추천 도서명	저자	출판사
초등 철학 교과서	한기호	동녘주니어
노빈손 사라진 훈민정음을 찾아라	한정영	뜨인돌
분홍문의 기적	강정연	비룡소
위풍당당 심예분 여사	강정연	시공주니어
비주얼 수학	캐롤 보더먼	청어람아이

추천 도서명	저자	출판사
어쩌지? 플라스틱은 돌고 돌아서 돌아온대	이진규	생각하는아이지
우리는 돈 벌러 갑니다	진형민	창비
천문학자 닐 타이슨과 떠나는 우주여행	캡 소시어	다림
열한 살에 읽는 명심보감	김우영	파랑새어린이
경서 친구 경서	정성희	책읽는곰
세계 대통령들은 어떻게 책을 읽었을까	김경우	넥서스
책 읽기 사람 모두 모여라	프랑스아즈 부셰	파란자전거
샬롯의 거미줄	엘윈 브룩스 화이트	시공주니어

6학년 추천 도서

추천 도서명	저자	출판사
히라도의 눈물	한정영	다른
치약으로 백만장자되기	진 메릴	시공주니어
장자-가장 유쾌한 자유와 평등이야기	장저, 김경윤	파란자전거
어린이를 위한 시크릿	전미옥	살림어린이
곰브리치 세계사	에른스트 H.곰브리치	비룡소
정약용	이재승, 김민중	시공주니어
피카소, 게르니카를 그리다	알랭 세르	톡
열한 살에 읽는 삼국지	김우영	파랑새어린이
어린이 백범일지	장세현	푸른나무
생각이 크는 인문학	김윤경 외	을파소
배가 된 도서관	프로랑스 티나르	책읽는곰
세 친구의 머나먼 길	실라 번포드	시공주니어
귀명창과 사라진 소리꾼	한정영	토토북

NOTE

4교시

4학년 생활백서
자기주도학습을
하세요!

초등학교 4학년은 스스로 공부하고 깨우침이 일어나는 시기입니다. 깊이 사색하고 치열하게 고민하면서 배움이 일어나야 합니다. 그러기 위해서는 자녀에게 맞춤식 공부 환경을 마련해주고, 공부 습관을 형성시켜주어 자기주도학습의 틀을 만들어주세요.

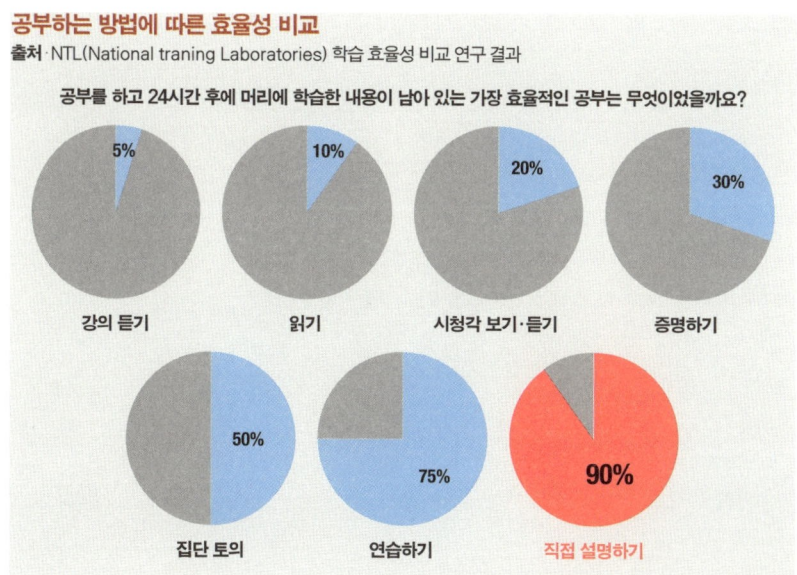

공부하는 방법에 따른 효율성 비교
출처·NTL(National traning Laboratories) 학습 효율성 비교 연구 결과

공부를 하고 24시간 후에 머리에 학습한 내용이 남아 있는 가장 효율적인 공부는 무엇이었을까요?

- 강의 듣기 5%
- 읽기 10%
- 시청각 보기·듣기 20%
- 증명하기 30%
- 집단 토의 50%
- 연습하기 75%
- 직접 설명하기 90%

1
맞춤식 공부법을 실천하세요

내 자녀의 성향에 맞는 공부방, 학습지, 학원을 선택하고 꾸준히 실천하는 것이 자기주도학습의 준비 과정임을 명심해야 합니다.

1-1 아이의 기질과 성격에 맞는 공부방을 만드세요

❶ **그리기와 독서를 좋아하는 아이에게 취미 활동과 학습을 동시에 할 수 있는 방이 필요할 때** | 방문을 열고 들어오면 한쪽 벽면에는 미술용품을 수납하고 활동할 수 있는 공간을 마련해주고, 반대쪽 벽면에는 책장과 책상을 두어 학습 공간을 만듭니다.

❷ **형제나 자매가 한방을 쓰면서 자신만의 공간을 가질 수 있는 공부방이 필요할 때** | 방을 공용 침실과 공부방으로 구성하세요. 침실은 온전히 두 아이가 잠을 자는 공간으로 느낄 수 있도록 침대를 가운데에, 책상은 좌우로 배치합니다. 호기심 많은 형제의 성향을 고려해 벽지와 가구 컬러는 안정감 있는 분위기를 연출할 수 있는 파란색이나 초록색 계열을 사용합니다.

❸ **정리 정돈을 잘 못하는 아이에게 정리 및 공부 습관을 키워주는 공부방이 필요할 때** | 한쪽 벽면에는 메모나 학용품을 정리할 수 있는 메모판과 수납장을 배치하고 반대쪽 벽면에는 침대와 미니 옷장으로 깔끔하고 정리된 공간을 만듭니다. 이때 전체적으로 차분한 색의 민무늬 벽지를 사용합니다.

❹ **성향이 다른 남매가 한방을 사용할 때** | 다른 무엇보다도 독립성을 확보해주어야 합니다. 특히 개별 조명을 책상 위에 설치해 자신이 공부하고 싶을 때 언제든지 공부할 수 있는 분위기를 만들어주어야 합니다. 침대는 양쪽 끝으로 배치하고, 그 중간 지점의 경계가 되는 부분에 이동식 커튼 등을 설치해 수면 시 방해를 받지 않도록 해야 합니다.

❺ **활동적인 성격의 아이를 위한 공부방이 필요할 때** | 활동적인 아이는 스스로 일과를 정하고 자기만의 공간에서 공부하고 싶어 합니다. 먼저 심플한 구조와 색으로 인테리어를 하되 아이의 상상력을 키워줄 수 있는 몇 가지 동화적인 포인트를 살려주면 좋습니다. 놀이

할 수 있는 탁 트인 느낌을 주기 위해 가구는 꼭 필요한 책상과 침대만 배치하고, 다양한 운동기구나 놀이용품을 마음껏 사용할 수 있는 개방된 공간을 마련해주어야 합니다.

❻ 사춘기를 앞둔 아이를 배려한 공부방이 필요할 때 | 사춘기를 앞둔 아이에게는 좀 더 진지한 공부방을 꾸며주어야 합니다. 하지만 너무 무거운 긴장감을 주지 않도록 밝은색과 어린이다운 소품을 이용하는 것이 좋습니다. 가장 기본이 되는 흰색 컬러를 주로 사용해 차분하고 조용한 분위기로 공부방을 꾸밉니다. 특히 컴퓨터 책상과 일반 책상을 따로 배치해 아이가 공부에 집중할 수 있는 환경을 만들어주어야 합니다.

❼ 성격이 예민한 아이를 배려한 공부방이 필요할 때 | 예민하고 민감한 아이에게는 채도가 낮은 컬러의 가구와 벽지를 사용해 집중력이 흐트러지지 않도록 하면 좋습니다. 특히 본인이 원하는 것 외에는 가구나 물건을 배치하지 않고 아이의 의견을 반영해 배치하는 것이 가장 좋습니다.

TIP

남자아이 & 여자아이 공부방 | 출처 · '공부방에서 없어져야 할 것들', 에듀진

4교시 · **4학년 생활백서** – 자기주도학습을 하세요!

1-2 학습지, 돈 아깝지 않게 시키는 법

❶ 아이의 발달 상태를 고려합니다

옆집 아이가 곱셈을 한다고, 친구 아이가 영어를 읽는다고 해서 학습지를 그대로 따라 해서는 안 됩니다. 아이마다 발달 속도와 상태가 다르므로 아이의 상황을 정확히 파악하고 맞추어서 실시해야 합니다.

❷ 교사와의 상담은 필수입니다

학습지 선택보다 교사가 더 중요합니다. 직접 만나본 후 수업을 결정해야 합니다. 아이와 호흡이 잘 맞는 교사를 선택해야 공부에 집중할 수 있습니다.

❸ 상호작용 수단으로 생각합니다

공부 교재를 가지고 아이와 이야기를 나누고, 활동을 함께하는 상호작용 수단으로 여겨야 합니다. 다시 말해 공부의 한 방편이지 전부가 아님을 부모는 명심해야 합니다.

❹ 재미가 있어야 합니다

아이들은 지식과 정보 습득보다 배우는 즐거움과 흥미를 우선 만족시켜야 학습의 효율성이 높아집니다.

❺ 과정에 초점을 맞추어야 합니다

얼마나 배웠냐 하는 것보다 지루해도 앉아 있고 나아지는 데 중점을 두고 칭찬합니다.

❻ 학습에 도움이 되지 않는 말을 주의해야 합니다

"○○는 이거 다 알아요. 다음 단계부터 시작해주세요."
"오늘은 ○○이가 바빠서 못하겠어요. 선생님, 다음에 오세요."

"○○이 선생님은 수업을 너무 재미없게 해."
"○○아, 선생님 오셨다. 상 펴라~!"
"선생님이 알아서 해주세요."

❼ 학습지를 선택할 때 다음 7가지 절차를 확인합니다

❶ 학습지를 시켜서 아이에게 부담이 되지 않을지 판단한다.

❷ 여러 학습지를 직접 비교한다.

❸ 담임선생님이나 학습지를 시켜본 주위 사람들의 조언을 듣는다.

❹ 원리 위주, 흥미를 불러일으키는 학습지를 고른다.

❺ 학습지별로 사전 테스트를 통해 아이의 수준을 파악한다.

❻ 아이 수준에 맞는 학습지를 서너 개 정도로 압축해서 고른다.

❼ 최종 선택은 아이에게 맡긴다.

출처 · 한솔교육문화연구원, 한국소비자보호원

TIP

학습지 선택에 도움이 되는 온라인 학부모 커뮤니티

● **맘스쿨** | momschool.co.kr
유아·초등교육 정보 커뮤니티, 유아·초등교육 전문 필진들이 제공하는 각종 교육 정보와 실제 써본 학부모들의 교재·교구 품평·활용기 등을 살펴볼 수 있다.

● **유아 초등 엄마들의 학습지 지도법** | cafe.daum.net/edumon
영아에서 초등 부모를 위한 카페로, 회원수 3만 명에 이른다. 학습지 정보와 미술, 동화 등 이 또래 아이들을 위한 각종 정보가 수록되어 있으며, 교육 관련 문의와 상담이 활발하게 오고간다.

● **에듀탑** | www.edu-top.co.kr
유아, 초·중등을 망라한 학부모 커뮤니티로 체험학습 정보 및 우리 아이 학습법 등 자료를 공유할 수 있다.

● **쑥쑥닷컴** | www.suksuk.co.kr
유아, 초등학생 영어 교육에 관심을 둔 학부모를 위한 사이트로서, 게시판을 통해 영어 교육 외에도 다양한 광범위한 교육 정보를 공유할 수 있다.

● **사교육비 절약하는 학습법** | cafe.daum.net/eduhow
사교육비 부담을 줄이려는 초·중·고교생 학부모를 위한 카페로, 부모 역할을 확대해 사교육비를 절감할 수 있는 각종 노하우를 공개한다.

1-3 학원 공부에 맞지 않는 아이가 있어요

자료·《패런츠 파워》, 최원호 지음(순정아이북스)

❶ 저녁 늦게까지 외부 교육기관에서 지내는 아이

초등학교 정규 수업이 끝나고 돌봄교실, 방과후학교, 지역 기관의 방과후아카데미 등 다양한 수업을 경험할 수 있습니다. 이렇게 하루 종일 외부에서 공부하는 아이들에게 학원 수업은 짐이 될 수 있습니다.

❷ 공부 시간표를 작성하여 실천하는 아이

일일 계획표, 주간 계획표, 월간 계획표, 방학 계획표 등 공부 계획을 세워 시간을 꼼꼼하게 따지면서 공부하는 초등학교 아이들에게 학원을 보낼 이유가 없겠죠?

❸ 학교 과제를 할 시간이 없는 아이

학교에서는 개인별, 모둠별 과제를 내주는 경우가 있습니다. 이러한 과제는 아이들의 눈높이에 맞게 제시됩니다. 그러나 학원 시간에 쫓겨 과제를 수행하지 못하는 아이들이 간혹 있습니다. 아이 교육의 중심을 학교에 두는 것이 아니라 학원에 두는 경우는 바람직하지 않습니다.

❹ 혼자서도 공부를 잘하는 아이

학교 수업에도 적극적이고 자신에게 주어진 공부의 양을 스스로 잘 소화하는 공부 모범생이 있습니다. 그런 아이들을 학원에 보내 공부에 지치게 하기보다는 놀 수 있는 시간을 주는 게 더 바람직하지 않을까요?

❺ 학원을 의무적으로 가는 아이

수업이 끝나기 무섭게 학교 정문에 대기하고 있는 여러 종류의 학원 차에 오르는 아이들의 표정을 본 적 있나요? 마치 공사장에 끌려가는 노예의 표정이라고 하면 너무 심한 표현인

가요? 공부도 의무가 되어서는 안 됩니다.

❻ 학원에 다녀도 성적이 오르지 않는 아이
학원에 가는 이유는 성적 향상입니다. 그런데 성적이 오르지 않는다면 결단을 해야 합니다. 그리고 아이와의 대화를 통해 올바른 길을 찾기 바랍니다.

❼ 한 교과에만 집착하는 아이
수학, 과학에 집착하는 아이, 영어 단어만 외우는 아이 등 한 교과에만 집착하는 경우가 있습니다. 하지만 초등학교 시기에는 전반적인 학습 능력을 키우는 것이 중요합니다. 특정 분야에 대한 전문 지식은 일반적인 사고방식과 지식 위에 쌓아야 합니다. 기초가 약한 집은 태풍에 쉽게 무너진다는 사실을 알아야 합니다.

❽ 친구들과 어울려 놀기를 좋아하는 아이
학원을 공부하는 곳이 아니라 놀러 가는 곳으로 인식하는 아이가 많습니다. 학원에 가지 않고서는 또래가 모여서 놀 수 있는 곳이 없기 때문이지요. 평일 오후 3시경 학교 운동장은 '고요한 적막'이 흐릅니다.

❾ 학원 스트레스 징후가 나타나는 아이

① 갑자기 학원을 가지 않겠다고 한다.
② 학원에 가라고 하면 '배 아프다', '머리 아프다'고 한다.
③ 수업에 집중하지 못한다.
④ 짜증이 늘고 울고 떼를 쓴다.
⑤ 부모와 대화를 안 하려고 한다.
⑥ 잠을 못 자고 피곤해한다.
⑦ 폭식을 하거나 식욕을 잃는다.
⑧ 학원 시험을 볼 때 지나치게 긴장한다.

출처·대한소아청소년정신의학회

TIP

학원 중독 자가 진단표 | **출처** 《패런츠 파워》, 최원호 지음(순정아이북스)

테스트 방법

❶ 각 항목에서 **거의 그렇지 않다** 0점 | **가끔 그렇다!, 종종 그렇다** 2점 | **매우 그렇다** 3점 등으로 점수를 매긴다.

❷ 항목별 점수를 합한다.

---

1 초등학교 때 예체능을 배우지 않으면 평생 기회가 없다고 생각한다.
2 학원이나 과외 문제로 부부싸움을 한 적이 있다.
3 아이가 학원 안 가고 노는 모습을 보면 불안하다.
4 아이 공부 때문에 내가 좋아하는 일을 포기하는 것은 당연하다.
5 다른 사람으로부터 학원을 많이 보낸다는 얘기를 들은 적이 있다.
6 아이가 성적이 안 오르는 것은 학원에 보내지 않기 때문이다.
7 학원에 보내고 난 뒤에는 책임을 다한 것 같은 기분이 든다.
8 경제적 여유만 있으면 무엇이든 시키고 싶다.
9 아이가 집에 있는 것 자체가 불안하다.
10 아이가 학원에 가기 싫어해도 설득해서 보내는 편이다.
11 순전히 아이 학교 때문에 이사를 한 적이 있다.
12 유명 강사가 있는 학원이면 당장 보내고 싶다.
13 나도 어릴 때 학원에 많이 다녔다.
14 아이의 성적이 떨어지면, 무기력한 기분이 든다.
15 이웃집 아이 성적이 올랐다는 이야기를 듣고 꾸중한 적 있다.
16 아이가 커서 부모의 헌신을 기억하길 바란다.
17 아이를 혹사시킨다는 생각에 죄책감이 들 때도 있다.
18 학원에 안 보내는 부모는 아이 교육에 무관심하다는 생각이 든다.
19 학원비 때문에 별도의 부업을 해본 적이 있다.

테스트 결과

- **15점 이하** | 자녀 교육에 좀 더 관심을 가질 필요가 있다.
- **15~20점** | 아이 성적이 떨어질 때 학원에 보낼까 갈등하는 정도. 대체로 문제 없음.
- **21~25점** | 학원이 절대적으로 중요하다고 느끼는 상태. 학원에 대한 기대가 높은 편.
- **25점 이상** | 학교보다 학원을 신뢰하는 경우로, 학원 중독증일 가능성이 매우 높음.

2
공부 습관을 분석해 자기주도학습을 실천하세요

자녀의 학습 습관을 검사하여 부족한 부분에 대한 반성과 수정 계획을 세워야 합니다. 특히 학습의 기본적 원리를 이해하고 적용하여 학년에서 집중적으로 공부해야 할 내용을 실천하기 바랍니다.

2-1 나의 공부 습관은 어떤가요

다음은 서울 강남의 한 초등학교 6학년 학생의 하루 일과표입니다. 물론 대부분의 초등학생은 가정에서 이렇게까지 공부하지는 않을 것입니다. 일과 중 대부분을 공부에 투자하는 것이 바람직해 보이지 않습니다. 오히려 이렇게 공부하기보다는 나의 학습 습관을 하루 일과표로 정리해 무엇이 부족한지를 깨닫고, 현재 자신의 공부 습관을 올바른 방향으로 진행해야 합니다.

제시한 하루 일과표처럼 공부만을 위한 인생을 산다는 것은 아이들에게 불행한 미래를 예약하는 어리석은 선택이라고 할 수 있습니다. 오히려 공부하는 중간중간에 자유 시간, 운동 시간, 산책 시간, 놀이 시간 등을 배치해 여가 활동과 공부를 적절히 혼합하는 것이 공부의 집중력과 효율성이 더 극대화할 것입니다.

서울 강남의 한 초등학교 6학년 A양의 하루
출처 · 초록우산어린이재단, '아동의, 아동에 의한, 아동을 위한 보고서'

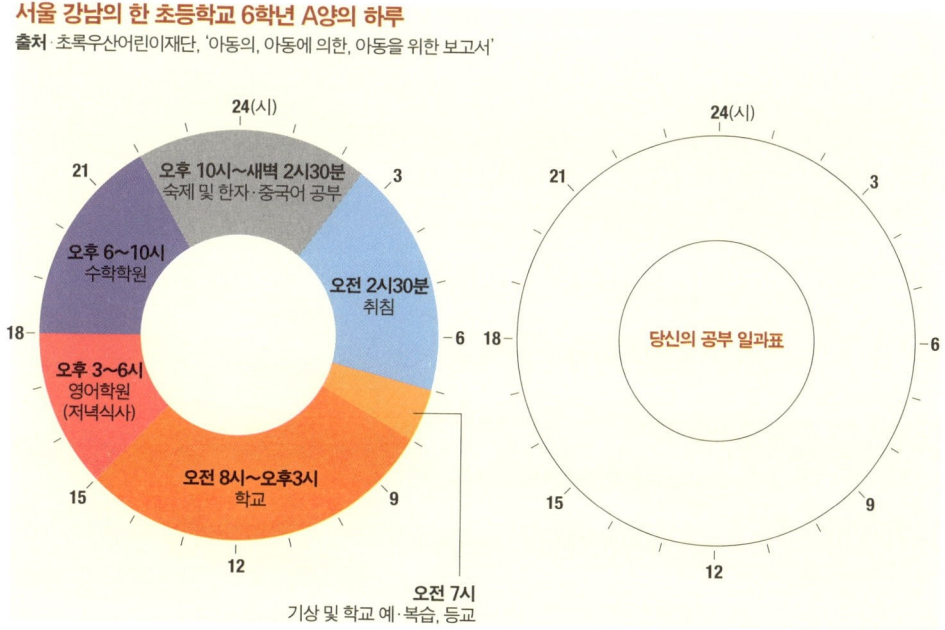

TIP

나의 학습 습관 검사지 | 출처·Baumrind(1967년)와 Hetherington & Park(1993년)

No	내용	전혀 그렇지 않다	그렇지 않다	보통	그렇다	항상 그렇다
1	학습 과제가 어려워도 쉽게 포기하지 않는다.	①	②	③	④	⑤
2	모르는 내용을 학습하는 것을 즐긴다.	①	②	③	④	⑤
3	노력해서 더 좋은 성적을 받을 수 있었다.	①	②	③	④	⑤
4	교실을 떠나기 전에 해야 할 숙제와 숙제 방법을 확인한다.	①	②	③	④	⑤
5	공부할 때 빨리 공부를 끝내기보다는 완전한 학습 정리를 하는 편이 좋다.	①	②	③	④	⑤
6	계획된 공부를 잘 미루지 않는다.	①	②	③	④	⑤
7	나에게 좋은 성적은 중요하다.	①	②	③	④	⑤
8	공부할 때는 정말로 열심히 한다.	①	②	③	④	⑤
9	공부하기 위해 매일 일정한 시간을 정해놓는다.	①	②	③	④	⑤
10	일정한 공부 계획표를 가지고 있다.	①	②	③	④	⑤
11	학습 시간이 체계적이어서 시간이 낭비되지 않는다.	①	②	③	④	⑤
12	매일, 공부에 우선순위를 두고 행동한다.	①	②	③	④	⑤
13	하루 중 공부가 잘 되는 시간을 안다.	①	②	③	④	⑤
14	공부하기에 충분한 시간을 만들기 쉽다.	①	②	③	④	⑤
15	한 과목 공부에 너무 많은 시간을 보내서 다른 과목 공부에 지장을 받는 일은 없다.	①	②	③	④	⑤
16	공부할 때 전적으로 공부에 집중한다.	①	②	③	④	⑤
17	과제를 시작하기 전에 얼마나 오랫동안 할 것이고 언제 끝낼 것인지 정한다.	①	②	③	④	⑤
18	공부할 때 집중할 수 있다.	①	②	③	④	⑤
19	공부하기 위해 대체로 조용한 장소를 찾는다.	①	②	③	④	⑤
20	공부할 때 잘 졸지 않는다.	①	②	③	④	⑤
21	공부하고 싶지 않아도 공부한다.	①	②	③	④	⑤

22	공상이 공부에 방해되는 일은 별로 없다.	①	②	③	④	⑤
23	정말 싫어서 흥미를 갖기 곤란한 과목은 없다.	①	②	③	④	⑤
24	매주 각 과목을 복습하기 위한 시간을 정해놓는다.	①	②	③	④	⑤
25	한 과목을 공부할 때마다 얼마간의 복습 시간을 정한다.	①	②	③	④	⑤
26	적어도 시험 전에는 노트를 복습한다.	①	②	③	④	⑤
27	공부한 내용에 대해 많이 기억할 수 있다.	①	②	③	④	⑤
28	수업 중 설명을 주의 깊게 들어서 기억을 잘한다.	①	②	③	④	⑤
29	공부 내용을 읽기 전 주요 제목과 요약을 미리 검토한다.	①	②	③	④	⑤
30	책을 읽기 전에 무엇을 배울 것인지 정확히 알기 위해 제목을 질문으로 바꾸어본다.	①	②	③	④	⑤
31	교과서 한 과를 전부 읽으면 참고서와 요점 정리를 읽기 전에도 내용 파악이 잘 된다.	①	②	③	④	⑤
32	한 과를 다 읽기 전에도 과 끝에 있는 문제를 풀 수 있다.	①	②	③	④	⑤
33	읽은 후 바로 그 부분을 복습할 시간을 갖는다.	①	②	③	④	⑤
34	공부 내용에 있는 도표, 그래프, 목록표를 자주 검토한다.	①	②	③	④	⑤
35	수업 받은 내용에 대해 잘 이야기할 수 있다.	①	②	③	④	⑤
36	교과서 소단락을 읽은 후 내용을 확인해서 기억할 것을 정리한다.	①	②	③	④	⑤

문항	요인	분석	처치
1~8번 문항 합계	학습에 대한 동기 및 적극성	32~40점 · 잘함 24~31점 · 양호 16~23점 · 부족 8~15점 · 매우 부족	**부족에 대한 원인** 공부에 대한 관심과 노력의 부족 / 장래 목표 없음 / 자신감 없음 **개선 방향** 내가 공부하는 이유가 무엇인지 생각해 보기 / 장래 목표 정하기(적성, 흥미 찾기) / 달성 가능한 단기 목표 세우기
9~15번 문항 합계	학습에 대한 계획성 및 조직성	28~35점 · 잘함 21~27점 · 양호 14~20점 · 부족 7~13점 · 매우 부족	**부족에 대한 원인** 학습 계획 없이 공부함 / 계획한 것을 실천하지 못할 때가 많음 / 좋아하거나 잘하는 과목 위주로 공부함 / 공부 외의 활동이나 일이 많음

			개선 방향 학습 계획표 수립, 실천하기 / 목표량 정해 공부하고 다 하면 쉬기 / 공부가 잘되는 시간에 공부하기 / 여러 과목 계획하여 공부하기
16~22번 문항 합계	학습 집중력	28~35점 · 잘함 21~27점 · 양호 14~20점 · 부족 7~13점 · 매우 부족	**부족에 대한 원인** 음식을 먹거나 음악을 들으면서 공부함 / 공부방에 공부에 방해되는 것이 많음 / 가족, 친구 때문에 공부가 자주 중단됨 **개선 방향** 집중식 공부(음식, 음악 병행 금물) / 공부 방해물 제거(만화, 사진, 전화 등) / 공부할 때 다른 사람의 출입 통제하기 / 조용한 시간에 공부하기 / 공부 시간 정해 두고 공부하기 / 한 장소에서 공부하기
23~29번 문항 합계	기억을 잘하는 방법	28~35점 · 잘함 21~27점 · 양호 14~20점 · 부족 7~13점 · 매우 부족	**부족에 대한 원인** 기억력에 대한 자신감의 부족 / 수업 중 중요 부분 체크 누락 / 수업 내용을 잘 듣지 않음 / 노트 필기, 메모 기술의 부족 / 암기 요령 부족 **개선 방향** 수업 집중하기, 중요 부분 표시하기 / 요점 정리하고 써보기 / 중요한 것 반복 암기 / 체계적인 노트 기록 방법 익히기 / 꾸준히 하기
30~36번 문항 합계	학습전략 (핵심 파악 / 요약)	28~35점 · 잘함 21~27점 · 양호 14~20점 · 부족 7~13점 · 매우 부족	**부족에 대한 원인** 수업 집중력 부족 / 잡념, 안이한 생각 / 핵심 파악·요점 정리 훈련 부족 **개선 방향** 수업 전 교과 내용 훑어보기 / 쉬운 글 많이 읽고 내용 말해보기 / 질문거리 만들기 / 요점 정리 훈련하기 / 복습 철저 / 과제 철저히 하기
전체	전체 점수(103점 이하)가 낮게 나온 학생은 성적이나 지능 수준에 상관없이 효율적으로 공부하지 못하고 있다는 뜻이므로 부족한 부분을 찾고, 부족한 부분을 우선적으로 개선시키기 위한 노력을 기울여야 한다.		

2-2 학습 원리를 꼭 체크하세요

아래 그림을 보고 1분 동안 숫자를 1부터 순서대로 25까지 찾아보세요.

얼마나 찾았나요? 1분이 넘게 걸렸을 겁니다. 하지만 원리만 알면 1분 안에 찾을 수 있습니다. 제시한 그림은 9개 칸으로 균등하게 나눴을 때 숫자가 한 칸에 하나씩 순서대로 배치되어 있습니다. 공부 같은 고차원적 사고 작용에 원리가 없다면 어마어마한 분량과 속도를 감당할 수 없을 것입니다. 그러나 다행스럽게도 원리는 확실히 존재합니다. 그럼 이제 그 원리를 알아볼까요?

❶ 잘하고 싶고 잘해야 한다는 마음이 필요합니다

잘하고 싶다는 마음과 잘해야 한다는 마음이 있어야 합니다. 특히 자신이 공부한 내용을 양적으로뿐만 아니라 질적으로 얼마나 알고 있는지를 명확히 판단할 수 있는 자기평가 능력이 필요합니다.

❷ 계획을 짜서 공부해야 합니다

학습을 위한 출발점에서 가장 필요한 것은 목표와 이를 위한 계획 짜기입니다. 공부하고 싶을 때 계획을 짜는 게 아니라 계획을 짜야 공부하고 싶어집니다. 계획은 크게 일일, 주간, 월간, 연간 계획으로 나누어 짜야 합니다.

❸ 뚜렷한 목적성을 가져야 합니다

노트에 내가 어제 외운 영어 단어를 과연 몇 개나 쓸 수 있는지, 어제 풀어본 수학 문제 중 임의로 정해서 풀어보세요. 이때 자신감 있게 답할 수 있다면 제대로 공부한 것입니다. 그렇지 않다면 목적이 뚜렷한 공부를 실천해야 합니다.

❹ '이해'부터 '문제 해결'까지 5원칙을 준수합니다

교과를 막론하고 공통으로 적용되는 5개 원칙이 있습니다.
바로 이해하기-사고하기-정리하기-암기하기-문제 해결하기입니다. 암기하기까지는 개별적으로 할 수 있으나 문제 해결하기는 혼자보다 함께 하는 것이 수월하기에 프로젝트나 협동학습 같은 활동을 많이 경험해야 합니다.

❺ 예습 – 수업 – 복습에 충실해야 합니다

예습, 수업, 복습은 유기적으로 연결되어야 합니다. 학교 수업에 맞추어 예습을 해야 하고, 수업이 종료되면 그에 따라 필기하고 요약한 내용을 중심으로 복습이 이루어져야 합니다.

❻ 학습의 입력·출력이 조화를 이뤄야 합니다

입력은 수업을 듣고 스스로 익히는 과정을 뜻하며, 출력은 사실 시험을 보는 것인데 이를 대비하려고 문제를 풀고 공부한 내용을 자기평가하는 것입니다. 그러나 수업 시간에 배운 학습 내용이 너무 많아서 아이들은 입력·출력 부조화가 일어납니다. 이러한 부조화 현상을 막기 위해 읽는 것에서 끝나던 공부 방식을 필기하고, 정리하고, 설명하고, 토론하는 다양한 공부법으로 전환해서 실천해야 합니다.

TIP

부모와 함께하는 자기주도학습 5단계

❶ 객관화 | **아이를 객관적으로 봐야 합니다.**
유아기 시절에 부모는 자신의 자녀가 천재가 아닐까, 라는 착각과 과잉보호로 아이들을 병들게 합니다. 객관적으로 아이의 학습 태도, 학습 능력 등을 평가해 자녀에게 맞는 공부의 양과 질을 제시해주어야 합니다.

"아빠가 볼 때 넌 수학을 참 잘하는 것 같아. 같이 구구단 외울까?"

❷ 신뢰 | **아이의 행동이나 말을 믿어주어야 합니다.**
무조건적인 신뢰는 독이 되지만 아이가 무언가에 도전하고 있다면 할 수 있다고 칭찬해주세요. 특히 어려운 문제나 과제를 해결했을 때 따스한 눈빛과 말은 아이들에게 힘이 됩니다.

"시험공부하기 힘들지? 평소에 열심히 했으니 이번 시험은 좋은 점수를 받을 거야. 힘내!"

❸ 체계적인 계획 | **목표는 체계적이고 실천은 세밀해야 합니다.**
공부의 목표를 정할 때 실천 가능한 계획을 체계적으로 세우고, 단계별로 성공하는 경험을 가질 때 공부에 대한 자기 주도성이 생깁니다.

"하루, 일주일, 한 달의 공부 계획을 세워서 차근차근 공부해라. 조급해하지 말고!"

❹ 실행 | **아이가 스스로 하도록 하는 것이 중요합니다.**
체계적인 계획을 바탕으로 자기 주도하에 실행해야 합니다. 만약 아이가 슬럼프에 빠지더라도 스스로 극복하는 학습 실패의 경험이 큰 유산이 됩니다.

"평소에 수업을 잘 들어라. 그리고 교과서를 꼼꼼히 보면서 공부해라!"

❺ 피드백 | **부모의 명확한 피드백은 좋은 공부 습관을 강화해줍니다.**
좋지 않은 행동에 대한 피드백으로 수정할 기회가 주어지며, 무엇보다도 현재 자신의 공부 상태를 비춰보고 고칠 수 있는 거울과 같은 역할을 해줍니다.

"공부를 열심히 하는 것도 좋지만 벼락치기는 하지 마라!"

2-3 학년에 맞는 자기주도학습이 있어요

❶ 1학년 | 가만히 앉아서 공부하는 습관을 키우세요.

엉덩이를 한시도 의자에 붙여놓지 못하고 수업 시간 끝나는 종만 기다리는 시기가 바로 1학년입니다. 쉬는 시간은 거의 야생마가 되어서 복도를 질주합니다. 아이들이 한창 성장할 시기에 의자에 앉아서 공부하는 것은 사실 고역입니다. 그럼에도 아이들에게 책 읽는 습관을 연습시키는 이유는 책 읽기가 공부의 가장 기본이기 때문입니다. 10분, 20분, 30분 이렇게 서서히 의자에 앉아서 공부하는 습관을 키워야 하는 시기가 1학년입니다.

❷ 2학년 | 책을 읽고, 쓰고, 발표하는 연습을 하세요.

1학년 때 책을 읽는 습관이 형성되면, 읽은 책의 재미있는 내용이나 줄거리를 문장으로 쓰는 연습이 필요합니다. 그렇게 해서 쓰는 것이 익숙해지면 친구들 앞에서 발표하는 기회를 많이 가져야 합니다. 초등 저학년 시기에는 독서가 공부의 기초임을 알아야 합니다.

❸ 3학년 | 하루의 공부 시간을 늘려요.

중학년에 해당하는 3학년이 되면 전담 교사에게 영어, 체육 등의 특정 교과를 배웁니다. 또 배워야 할 교과가 늘어 학습량이 늘어납니다. 그렇기에 아이들의 공부 시간을 늘려서 예습, 복습 공부를 실천해야 합니다.

학년	국정교과서로 배우는 교과	검정교과서로 배우는 교과
1	국어, 수학, 통합	
2	국어, 수학, 통합	
3	국어, 수학, 사회, 과학, 도덕	영어, 음악, 미술, 체육
4	국어, 수학, 사회, 과학, 도덕	영어, 음악, 미술, 체육
5	국어, 수학, 사회, 과학, 도덕	영어, 음악, 미술, 체육, 실과
6	국어, 수학, 사회, 과학, 도덕	영어, 음악, 미술, 체육, 실과

❹ 4학년 | 모둠별 과제에 적극 참여하세요.

아이들이 수학을 가장 많이 포기하는 시기가 4학년입니다. 가장 중요한 이유가 수학 공부의 누적 현상이 나타나기 때문입니다. 다시 말해 3학년까지는 배운 내용만 잘 익혀도 수학 진도를 잘 따라갈 수 있었지만 4학년에는 1~3학년까지 배운 수학적 원리를 이해하여 종합적 사고력을 다져놓지 않으면 풀기 어려운 단원이 등장합니다. 이러한 어려움을 극복하기 위해서는 평소 친구들과 수업 시간에 활발한 모둠, 짝꿍의 협력 학습으로 과제를 해결하는 공동체 수업에 적극 참여하도록 유도해야 합니다.

❺ 5학년 | 공부 시간표를 짜고 꾸준히 공부하세요.

초등학교 고학년이 시작되면서 본격적인 공부에 대한 고민과 사춘기에 눈을 뜨게 됩니다. 특히 같은 학년 아이들 사이에 영어의 실력 차가 눈에 띄게 나타나는 시기입니다. 3~4학년 때 배운 영어 단어에 비해 영어 단어의 수준이 어려워지고 문장도 길어집니다. 그래서 공부 시간표를 계획적으로 짜고 적극적으로 실천함으로써 5학년 때 배우는 다양한 교과의 내용을 쉽게 이해할 수 있습니다.

❻ 6학년 | 프로젝트 학습을 통해 깊이 있게 공부하세요.

6학년은 아이들이 중학교 진학을 준비해야 한다는 생각에 공부 시간에 집중력이 높아지는 시기입니다. 이러한 아이들의 공부 태도에 알맞은 프로젝트 학습을 가정에서 실천해야 합니다. 한 주제를 정하고 거기에 대한 기초 자료를 조사하고, 수집하고, 기록하고, 정리함으로써 깊이 있는 지식을 체득하게 됩니다.

> **TIP**
>
> **초등학교 공부 계획표**
>
> ❶ **일일 계획** | 교과와 교재 그리고 분량 단위로 계획을 짜되, 문제 풀이를 할 때는 문제당 시간을 시험 때와 같이 설정하고 문제 개수에 따라 공부 시간을 결정해야 합니다.
>
> 저학년은 하루 30분, 중학년은 하루 40~50분, 고학년은 하루 1시간이라는 최소 자기 공부 시간을 확보해야 합니다. 현실적으로 학원에 많이 다니는 학생들의 공부 시간이 하루 2시간 미만임을 감안할 때 학원 강의 수강으로 소진하는 시간을 없애야만 제대로 된 일일 계획을 짤 수 있을 것입니다.

❷ **주간 계획** ｜ 월요일부터 토요일까지 계획을 세웁니다. 7일치 계획을 짜면 마음은 뿌듯하겠지만 실천은 불가능합니다. 그 누구도 여유분 없이 계획을 짜면 실천이 어려워집니다. 일요일에는 하루 정해진 분량을 다했을 경우 쉬면서 자신에게 자유 시간을 줍니다. 6일 계획은 보통 국수사과영 5개 교과로 가정할 때 '영수국/영수사/영수과/영수국/영수사/영수과'의 과목으로 배치하면 좋습니다.

❸ **월간 계획** ｜ 주로 시험 대비 기간을 위해 활용합니다. 시험 전 4주차에는 평소 영어, 수학 위주의 공부 패턴을 유지합니다. 3주차에는 국영수 위주로 시험 대비 모드로 돌입합니다. 2주차에는 사회와 과학 계열 과목을 위주로 공부하되 국영수 과목에 부족한 부분이 있다면 보충하고, 다했다면 복습을 병행합니다. 1주차에는 초기 3일은 미진한 부분을 최종적으로 보충하고 4일은 시험 보는 과목들의 순서와 역순으로 공부하면서 마무리합니다.

❹ **연간 계획** ｜ 주로 장기간에 걸쳐 이번 학기 또는 올해에 어떤 것을 주로 공부해야 하는지를 판단합니다. 꾸준히 실행할 수 있는 계획을 세우고 월별로 핵심 과목을 정해 집중해서 공부하는 방법도 있습니다. 그리고 때때로 자기평가의 시험을 보고 피드백을 받아야 합니다. 그렇게 해서 공부의 긴장을 놓지 않는 것이 성적 향상에 도움이 됩니다.

만일 어린이가 비평 속에 산다면 그는 곧 저주를 배울 것이고, 만일 그가 증오 속에 산다면 그는 곧 싸움을 배울 것이며, 만일 그가 조소 속에 산다면 그는 곧 부끄러움을 배울 것이며, 만일 그가 창피 속에 산다면 그는 곧 죄책감을 배울 것이며, 만일 그가 관용 속에 산다면 그는 곧 인내를 배울 것이며, 만일 그가 격려 속에 산다면 그는 곧 확신을 배울 것이며, 만일 그가 칭찬 속에 산다면 그는 곧 식별을 배울 것이며, 만일 그가 공정 속에 산다면 그는 곧 정의를 배울 것이며, 만일 그가 안정 속에 산다면 그는 곧 믿음을 배울 것이며, 만일 그가 인정 속에 산다면 그는 곧 사랑을 배울 것이며, 만일 그가 이해 속에 산다면 그는 곧 용서를 배울 것이다.

- 크놀트

3
다양한 공부를 배워요

4학년 시기부터는 외부 협력기관을 통한 진로 교육, 방과후수업이나 창의적 체험 활동으로 소프트웨어 교육, 한자 교육 등 교과서에서 차츰 벗어나 다양한 내용을 체험합니다.

3-1 자신에게 맞는 진로 교육의 방향을 찾아야 해요

"나는 누구이고 무엇을 좋아하며 잘하는가?"

이러한 질문을 통해 자신의 소질과 흥미를 발견해야 합니다. 진로는 자신을 정확히 이해하는 것에서 출발합니다. 진로의 방향 설정은 개인의 일생을 좌우하는 매우 중요한 일이므로 신중하게 생각하고 계획을 세워야 합니다.
아이의 초등 진로에서 중요한 다음의 부모의 역할 4가지를 실천해야 합니다.

❶ 자신이 삶의 주인공이라는 인식을 갖게 하세요

세상의 중심은 '나'라는 자아 존중감을 키워주어야 합니다. 시험 점수에 따라 자아 존중감이 바닥이 되기도 하고, 하늘이 되기도 하는 그런 변칙적이고 수동적인 감정이 아니라, 평소 자신에 대한 자신감과 긍정적인 사고를 갖도록 하는 독서, 운동, 대화 등의 활동을 부모나 친구들과 자주 할 수 있는 분위기를 만들어야 합니다.

❷ 스스로 무언가를 선택할 수 있게 해주세요

아이에게 결정권을 주세요. 헬리콥터 맘과 같이 자녀들을 리모컨으로 조정하고 감시하는 것은 바람직하지 않습니다. 아침에 무슨 옷을 입고 갈지, 학교는 언제 출발할지, 주말에 무엇을 하고 놀지, 공부는 언제 할지 등 아이가 스스로 선택할 수 있게 배려해야 합니다. 작은 것을 결정하고 거기에 대해 책임지는 습관이 나중에 큰 힘이 됩니다.

❸ 도전하고 실패할 수 있는 기회를 갖게 하세요

아이가 하는 일에 적극적인 후원자가 되어주세요. 초등학교 시절에는 황당한 실험이나 도전을 종종 합니다. 이럴 때 결과가 뻔히 보이기에 부모들은 말리거나 반대합니다. 하지만 눈을 질끈 감고 그냥 하고 싶은 대로 놔둘 필요가 있습니다. 부모 입장에서는 쉽지 않겠지만 어미 새의 품 안에서 지내던 어린 새가 날갯짓을 한다고 생각하고 자유롭게 날수 있게 해주세요. 그러한 실패의 경험이 나중에 자신의 진로를 결정하는 데 큰 밑거름이 됩니다.

❹ 인생의 멘토를 정하고 공부하게 하세요

대부분의 아이들은 초등학교 저학년 시기에는 대통령, 축구 선수, 연예인, 소방관 등 많은 꿈을 이야기합니다. 그러나 고학년이 되면 그런 꿈들이 사라지고 꿈이 없다고 하거나 잘 모르겠다고 합니다. 왜 그럴까요? 그 이유는 자신이 이루고 싶은 모습이나 성공을 보여주는 멘토를 만날 기회가 부족하기 때문입니다. 평소 자신의 관심 분야에 대한 풍부한 독서와 공부로 기초를 다지고 현장 체험학습, 수련회, 강연회 등을 통해 구체화해야 합니다.

TIP

부모와 함께하는 진로 교육 홈페이지

온라인	오프라인
• 커리어넷(www.career.go.kr)	• 한국잡월드(www.koreajobworld.or.kr)
• 창의·인성교육넷(www.crezone.net)	• 키자니아(www.kidzania.co.kr)
• 에듀팟-창의적 체험 활동 종합 지원 시스템 (www.edupot.go.kr)	• 어린이회관(www.yookyoung.org) • 서울상상나라(www.seoulchildrensmuseum.org)
• 맘에쏙 진로(앱) 구글 플레이어 웹-맘에 쏙 진로 검색-다운	• 경기도어린이박물관(gcm.ggcf.kr) • 각 지역에 위치한 직업 체험 장소

3-2 SW(소프트웨어) 교육으로 새로운 세상을 만나요

❶ **소프트웨어 교육의 적용 시기** | 자료·2015 개정 교육과정 총론 연수 자료

초등학교 3~4학년에는 방과후수업/창의적 체험 활동으로 소프트웨어 교육(선택)을 실시합니다.

❷ **학교급별 소프트웨어 교육 비교** | 자료·2015 개정 교육과정 총론 연수 자료

초등학교 실과	체험과 놀이 중심 활동으로	놀이와 교육용 프로그래밍 언어를 통해 문제 해결 방법을 체험 중심으로 쉽게 재미있게 배우게 됩니다.
중학교 정보	실생활 문제 해결 중심으로	교육용 프로그래밍 언어를 통해 소프트웨어의 기초적인 개념과 원리를 이해하고 이를 실생활의 문제 해결에 적용할 수 있게 됩니다.
고등학교 정보	진로와 연계한 심화 내용으로	진로와 연계하여 보다 심화된 내용을 학습하고 타 학문 분야의 문제를 창의적이고 효율적으로 해결할 수 있게 됩니다.

❸ **초등학교 소프트웨어 교육 내용** | 자료·2015 개정 교육과정 총론 연수 자료

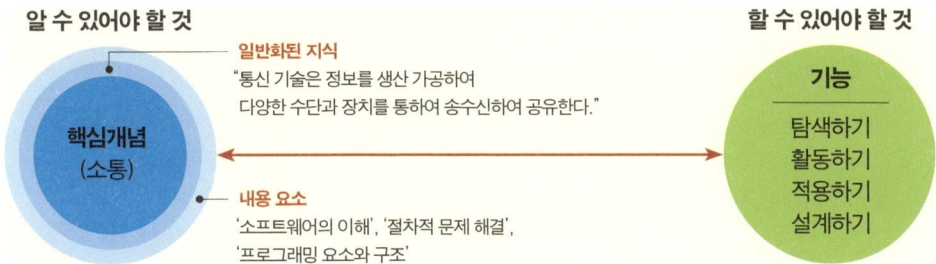

초등 코딩 교육

자료 · 이것저것 공부 노트 | avalangche.tistory.com/66

❶ 코딩 Coding이란

컴퓨터 프로그램을 수행하는 절차를 적어둔 명령어 모음을 코드, 이를 입력하는 행위를 코딩이라고 합니다. 다시 말해 코딩 교육은 프로그래밍을 배우는 것!

❷ 코딩, 왜 배워야 하는 걸까?

프로그램을 구상하고 문제 해결을 위한 절차와 과정을 설정, 레고블록을 조립하듯 논리적 사고가 가능합니다. 아이들의 창의성, 논리적 사고력이 향상, 스스로 문제를 해결하고 수정하는 과정을 통해 자연스럽게 논리, 창의성, 생각하는 힘을 기를 수 있어요!

예를 들어, 라면을 끓일 때도 문제를 해결하기 위한 절차와 과정을 설정합니다. 이때 중간 단계의 어떤 과정을 빠뜨리거나 순서가 바뀌면 원하는 결과를 얻기 힘들겠죠?

예) **라면 끓일 때 절차**

시작 → 냄비에 물을 채운다 → 물을 끓인다 → 면과 스프를 넣는다 → 라면 완성 → 끝

위처럼 명령어를 순서대로 조합하는 것을 알고리즘이라고 하는데 이러한 알고리즘을 구상하는 것이 코딩의 기초단계입니다.

❸ 코딩 교육을 위한 교구

● **모블로** | 4~11세까지 아이들이 손으로 블록을 만지며 컴퓨팅적 사고력을 키워나갈 수 있는 홈스쿨링 코딩 교구입니다. 모블로의 스마트 블록과 20여 개 디지털 콘텐츠의 상호작용을 통해 재미있게 놀면서 컴퓨팅적 사고력을 키워나갈 수 있습니다. 눈으로 보고 직접 손으로 블록을 만지며 디지털 기기와 연동을 통해 자연스럽게 코딩하는 방법을 배울 수 있는 세미-플러그드 semi-plugged 교구입니다.

● **스크래치** | MIT 미디어랩에서 8~16세를 대상으로 2006년에 개발한 교육 도구로, 게임 방식을 이용해 프로그래밍 원리를 쉽게 이해할 수 있도록 돕습니다.

프로그래밍은 보통 긴 명령어와 소스 코드를 입력해야 하지만, 스크래치는 특정 기능을 담은 버튼을 마우스로 옮기면서 원하는 기능을 구현할 수 있게 합니다. 한국에서도 스크래치가 코딩 수업 도구로 활용되고 있습니다. 어느 정도 스크래치를 배우면 완성된 파일만 프로젝트에 띄워주고 아이들이 이걸 어떻게 만들까를 고민한 다음 직접 본인의 생각으로 코딩을 짜내게 됩니다.

● **아두이노** | 다양한 용도로 조립해 쓸 수 있는 모듈형 기판으로, 학생들은 이를 가지고 로봇이나 자동차, 각종 제품을 만들고 연결된 소프트웨어로 원하는 동작을 움직일 수 있게 프로그래밍을 합니다.

아두이노는 수년에 걸쳐 일상적인 물건부터 복잡한 과학 도구에 이르기까지 수천 가지 프로젝트의 두뇌 역할을 해왔습니다. 이 오픈 소스 플랫폼을 중심으로 학생, 애호가, 예술가, 프로그래머 및 전문가와 같은 세계적인 제작자 커뮤니티가 모였으며, 초보자와 전문가 모두에게 도움이 될 수 있는 노하우를 공유합니다.

● **레고 부스트** | 누구나 코딩의 원리를 쉽고 재미있게 배울 수 있게 해주는 움직이는 코딩 로봇입니다.

레고 브릭을 조립한 후 앱을 통해 코딩하면 작동되는 로봇으로, 코딩을 처음 접하는 아이들에게 좋은 장난감이라고 할 수 있어요.

친근한 레고로 아이들이 좋아하는 레고 조립의 즐거움도 느끼면서 코딩의 원리를 재미있고 흥미롭게 익힐 수 있는 제품입니다.

3-3 한자를 공부하면 한글의 뜻을 쉽게 알 수 있어요

필요하다
- 핵심 어휘는 한자어인데 읽을 수는 있어도 뜻을 몰라 수학 능력이 떨어짐
- 한자 교육의 사교육 열풍을 공교육이 대체해야
- 방과후학습보다 수업 중에 한자어가 나올 때마다 가르치는 게 나을 수도

필요 없다
- 말뜻은 말소리와 문맥에서 나오는 것
- 오히려 사교육을 부추기는 셈
- 기존 교육으로 충분, 토박이말 되살려내는 게 우선

이렇게 부모들은 한자 교육에 대한 찬반 의견을 자주 들을 겁니다. 교육부에서는 초등 교과서 한자 병기 방침을 완전히 폐기하겠다고 발표했죠. 이러한 방침은 교사에게는 큰 짐을 덜었지만, 학부모에게는 아쉬움이 될 수도 있습니다. 그러나 아이들 입장에서는 자신이 좋아서 스스로 하는 공부가 큰 효과가 있듯이, 한자도 필요에 따라 공부하면 크게 문제가 없다고 봅니다. 단지 공교육에서 일괄적으로 실시하는 한자 교육은 많은 문제점이 있을 것입니다. 그러나 학생을 가르치는 교사 입장에서 고학년의 경우 한자를 같이 섞어서 설명하면 국어의 단어를 쉽게 이해할 수 있다는 장점도 있습니다.

단, 여기에는 단서가 있습니다. 초등학생에게 쉽고 재미있는 접근 방법을 통해 한자를 교육해야 한다는 것입니다. 의무로 하는 한자 교육은 아이들의 마음을 멍들게 할 것입니다. 학부모의 교육 방침에 의해 아이들이 쉽게 알아듣지 못하는 국어 단어는 영어와 한자를 같이 섞어서 비교 설명하면 쉽게 이해한다는 점에서 매우 유용한 교수법입니다.

예를 들어 사회 수업 시간에 '수나라가 고구려의 각 성을 향해서 공성전을 실시했다'라는 문장을 배울 때 '攻, 칠 공' '城, 성 성' '戰, 싸움 전'이라고 써놓으면 아이들은 '성을 공격하는 싸움'이라는 뜻의 '공성전'이라는 단어를 쉽게 이해하게 됩니다.

> **TIP**

초등 한자 공부법 | **자료**·장원교육 신응철 연구원

학년	방법
4~6학년	• 천자문·명심보감 등을 활용해 고사성어 유래와 한자의 원리 등을 익힌다. **조삼모사**(朝三暮四) 일화를 보면 춘추전국시대에 저공이라는 사람이 원숭이를 길렀다. 그런데 원숭이를 너무 많이 기르는 통에 먹이가 부족해졌다. 어쩌면 원숭이를 시장에다가 내다 팔아야 할지도 모르지만 정들여서 키운 원숭이들인데 그럴 수도 없는 노릇이기에 저공은 고민 고민한 끝에 원숭이들에게 줄 먹이양을 줄이기로 했다. 그래서 그는 원숭이들에게 앞으로 먹이(도토리)를 아침엔 3개, 저녁에 4개를 준다고 말했다. 그러자 원숭이들이 마구 반발하며 화를 냈다. 이에 저공은 아침에 4개, 저녁에 3개를 주면 어떻겠냐고 말했더니 원숭이들이 이를 만족해했다고 한다. • 일기를 쓴 후 한자로 아는 단어를 찾아본다. • 교과서 내용 중 모르는 단어를 찾아본다. • 생활에서 자주 접하는 한자어를 알아둔다. • 한자 급수 시험에 도전해본다.
1~3학년	• 학습 만화를 통해 한자에 흥미를 갖는다. • '한자카드 기억력 놀이'로 음훈을 읽힌다. ① 한자카드를 제작합니다. ② 한 장에는 한자(金)를 적고, 다른 한 장에는 음운(쇠금)을 적습니다. ③ 뒷면은 똑같은 모양이나 백지상태로 만듭니다. ④ 한 사람이 한자카드를 지목하면 나머지 한 사람은 음운카드를 골라야 합니다. ⑤ 반대로 음운카드를 먼저 지목하고 한자카드를 고르는 방법으로 놀이를 실시합니다. • 본인 이름·가족 이름 등부터 시작한다.

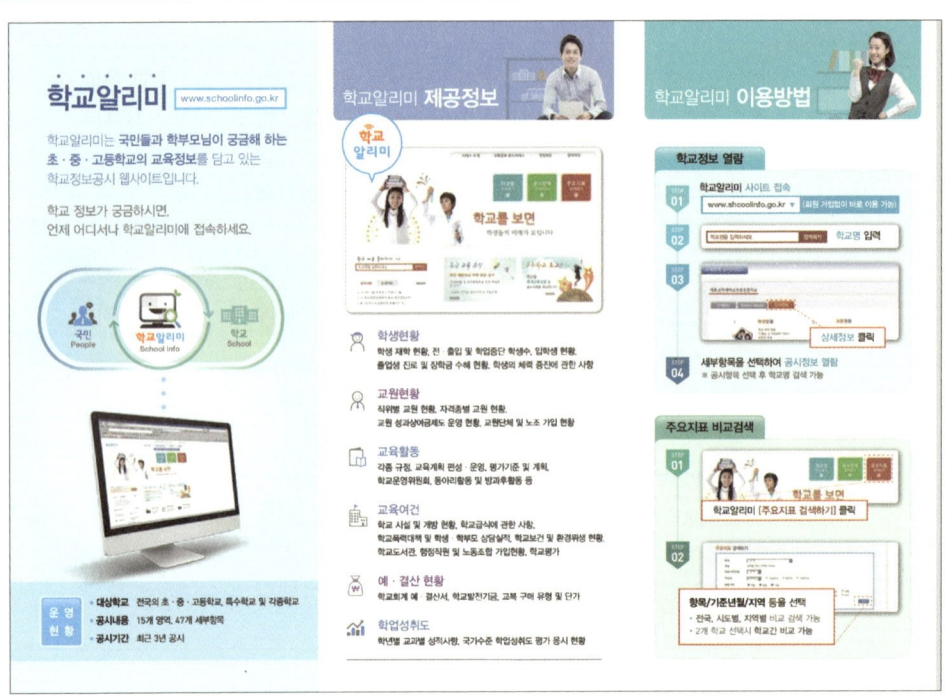

학교알리미 리플렛

● **이용방법** | 인터넷

㉠ **갑툭튀** | '갑자기 툭 튀어나오다'를 의미함. 어이없는 상황이나 인물을 말할 때 씀.

개드립 | 애드리브를 쳤는데, 재미가 없을 경우, '개 같은 애드리브'의 준말이다. '개드립을 치다' 형태로 사용한다.

개-, 캐- | 강조할 때 쓰는 말. 부정과 긍정 모두 사용한다. 예) 개좋아, 캐더러워 등

㉡ **노페** | 노스페이스 점퍼

㉢ **다굴** | '다구리'의 준말. 누군가를 다같이 괴롭힐 때 쓰는 말. '다구리를 놓다' 형태로 사용한다.

~돋네 | '소름이 돋는다'의 '돋다'에서 파생한 말. 주로 명사 뒤에 붙어서 그 명사의 뜻을 강조하는 데 쓰인다. 레알(진짜)과 붙어서 '레알 돋네'라는 형태로도 쓰인다. 이 경우 '정말 그렇네'를 의미한다.

듣보잡 | '듣도 보도 못한 잡 것'을 의미. 상대방을 비하할 때 쓴다. '갑툭튀'와 비슷한 말이다.

㉣ **레알** | 진짜, 영어의 real을 읽으면서 생긴 말

㉤ **문상** | 문화상품권

㉥ **버카충** | 버스카드 충전. 발음은 보통 '뻐카충'으로 한다.

㉦ **센캐** | '센 척하는 캐릭터'의 준말. 과장된 행동을 하거나 허세가 가득한 사람을 가리킬 때 쓴다.

㉧ **안여돼, 연여멸** | '안경 쓴 돼지', '안경 쓴 멸치'를 의미한다.

엄크 | '엄마 + critical(치명적인)'이 합쳐진 말. '엄마 때문에 치명적인 상황에 놓이게 됐다'는 의미다. 주로 컴퓨터를 하다가 엄마에 의해 방해를 받게 되었을 때 사용한다. '엄크 떴다'는 형태로 쓴다.

에바 | '오버하다'의 '오버'가 변형된 말. '에바하다', '에바떨다'의 형태로 사용한다.

㉨ **쩐다** | 감탄사. 좋은 상황, 나쁜 상황 가리지 않고 쓴다. 상대방의 말에 격한 동의를 표하거나 놀라움을 표시할 때 쓰는 말이다.

찐찌버거 | '찐따 찌찔이 버러지 거지'의 앞글자를 따서 만든 말. 상대방을 비하할 때 쓴다.

㉩ **초글링** | '초등학생'을 의미. '초등학생'과 스타크래프트 게임의 '저글링' 캐릭터를 합성해서 만든 말이다. 초등학생을 살짝 비하하는 말이다.

㉪ **파덜어택** | 영어 'father'와 'attack'이 합쳐진 말. 아버지한테 꾸중을 들었을 때 '파덜어택 당했다'와 같은 형태로 쓴다. 주로 게임 중에 아버지가 들이닥쳐서 혼이 났을 때 쓰는 말이다.

은어 사용 시 주의사항

- 은어와 함께 붙는 관용어구에 주의한다. 예를 들어, '엄크'는 꼭 '떴다'라는 단어와 함께 써줘야 한다. '엄크하다'라고는 쓰지 않는다. '개드립' 역시 '개드립을 치다' 형태로 쓰는 것이 자연스럽다.
- 청소년 은어는 매우 공감하거나 놀라움을 표현할 때 쓰는 경우가 많다. 무언가 뜻이 있어서 하는 말이라고 생각하기보다는 은어를 쓸 때의 상황을 아이들이 매우 공감하거나 재미있어한다고 생각하면 된다. '돋네', '캐공감' 같은 경우는 '응'이라고 단순하게 말해도 되는 상황에 공감을 표하기 위해 사용하는 것이다.
- 은어는 사용하는 아이들에 의해서 끊임없이 변형된다. '뒤진다', '에진다', '오진다'와 같은 단어는 비슷한 형태이며, 비슷한 뜻을 가지고 있다. 한 상황을 묘사하기 위해서 꼭 하나의 단어만 사용하는 것이 아니라는 점에 유의한다.

PART 4

초등학교
고학년 생활의 달인
(5, 6학년)

5교시

5학년 생활백서
학교생활 즐겁고 보람차게 보내기

초등학교 5학년은 몸도 마음도 한층 성장하는 시기로, 엄마 아빠가 아닌 친구와 아이돌이 더 좋아질 때입니다. 우리 아이 제2의 성장을 어떻게 준비해야 할까요?

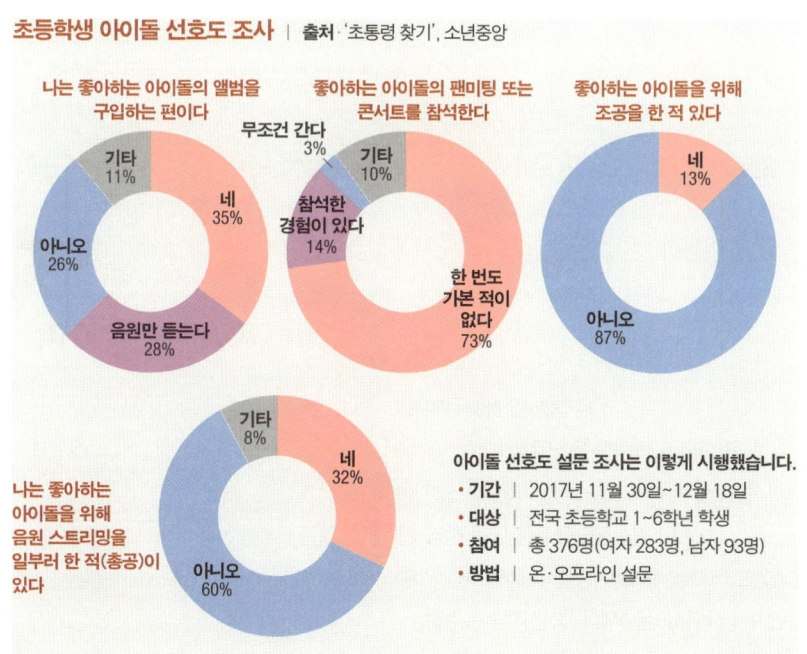

초등학생 아이돌 선호도 조사 | 출처·'초통령 찾기', 소년중앙

나는 좋아하는 아이돌의 앨범을 구입하는 편이다
- 기타 11%
- 네 35%
- 아니오 26%
- 음원만 듣는다 28%

좋아하는 아이돌의 팬미팅 또는 콘서트를 참석한다
- 무조건 간다 3%
- 기타 10%
- 참석한 경험이 있다 14%
- 한 번도 가본 적이 없다 73%

좋아하는 아이돌을 위해 조공을 한 적 있다
- 네 13%
- 아니오 87%

나는 좋아하는 아이돌을 위해 음원 스트리밍을 일부러 한 적(총공)이 있다
- 기타 8%
- 네 32%
- 아니오 60%

아이돌 선호도 설문 조사는 이렇게 시행했습니다.
- **기간** | 2017년 11월 30일~12월 18일
- **대상** | 전국 초등학교 1~6학년 학생
- **참여** | 총 376명(여자 283명, 남자 93명)
- **방법** | 온·오프라인 설문

1
친구 관계가 좋아야 학교가 재미있어요

단짝친구와 나누는 비밀, 비슷한 취미를 가진 친구들과 함께하는 동아리 활동은 학교생활의 활력소가 됩니다.

1-1 나와 친구의 성향을 파악해요

교실에서 가장 두드러지는 고민은 무엇일까요?

고학년 담임을 오랫동안 해오면서 가장 어려운 것은 아이들의 '교우관계'입니다. 특히 여자아이들은 교우관계로 얽혀 왕따 문제로 이어지는 경우가 종종 있습니다. 어떤 날은 이런 문제를 해결하는 데 1주일이 꼬박 걸리기도 합니다.

아이들은 고학년이 되면 친구, 즉 또래 집단에 소속되어 함께 관심사를 나누고 자신들만의 문화를 만들어갑니다. 그 안에서 서로의 눈치를 보고, 말과 행동 하나하나에 친구들의 반응을 살피죠. 요즘은 온라인에서 나누는 대화 때문에 의도와 상관없이 잘못 해석되어 갈등이 많이 생깁니다.

> "모든 친구들과 잘 어울려야지."
> "친구가 그 애만 있는 것은 아니잖아. 다른 친구 찾아봐."

이른바 영혼 없는 위로와 대안은 교우관계로 어려움을 겪는 아이들에게 실질적인 도움이 되지 않습니다. 또래 문화에 대한 이해와 사춘기 특성 등 복잡하고 다양한 요인이 숨어 있기 때문이죠. 학교에서는 일 년 내내 좋은 친구 관계 형성과 유지에 대한 지속적인 관심과 노력이 필요합니다. 왕따를 당하거나 친구들과 잘 어울리지 못하는 아이라면 경우에 따라서는 본인이 고쳐야 할 부분, 학급 친구들이 고쳐야 할 부분, 엄마와 교사가 개입해 해결할 수 있는 부분 등 거의 1년 동안 모두가 함께 고민하고 노력해야 합니다.

고학년 아이들이 자연스럽게 친구들과 어울리기 위해서는 어떻게 해야 할까요?

먼저 나와 친구의 성향을 파악하는 것부터 시작해야 합니다.

친구의 성향 파악하기

❶ 내가 좋아하는 친구, 나를 힘들게 하는 친구의 특성을 4개씩 적는다.

❷ 자신이 적은 특성을 기준으로 스스로를 돌아보고 점수를 준다.
❸ 우리 반 친구 중 그 특성을 가장 많이 가진 친구 이름을 쓰고, 구체적인 예시를 적는다.
❹ 나를 힘들게 하는 특성을 많이 가진 친구가 그것을 개선할 수 있도록 나는 어떻게 도울 것인지 적는다.
❺ 좋은 친구가 되기 위해 앞으로 어떻게 할 것인지 적는다.

고학년 아이들의 대화 방법, 즉 감정을 표현하는 방법은 중요합니다. 교실에서 일어나는 친구 사이 갈등 중 80% 이상이 대화 중 서로의 감정을 상하게 한 데서 시작됩니다. 무시, 욕설, 폭언, 비방, 놀림 등 말로 인한 상처로 시작된 갈등을 줄이기 위해 대화의 기술이 필요합니다.

> **TIP**
>
> **말하는 타입으로 친구를 파악하는 법 12가지** | 출처 《사람을 읽는 법》, 이명수(지성문화사)
>
> ❶ **큰 소리로 다른 친구를 생각하지 않고 말하는 타입**
> 큰 소리로 힘차게 말하는 사람은 유머 감각이 있고 배포가 크기 때문에 주위 친구들에게 좋은 첫인상을 줍니다. 학교생활에 적극적이기도 합니다. 다만 부족한 자신의 실력을 부풀려서 말하는 경우가 있는데 나쁜 뜻은 없습니다.
>
> ❷ **상대방의 말을 가로채는 타입**
> 간혹 대화할 때 도중에 말을 가로채는 친구들이 있습니다. 한참 열심히 말하고 있는데 갑자기 말을 막고 자신의 이야기를 한다면 당연히 기분이 나쁘겠죠? 이런 친구들은 자기중심적인 면이 강한 편입니다. 대화는 서로 주고받는 것입니다. 상대방의 말을 조용히 듣는 사람이 설득력 있게 말도 잘한다는 사실을 기억하세요.
>
> ❸ **빠른 말투로 계속 떠드는 타입**
> 말하는 속도가 빠르고 반복적으로 이야기하는 타입은 평소 실수가 많습니다. 때로는 근거도 없는 소문을 만들어 남을 곤란하게 하기도 하지요. 이런 친구는 아무리 절친한 사이라고 해도 비밀을 지켜야 할 말은 하지 않는 것이 좋습니다.
>
> ❹ **언제나 화난 듯 무뚝뚝하게 말하는 타입**
> 마치 싸움을 걸 듯 말하는 사람, 언제나 화난 듯 말하는 사람이 있습니다. 당연히 이런 말투를 쓰는 사

람은 상대에게 좋은 인상을 주지 못합니다. 그들도 자신의 말투를 의식하기 때문에 대체로 말이 없기도 합니다. 그러나 속마음은 그렇지 않은 경우가 많으므로 이런 사람에게는 진실을 털어놓고 대화하면 변함없는 사이로 지낼 수 있습니다.

❺ 속삭이듯 말하는 타입
항상 소곤소곤 낮은 목소리로 말하는 사람은 몸이 건강하지 않을 수 있습니다. 또 비밀이 많고 신경질적인 성격이기도 하죠. 단, '속삭이듯' 말한다는 것은 목소리가 작다는 뜻이 아니라 들릴 듯 말 듯 은근하고 은밀하게 말한다는 뜻입니다. 여러 사람과 잘 어울리기 위해서는 목소리에 힘을 주어 말하는 습관을 가져야 합니다.

❻ 상대방을 바로 보지 않고 말하는 타입
대화를 할 때 상대방을 똑바로 보지 못하는 사람은 수줍음을 많이 타는 타입입니다. 심리학적인 면에서는 '말할 때 상대방을 똑바로 보지 못하는 것은 뭔가 감추는 것이 있기 때문'으로 해석하기도 합니다. 실제로 떳떳하지 못한 일을 마음속에 감추고 있는 사람은 상대방을 똑바로 볼 수 없습니다. 또 나보다 훨씬 똑똑하거나 힘이 세다고 느껴지는 사람을 만났을 때 심리적으로 위축되면 상대방의 눈을 피하기도 합니다.

❼ 어른에게는 정중하나 친구나 동생에게는 예의를 지키지 않는 타입
평소 친절하고 예의 바른 사람이 자신보다 어리거나 능력이 부족하다고 생각하는 사람을 만나면 반말을 하거나 예의 없는 태도를 보이는 경우가 있습니다. 이런 친구는 불만을 숨기고 있거나 기회가 있을 때 주변 사람을 배신할 수 있는 타입입니다. 그래서 주변 사람들에게 믿음을 얻기 힘들며 언젠가는 실패할 수 있죠.

❽ 턱을 높이 들고 눈만 아래로 비스듬히 내리깔고 말하는 타입
턱을 치켜들면 상대방은 공격을 당했다고 느끼게 됩니다. 여기에 눈만 아래로 비스듬히 내리깔고 내려본다면 영락없이 기분 나쁜 표정이 나타나게 됩니다. 보는 사람 입장에서는 정말 예의 없는 사람으로 느껴집니다. 이런 친구는 상대방을 바라보는 자신의 표정에도 신경을 쓰면서 대화해야 합니다.

❾ 매사에 불만을 이야기하는 타입
늘 부정적인 말만 늘어놓는 사람은 자신의 상황을 이해해주기를 바라는 마음에서 그런 말을 하겠지만, 그러한 부정적인 말과 태도가 실제로 더 큰 불행을 가져올 수 있다는 점을 기억해야 합니다. 성공적인 인생을 만들기 위해서는 먼저 긍정적인 사고와 긍정적인 말을 사용해야 합니다.

❿ 몸짓이 큰 타입

몸짓이 큰 사람은 자기주장이 강한 타입입니다. 또 표현력이 풍부하고 화려한 연출을 좋아하는 성격이므로 인기를 얻는 일에 적극적입니다.

⓫ 비난도 끝까지 듣는 타입

현명하게 말을 잘하는 사람은 먼저 남의 말을 잘 듣는다고 합니다. 아무리 심한 공격을 당해도 묵묵히 다 듣고 나서 당당하게 자신의 의견을 제시하죠. 이런 친구는 생각이 매우 깊고 이해심이 큰 사람이므로 성공할 확률이 높습니다. 남의 말을 끝까지 듣고 나서 말하는 사람은 문제의 핵심을 정확히 파악하고 간결하게 말할 수 있기 때문에 듣는 사람을 설득할 수 있습니다.

⓬ 실패담을 섞어서 말하는 타입

늘 자기 자랑만 늘어놓는 사람에게 우리는 큰 매력을 느끼지 못합니다. 얼핏 생각하면 자신감이 넘치기 때문에 나온 말 같지만 그렇지 않습니다. 심리학적으로 자신이 약점이라고 생각하는 부분에 대해서는 지나치게 부풀려 말하는 경향이 있는데 이것은 열등감이 강한 반동으로 나타나는 것입니다. 반면에 자신의 실패담을 털어놓을 수 있는 사람은 마음의 여유가 있고 열등감도 적다고 할 수 있습니다.

1-2 친구들에게 인기 있는 아이와 그렇지 않은 아이

친구들에게 인기 있는 아이는 어떤 특징이 있을까요? 반대로 그렇지 못한 아이는 왜 그럴까요?

경기도 광주 도평초등학교 친구(100명)들에게 '이런 친구 정말 좋다/싫다'를 물어보았습니다.

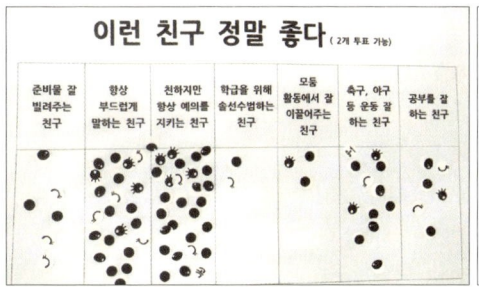
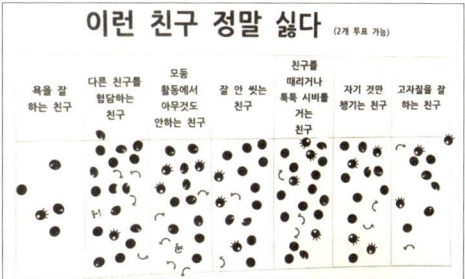

투표 내용 중 친구들이 주의해야 할 점은 항상 부드럽게 말하는 것이고, 예의를 지키는 친구를 가장 선호한다는 것을 알 수 있습니다.

> **TIP**
>
> **인기 있는 아이 & 인기 없는 아이**
>
> **❶ 항상 부드럽게 말하는 친구**
> 평소 자신의 감정을 잘 알고 표현할 줄 알면 남의 감정을 이해하는 것도 도움이 되고, 사람도 자신감 있게 대할 수 있습니다. 평소 가정에서 아이와 대화를 할 때도 자신의 감정을 가급적 자세히 표현하고, 아이도 스스로 감정을 표현할 수 있도록 연습하는 것이죠. 부드럽게 말하는 것은 상대방의 상황과

감정을 잘 읽고 그 사람 입장에서 이야기하는 것에서부터 출발하는 것입니다.

모둠 활동에서 아무것도 하지 않고 멍하니 앉아 있음.

예슬아, 같이 하자. 아까 네가 말한 의견대로 안 해서 속상했지? 네가 그림을 잘 그리니까 그 부분 맡아주면 우리 멋지게 완성할 수 있을 것 같아.

❷ 예의를 지키는 친구

친한 사이라도 예의를 지키는 매너 좋은 친구는 늘 인기가 있습니다. 이런 친구는 화가 나는 상황에서도 침착하게 대화로 문제를 해결할 수 있습니다. 또 아량이 넓고 포용력이 있어 상대방의 의견을 잘 들어주고, 친구가 어려운 일을 당했을 때 함께 도와주는 친구이기도 하죠. 기본적으로 부모에게 사랑을 많이 받고 자란 아이일수록 정서적으로 안정되며 친구를 존중하는 태도를 갖게 됩니다.

윤서야, 아까 내가 갑자기 화를 내서 미안해.

아니야. 나도 그럴 때 있는걸. 네가 화가 나고 힘들 때 나한테 상의해주면 좋겠어. 내가 언제든 도와줄게.

❸ 이기적인 친구

자신만 생각하는 아이는 다른 사람의 사정을 고려하지 않고 자신에게만 도움이 되는 방향으로 행동하기 때문에 당연히 친구들이 멀리합니다. 이러한 행동을 하는 아이는 부모에게 과잉보호를 받아 자신이 세상에서 가장 잘났다고 생각하는 경우와 부모에게 따뜻한 사랑을 받지 못해 보상 심리로 이기적 행동을 하는 경우로 크게 나누어볼 수 있습니다.

안 돼. 규칙을 이렇게 바꿔야지 하지, 안 그러면 안 할 거야.

맞아, 네 마음대로 하려고 하니까 너랑 누가 같이 하냐?

석민아, 왜 네 마음대로 규칙을 바꿔?

❹ 시비를 거는 친구

시비를 거는 친구들은 항상 있습니다. 그렇다고 무시하면 더욱더 시비를 걸거나 자꾸 귀찮게 합니다. 그렇기에 시비를 걸거나 화를 내는 친구에게는 같이 감정적으로 대응하기보다는 침착하게 자신이 느끼는 감정을 표현합니다. 그럼에도 친구의 태도가 변하지 않을 경우에는 주변의 친구나 선생님에게 상황을 설명하고, 어떻게 하는 것이 좋은지 상의하는 것이 좋습니다.

지나가는 친구를 이유 없이 어깨를 밀고 간다.

민규야, 왜 치고 가?

그냥. 에이, 뭘 그래?

(혼잣말로) 한두 번도 아니고 민규는 대체 왜 그러는지 모르겠네.

1-3 동아리 활동은 어떻게 하나요?

"학급 동아리 시간 주실 거죠? 저희 연습해야 해요."
"동아리 데이에 저희가 만든 업사이클링 제품을 판매하려고요."

초등학교에서 동아리 활동은 주로 창의적 체험 활동 교과 중 하나의 영역으로 운영됩니다. 주로 교사 주도 아래 동아리가 개설됩니다. 창의적 체험 활동 교과는 자율 영역, 동아리 영역, 진로 영역, 봉사 영역으로 나누어 영역별 수업이 이루어집니다. 이 중 동아리 영역에서 아이들의 관심사와 특기를 기를 수 있는 동아리를 운영합니다.

학교에 따라 창의적 체험 활동 시간의 동아리를 기본으로 방과 후 자율 동아리와 연계해 진행하기도 합니다. 예를 들어 '창의 발명 디자인부'는 창의적 체험 활동 교과 동아리 활동 시간과 더불어 방과 후 주 1회 원하는 아이들이 모여서 발명품을 만듭니다. 동아리 담당 교사는 아이들의 활동을 지원하고 조력하는 역할을 하죠.

최근에는 학생 중심 활동이 보편화되면서 초등학교에서도 자율 동아리를 조직해 운영하기도 합니다. 학급 자율 동아리가 활성화되어 있기도 합니다.

동아리 활동

	예술·체육 활동	학술문화 활동	실습노작 활동	청소년 단체 활동
목표	심미적 감성 역량 함양과 건전한 정신과 튼튼한 신체 육성	지적탐구력과 문화적 소양 능력 배양	기본 기능을 습득하고 일상생활에 적용	신체 단련과 사회 구성원 및 지도자로서의 소양 함양
내용	• 음악 활동 • 미술 활동 • 연극·영화 활동 • 체육 활동 등	• 인문소양 활동 • 사회과학탐구 활동 • 자연과학탐구 활동 • 정보 활동 등	• 가사 활동 • 생산 활동 • 노작 활동 • 창업 활동 등	• 국가가 공인한 청소년 단체의 활동 등

TIP

요즘 아이들이 선호하는 동아리

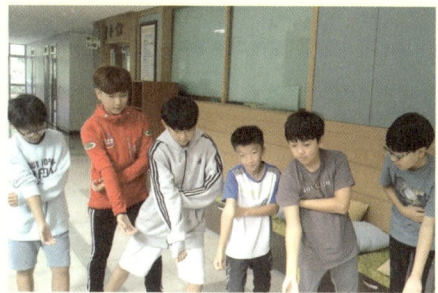

❶ **댄스 동아리** | 단연 인기순위 1위입니다. 아이돌 댄스에 맞춰 비트 박스와 랩을 더하기도 해요. 동아리 활동을 하면서 실력을 키우고 학예회, 학교 행사 무대에 선답니다.

❷ **메이커 동아리** | 메이커는 자신이 좋아하고 흥미 있는 분야를 하나씩 만들어가는 것이죠. 레고 조립, 과학 키트 조립, 뜨개질, 종이접기 등 다양한 분야에 손재주가 있는 아이들이 동아리를 만들고 작품을 완성해나간답니다.

❸ **만화 동아리** | 웹툰의 인기로 만화 캐릭터 따라 그리기, 만화 쓰기 등은 아이들의 최고 취미입니다. 쉬는 시간에 연습장에 내내 그림을 그리고 있죠. 심지어 공부 시간에도 말입니다. 만화 동아리 아이들은 최신의 캐릭터를 따라 그리고 대화를 완성하기도 하면서 자신들만의 팬덤을 구축하고 있습니다.

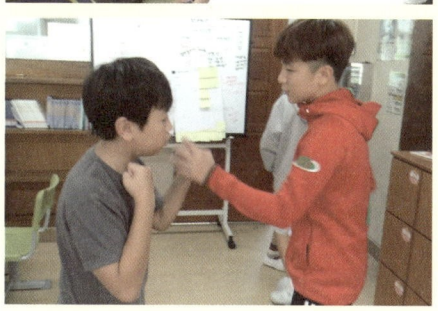

❹ **운동 동아리** | 대부분 남자아이들이 결성합니다. 축구, 피구, 발야구 등 기존의 구기 종목부터 복싱, 뉴 스포츠(티볼, 넷볼 등) 등 종목도 다양합니다. 자신들끼리 운동 실력을 높이고 체력을 단련하는 것도 좋지만, 학급과 학년 아이들이 함께 참여할 수 있는 스포츠 데이를 기획하고 운영하는 활동을 맡기도 합니다.

2
학교에서는 교사가 엄마이고 아빠예요

매일 만나는 선생님과의 관계에도 변화가 찾아옵니다. 우리 아이의 성장을 지원하는 조력자로서 선생님을 대할 때입니다.

2-1 담임선생님과 잘 지내려면?

"선생님, 결혼하셨어요?"
"선생님, 생일이 언제예요?"
"선생님은 학교 다닐 때 매번 일등만 하셨어요?"

아이들과 만난 학기 초 서로에 대한 탐색은 아이들끼리만 이루어지는 것은 아닙니다. 우리 반을 맡은 담임선생님에 대해 궁금해하는 것은 당연하죠. 아이들은 새 학기가 된 지 일주일도 안 돼서 "우리 선생님은 무서워", "우리 선생님은 잘 웃으셔" 하며 담임선생님 이야기를 자주 합니다. 교사인 저도 쉬는 시간마다 와서 종알종알 질문하고 표현하는 아이들은 다가가기 쉽습니다. 그러나 내성적 성향의 아이들은 담임선생님과 하루에 한 번도 대화를 하지 않는 경우도 있죠. 아이들과 교실 생활을 하면서 한 명, 한 명 눈을 마주치고 안부를 묻고 싶지만 수업과 각종 업무 처리로 그렇지 못하는 경우가 많습니다.
담임선생님과 잘 지내고 친해지는 것에 학생들은 매우 관심이 높습니다.

● 담임선생님 관찰하기
우리 선생님의 습관, 표정, 말투, 걸음걸이 등을 유심히 관찰해보는 것이죠. 허락을 받고 하는 스토킹처럼요. 그렇다고 선생님을 졸졸 따라다니라는 것은 아닙니다. 하루 정도 담임선생님을 관찰해보면 우리 선생님에 대해 많은 것을 발견할 수 있을 것입니다.

- 선생님이 자주 하는 말씀은 무엇인가?
- 어떨 때 주로 웃으시는가? 또는 어떨 때 주로 화를 내시는가?
- 쉬는 시간에는 주로 무엇을 하시는가?
- 어떤 스타일의 옷차림을 좋아하시는가?

● 담임선생님과 대화하기

교사 입장에서는 점심 급식 같이 먹기, 급식 먹고 산책 같이 하기를 추천합니다. 일종의 일대일 데이트를 하는 것이죠. 남자아이들은 쑥스러워하기도 합니다. 할 말이 없어 쭈뼛거리거나 질문에 '네, 아니오'로만 대답하기도 하죠. 그래서 먼저 선생님에게 궁금한 것, 대화하고 싶은 주제 등 2~3가지를 하루 전날 생각해 오도록 합니다.

5, 6학년 과학 전담을 하던 때의 일입니다. 남자아이 한 명이 급식실에서 밥을 먹고 있는 저에게 다가와 함께 이야기를 나누게 되었습니다. 식사를 하면서 대화를 나누다보면 '좋아하는 음식', '평소 식습관', '엄마의 요리 솜씨', '맛집' 등 부담 없이 다양한 주제가 쏟아져 나올 수 있습니다.

담임선생님과 반드시 공부, 학교, 친구 이야기를 해야 하는 것은 아닙니다. 날씨, 연예인, 음악, 영화, 음식 등 자유로운 주제를 가지고 대화를 해보면 어떨까요?

TIP

학부모 상담 주간이 뭐죠!

매 학기 일주일 정도 '학부모 상담 주간'을 운영합니다.

1학기에는 주로 아이의 교우관계, 가족, 학업 등 아이의 기본적인 사항에 대해 부모가 담임선생님에게 이야기를 들려준다고 생각하세요. 고학년은 저학년부터의 학교생활 전반적인 모습과 특별한 사건, 아이를 지도하면서 바라는 점, 신경 써주었으면 하는 부분을 편안하게 이야기해준다면 아이를 이해하는 데 많은 도움이 됩니다. 학부모 상담 전 집에서의 말과 행동, 자라면서 보인 성격 등에 대해 간단히 설명할 준비를 해가면 좋습니다.

2학기에는 그동안 아이를 지도하면서 알게 된 사항, 느낀 점, 앞으로 지도 계획 등에 대해 담임선생님으로서 관찰하고 파악한 것을 이야기하게 됩니다.

학부모 상담은 부모들에게 무척 긴장되는 시간입니다. 자신의 아이가 학교에서 어떻게 생활하고 있을지, 무슨 잘못이라도 한 것은 아닌지, 선생님이 우리 아이를 안 좋게 바라보는 건 아닐까, 마음이 답답해집니다. 아이의 성장과 발달을 위해 교사와 부모는 함께 협력하는 관계입니다. 그러므로 지나친 걱정보다는 아이의 성장을 위해 함께 고민하는 시간이라고 생각하는 것이 필요합니다. 어렵더라도 1년에 한 번은 학부모 상담 주간에 방문 또는 전화 상담을 하는 것이 좋습니다.

2-2 전담 수업은 어떻게 준비해야 하나요?

"오늘 체육 수업 있어요? 체육 선생님 너무 좋아요."
"내일 음악 수업 시간에 리코더 수행평가가 있어요. 알림장에 리코더 써주세요."

담임선생님은 아이들에게 전 과목을 가르칩니다. 만능 엔터테이너가 되어야 하지요. 실제로 예비 초등 교사를 양성하는 교육대학교에서는 피아노, 장구, 단소 등의 음악 실기, 수영, 야구, 농구 등 체육 실기, 판화, 수채화 등 미술 실기가 교과목에 있습니다. 4년간 다양한 교과목의 내용과 교과 교육학을 배우고 학교 현장에서 아이들을 가르치죠.

3학년 이상 학년에서는 담임선생님 이외에도 한 분야에 전문성을 지닌 교사들이 교과 전담을 맡기도 합니다. 정식 명칭은 '초등학교 교과 전담제 교사'입니다. 보통 전담 수업은 1년간 지속되며 담임선생님과는 또 다른 친밀감을 형성합니다.
6학년에는 주로 체육, 음악, 영어 과목의 전담 교사가 있습니다. 전담 선생님 수업을 기다리는 아이들도 많죠. 특히 체육 수업은 늘 아이들의 관심사입니다. 덩달아 최고의 인기 선생님은 체육 전담 선생님입니다. 체육이라는 과목이 주는 즐거움은 물론 춤까지 잘 추는 인기 선생님이죠. 이렇게 전담 선생님은 매일 보는 담임선생님과 다른 특별함이 있습니다.

TIP

학년별 전담 수업 시수와 교과 예시

학년별 전담 교과와 수업 시간은 학교 사정에 따라 다릅니다. 학생 수에 비례해 전담 교과 시간을 늘리거나 줄일 수 있기 때문이죠. 전담 교과를 정할 때는 학생들에게 필요한 교과를 배정하며, 교과 전문성을 갖춘 선생님을 전담 교사로 배치합니다.

학년	주요 전담 과목과 주당 시수
3	체육(3시간), 음악(1시간)
4	영어(2시간), 과학(2시간)
5	영어(2시간), 음악(2시간), 과학(2시간)
6	영어(2시간), 음악(2시간), 과학(2시간)

위의 표는 24학급 정도 규모의 일반적인 초등학교의 전담 과목과 주당 시수입니다. 체육이나 과학같이 공간의 이동이 필요한 수업, 음악이나 영어같이 학습 자료의 준비가 필요한 수업 등 전담 과목은 학교와 학생들의 상황에 따라 다르게 배정됩니다.

2-2 선생님에게 고민을 어떻게 털어놓아야 하나요?

"선생님, 저기……."
"응, 무슨 일이야?"
"저기…… 잠깐 드릴 얘기가 있는데요."

고학년 아이들은 쭈뼛쭈뼛 선생님에게 자신의 고민을 털어놓는 것이 어렵습니다. 누군가에게 속마음을 털어놓는다는 것은 쉽지 않은 일이지요. 평소 친절하고 다정다감한 선생님이지만 막상 자신의 이야기를 하려고 하면 이런 고민을 하게 됩니다.

친구랑 갑자기 사이가 멀어졌는데……
혹시 내가 잘못한 것에 대해 꾸중을 듣는 거 아닐까?

아빠와 엄마가 요즘 사이가 안 좋아 마음이 너무 힘들지만……
혹시 내가 상담을 하면 선생님이 부모님과 나를 다른 눈초리로 보지 않을까?

좋아하는 남자애랑 헤어져서 너무 속상한데……
왠지 부끄럽고 쑥스러워.

선생님이라고 할지라도 아이들의 고민을 모두 해결해줄 수 없습니다. 다만 들어주고 공감해줄 수는 있지요. 친구 문제, 가족 이야기, 이성 친구, 학업 등 선생님도 그 시기에 한참 고민했던 문제이기 때문이죠. 직접 얼굴을 보며 이야기하기 어렵다면 쪽지나 문자로 고민을 털어놓는 것도 좋습니다.

몇 해 전 학급에서 회장을 맡고 있던 친구가 방과 후에 이런 문자를 남겼습니다.

"선생님, 학급 회장 일이 너무 힘들어요."

문자를 본 즉시 회장에게 전화를 걸어 한 시간 가까이 이야기를 나누었습니다. 꼼꼼하고 책임감 강한 성격의 친구는 아이들이 수업 시간에 떠들고 장난치는 것이 자신이 회장으로서 반을 잘 이끌지 못하기 때문이라는 자책을 하고 있었습니다. 작은 고민이 쌓여서 보낸 문자 한 통이었지만 덕분에 아이와 많은 대화를 나눌 수 있었고, 자연스럽게 아이가 느끼고 있던 부담감과 책임감을 조금씩 내려놓을 수 있도록 도와줄 수 있었습니다.
요즘은 학급에서 '고민 우편함', '고민 상담 익명 게시판'과 같이 좀 더 편안하게 고민을 털어놓을 수 있도록 분위기를 바꾸고 있습니다.
혹시 여러분의 자녀에게 고민 상담소가 필요하다면 담임선생님에게 건의해보는 것도 좋은 방법 아닐까요?

'요즘 들어 걱정거리가 많아요.'
'누구에게도 말하지 못할 고민거리가 있어요.'
언제든지 담임선생님께
고민을 이야기해주세요!
▶ 자세히 보기

서울시학교밖청소년지원센터
고민 우편함

⇨ 전화 상담 : 000-0000-0000
⇨ 이메일 상담 : 0000@hanmail.net

TIP

상담 신청서 질문 예시 | **자료** · 아이스크림 교육 이야기 '궁금타파 초등 정보'

내 아이의 학교생활이 궁금하다면 부모도 담임선생님에게 상담을 요청할 수 있습니다. 그런데 구체적으로 어떤 것을 질문해야 할까요? 학습, 생활, 교우관계, 기타 영역으로 나누어 아래 질문을 참고해보세요.

내 아이에 대하여 궁금한 질문

학습	• 평소 수업에 집중은 잘 하고 있을까? • 수학연산 능력이 부족한 것 같은데 선생님이 보기엔 어떤 수준일까? • 학습적인 측면에서 노력할 부분이 무엇인가? • 어떤 과목에 적극성을 보일까? • 모르는 것에 대하여 알고자 하는 의욕이 있는 편일까? • 자신의 생각을 조리 있게 정리하여 분명하게 표현할까?
생활	• 숙제나 준비물을 잘 챙기고 있을까? • 학급 규칙이나 질서를 잘 지키는 아이일까? • 잘못을 정직하게 인정할까? • 해야 할 일, 역할분담 활동 등을 성실하게 하는 편인가?
교우관계	• 친구들과 원만하게 지내고 있는가? • 친구와 갈등을 일으키는 일은 없는가? • 친구들 사이에서 문제될 행동을 하고 있지는 않을까? • 갈등을 슬기롭게 해결하고 있는가? • 친구들과의 관계에서 힘들어 하는 일을 겪은 적이 없을까? • 여러 친구들과 잘 어울리고 있을까?
기타	• 부모가 보기에 리더십이 부족한 것 같은데 해결방법은 있는가? • 요즘 들어 집에서 짜증을 많이 내고 있는데 학교에서 특별한 일은 없는가? • 유행에 너무 민감한데 그대로 두어도 좋을까?

3
가족은 편안한 울타리예요

고학년이 되면서 부모와 아이가 많이 부딪히기도 합니다. 하지만 공감과 표현으로 아이를 믿고 응원하고 있다는 것을 아낌없이 표현해 주세요.

3-1 자녀는 부모의 소유물이 아니라 인격체

선생님, 우리 엄마는요, 매일 드라마 보면서 저한테는 방에 들어가서 공부하래요. 엄마는 마음대로 텔레비전 보면서 저는 못 보게 하니까 짜증나요.

엄마는 드라마를 보며 ○○에게는 못 보게 하신다니 속상하겠네요. 그렇다고 엄마도 텔레비전 보지 말고 공부나 독서를 했으면 하는 것은 아니지요?

네, 저도 같이 텔레비전을 보고 싶은 거죠. ㅋㅋ

그럴 거예요. 그런데 만약 엄마가 하루 종일 다른 일은 안 하시고 텔레비전만 보면서 ○○에게 공부하라고 했다면 그건 잘못하시는 게 맞아요. 그런데 ○○ 엄마가 저녁에 드라마를 보기 전에 무엇을 하셨는지 생각해볼래요?

저녁 준비해서 우리 밥 주시고 설거지도 하시고…….

맞아요. 거의 매일 엄마는 집안일을 하느라 바삐 움직이시다가 드라마 시간이 되서야 겨우 텔레비전 앞에 앉으실 거예요. 엄마는 하루 종일 집안일과 그 밖의 여러 일을 하다가 텔레비전을 보면서 쉬기도 하고 스트레스를 풀기도 하시는 거예요. 엄마는 드라마를 보기 위해 할 일을 서둘러 마치셨을 테고, 다하지 못한 경우에는 드라마를 보신 뒤에 하실 거예요. 그런 엄마의 쉬는 시간을 배려해드리면 좋겠어요. 그리고 ○○도 텔레비전을 보고 싶으면 할 일을 다 마쳐놓으면 되지요. 엄마가 "숙제했니?" 하실 때, "드라마 보고 이따 할게요." 하지 말고, "네, 숙제해놓고 준비물 챙기고 책도 한 권 읽고 나왔어요. 엄마랑 같이 드라마 보고 싶어서요."라고 하면 엄마 또한 딸과 함께 더 즐겁게 드라마를 볼 수 있지 않겠어요? 단, 드라마 시청 가능 연령을 꼭 확인하고 그 연령에 맞는 드라마를 봐야 해요. ^^

네, 선생님. 엄마한테 짜증부린 것이 미안하네요. ^^::

자료: '부모님과 눈높이 맞추기', 굿뉴스 데일리

'내 자식'이라는 표현이 있습니다. 자식이 부모의 소유라는 것이 무의식적으로 깔려 있죠. 자식은 부모의 소유가 아닙니다. 소유물은 더욱 아닙니다.

아이를 소유물처럼 생각하는 부모는 대개 양육 태도가 독재적이고 강압적인 편입니다. 그러다보니 아이가 실수를 하면 쉽게 화를 내고, 부모가 원하는 대로 행동하지 않고 부모 말에 순종하지 않는다고 아이에게 체벌을 하기도 합니다.

아이를 소유물로 대하는 부모의 태도와 아이의 독립심이 자꾸 부딪히게 됩니다. 특히 부모보다 힘이 세지기 시작하는 고학년 아이들은 점차 부모를 멀리합니다. 성인이 된 후 "언제 엄마 아빠가 날 예의 있게 대해주었나요?"라며 부모를 단지 자식의 의무로서만 대하게 됩니다. 부모 입장에서는 아이를 올바르게 키우기 위해서였다고 하지만, 아이의 마음에는 이미 지울 수 없는 상처로 남아 있습니다.

소심한 아이는 부모 앞에서 직접 반항하지 못하고 수동적인 반항을 시도합니다. 부모가 마음대로 할 수 없도록 몸이 아프다고 호소하거나 자학하는 방법으로 자신을 괴롭히지요. 그리고 부모가 소중하게 생각하는 가치를 없애버리는 시도를 하기도 합니다. 예를 들어 공부를 중시해 아이를 공부하는 기계처럼 대했다면, 아이는 보란 듯이 백지를 내거나 답을 밀려 쓰기도 합니다.

반대로 소심한 반항을 할 만큼의 성향이 되지 않는 아이는 성인이 되어서도 부모의 소유물처럼 행동합니다. 아이는 어른이 되었는데도 어릴 때부터 독립할 기회를 박탈당했기 때문에 자연스럽게 부모의 소유물로 남아 있으려고 한다. 아이를 소유물로 생각하는 부모는 자신의 입맛대로 아이의 인생을 디자인하려고 합니다. 친구 관계부터 학업 심지어 이성 문제에도 관여하죠. 이런 아이들은 자기 스스로 자신의 미래를 그릴 필요가 없으므로 진로에 대해서도 부모에게 의존적일 수밖에 없습니다.

아이들은 학교생활에서 선택해야 하는 것들과 자주 마주칩니다. 그러한 상황에서 다음과 같이 반응하는 아이들이 있습니다.

> "이번 모둠 활동에서 너는 무슨 역할을 맡고 싶니?"
> "글쎄요, 모르겠는데요. 아무거나."

부모들이 사소한 것부터 '선택'해주었기 때문에 스스로 선택해 본 경험이 거의 없습니다. 자신의 의견이 없고 선택하기에 두려움을 느끼며 수동적일 수밖에 없죠. 하루에도 수십 번씩 갖게 되는 선택의 기회를 아이들로부터 빼앗아 부모가 선택한 삶을 살게 됩니다. 결국 아이는 줏대 없고 나약한 사람으로 자라나 성인이 되어도 우유부단하고 부모의 틀 안에서 도전하지 못하는 '새장에 갇힌 새'가 되는 것이죠.

> **TIP**
>
> **올바른 생활 습관을 통한 내 아이 독립심 키우기**
>
> **❶ 집 안 청소 및 설거지 하기**
> 집에서 아이에게 독립심을 키워줄 수 있는 방법 중 하나는 집안일을 같이 하는 것입니다. 혼자 뭔가를 해내면서 자연스럽게 성취감을 얻을 수 있도록 환경을 조성하는 게 좋은데요. 건조대에 널어놓은 옷을 갠다거나 밥상을 차릴 때 반찬을 옮기는 것을 스스로 하게 유도하면 독립심을 키우는 데 도움이 됩니다.
>
> **❷ 등하교 및 외출 시 걷게 하기**
> 아이가 등하교 및 외출할 때는 스스로 걷게 해줍니다. 부모의 도움 없이 걷는 아이는 스스로 성취감을 맛볼 수 있습니다. 하루에 30분 이상 걷지 않는 아이는 비만에 노출될 확률이 높습니다.
>
> **❸ 스스로 옷 입고 밥 먹게 하기**
> 혼자 옷 입고 밥도 차려 먹을 수 있도록 도와줘야 합니다. 처음부터 잘하는 아이는 없습니다. 옆에서 도와주다가 시간이 지날수록 혼자 하게끔 놔둬야 합니다. 혼자 옷을 고르고, 정리하면서 독립심이 길러집니다. 식사 시간에 부모는 아이가 편식하지 않도록 골고루 먹도록 지도하고 칭찬해주어야 합니다.
>
> **❹ 아이들과 함께 놀며 사회성 기르기**
> 아이가 사회성을 기를 수 있도록 환경을 조성하는 것도 중요합니다. 부모는 집 안에서 오랫동안 생활하기보다는 단 몇 시간이라도 떨어져 지내는 게 좋습니다. 또래 아이들과 같이 놀 수 있도록 시간과 공간을 마련해주어 자연스럽게 사회성과 독립심을 키워주어야 합니다.

3-2 공감하고 표현해요

무슨 일이든 항상 불만스럽게 말하는 아이가 있습니다. 재미있는 놀이 수업을 하고 나서 "여러분, 재미있었죠?" 하고 물으면 대부분의 아이들이 "네"라고 대답하는데 "아니요" 하고 청개구리같이 대답하는 아이지요. 하루는 자꾸 수업 분위기를 흐리는 것에 화가 나서 그 아이를 호되게 혼냈습니다. 그러고 나니 마음이 여간 불편한 것이 아니었죠. 방과 후에 아이를 남겨서 대화를 했습니다.

> 준용아, 요즘 학교생활 어때?

>> 그냥요.

> 그냥 별로구나.

>> 네.

> 요즘 특별한 고민은 없니?

>> 별로요.

> 별로 고민은 없구나. 우리 반 애들 사이에 재미있는 일은 없니?

>> 잘 모르겠어요.

아이의 마음이 닫혀 있다면 부모가 먼저 꾸준히 노력해야 합니다. 이때에는 그리 많은 기술이 필요하지 않습니다. 그저 잘 들어주고 공감을 표현하는 것입니다. 아이가 하는 말에 지시, 조언, 확인하는 말보다도 효과 있는 것은 '잠깐의 고개 끄덕임'이죠. 공감받고 있다고 느끼는 순간 아이는 자신감이 생기고 괜히 심술부리고 싶은 마음, 제멋대로 하고 싶은 마음이 눈 녹듯이 사라집니다. 그리고 부모와 길고 긴 대화를 시작하게 됩니다.

> **TIP**
>
> **자녀의 공감 능력을 키워주는 양육 방법** | **자료** · '우리 아이 공감 능력 길러주기', 마음톡톡
>
> **❶ 무조건 꾸준하게!**
> 자녀의 감정 표현을 적극 반영해주고 꾸준하게 정서적인 상호작용하는 것이 중요합니다. 나와 아이가 느끼는 모든 것이 대화의 주제가 될 수 있어요. 감정에는 좋고 나쁜 것이 없다는 것을 명심합니다.
>
> **❷ "그랬구나~"**
> 〈무한도전〉 프로그램에서 소개했던 "그랬구나!"를 따라 해보세요. 물론 개그 코드는 제외하고 말이죠. 자녀가 자신의 경험이나 감정을 표현할 때 공감해주는 자세를 쉽게 가질 수 있을 거예요.
> "그랬구나! 그래서 네가 기분이 많이 상했겠구나. 네 마음이 어땠을지 이해가 돼."
>
> **❸ 다양한 정서를 느끼게 하기**
> 자녀에게 다양한 정서를 감정이입해볼 수 있는 경험을 제공해야 합니다. 상대방의 감정을 이해하는 연습이 되기 때문이죠.
> "만약 네가 그 아이라면 어땠을 것 같니?"
> "엄마도 그런 느낌을 받았는데. 우리 닮은꼴이네?"
>
> **❹ 적절한 모자람을 경험하게 하기**
> 현재에 감사하는 마음을 가질 수 있고 다른 사람의 아픔과 어려움을 생각해볼 계기가 됩니다.
> 공감은 책이나 학습을 통해 배울 수 없습니다. 유전이나 성별에 따라 결정되는 것도 아니라고 하네요.
> 공감은 어렸을 때부터 머리와 마음을 다해 배운 정서적 능력이니까요.
> 내 아이의 공감 능력은 머리와 마음, 나 자신과 자녀, 진심과 전략을 통합적으로 이해하고 행동에 옮길 때 비로소 나오는 삶의 지혜입니다.

3-3 잔소리보다는 격려!

사춘기 아들을 크게 키우는 말

자료·《아들에게 소리치는 엄마, 딸에게 쩔쩔매는 아빠》, 정윤경(덴스토리)

신나게 잘 놀았니?	밖에 나가 정신없이 놀기만 하는 아이를 보면 잔소리가 나오지만 사춘기 때 남자아이들에게는 에너지를 충분히 발산할 수 있는 육체 활동 시간을 줘야 한다.
이게 뭔지 설명해줄래?	남자아이들은 자기 생각을 표현하는 능력이 부족한 편이다. "도대체 너는 무슨 생각으로 이러니?"와 같은 질문만 하면 아들의 생각은 평생 알 수 없다.
우리 같이 게임할까?	텔레비전을 보다가도 습관처럼 "심심하다" 소리를 하는 남자아이들이 많다. 이럴 때 보드게임이나 오목 두기, 배드민턴 등 가족이 다함께 할 만한 게임을 하자.
울고 싶으면 실컷 울어!	남자아이라고 정서 표현을 무조건 자제하게 하면 조절 능력을 키울 기회가 박탈되기 쉽다. 슬프고 속상한 일이 있으면 울고 싶은 만큼 울게 도와줘야 한다.
이리 오렴. 안아줄게.	남자아이들은 애정 표현에 미숙한 편이다. 그럴수록 자주 표현해줘야 한다. 부모의 애정 표현을 자주 받다 보면 어느새 그 표현을 자연스럽게 받아들일 것이다.
우리 아들 사랑해!	평소 사랑하는 마음을 말과 행동으로 풍부하게 표현하는 부모의 자녀들은 행복하다. 평소 "사랑해"라는 표현을 자주 듣고 자라면 사춘기도 비교적 수월하게 넘어간다.

사춘기 딸을 크게 키우는 말

정말 화났겠구나!	여자아이들은 별일 아닌 것에 화를 내는 경우가 많다. 그건 상대방에게 관심을 가져달라는 일종의 신호다.
맛있게 먹자!	사춘기 여자아이들은 자신의 몸이 친구의 몸보다 뚱뚱하다고 생각될 때 스트레스를 많이 받는다. 아이에게 건강한 식단을 만들어주고, 건강하게 먹는 즐거움을 알려주자.
떨리는 건 당연해.	딸들은 시험, 발표회 등을 앞두고 더 예민해진다. "조금의 긴장감이 오히려 집중력을 높일 수 있다고 하니 용기를 갖자" 등의 말로 용기를 북돋워주자.
아빠(엄마)를 생각해줘서 고마워.	여자아이들은 다른 사람의 시선에 늘 신경을 쓰고 상대방이 자신에게 좋은 감정을 갖게 보이지 않는 곳에서도 꾸준히 노력하는 경우가 많다. 인정받고 싶은 아이의 마음을 알아차리자.

네 옆엔 항상 아빠(엄마)가 있어.	여자아이들은 평소에는 수다를 잘 떨다가도 곤란한 문제 앞에서는 입을 다물어버린다. 평소에도 부모가 온전히 아이 편이라는 믿음을 심어주자.
지금도 아주 예뻐.	사춘기 여자아이들은 꾸미는 데 신경을 많이 쓴다. 딸이 자기 얼굴에 열등감을 느끼기 전에 "지금도 아주 예쁘다"는 것을 알려주다.

"어휴, 애가 문을 쾅 닫고 들어가서 문을 잠그는 거예요."
"제가 말만 하면 귀찮은 표정을 지어요."
"말도 마세요. 선생님, 얘는 저랑 말도 안 하려고 해요."

고학년이 되면 아이들은 서서히 사춘기 단계에 이릅니다. 사춘기 자녀를 둔 부모는 흔히 도를 닦는다고 합니다. 일명 '내버려둬'. 사춘기 자녀는 그냥 내버려두는 것이 갈등의 증폭을 막는 지름길이라는 것입니다. 사춘기증후군이 얼마나 대단한지 '북한군보다 더 무서운 것이 대한민국 중2'라는 우스갯소리가 있을 정도죠. 예비 중학생을 둔 6학년 부모들은 이런 이야기에 걱정부터 앞섭니다.

사춘기는 아이와 성인의 중간 과정입니다. 발달 과정의 연속선에 있는 과도기죠. 사람의 뇌는 대뇌피질·변연계·뇌간 등 3가지 층위로 구성되는데, 사춘기는 우선순위를 결정하고 감정과 충동을 조절하는 대뇌피질 부분이 리모델링되는 시기여서 행동의 변화가 극심합니다. 이 시기 자녀와 행복한 관계를 유지하기 위해서는 서로의 감정을 잘 다루는 것이 중요합니다. 자녀를 감정 조절 잘하는 사람으로 키우기 위해서는 부모부터 연습해야 합니다.

TIP

가르치려는 대화 & 이해하려는 대화

자녀의 이야기	가르치려는 대화	이해하려는 대화
나랑 ○○랑 절대 안 놀 거야.	아무리 그래도 그렇게 말하면 안 되지.	○○ 때문에 지금 화가 많이 나 있구나.
○○ 때문에 학교에 안 갈래요.	학교는 안 갈 수 없어. 사람들은 모두 학교에 가야 해. 그건 지켜야 해.	○○가 널 괴롭힐까봐 걱정이 되는구나.
난 못해요.	그렇게 말하면 못써. 자, 어서 한번 해봐.	이게 너한테 굉장히 어려운가 보구나.
엄마는 세상에서 제일 나쁜 엄마야.	그런 말이 어디 있니?	○○가 엄마한테 굉장히 화났구나.

교원능력개발평가(짧게 교원평가)는 대한민국 교육부에서 교원 능력 신장 및 학생과 학부모의 공교육 만족도 향상, 공정한 평가를 통한 교원의 지도 능력 및 전문성 강화를 통한 학교교육의 질적 향상을 위해 해마다 교원을 평가하는 제도입니다.

교원능력개발평가는 학생 만족도 조사, 학부모 만족도 조사, 동료 평가로 나뉘어 있습니다. 담임선생님은 교장, 교감, 동료 교사, 학생(5학년 이상) 및 학부모들에게 평가를 받습니다. 온라인으로 이루어지며 지역, 학교마다 평가 시기는 조금씩 다릅니다.

● **학생·학부모 만족도 조사 온라인 서비스 접속 방법**

❶ 학생·학부모 참여 통합 서비스에 접속하여 교원능력개발평가 '학생·학부모 만족도 조사' 선택
→ www.eduro.go.kr

❷ 해당 시·도교육청 선택

❸ 학생 또는 학부모 만족도 조사 선택

❹ 정보 입력 후 참여하기(학생) 또는 자녀 정보 조회(학부모) 클릭

❺ 참여자 정보 확인 및 현황 확인
❻ 문항 작성 후 문항별 만족도 선택 및 작성
❼ 의견 조사 제출

● 학생 만족도 조사 문항

연번	평가 영역	평가 요소	평가 지표	선생님의 교육 활동에 대한 학생 만족도 조사 문항	매우 그렇다	그렇다	보통 이다	그렇지 않다	매우 그렇지 않다
					5	4	3	2	1
1	학습 지도	수업 실행	교사의 태도	선생님은 수업에 우리가 자유롭게 의견을 말할 수 있는 분위기를 만들어주십니다.					
2			교사·학생 상호작용	선생님은 수업 중에 칭찬과 격려를 많이 해주십니다.					
3			학습 자료의 활용	선생님은 수업 내용을 쉽게 이해할 수 있도록 여러 가지 학습 자료를 활용하십니다.					
4		평가 및 활용	평가 내용 및 방법	선생님은 우리 수준에 맞는 문제를 출제하십니다.					
5	생활 지도	개인 생활 지도	개인 문제 파악 및 창의·인성 지도	선생님은 우리에게 관심을 갖고 바르게 생활할 수 있도록 도와주십니다.					
6		사회 생활 지도	학교생활 적응 지도	선생님은 우리가 친구들과 잘 어울리며 즐겁게 학교생활을 할 수 있도록 도와주십니다.					

※ 선생님의 좋은 점

※ 선생님께 바라는 점

● 학부모 만족도 조사 문항

연번	평가 영역	평가 요소	평가 지표	선생님의 교육 활동에 대한 학부모 만족도 조사 문항	매우 그렇다 5	그렇다 4	보통 이다 3	그렇지 않다 2	매우 그렇지 않다 1	잘 모르 겠다 0
1	학습 지도	수업 실행	수업의 태도	선생님은 공부할 내용과 방법을 친절하게 안내합니다.						
2			교사·학생 상호작용	선생님은 칭찬과 격려를 많이 합니다.						
3		평가 및 활용	평가 내용 및 방법	선생님은 다양한 방법으로 공부한 내용을 확인합니다.						
4	생활 지도	개인 생활 지도	가정 연계 지도	선생님은 가정과 연계하여 생활 지도를 합니다.						
5		사회 생활 지도	학교생활 적응 지도	선생님은 학교생활 규칙을 지키도록 관심을 갖고 지도합니다.						

* 위의 내용 이외에 선생님의 교육 활동과 관련된 여러분의 의견을 자유롭게 기술하여 주시기 바랍니다.

※ 선생님의 좋은 점

※ 선생님께 바라는 점

자녀의 회복탄력성을 올려주는 비폭력 대화

회복탄력성이란 어떠한 폭풍우 속에서도 나를 지킬 수 있다는 믿음을 함축하는 것입니다. 어려운 일에 맞닥뜨렸을 때도 우리의 마음이나 두뇌 속에서 치유의 가능성을 찾는 것. 다시 말해 자기 안에서 자기를 극복할 힘을 찾는 노력과 능력을 말합니다. 회복탄력성이 높은 사람은 트라우마와 스트레스 상황에 당황하지 않고 창조적으로 대처할 수 있습니다. 현재 자녀의 회복탄력성은 어느 정도인지 확인해볼까요?

● **자녀의 회복탄력성 체크 리스트**

내 아이의 회복탄력성은 얼마? | 자료 · 서울시교육청(연세대학교 김주환 교수팀 개발)
(청소년용 회복탄력성 검사지를 자녀가 직접 풀어보도록 해보세요.)

※ 1=전혀 아니다. 2=아니다. 3=보통이다. 4=그렇다. 5=매우 그렇다.
※ 정답이나 올바른 답이 아니라 각 문항을 읽고 자신의 모습이나 생각과 가장 일치하는 답변을 고르세요.

① 나는 목표가 정해지면 시간이 오래 걸려도 꾸준히 해나간다. (   )
② 나는 한번 시작한 일은 끝까지 해낸다. (   )
③ 나는 한번 실패했더라도 포기하지 않고 다시 시도한다. (   )
④ 나는 내 감정을 잘 다스릴 수 있다. (   )
⑤ 나는 기분이 나빠져도 마음만 먹으면 괜찮아질 수 있다. (   )
⑥ 나는 스트레스를 받아도 짜증 내지 않고 차분한 마음을 유지할 수 있다. (   )
⑦ 나는 행복한 사람이다. (   )
⑧ 나의 성격은 긍정적이다. (   )
⑨ 나는 내 삶이 가치 있다고 생각한다. (   )
⑩ 나는 마음만 먹으면 다른 사람의 호감을 얻을 자신이 있다. (   )
⑪ 나는 처음 만난 사람에게도 신뢰감을 줄 수 있다. (   )
⑫ 나는 다른 사람의 마음을 잘 이해할 수 있다. (   )
⑬ 내가 어려운 일을 당한다면, 나를 도와줄 친구들이 많다. (   )

⑭ 나는 힘들 때 의지할 수 있는 친구가 있다. (   )
⑮ 심심하거나 우울한 기분이 들 때 내 이야기를 들어줄 친구가 있다. (   )
⑯ 나는 많은 사람들 앞에서 자신 있게 발표할 수 있다. (   )
⑰ 나는 갑작스럽게 발표를 해야 하는 상황에서도 떨지 않고 잘 할 수 있다. (   )
⑱ 나는 친구들을 잘 설득할 수 있다. (   )

● **비폭력 대화로 사랑하는 법** | 자료 : '사춘기 내 아이, 비폭력 대화로 사랑하는 법', 한겨레신문

비폭력 대화(NVC, Nonviolent Communication)는 마셜 B. 로젠버그 박사가 고안한 것으로, 연민이 우러나는 방식으로 다른 사람과 유대 관계를 맺고 자신을 깊이 이해하도록 돕는 대화 방법입니다. 비폭력 대화는 4단계 모델로 이루어져 있습니다. 첫째 실제로 어떤 상황이 일어나고 있는지 관찰하기, 둘째 그 행동을 보았을 때 자신이 어떻게 느꼈는지 말하기, 셋째 그 느낌이 내면의 어떤 욕구와 연결되는지를 설명하기, 넷째 욕구를 충족시키기 위해 다른 사람이 해주길 바라는 것을 표현하기입니다. 이러한 비폭력 대화는 자녀와 부모의 유연한 유대 관계 만들기는 물론 아이의 자존감을 높여주는 대화이기도 합니다.

❶ **'평가'를 '관찰'로 분리하기**
"다은이는 게으름뱅이야." → "다은이는 아침에 9시에 일어난다."
"우리 애는 국어를 잘한다." → "우리 애는 국어가 1등급이야."

❷ **'생각'과 '느낌'을 구별하고 느낌으로 표현하기**
"넌 나를 피곤하게 해." → "난 피곤해."
"난 내가 고3 엄마로 부족하다고 느껴." → "나는 고3 엄마 역할이 부담스러워."

❸ **'수단/방법'이 아닌 '욕구'에 맞춰 대화하기**
"엄마는 너희들이 싸우는 거 싫어." → "엄마는 너희들이 사이좋게 지내서 집안이 평화로웠으면 좋겠어."
"난 돈이 제일 중요해." → "난 안락하게 살고 싶어."

❹ **'부탁'과 '강요'를 구별하기**
"쓰레기 좀 갖다 버려라." → "쓰레기 좀 갖다 버려줄 수 있니?"

고학년의 많은 아이들은 생각보다 자기의 생각과 감정을 표현하고 다른 사람의 말에 귀를 기울이거나 마음을 나누는 데 어려움을 겪습니다. 아이들을 대하는 부모는 어떨까요? 현재 내 마음이 어떤 상태인지 타인과 다투었을 때 어떻게 대해야 하는지 아이와의 어색한 대화를 어떻게 풀어가야 하는지에 대한 구체적인 방법을 부모 또한 잘 알지 못합니다. 나와 상대방의 있는 그대로를 관찰하고, 자신의 감정과 느낌에 이름을 붙여 표현하고, 나와 상대방이 마음 깊은 곳에 필요한 것이 무엇인지 들여다보고, 진심으로 부탁하는 과정에서 어느새 부모의 마음도 한층 편안해지는 것을 느낄 수 있을 것입니다.

6교시

6학년 생활백서
중학교 입학을 준비하며

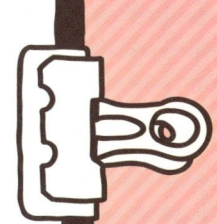

6년의 초등학교 생활을 마무리하고 중학교를 준비하는 우리 아이. 어느새 훌쩍 자란 키만큼 의젓한 모습을 보이는 아이를 보면서 흐뭇한 미소가 절로 나옵니다.

1
준비하고
실천하세요

초등학교 마지막 여름방학, 겨울방학! 공부를 넘어 다양한 활동으로 세상을 바라보는 눈을 한층 높일 수 있는 소중한 시간입니다. 방학 동안 어떻게 보낼지 계획을 잘 세워 후회없는 시간을 만들기 바랍니다.

1-1 여름방학에는 이렇게 하세요

여름방학을 며칠 앞둔 시기. 교실은 더욱 에너지가 넘칩니다. 드디어 기다리고 기다리던 여름방학식 날 아이들은 저마다 방학 계획을 이야기합니다.

"가족 여행 가기로 했어요."
"수학 학원 하나 더 가요."
"글쎄요. 아직 모르겠어요."
"마지막 여름방학인데 실컷 놀아야죠."

가족과 함께 하는 여행을 기다리는 아이들, 학원에 대한 부담감을 호소하는 아이들, 아직 아무런 계획이 없는 아이들……. 각자의 여름방학 계획이 무엇이든 방학은 언제나 즐겁습니다. 요즘은 부모들이 학교에 다니던 시절에 비해 방학 숙제가 눈에 띄게 줄어들었습니다. 대신 자율적으로 과제를 수행하거나 학기 중 해보지 못한 새로운 것을 경험하는 기간으로 활용합니다. 평소 읽고 싶었던 책을 마음껏 읽기, 가족 여행 가기, 친구와 운동하기 등 초등학교 시절에 해볼 수 있는 경험과 추억을 쌓도록 권장하고 있습니다. 더욱이 초등학교 시절의 여름방학은 아이들에게 꽤나 소중하고 귀한 시간입니다.
초등 6학년의 특별한 여름방학 생활을 위해 몇 가지 팁을 안내합니다.

❶ 스스로를 점검해보고 부족한 과목 보충하기
쌓이고 쌓인 학습 결손은 한순간에 뛰어넘을 수 없습니다. 초등학교 생활이 한 학기 남은 시기라서 마음이 초조하기도 하고 포기하고 싶은 마음이 들기도 합니다. 아이들 입에서 심심치 않게 들을 수 있는 말이 '수포자', 바로 수학 포기자입니다. 자기 스스로를 '수포자'라고 이야기하는 아이들을 종종 볼 수 있습니다. 누적된 학습 결손은 아이들의 자신감을 떨어뜨리고, 결국 자존감마저도 무너지게 됩니다. 여름방학은 한 달 남짓 되는 기간입니다. 무리한 학업 계획을 세우기보다 스스로 부족한 부분을 돌이켜보고 채워나가기에 충분한 시간이기도 하죠.

먼저 주요 과목이라고 손꼽는 수학, 국어, 영어에 대한 자신의 현재 실력과 수준을 점검해봅니다. 객관적으로 부족한 부분을 파악해보는 것이죠. 과목이 너무 많은 경우에는 누적 학습 결손이 많은 과목의 순서를 정해보면 좋습니다. 보통 2~3과목 정도가 적당하며 '대분수의 나눗셈'과 같이 구체적으로 부족한 사항을 정리해야 합니다.

실력으로 여름방학 사수하기

수학은 보충 계획서를 세워보는 것입니다. 표에 제시한 것과 같이 누적된 학습 결손이 많은 수학의 경우 먼저 각 단원별 평가지를 공부합니다. 그것을 바탕으로 1학기 수학 실력에 대해 자기평가를 해봅니다. 수학은 기본적으로 '수학 교과서-수학 익힘책-문제집 복습'으로 계획을 세워야 합니다. 수학 교과서를 통해 기본 개념을 다시 다지고, 수학 익힘책의 문제를 반복적으로 해결하도록 하는 것이 중요합니다. 필요한 경우 유형별 문제를 반복, 심화하여 연습해야 합니다.

- **실력으로 방학 사수하기 - 〈수학 편〉**

① 1학기 수학 단원 평가 결과를 확인합니다. (필요한 경우 담임선생님에게 여쭤보기)
② 아래 표를 작성해봅니다.

단원	점검 결과		보충 계획
	평가 점수 분석	나의 점검 한마디	
❶ 각기둥과 각뿔	단원 평가 90점 전개도 수행평가 A	각기둥의 전개도를 다양한 방법으로 그리기가 어렵다.	① 수학 익힘책 틀린 문제 다시 풀기 ② 교과서의 각기둥 각각 3개씩 그려보기
❷ 분수의 나눗셈	단원 평가 80점 대분수 나눗셈 수행평가 B	복잡한 분수의 나눗셈에는 항상 실수를 한다.	① 수학 익힘책 전체 다시 풀어보기 ② 분수의 나눗셈 유형별 10문제 풀기
❸ 소수의 나눗셈	단원 평가 100점 수행평가 A	별도의 보충은 필요 없다.	시간이 된다면 문제집의 심화 단계 풀어보기

국어는 다른 과목과는 다르게 접근할 필요가 있습니다. 기본적으로 다양한 독서를 통한 고급 어휘력을 향상시키도록 준비해야 합니다. 국어 교과서의 학습 목표와 방법을 파악하고 관련 지문을 파악하는 것도 좋은 방법입니다. 이 중 글쓰기가 잘 되지 않는 아이라

면 '실력으로 방학 사수하기' 계획을 잡을 때, 짧은 글쓰기 연습을 시도해보는 것도 좋습니다. 국어 시간에 제가 활용하는 글쓰기 방법은 '드라마 주인공 속 역할 놀이', '역사 속 인물 역할 놀이'와 같이 상상의 글쓰기입니다. 짧은 글이라도 매일 한 편씩 작성해보는 것이 중요하기 때문에 드라마, 영화, 웹툰, 역사 등의 소재에서 한 인물이 되어 글쓰기를 해보기를 추천합니다. 논리적 글쓰기를 목표로 한다면 정치, 경제, 문화, 사회, 음악, 자연과학 등 아이가 관심 있어 하는 분야를 하나 정해 관련 신문 기사를 스크랩하여 읽고 자신의 생각을 글로 써보는 활동이 있습니다. '신문기자들은 초등학생이 읽어도 이해할 수 있는 기사를 쓰는 것을 목표로 한다'는 어느 신문기자의 이야기를 들은 적이 있습니다. 어려운 현상과 복잡한 사건을 쉽게 풀어 설명한다는 뜻이겠죠. 한 분야를 정해 방학 동안 꾸준히 1편씩 읽고 자신의 생각을 글로 써보거나 문장을 직접 베껴 써보는 것도 도움이 됩니다. 이때 부모들은 아이가 이해할 수 있도록 설명해주어야 합니다.

영어는 방학 동안에도 언어의 감을 꾸준히 유지하는 것이 중요합니다. 학기 중에 시간이 부족해 지속적으로 할 수 없었던 새로운 형태의 영어 학습법을 이용해보는 것도 좋은 방법입니다. 예를 들어 평소 애니메이션을 좋아하는 아이라면 재미있게 보았던 애니메이션을 영어로 반복해서 시청하는 것입니다. 영화도 좋은 소재가 될

수 있습니다. 영어 체험 기회를 제공하는 것도 좋습니다. 영어 캠프에 참여하거나 영어권 국가의 문화원에서 방학을 맞이해 여는 프로그램에 참가해보는 것이죠. 고학년이 되어 영어를 싫어하는 학생들은 문법을 어려워하기 때문인 경우가 많습니다. 이 경우에는 수준에 맞게 문법 공부를 보충해야 합니다. 아이와 서점에 가서 함께 영어 문법 책을 살펴봅니다. 이때 어렵고 복잡한 수준이 아니라 기초 문법 책 한 권만 고릅니다. 아이가 영어에 대한 거부감이 크지 않도록 하는 것이 중요합니다. 방학 동안 기초 문법 책 한 권만 골라 차근차근 반복해나간다면 2학기에는 좀 더 탄탄해진 영어 실력을 확인할 수 있을 것입니다.

'실력으로 여름방학 사수하기'는 보충 계획으로 과목별 매일 1시간을 투자하는 것을 원칙으로 합니다. 보충이 가장 시급한 과목을 중심으로 구체적인 계획을 세울 수 있도록 합니다. 고학년 학생들과 시행해본 결과 단기간에 실력을 높이는 데 효과가 있었습니다. 단, 매일 꾸준히 1시간이라는 스스로의 약속을 지키는 것이 중요합니다.

❷ 가족 간의 의미 있는 소통을 위한 프로젝트 준비 사항

① 아이들에게 가족 여행 패키지의 고객을 정합니다

가족 챙기기에 바쁜 엄마, 아빠, 반항기 가득한 중학생 언니나 형. 이렇게 가족 중 어느 한 명을 정하는 것이죠.

② 가족 중 한 명을 대상으로 '인터뷰'를 진행합니다

인터뷰는 간단합니다. 평소 여행하고 싶은 곳, 여행을 갈 수 있는 기간, 여행에서 중요하게 생각하는 점(숙소, 음식, 교통편 등), 가족 여행을 통해 얻고 싶은 점 등으로 인터뷰 문항을 4~5개 정합니다. 6학년 1학기 국어과 교육과정에 면담의 절차와 방법에 대해 나와 있어서 아이들이 어렵지 않게 인터뷰를 실행할 수 있답니다.

③ 우리 가족의 니즈^{needs}를 반영한 맞춤형 여행 패키지 상품을 만들기 시작합니다

인터뷰 과정에서 가족들의 일상, 좋아하는 것, 관심사 등에 대해 자연스럽게 알게 되고 대화의 장이 꽃피는 효과를 얻을 수 있답니다. 기존의 여행 패키지 상품을 검색해보고 우리 가족에게 적합한 교통편, 음식, 숙소 등을 하나씩 마련해나갑니다. 특히 여행 코스와 경비를 가족이 함께 머리를 맞대고 계획을 세우는 것에서 아이들의 방학은 시작된다고 할 수 있습니다.

제목 : 제주도 가족 여행

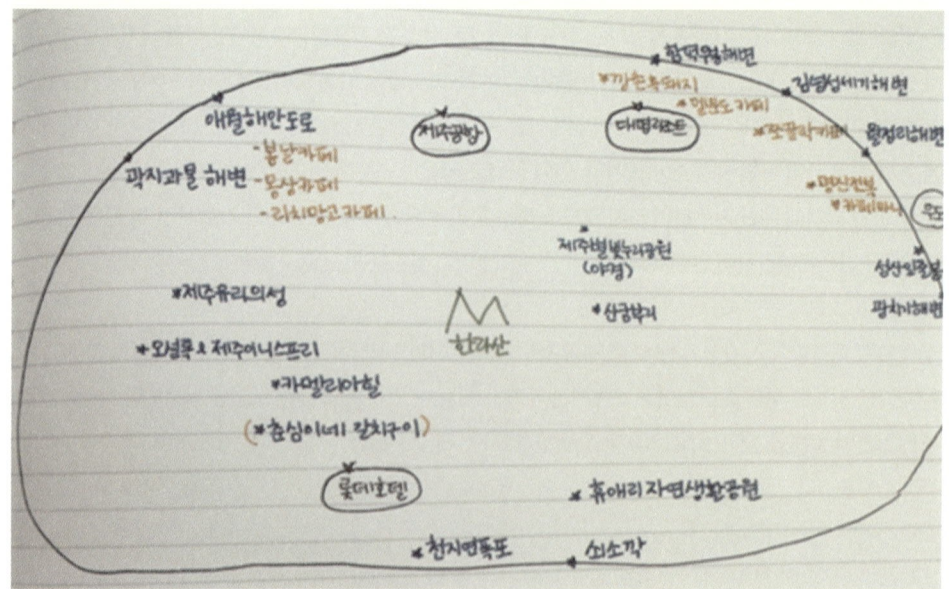

❸ 초등 생활을 마무리하는 버킷 리스트 만들기

'버킷 리스트'를 일종의 '소망 리스트'입니다. 6학년 여름방학을 이용해 아이들에게 〈초등 생활 버킷 리스트〉를 작성해봅니다.

버킷 리스트 작성 요령에 대해 방학 전 미리 안내해주거나 방학 계획서에 첨부해서 제시해줍니다. 더불어 가정에서는 검색을 통해 다양한 양식과 작성 방법을 살펴본 후 작성하도록 합니다. 버킷 리스트 실행 기한은 여름방학부터 중학 생활 시작인 3월 이전까지로 정하고, 5~10개 안팎의 실현 가능성 있는 목표를 정하도록 합니다. 가족, 친구, 운동, 학업, 취미, 새로운 도전 등의 영역을 정해 하나의 목표를 세웁니다.

경서라는 학생의 버킷 리스트 중에서 기억에 남는 항목은 '유기견센터에서 봉사하기' 소감 문입니다. 평소 강아지를 좋아하던 경서에게 알맞은 주제였죠. 가족과 함께 하는 정기적인 봉사로 이어질 수 있는 계기가 되었습니다.

6학년 아이들에게 버킷 리스트는 일종의 '나만의 초등 생활 행복 리스트'라고도 할 수 있습니다. 학교와 학원을 오가느라 바쁜 아이들이 작은 일탈을 꿈꾸며 이루고 싶은 소망을 적은 것이라고 할 수 있습니다. 버킷 리스트란 '죽기 전에 꼭 해보고 싶은 일을 적은 목록'을 말합니다. 이 말은 2007년 개봉한 할리우드 영화 〈버킷 리스트〉에서 대중화되었지요. 영화는 암에 걸려 6개월 시한부 선고를 받은 두 노인이 병원 중환자실에서 만나 각자의 소망 리스트를 적고 하나씩 실행해보는 내용입니다.

> **TIP**
>
> **버킷 리스트 작성 꿀팁 3가지**
>
> **01** 마음의 여유를 가지고 펜을 들고 '하고 싶은 것'에 대해 적어보세요. 갇혀 있던 생각의 틀을 깨고 진정 내가 하고 싶은 것들을 하나둘 찾아가는 것이 중요해요.
>
> **02** 왜 이러한 것들을 하고 싶은지에 대해 생각할 시간을 가져보세요. 진정으로 내가 추구하는 가치가 무엇인지, 무엇을 하고, 어떻게 살아가고 싶은지에 대한 실마리를 찾을 수 있어요.
>
>  **03** 리스트에 따라 조금 더 구체적인 목표와 계획을 세워보세요. 이때 계획은 실현 가능한지를 생각하면서 작성하는 게 좋아요.

나의 버킷 리스트

No.	작성일	내용	기한	이룬 날
1	2019.1.04	한강에서 자전거 타기	2019.12.31	2019.4.14
2	2019.1.21	친구들과 손잡고 산책하고	2019.12.31	2019.3.08
3	2019.2.07	내가 재배한 채소로 요리하기	2019.12.31	2019.7.05
4	2019.3.30	서울 역사 여행하기	2019.12.31	2019.8.27
5	2019.4.15	나만의 웹툰 완성하기	2019.12.31	
6				
7				
8				

1-2 겨울방학에는 이렇게 하세요

초등학교의 마지막 방학인 겨울방학을 어떻게 보내면 좋을까요? 초등학교를 마무리하며 중학생이 되기 위한 충전의 시간으로 보내야 합니다. 그러나 아이들과 부모 모두 이 시기에 '뒤처진 과목을 보충해야 할까?', '은주는 중학교 수학을 공부한다고 하는데 중학교 수업을 준비해야 할까?', '영어 문법도 어려워진다는데 말하기만 해서는 안 될 것 같은데……' 등 무언가를 해야 한다는 압박감을 느낍니다. 이 외에도 수많은 고민을 안고 겨울방학을 맞이하게 됩니다.

이러한 고민을 해결할 수 있는 초등학교의 마지막 방학을 특별하게 보내기 위해서는 어떻게 해야 할까요?

❶ 중학교 1학년 교과서 살펴보기

가족과 함께 하는 여행을 기다리는 아이들, 학원에 대한 부담감을 호소하는 아이들, 아무런 계획이 없는 아이들. 그러나 방학은 언제나 즐겁습니다. 그렇다면 초등학교 시기의 마지막 방학인 겨울방학은 어떨까요? 아이들도 부모들도 이제 진짜 입시의 시작점에 선 것 같아 긴장감이 감도는 시기입니다.

학과 공부에 대한 고민 말고도 수많은 고민을 안고 마지막 겨울방학을 맞이하게 됩니다. 어영부영 보내다간 중학교 첫 시험에서 낭패를 볼 수 있다고 생각하기 때문입니다. 찬바람이 불면서 마음도 바빠진 겨울방학을 특별하게 보내기 위해서는 중학교 1학년 교과서를 미리 탐독합니다. 공부할 때 가장 먼저 손에 잡는 교재가 무엇일까요? 바로 '교과서'입니다. 중학교 교과서를 미리 읽어두라는 것은 교과 내용 전체를 파악하기 위해서입니다. 여기서 중요한 점은 선행 학습과는 다른 의미라는 것입니다. 중학교는 초등학교와 달리 과목별 선생님이 다르며 선생님들마다 수업 방식이 다릅니다. 빠르게 설명하고 지나기도 하고, 단원의 순서를 바꾸어 가르치거나 필요에 따라 생략하거나 내용을 보충하여 가르치기도 합니다. 이런 예상치 못한 변수를 대비해 교과서를 미리 읽어두면 전체적인 흐름과 맥락을 알 수 있습니다. 이렇게 하면 좀 더 수업에 집중할 수 있고 긴장감도 덜하죠. 중학교 교과서는 학교가 배정되기 전이라도 대략 예측되는 학교가 있게 마련이니 구할 수 있습니다.

겨울방학에 실시하는 국영수 공부법

수학의 경우, 겨울방학쯤 부모들이 많이 하는 질문 중 하나가 "중학교 수학 선행 학습이 필요할까요?"입니다. 저의 대답은 아이가 그럴 의지가 있다면 빠르게 시작하라고 조언합니다. 제가 말하는 선행 학습은 개념의 이해와 문제 풀이가 아닙니다. 중학교 수학은 초등학교 수학보다 용어 정리가 필요합니다. 예를 들어 소수, 합성수, 동위각, 엇각, 합동, 방정식, 부등식 등 아이들이 처음 접하는 용어가 많습니다. 이런 용어는 많이 접할수록 중학 수학에 대한 거부감이 덜해지고 자신감이 생길 수 있습니다. 겨울방학 동안 초등학교 5, 6학년 수학 교과서와 중1 수학 교과서를 펼쳐놓고 수학 용어를 하나씩 비교하고 정리해나가세요.

국어는 꼭 교과서 미리 읽어보기를 추천합니다. 국어는 초등학교보다 지문이 훨씬 길고 모르는 어휘가 있을 경우 그 의미를 미리 파악해두는 것이 필요합니다. 교과서에 수록된 작품을 찾아서 미리 읽어두면 도움이 될 수 있습니다. 단편소설이나 수필에서 시작해 중·장편 소설로 범위를 넓히면 좋습니다. 더불어 해당 작가가 저술한 다른 책을 읽어봄으로써 작가의 생각과 각 작품의 주제를 알 수 있어 공부에 큰 도움이 됩니다. 국어 실력은 벼락치기 공부로 끌어올릴 수 없습니다. 꾸준하고 지속적으로 책과 동고동락하는 습관을 형성해야 합니다.

영어는 회화와 흥미 위주의 초등 영어에서 쓰기와 문법이 가미되는 중학 영어로 변한다는 점을 기억해야 합니다. 짧지도 길지도 않은 겨울방학 동안 아이들이 중학 영어를 준비하기에 가장 효과적인 방법은 '탄탄한 어휘력 준비'입니다. '하루 20개 단어 외우기'와 같이 구체적이고 명확한 목표로 접근하는 것이 필요하죠. 교실에서 영어 단어장을 암기하는 아이들을 종종 볼 수 있습니다. 그런데 자신이 암기하고 있는 영어 단어를 제대로 읽을 줄 모르는 아이들이 꽤 있답니다. 발음기호를 모르고 단순 암기만 하고 있죠. 이런 경우 듣기와 독해에도 어려움을 겪을 수밖에 없습니다. 자신이 암기하는 단어를 정확하게 읽을 수 있는지부터 점검해보고 발음기호를 명확하게 익혀두는 것만으로도 영어에 대한 자신감을 높이는 방법이라고 할 수 있습니다.

❷ 좋아하는 것에 몰입하기

> 웹툰 작가가 꿈인 은주는 겨울방학 동안 웹툰 그리기에 열중하고 있다. 중학생이 되기 전 자신이 좋아하는 일을 마음껏 해보고 싶다는 생각이 들었기 때문이다. 두 달여 되는 겨울방학을 이용하여 매일 꾸준히 웹툰을 읽고 그려보려고 한다. 웹툰을 연재할 수 있는 곳을 찾아보고 가능하다면 자신이 그린 웹툰을 연재해보고 싶다.

초등학교 시절의 마지막 방학을 자신이 좋아하는 것에 몰입해보기를 추천합니다. 몰입이란 느끼는 것, 바라는 것, 생각하는 것이 하나로 어우러진 상태를 말합니다. 몰입은 쉽지 않지만 그렇다고 아주 버겁지도 않은 과제를 극복하는 데 자신의 실력을 쏟아부을 때 나타나는 현상입니다. 사람은 주어진 상황에서 과제의 난이도가 높고 그것을 해결할 수 있는 실력이 있을 때 몰입을 경험합니다. 몰입을 낳는 활동은 대부분 명확한 목표, 정확한 규칙, 신속한 피드백이라는 공통점을 갖습니다. 은주는 겨울방학에 매일 웹툰 그리기와 연재를 목표로 삼았습니다. 연재할 경우 구독자들의 반응이 신속하게 나타납니다. 은주의 계획대로라면 겨울방학 동안 진정한 몰입의 즐거움을 느낄 수 있을 것입니다.

심리학 교수 칙센트미하이의 몰입 이론을 소개합니다. 실력과 과제를 자신의 상황에 맞게 적절하게 잡고, 처음에는 조금 낮은 단계에서 만족하다가 점점 더 높은 단계로 발전시켜나가야 합니다. 자신의 실력에 비해 과도하게 어려운 과제를 부여하면 불안과 걱정에 휩싸이고, 자신의 실력에 비해 너무 쉬운 과제를 부여하면 지루하고 권태로운 상태에 빠지게 된다는 사실을 설명해줍니다. 이처럼 좋아하는 것과 과제, 실력은 상호 연결되어 있기에 학교에서 내주는 과제와 여러분의 실력을 꾸준히 향상시킬 수 있도록 노력해야 합니다.

독서, 운동, 취미, 어울림 같은 능동적인 활동은 음악 감상, 사색, TV 시청과 같은 고독하고 덜 체계적인 활동보다 몰입할 기회가 많습니다. 다시 말해 수동적인 여가 활동보다 능동적인 여가 활동을 즐기는 것이 몰입을 낳기에 적당하죠. 실제로 학교를 뜻하는 영어 단어 'school'은 여가를 뜻하는 그리스어 'scholea'에서 비롯되었다는 점에서 여가를 잘 활용하는 것은 곧 학문하는 것임을 의미합니다. 초등학교 마지막 시기를 우리 아이가 좋아하는 것에 몰입할 기회를 주세요. 자신에게 주어진 여가 시간을 몰입의 경험으로 바꾸는 습관은 중

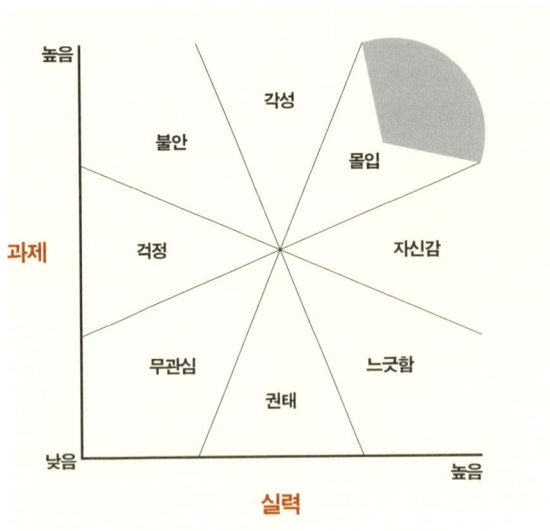

학생, 고등학생, 성인이 되었을 때도 소중한 자산이 될 것입니다.

❸ 사회 문제에 대한 관심과 참여하기

중학교를 걸어 다니게 된 은주는 매일 다닐 등하굣길 때문에 걱정이 많다. 은주네 동네에서 중학교까지 가는 길에 차가 많이 다니고 인도가 너무 좁아 사람이 다니기 불편하기 때문이다. 은주는 고민 끝에 같은 반 친구 민지와 시청 홈페이지를 통해 인도 확보 공사를 요구했다. 동네에서 자전거를 타고 통학하는 학생들도 자전거 전용도로 만들기를 건의했다. 은주를 비롯한 동네 사람들의 건의로 시청에서는 인도 확장과 자전거 전용도로를 내년까지 만들어주기로 약속했다.

'2018 청소년 통계'에 따르면 대한민국 10대 청소년들의 87.6%가 사회, 정치 문제에 관심을 갖고 참여할 필요가 있다고 응답했다고 합니다. 2013년 80.1%에서 꾸준히 사회, 정치 문제 참여의 필요성에 대한 인식이 높아지고 있습니다.

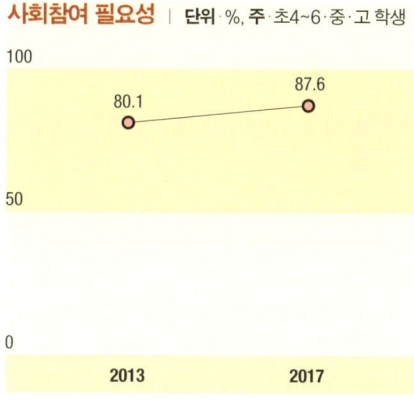

사회참여 필요성 | 단위·%, 주·초4~6·중·고 학생

방송에서도 피켓을 들고 거리를 활보하는 청소년부터 마이크를 잡고 자신의 의견을 논리적으로 표현하는 아이들까지 저마다 사회 문제를 향해 목소리를 높이는 10대의 모습은 더 이상 낯설지 않습니다.

초등학교 시절 마지막 방학을 자신이 살아가는 시대와 사회에 관심을 갖고 직접 혹은 간접적인 사회참여 경험을 쌓는 것은 어떨까요?

사회참여라고 해서 거창하고 대단한 것을 말하는 것이 아닙니다. 나와 내 친구, 가족, 우리 마을, 우리나라에서 일어나는 일에 관심을 기울이며, 그 안에 속한 구성원들이 겪는 문제에 공감하고 작더라도 개선할 방안을 찾아보는 것입니다. 은주처럼 자신이 매일 다니는 통학로를 좀 더 안전하고 편리하게 개선하기 위해 시청에 건의하는 것도 사회참여라고 할 수 있습니다. 또래에서 발생하는 학교 폭력, 유해 환경 노출, 성 문제 등 사회적 이슈가 되는 문제들은 두말할 나위가 없죠. 중요한 것은 아이들 스스로 문제의식을 갖고 개선하기 위해 작은 일이라도 행동해보는 것입니다. 이를 위해 관련 문제에 대해 올바른 지식과 정보를 찾아보고 친구들과 이야기하며 의논한 것을 직접 실천하는 반복적인 경험이 필요하죠. 예를 들어 환경을 위한 제품을 생산하는 사회적 기업 제품에 클라우드 펀딩에 참여하거나 지역사회의 행사에서 자원봉사를 하는 것입니다.

최근 초등학교 고학년 학생들을 비롯해 청소년의 사회참여에 대한 움직임이 매우 활발합니다. 아이들의 사회, 정치참여를 다룬 책도 많이 출간되고 있죠. 민주주의의 역사는 모든 사람이 사람답게 살아갈 수 있는 사회를 만들기 위해 다양한 목소리를 내고 만들어온 역사이기도 합니다. 초등학교 마지막 겨울방학에 사회의 구성원으로서 현재를 살아가는 사람들이 겪는 여러 문제에 대해 의견을 내고 영향을 미칠 수 있는 소중한 경험을 해볼 기회를 제공해주어야 합니다. 《시민의 확장》에서 김효연 작가가 말했듯이 아이들은 미래 시대의 시민이기도 하지만 현재의 시민이기 때문입니다.

> **TIP**
>
> **초등학생의 사회참여, 정치참여를 다룬 책**
> 자료 · 청소년들의 정치참여가 '특별한 일'이 아니길 바라며, 〈학교도서관저널〉 4월호
>
>
>
> ● **김치도 꽁치도 아닌 정치** | 임정은 지음 | 다른
> 딱딱하고 추상적으로 느껴지는 '정치'라는 단어에 청소년 당사자들이 직접 발로 뛰며 진행한 인터뷰와 설문 조사를 통해 생기를 불어넣었다. 정치가 먼 곳의 개념이 아닌 우리 일상 속에서 살아 있는 이야기임을 알 수 있게 하는 책.
>
>
>
> ● **민주 시민을 키우는 어린이 정치** | 김은경 지음 | 리챔
> 이 책의 부제는 '『프랑스 어린이의회』를 통해 배우는 『대한민국 어린이국회』'다. 프랑스 어린이의회는 형식적인 활동에만 그치지 않고 어린이의회에서 만든 법률안 중 일부를 발의해 실제 국회에서 논의될 수 있게 하는 등 권한을 가지는 대표적인 어린이 참여 기구다. 우리나라 상황에도 실제로 적용할 수 있도록 정확하고 자세한 정보를 담은 것이 특징인 책.
>
>
>
> ● **우리는 현재다** | 공현 지음 | 빨간소금
> 3·1운동에서 촛불 광장까지 청소년 참여 행동의 역사를 다룬 최초의 책이다. '청소년이 만들어온 한국 현대사'라는 부제에 걸맞게 우리나라의 굵직한 현대사 속 청소년들의 참여와 행동에 초점을 맞췄다. 한국 사회의 역사를 청소년의 시선으로 새롭게 읽을 수 있다. 말 그대로 청소년이 주인공인 역사를 만나고 싶다면 꼭 읽어야 할 책.
>
>
>
> ● **어린이를 위해 어린이가 뭉쳤다** | 김하연 지음 | 초록개구리
> '프리 더 칠드런(FREE THE CHILDREN)' 설립자이며 세상을 바꾸는 영 파워 운동에 앞장서고 있는, 초등학생 때부터 어린이 인권 운동을 해온 크레이그 킬버거의 이야기를 담은 책이다. 실화를 바탕으로 한 동화책이며, 사회참여를 통해 크고 작은 변화를 이끌어온 어린이들의 감동적인 이야기를 만날 수 있는 책.

NOTE

2
넌 특별해

미국의 교육심리학자 하워드 가드너(Howard Gardner)는 공부를 잘하는 아이가 있으면 체육을 잘하는 아이가 있는 것처럼 모든 아이들은 잘할 수 있는 영역이 서로 다름을 강조합니다. 우리 아이가 가진 특별함. 어떻게 발견하고 키워줄 수 있을까요?

2-1 영재교육원이 뭔가요?

"우리 아이가 영재인지 궁금해요."
"선생님, 제가 영재 반에 들어가도 될까요? 저는 영재는 아닌 것 같아요."
"우리 학교에 영재가 있나요?"

10월 중순쯤 되면 부모와 아이들에게서 많이 듣는 이야기입니다. 그즈음이 영재교육원과 영재 학급에서 다음 해 영재 교육 대상자를 선정하는 시기이기 때문이죠. 그렇다면 영재교육 운영 기관과 선발 절차 등에 대해서 함께 살펴보겠습니다.

❶ 영재의 특성과 정의

영재에 대한 관점은 학자들마다 다릅니다. 우리가 흔히 알고 있는 인지 능력만 강조하는 학자가 있는가 하면 과제 집착력, 창의성이나 사고력을 중요하게 여기는 학자도 있죠. 최근에는 예술, 인문 분야를 강조하거나 기회나 환경과 같은 그 외의 요소를 강조하는 학자도 있습니다. 어떠한 정의가 옳고 그르다고 단정 지을 수는 없지만 학자들마다 공통적으로 제시하는 영재의 특성은 다음과 같습니다.

- 많은 단어를 안다.
- 어떤 지식 간의 트랜스퍼(전이)를 잘한다.
- 궁금한 게 많으며 질문을 많이 한다.
- 기억력이 좋다.
- 농담을 잘하고 센스가 좋다. 선생님이 농담을 했을 때 다른 아이들은 이해하지 못해도 영재는 알아듣는다.
- 추상적인 사고력을 가지고 있다.
- 문제 해결력이 뛰어나다.
- 선생님이 평가를 했을 때 이것이 공평한지에 대해서 코멘트를 한다.
- 어른들과 대화를 잘한다.

- 자기 또래와는 좋은 친구가 되지 못하는 경우가 있다.
- 과제 집착력을 가지고 있다.
- 문장을 쓸 때 복잡하게 확장해서 쓰는 경향이 있다.
- 말에서의 예민한 뉘앙스 같은 것을 빨리 알아챈다.
- 오랜 시간 집중할 수 있다.
- 주위에서 일어나는 일이나 감정에 깊이 반응한다.
- 흥미의 범위가 넓다.

영재를 정의하는 데 우리나라에서 가장 많이 인용되는 미국 코네티컷 대학교의 석좌교수 렌줄리 Renzulli는 영재를 다음과 같이 정의합니다.

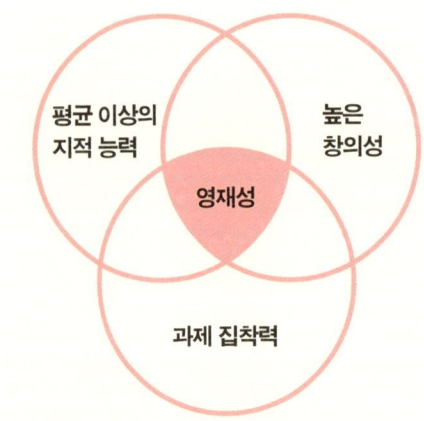

자료·한국교육개발원 영재교육연구센터

❷ 영재교육 기관

초등 영재교육 기관은 세 가지로 나눌 수 있는데, 단위 학교 영재 학급, 교육청 영재교육원, 대학 부설 영재교육원이 있습니다.

● 단위 학교 영재 학급

단위 학교 영재 학급은 초등학교 각급 학교에서 운영하는 영재 반으로 방과 후나 주말, 방학 등 교과 외 시간을 활용해 운영합니다. 한 학교 내에서 이루어질 수 있고 인근 여러 학교가 공동으로 참여해 운영하기도 합니다.

● **과학교육원 및 교육지원청 영재교육원**

교육지원청 영재교육원은 성남교육지원청, 경기도융합과학교육원, 강남서초교육지원청 등 각 지역 교육지원청의 관리 아래 선발·운영되는 형태입니다.

● **대학 부설 영재교육원**

대학 부설 영재교육원은 수도권에서는 가천대, 대진대, 건국대, 고려대, 서울교대, 서울대, 연세대, 이화여대, 한양대 등에서 이루어지고 있습니다.

대학별 모집 요강이 다르니 원하는 학년과 영역에 맞춰 준비해야겠죠?

영재교육 기관을 검색하고 싶으면 영재교육종합데이터베이스 Gifted Education Database의 영재교육 기관 알리미 페이지를 참고하면 지역, 학년, 영역별 영재교육 기관을 손쉽게 검색할 수 있습니다.

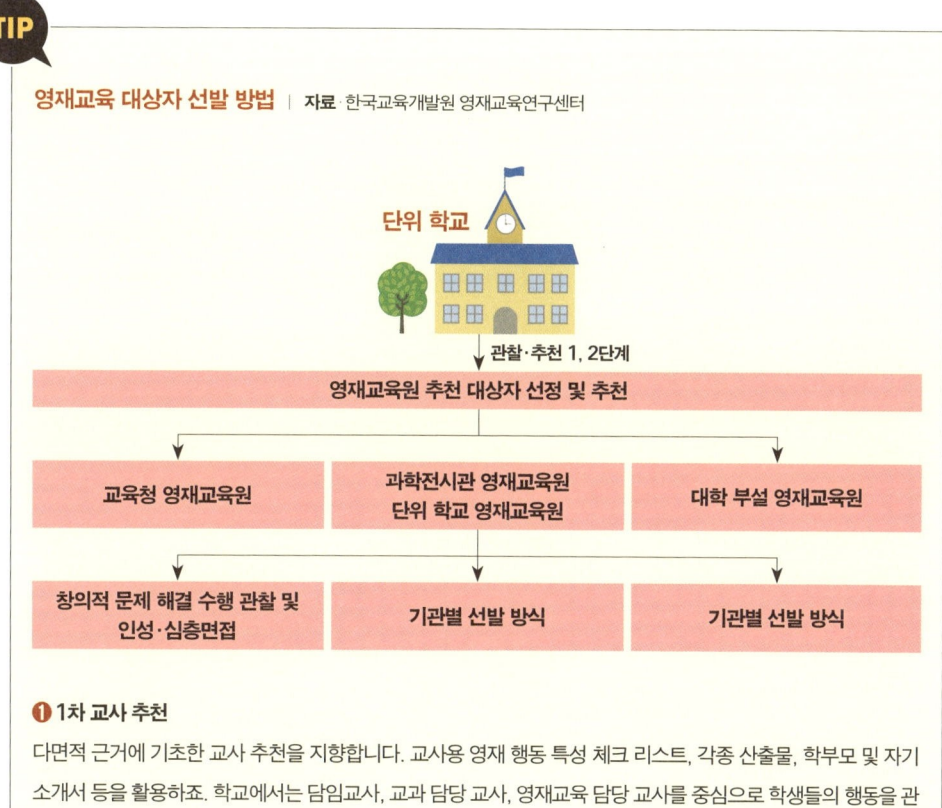

TIP

영재교육 대상자 선발 방법 | 자료·한국교육개발원 영재교육연구센터

❶ **1차 교사 추천**

다면적 근거에 기초한 교사 추천을 지향합니다. 교사용 영재 행동 특성 체크 리스트, 각종 산출물, 학부모 및 자기소개서 등을 활용하죠. 학교에서는 담임교사, 교과 담당 교사, 영재교육 담당 교사를 중심으로 학생들의 행동을 관찰합니다. 따라서 학생에 대한 교사들의 고유한 시각과 관점 및 학생들의 행동에 대한 평가는 영재 프로그램을 위한 대상자를 선발할 때 유용하게 활용될 수 있죠.

❷ 2차 영재성 검사

잠재된 영재성에 대한 객관적인 선발을 위해 영재성을 이루는 요소인 창의성과 언어, 수리, 공간지각에 대한 보통 이상의 지적 능력을 측정하는 문항들을 하나의 검사지에 포함해 특정 영역의 지식이나 기능과 상관없이 고차원적 사고와 창의적 문제 해결력과 행동을 만들어내는 학생의 능력을 측정하는 검사입니다.

❸ 3차 학문 적성 검사

학문 적성 검사는 수학, 과학, 발명, 정보과학으로 구성되어 있으며 학생들은 자신의 적성에 적합한 과목을 선택해 검사를 받습니다. 이 검사는 정규 교육과정에 기반을 두면서 사고 능력과 창의성을 측정하는 것을 기본 방향으로 하고 지식, 개념 및 창의적 문제 해결력을 측정할 수 있도록 개발한 것입니다. 따라서 학생의 선행 학습 정도를 측정하는 것이 아니라 해당 학년의 정규 교육과정 범위 내에서 각 과목의 개념과 원리를 얼마나 잘 이해하고 있는지를 측정하는 검사라고 생각하면 되겠습니다.

※ 2차 영재성 검사, 3차 학문 적성검사는 영재교육기관별로 생략하여 진행할 수 있습니다.

❹ 4차 면접

심층면접을 통해 영재교육 대상자를 최종 선정합니다. 이 단계에서 예술 영재의 경우 실기를 실시할 수도 있으며 수학이나 과학에 대한 실험을 평가하기도 합니다.

필자의 학교 영재 학급 선발 면접에서는 당일 자기소개서를 작성하는 시간을 주고 그 내용을 중심으로 학생들을 면접하고 있습니다. 이렇듯 각 기관 및 시도 교육청에 따라 달라질 수 있죠.

선발 시기는 지역마다 조금씩 다르지만 10월 중순에서 11월에 걸쳐 다음 해 대상자를 선발합니다. 중요한 것은 사교육기관의 선행 학습에 의한 교과 지식이나 기출문제 유형에 익숙한 학생들보다 잠재된 타고난 영재성을 지닌 학생을 선발하고자 한다는 점입니다.

2-2 학급, 전교 임원은 어떻게 뽑나요?

"제가 회장이 되면 미세먼지가 많은 날에도 실내에서 놀이를 할 공간을 많이 확보하도록 노력하겠습니다."

"우리 학교에는 쉬는 시간에 춤 연습을 하는 친구들이 많습니다. 제가 전교 회장이 되면 이러한 친구들을 위해 복도에 전면 거울 설치를 건의하겠습니다."

학급 회장과 전교 회장의 공약 중 일부입니다. 어떠세요? 생각보다 구체적이고 실질적인 공약을 내세우고 있지요? 해마다 학생들의 선거운동 분위기도 다릅니다. 학기별 치르는 선거를 보면 점점 체계적이며 좀 더 민주적인 선거를 학생들 스스로 만들어가고 있습니다.
최근에는 학생 인권 존중, 민주적인 학교 분위기 조성, 학생 자치회 활성화로 '공부 잘하는 모범생'에서 '봉사하는 마음을 지닌 소통의 리더'로 학급과 전교 임원 상이 점점 변모하고 있습니다.

좋은 공약의 예
1. 학급 대항 공기대회나 게임대회를 주선하겠습니다.
2. 친구들이 모두 숙제를 해온 날이 5번이 넘으면 체육시간에 축구·피구처럼 우리가 하고 싶은 운동을 할 수 있도록 선생님께 건의하겠습니다.
3. 점심시간에 친구들이 좋아하는 신청곡을 틀거나 좋아하는 프로그램을 조사해 일주일에 한 번 그 프로그램을 보는 시간을 만들겠습니다.
4. 매달 급식에 대한 의견을 수렴해 영양사님께 건의하겠습니다.
5. 편지로 칭찬 릴레이를 해 우정을 깊게 하겠습니다.

❶ 전교 임원 선거 진행 절차

전교 임원 후보 선언 → 전교 정, 부회장 후보자 등록표 배부 → 투표자 20인 이상의 추천 받음 → 담임선생님 확인 → 후보자 등록 → 번호 추첨 → 선거운동(선전 벽보, 합동 소견 발표 또는 토론회) → 투표 → 개표 → 당선 결정 → 당선증 배부

아이들은 학교에서 처음 사회를 배웁니다. 민주주의란 무엇인지, 리더십이란 무엇인지 등 어려운 용어와 개념을 아직 정확히 이해할 수는 없어도 친구들, 선생님과 시간을 보내다 보면 자연스레 체득합니다.

❷ 학급 임원 선거 절차

자기 또는 친구 추천(학급의 2/3 이상 후보 추천에 찬성할 경우) → 후보 공약 발표 → 투표 → 개표 → 당선 확인

학교에는 다양한 아이들이 함께 생활합니다. 이러한 아이들이 모인 학급에서 크고 작은 일을 결정하고 조율하는 자리가 바로 학급 임원입니다. 전교 임원도 마찬가지입니다. 친구들의 신임을 얻기 위해 고군분투해야 하는 자리입니다. 그리고 선생님과 친구들 사이에서 중개자 역할을 하는 자리이기도 하죠.

부모에 따라 아이가 임원을 하는 것에 부담을 느끼는 분도 있습니다. 아이가 대표가 되면 부모도 학급과 학교의 대표로서 역할을 해야 한다는 부담감 때문이지요. 또한 고학년이면 공부할 시간을 빼앗길까 봐 걱정되기도 합니다.

하지만 '자리가 사람을 만든다'라는 옛말이 있습니다. 임원이라는 직책은 조직의 리더라고 말할 수 있습니다. 즉 학급의 다양한 의견을 모으고 학생들 사이의 문제를 조정하고, 민주적인 절차로 회의를 운영하는 진정한 지도자죠. 이러한 과정을 가장 먼저 경험하는 것이 초등학교 시기의 임원입니다.

TIP

'반장'이라는 키워드로 이야기를 풀어낸 책

- **김 반장의 탄생** | 조경희 글 & 김다정 그림 | 나무생각

작은 학교를 배경으로 올바른 선거와 절차와 의미를 경험하는 5학년 아이들의 좌충우돌 이야기를 담았다. 고학년 아이들이 임원의 자격과 선거의 중요성에 대해 생각해볼 수 있는 책.

- **잘못 뽑은 반장** | 이은재 글 & 서영경 그림 | 주니어김영사

말썽꾸러기 로운이가 반장이 되면서 겪는 책임과 자신감에 대한 이야기. 반장다운 반장이 갖추어야 하는 자질에 대해 고민해보고 리더십은 어떻게 형성되는지 보여주는 책.

- **장 꼴찌와 서 반장** | 송언 글 · 유설화 그림 | 잇츠북어린이

완전히 다른 두 친구가 있다. 1학년 때부터 야단을 하도 많이 맞아서 이제 웬만한 야단에는 눈 하나 깜짝하지 않는 장도웅. 그리고 1학년 때부터 칭찬만 줄곧 받아서 이제 어지간한 칭찬에는 기쁘지도 않은 서민정. 이 책의 특색은 각각의 이야기가 앞뒤로 전개되다가 마지막에는 만난다는 사실이다. 두 아이 중 하나의 이야기를 먼저 읽고, 책을 뒤집어서 다른 하나의 이야기를 읽으면 책 표지에 적힌 것('앞뒤로 읽으면서 입장을 바꿔보는 책')처럼 두 아이의 상반된 입장을 함께 고려하게 된다. 각양각색의 사람들이 함께 살아간다는 사실을 아이가 이해하는 데 도움이 되는 책.

2-3 학교스포츠클럽이 뭔가요?

학교스포츠클럽이란 대한민국 학교체육진흥법에 따라 체육 활동에 흥미가 있는 같은 학교 학생으로 구성되어 학교가 운영하는 스포츠 동아리를 말합니다.

신체 활동이 아이들의 체력은 물론 인성과 학업 성취에도 효과적이라는 보고가 있습니다. 2017년 교육부의 학교스포츠클럽 만족도 조사 결과를 살펴보면 아이들의 신체 발달뿐만 아니라 인성 발달에도 효과가 큰 것으로 나타났습니다. 아이들이 학교 체육 활동을 하며 즐겁게 지내고, 규칙 준수와 협동심, 배려심을 배우는 데 효과적이고, 규칙적인 운동이 학생들의 뇌 발달뿐만 아니라 긍정적인 자기 인식에도 도움이 된다고 합니다.

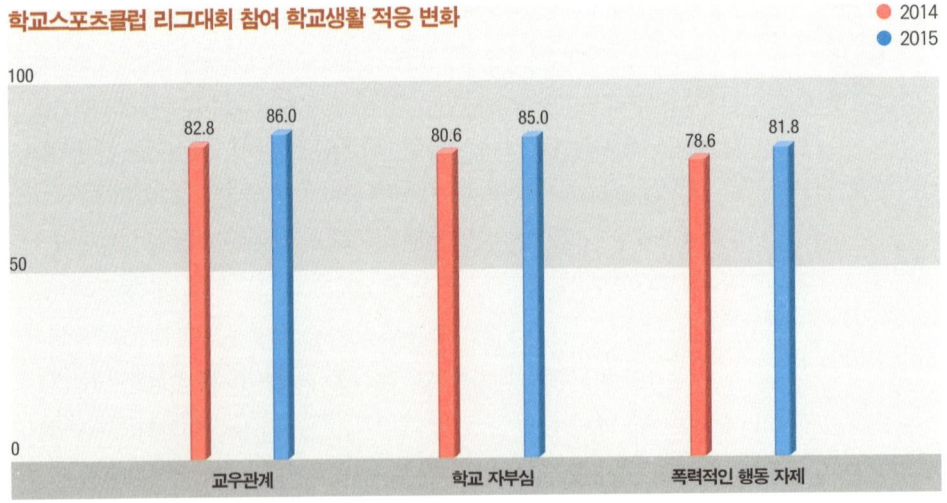

학교스포츠클럽 리그대회 참여 학교생활 적응 변화

초등학교에서는 학년별로 점심시간을 활용해 '스포츠 데이'를 운영합니다. 종목은 다양하며, 반대항이나 클럽대항 리그전을 치르지요. 티볼, 넷볼, 츄크볼, 소프트테니스 등 최근에는 뉴스포츠(참가자 중심의 체험형 스포츠)를 도입하여 배우고 직접 참여하면서 즐거운 시간을 보내기도 합니다.

방학 기간에도 스포츠클럽을 운영하기도 합니다. 방학 동안 건강 관리에 소홀해지기 쉬운 학생들이 자기 관리를 하고 운동 습관을 들이기 위해 운영되죠. 방학인데도 많은 학생들이 참여해 학기 중에 실시했던 운동을 꾸준히 실천할 기회가 됩니다.

처음에는 움직이는 활동을 싫어했던 여학생들도 나중에는 하나가 되어 신나게 뛰어놉니다. 친구들과 협동심을 키워나가고 배려심을 기르는 교육, 그 해답을 학교 체육에서 찾을 수 있지 않을까요?

'스포츠 데이' 때문에 학교 오는 것을 더욱 기다리며 즐거워하는 아이들, 학교스포츠클럽 안에서 우리 아이들의 행복과 인성을 키워주는 모습을 자주 볼 수 있습니다. 학생들은 스포츠에 참여하면서 나 혼자만 생각하는 것이 아니라 서로를 믿고 의지하는 모습을 보입니다.

전국 학교스포츠클럽대회 | 자료: '우리 아이 공감 능력 길러주기', 마음톡톡

① **주관** | 교육부, 문화체육관광부, 대한체육회
② **종별** | 초·중·고(남, 여, 혼성)
③ **종목**(정식+시범) | 연도별, 지역별 조금씩 다릅니다.

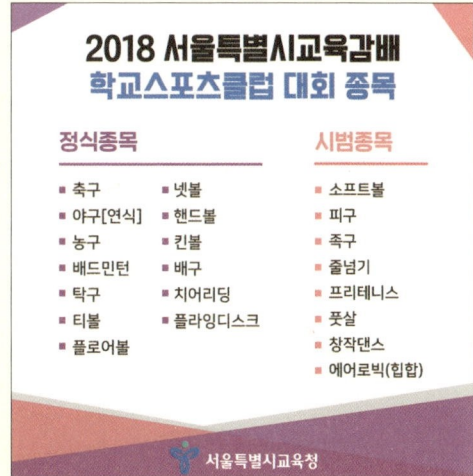

④ **진행 방법** | 각 지역 교육청 대회(1차) → 도교육청 대회(2차) → 전국 대회(3차)
⑤ **특이 사항** | 종목별 엘리트 체육 선수는 참가 불가

3
졸업이 다가왔어요

졸업 앨범 촬영, 중학교 입학 지원서 쓰기 등 서서히 정든 학교와 친구들을 떠날 마음의 준비를 합니다. 아이들은 하나둘 소중한 추억을 간직하는 방법을 배워 나갑니다.

3-1 수학여행은 어떻게 준비해야 하나요?

수학여행! 요즘은 숙박형 현장 체험학습이라고 합니다. 학교 교육과정과 관련된 교과와 교육 목표를 중심으로 아이들에게 교육적 의미가 있는 장소와 일정으로 진행됩니다. 그러므로 학교마다 수학여행 시기와 장소가 다를 수밖에 없습니다. 아이들은 수학여행이라는 단어만 들어도 환호성을 지릅니다.

"선생님, 방은 어떻게 배정해요?"
"캐리어 가져가도 돼요?"
"자유 시간을 얼마나 주나요?"
"장기자랑 연습하게 시간 좀 주시면 안 되나요?"

정말 다양한 질문이 동시에 쏟아집니다. 어디에 가서 무엇을 체험하고 느끼는 것도 중요하지만 아이들에게는 친구들과 함께 여행을 간다는 의미가 더 크다고 할 수 있습니다. 친구들 앞에서 그동안 갈고닦은 춤 솜씨며 랩까지 뽐낼 수 있는 장기자랑 시간도 빼놓을 수 없죠. 수학여행을 떠나기 일주일 전 교실은 구름 위를 둥둥 떠다니는 듯한 느낌이 듭니다. 다들 들뜬 표정과 기분을 감추지 못하죠.
아이들이 하는 수학여행 준비는 크게 가방 싸기와 사전 자료 조사로 나눌 수 있습니다.

❶ 수학여행 가방 꾸리기
캐리어보다 배낭 형태의 가방이 좋습니다. 수학여행 숙소에는 엘리베이터가 없을 수 있으며 캐리어를 옮기는 도중에 안전사고가 발생할 우려가 있기 때문입니다.

| 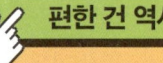 편한 건 역시 백팩 | 가볍게 보스턴백 |

학생들에게 편한 건 역시 백팩이죠! 패션과 기능성을 겸비한 백팩을 선택해도 좋습니다!
(남학생이라면 밀리터리 백팩 스타일도 추천합니다.)

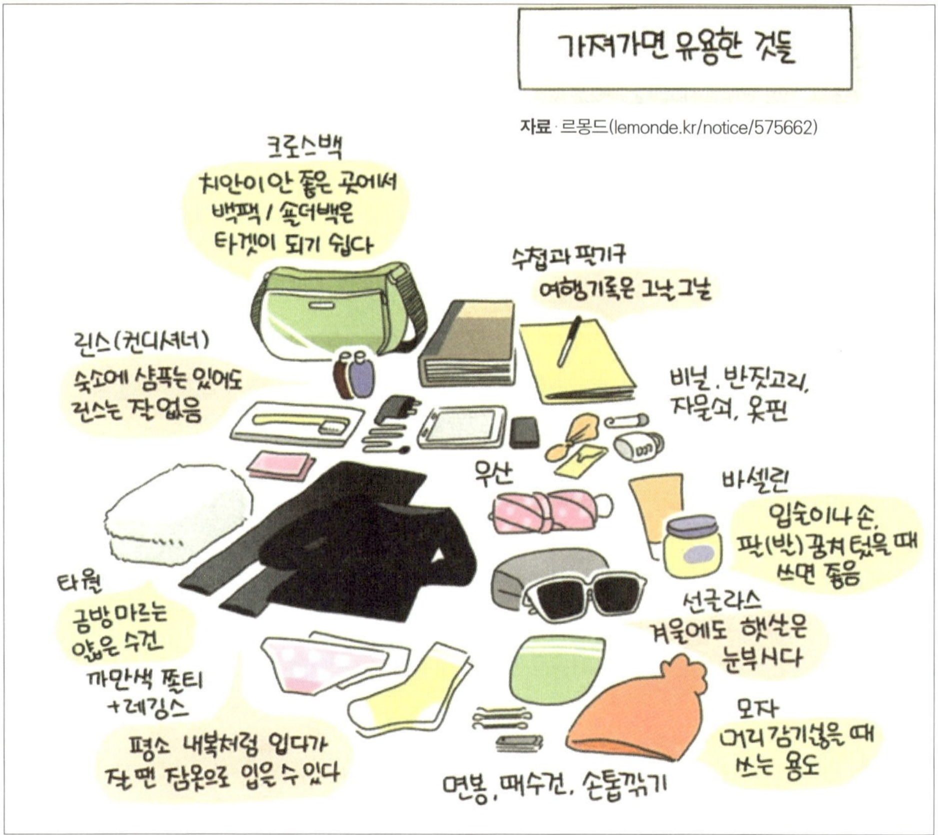

가져가면 유용한 것들

자료 · 르몽드(lemonde.kr/notice/575662)

크로스백
치안이 안 좋은 곳에서 백팩/숄더백은 타겟이 되기 쉽다

수첩과 필기구
여행기록은 그날 그날

린스(컨디셔너)
숙소에 샴푸는 있어도 린스는 잘 없음

비닐, 반짇고리, 자물쇠, 옷핀

우산

바셀린
입술이나 손, 팔(반) 꿈쳐 텃을 때 쓰면 좋음

타월
금방 마르는 얇은 수건

선글라스
겨울에도 햇살은 눈부시다

까만색 쫄티 + 레깅스
평소 내복처럼 입다가 잘 땐 잠옷으로 입을 수 있다

모자
머리 감기싫을 때 쓰는 용도

면봉, 때수건, 손톱깎기

❷ 수학여행지에 대한 사전 자료 조사

역사 유적지라면 역사적 배경, 관련 사건과 인물에 대해 인터넷이나 책을 통해 미리 공부를 하고 가는 것이 좋겠지요. 수학여행에서 박물관, 역사 유적지를 방문할 경우 여러 아이들이 동시에 관람하기 때문에 우르르 따라다니다가 제대로 관람하거나 체험할 수 없는 경우도 있습니다. 그러지 않으려면 사전 지식과 정보를 갖고서 무엇을 보고 올 것이며, 왜 그것을 보고 와야 하는지에 대한 고민이 필요합니다.

TIP

수학여행 준비물 체크 리스트

수학여행 준비물 체크 리스트

의류 & 신발
- ☐ 옷
- ☐ 속옷
- ☐ 잠옷
- ☐ 양말
- ☐ 여벌 신발
- ☐ 수건 한두 장

화장품
- ☐ 선크림
- ☐ 렌즈, 세척용품

세면도구
- ☐ 치약 & 칫솔
- ☐ 클렌징 용품
- ☐ 샴푸 & 린스
- ☐ 바디워시 & 샤워볼
- ☐ 머리끈
- ☐ 면도기
- ☐ 수건 한두 장

소품
- ☐ 각종 충전기(카메라, 노트북 등)
- ☐ 멀티어댑터
- ☐ 선글라스
- ☐ 셀카봉
- ☐ 여성용품
- ☐ 상비약

챙기면 더 좋은 기타 용품
- ☐ 지퍼백(젖은 물건 보관)
- ☐ 보조가방(늘어난 짐 담기)
- ☐ 우산 또는 우비
- ☐ 약간의 현금

기타 준비물
- ☐ _____
- ☐ _____
- ☐ _____
- ☐ _____
- ☐ _____

짐 싸기 간단 Tip
- 옷은 돌돌 말아서!
- 파우치를 이용해 간편하게 정리
- '가져갈까 말까' 할 땐 과감하게 패스
- 깨지기 쉬운 물건은 옷 틈새에

3-2 졸업 앨범은 어떻게 찍나요?

"내일은 졸업 앨범 촬영이 있으니까 예쁘게 하고 와."
"꺅! 아, 뭐 입지?"
"어떤 포즈로 찍을까?"

졸업 앨범 촬영 전 아이들은 무척 바쁩니다. 어떤 옷을 입고 어떤 포즈로 찍어야 할지 고민하며 거울 앞에서 웅성거리죠. 졸업 앨범은 소중한 추억이며 자료입니다. 지금의 나와 친구들의 모습, 함께 활동했던 장면을 추억할 수 있으니까요.

졸업 앨범에 담는 내용은 학교마다 조금씩 달라요. 요즘은 재치 있는 콘셉트로 졸업 사진을 촬영하는 친구도 많답니다.

졸업 사진의 기본 구성

● 개인 증명 사진
단정하게 그리고 미소를 지으며 찍어요.

● 개인 프로필 사진
나만의 멋진 포즈를 취할 수 있어요.

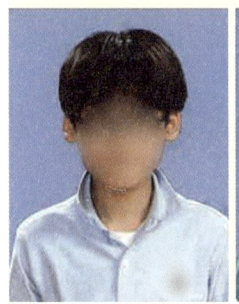 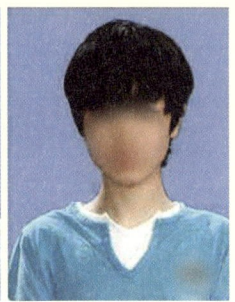  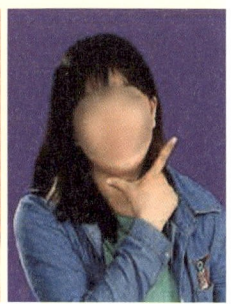

● **소그룹 사진**
5명 정도 소그룹을 지어서 사진을 찍어요.

● **학급 단체 사진**

TIP

졸업 앨범 찍는 노하우

얼굴을 가린다거나 고개를 숙이거나 지나치게 화려한 화장과 옷차림보다는 시간이 흘러서 앨범을 보더라도 미소 지을 수 있도록 밝은 표정과 모습을 담기 위해 노력해보세요.

① 머리는 긴 머리일 경우에는 깔끔하게 묶거나 단발머리일 경우에는 귀 뒤로 꽂는 게 단정해보여요.
② 의상은 뒷배경과 같은 색상의 옷, 큰 패턴의 옷, 너무 튀는 옷은 피하는 것이 좋아요.
③ 얼굴은 포토샵으로 수정이 가능하기 때문에 굳이 화장을 하지 않는 게 더 좋아요. 꼭 화장을 해야 한다면, 과도한 아이섀도우, 과한 서클렌즈, 진한 화장 등은 피하고 자연스럽게 하는 것이 좋아요.
④ 악세서리는 화려하거나 복잡하지 않은 간결한 것이 좋아요.
⑤ 안경을 썼다면, 촬영 시 안경알의 반사 때문에 눈이 흐려보일 수 있으니 안경을 벗거나 안경알을 빼주는 게 좋아요.

3-3 중학교 입학 지원서는 어떻게 쓰나요?

6학년 아이들은 11월 말에서 12월 초에 중학교 입학 배정 원서를 씁니다. 자신이 사는 인근의 중학교를 중심으로 1지망부터 희망하는 중학교를 지원합니다. 중학교 배정은 거주지 인근 학교를 원칙으로 하기 때문에 아이가 원하는 중학교에 입학하려면 1차 배정 전 입학할 중학교 근처로 이사하는 것이 가장 안전합니다.

중학교 배정 시 고려 사항 | 자료 · '중학교 신입생 배정 길라잡이', 내일신문

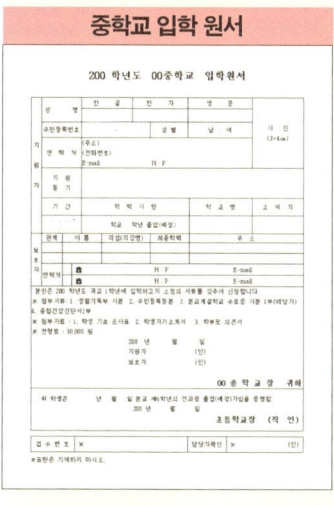

❶ 중학교를 선택할 때 아이의 의사를 먼저 존중해주세요. 3년간 중학교 생활을 해야 하는 아이의 의견을 충분히 들은 후 부모와 상의하여 결정합니다.

❷ 남녀공학과 남중, 여중의 장단점을 충분히 고려합니다. 학부모 중에는 남녀공학에 가면 학업을 소홀히 할까 봐 걱정하는 분도 있습니다. 남중과 여중은 선배들의 눈치를 보는 것은 아닐까, 하는 걱정을 하기도 하죠. 선배들을 통해 각 학교의 분위기를 파악하고 아이와 의논하면서 결정할 수 있도록 합니다.

❸ 집과의 거리를 알아두세요. 주말에 고려 중인 중학교를 아이와 함께 가본다든지 대중교통 수단은 어떤 것을 이용할 수 있는지 등을 미리 알아둡니다.

❹ 배정 원서를 제출한 후 주소지를 이전한 경우에는 일단 구 주소지 학군으로 배정받았다가 배정 발표 후 별도의 계획에 의한 재배정을 통해 새로운 주소지 학군으로 배정받을 수 있습니다.

❺ 중학교는 학군별로 거주지 인근 학교로 배정되기에 배정 학생들은 정확한 거주지를 등록하기 위해 주민

등록등본과 실거주지가 일치하는지 확인하는 절차를 거칩니다.

❻ 학군이 주변에서 선호하는 경쟁 지역 학교에 해당된다면 위장 전입 여부를 조사합니다. 주민등록만 돼 있고 실제 거주하지 않거나 일부 가족 또는 학생만 주민등록이 돼 있거나 친척 또는 친지 및 다른 사람의 동거인으로 돼 있는 경우는 위장 전입자로 단속 대상에 포함됩니다. 거주 사실 조사에서 위장 전입자로 밝혀진 학생은 해당 학교장 책임 아래 주소지를 실제 거주지로 옮기게 됩니다.

❼ 자세한 사항은 지역교육지원청 중입 배정 담당자에게 문의하는 것이 정확하며, 아이가 다니는 초등학교에도 중입 배정 담당 교사가 있으므로 궁금한 사항이 있다면 의논할 수 있습니다.

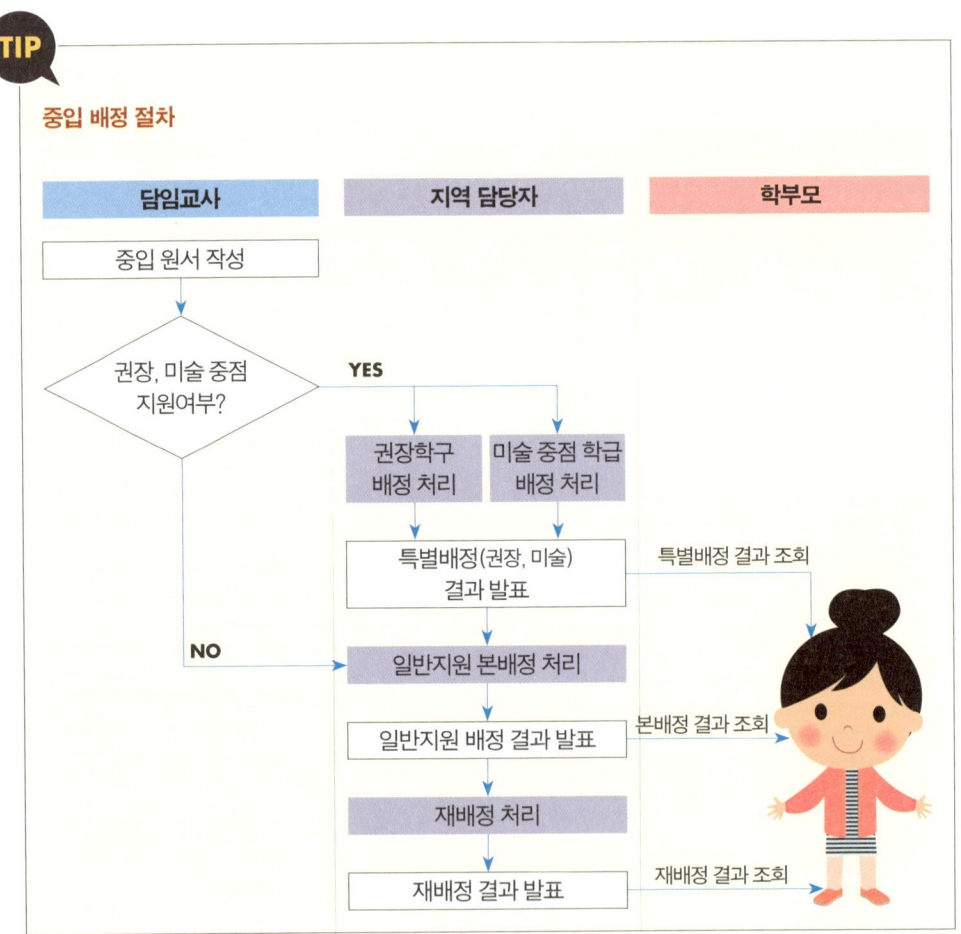

TIP 중입 배정 절차

검정고시

검정고시는 정규 초·중·고등학교에 진학하지 못했거나 학업을 중단한 사람에게 새로운 교육 기회를 부여하기 위한 학력 인정 시험으로, 해마다 2만여 명이 접수해 시험에 응시하고 있습니다.

초등학교 검정고시 시험은 사정상 정규 학교에 진학하지 못한 사람들에게 계속 교육을 받을 기회를 제공합니다. 국가의 교육 수준 향상을 도모하고 교육의 평등 이념 구현에 기여하고자 국가에서 시행하는 시험입니다.

초등학교 검정고시는 학교의 졸업 또는 입학 자격 학력을 인정해주는 시험이기도 합니다.

응시자격 및 응시과목

구분	응시자격	응시과목
전과목 응시자	• 만 11세 이상인 자로서 초등학교 교육과정을 이수하지 아니한 자	총 6과목 • 필수(4과목) 국어, 사회, 수학, 과학 • 선택(2과목) 영어, 도덕, 실과, 체육, 음악, 미술 중 2과목
	• 초등학교(특수학교 포함) 재학생 중 만 11세 이상인 자로서, '초·중등교육법시행령' 제29조의 규정에 의하여 학적이 정원 외로 관리되는 자	
	• '보호소년 등의 처우에 관한 법률 시행령' 제69조 제1호에 해당하는 자	

홈스쿨링

자녀를 학교에 보내지 않고 집에서 가르치는 '홈스쿨링'에 대한 관심이 높아지는 추세입니다. 우리나라에서는 지난 1999년 도입된 이래로 정확한 통계는 없지만, 꾸준히 늘어나고 있습니다. 미국에서는 홈스쿨링이 이미 보편화되어 법적으로 인정받는 것은 물론이고 미국인들 사이에선 하나의 교육과정으로 여겨지고 있습니다.

우리나라에서도 학교에 적응하지 못하는 아이를 가진 부모, 우리나라 특유의 줄 세우기식 교육에 답답함을 느끼는 부모뿐만 아니라 최근에는 수시로 바뀌는 교육정책에 불신을 가진 부모들 사이에서 차라리 학교를 나와 내 나이를 위한 맞춤형으로 교육시키려는 새로운 움직임으로 자리 잡고 있습니다. 현재 국내에서는 아동 방치와 학대와 같은 홈스쿨링의 악용 가능성이 우려돼 제도적으로 금지하고 있습니다. 홈스쿨링을 진행하기 위해서는 취학 의무 면제 소견서를 학교에 제출해야 합니다.

홈스쿨러를 할 때 기억할 8가지 | **자료** · '홈스쿨링 국내 도입 10년, 돌아보니…', 중앙일보

- ☑ 자녀의 동의 없이 시작하지 않는다.
- ☑ 맞벌이를 하지 않는다.
- ☑ 방학 때 한두 달 사전 체험을 해본다.
- ☑ 대입에서 '인서울'은 현실적으로 어렵다.
- ☑ 학습품앗이를 하면 효과적이다.
- ☑ 홈스쿨은 집이 곧 학교다. 형제자매가 많아야 함께 공부하는 재미를 알게 되니, 가능하면 많이 낳는다. 홈스쿨을 위해 넷째를 가지기도 한다.
- ☑ 대안교육 잡지나 관련 책 등을 읽는다.
- ☑ 아이와 온종일 같이 지내며 지지고 볶는 일상을 견뎌야 한다.

NOTE

1. 생활 관련 고민

Q 아이가 학습 준비물을 잘 몰라요. 어떻게 도와줘야 하죠?

새 학년이 시작되는 3월 초가 되면 그해에 필요한 학용품과 학습 준비물을 안내합니다. 학년에 따라 목록이 조금씩 다르긴 하지만 기본적인 학용품, 교실 생활용품, 도서 등으로 나눌 수 있습니다.

초등학교 저학년 아이들은 학년 초 적응기에 알림장을 부모와 함께 점검하면서 하나씩 스스로 챙기는 습관을 들여야 합니다. 학년이 올라갈수록 전 학년에서 사용하던 기본 학용품에 담임선생님이 안내하는 학습 준비물을 챙기면 됩니다.

수업에 필요한 종이류, 만들기 재료, 실험 재료 등은 학교에서 일괄 구매해 수업 시간에 사용하기 때문에 개인이 기본적으로 학습에 필요한 것을 준비하면 됩니다.

구분	준비물	준비물 종류 및 준비 방법
생활용품	휴지, 물티슈, 양치 도구	두루마리 휴지 1롤, 70매 이상 물티슈 1개, 플라스틱 양치 컵, 칫솔, 치약
사물함	가위, 풀 연필, 색연필 셀로판테이프	• 가위와 풀은 수업 시간에 자주 사용하므로 늘 준비하세요. • 연필, 색연필이 없는 경우 담임선생님이 색연필을 빌려줍니다. 따로 사지 마세요.
필기구	필통, 연필, 지우개, 자, 채점 펜, 볼펜	• 필통은 떨어져도 소리가 나지 않는 천으로 된 것을 추천합니다. • 연필 3자루 이상, 절대로 연필을 양쪽으로 깎지 않습니다. (바른 필기 습관을 위해 샤프 사용을 금합니다.) • 잘 지워지는 물렁물렁한 지우개 • 길이는 15cm 정도, 눈금이 정확히 보이는 플라스틱 자 • 붉은색 색연필이나 붉은색 중성 펜 • 빨강, 파랑, 검정 볼펜(학습 정리할 때 사용)
기타	알림장 가림판 2개	• 공책으로 제본된 것(스프링으로 된 알림장은 잘 찢어집니다.) • 두꺼운 종이 파일(기존의 가림판 재사용 가능)

도서	개인용 도서	• 개인용 1권(매일 자습 시간이나 휴식 시간에 읽을 책) • 본 학급에는 학년에 맞는 학급문고가 있습니다. 책을 준비하지 않았으면 학급문고를 이용하면 됩니다. • 학급문고에도 없는 책의 경우 도서관에서 대출합니다.
주의 사항		• 칼은 안전을 위해 가져오지 않습니다. (필요한 경우 담임선생님의 칼을 빌려서 사용) • 고가의 전자제품과 큰 액수의 현금은 학교에 가져오지 않습니다. • 도박성 카드(포커)와 각종 카드를 비롯한 보드게임, 장난감 등은 분실 위험이 있기 때문에 가져오지 않습니다. • 학교에 외부 음식물은 가져오지 않습니다. 물만 허용합니다. • 모든 학용품과 교과서에는 이름을 반드시 표시해 분실하지 않도록 합니다.

Q 정리·정돈을 잘 못해서 주변이 항상 지저분해요. 어떻게 해야 하나요?

'정리'란 '어수선하거나 쓸데없는 것을 없애거나 하여 가지런히 바로잡는다'는 뜻입니다. 그러나 자신이 생활하는 공간이나 자신의 물건을 잘 정돈하는 것 말고도 마음과 생각, 시간, 말, 학습에도 정리의 개념은 필요합니다.

정리하는 습관은 기억력과 집중력을 높여주며 자립심과 책임감을 길러주고 다른 사람을 배려하는 사회성을 길러줍니다. 자녀가 시간 활용을 잘하고 집중력이 높아 학습 능률이 오르고, 자기가 할 일을 스스로 잘하는 아이로 자라기를 원한다면 부모는 먼저 아이에게 정리하는 습관을 길러주어야 합니다.

그렇다면 아이들의 정리 정돈 습관을 길러주려면 어떻게 해야 할까요?

❶ 부모부터 먼저 정리하는 습관을 가져야 합니다

최고의 교육 방법은 가르치는 것이 아니고 스스로 보고 배우도록 하는 것이라고 합니다. 아이들의 정리 정돈 습관을 길러주려면 부모가 먼저 항상 깨끗이 정리 정돈하고, 물건을 사용한 뒤 제자리에 두는 모습을 보여주어야 합니다. 그러기 위해서는 먼저 집 안에 있는 모든 물건의 자리를 지정해줍니다. 사용하고 나면 반드시 제자리에 갖다 두는 규칙을 정하고 가족 모두가 지키도록 합니다.

❷ 정리는 깔끔하고 정확해야 한다는 부모의 고정된 생각을 바꿉니다

아이의 정리 정돈이 엄마의 정리 정돈과 똑같이 깔끔하고 정확하기를 기대하는 것은 조금 어려운 일입니다. 처음에는 정리가 서툴고 약간 지저분해도 일단 물건을 제자리에 갖다 두는 것으로 시작하면 좋습니다.

아이가 정리해놓은 것이 마음에 들지 않는다고 부모가 대신 정리하고 치워주기 시작하면 아이는 자기 물건을 치우지 않아도 된다고 생각하거나, 잘 정리하지 못할 것을 미리 겁내 치우기를 꺼립니다. 아이가 정리하는 것이 습관이 되면 지저분한 것을 싫어하고 스스로 잘 정리된 환경을 만들어갑니다.

❸ 반복되는 생활 훈련을 통해 정리하는 습관이 몸에 배도록 합니다

처음에는 부모가 정리하는 방법을 가르쳐주고 조금씩 도와주지만, 점차 아이가 혼자 하도록 맡겨줍니다. 아이가 조금 어리면 쉬운 것부터 정리하는 데 익숙해지도록 합니다. 정리하는 습관을 길들이지 못하면 지저분한 환경에도 익숙해집니다.

❹ 스스로 정리하는 아이를 격려하고 칭찬해줍니다

정리는 귀찮고 하기 싫은 일입니다. 그래서 스스로 정리하는 아이는 격려하고 칭찬해주어야 합니다. 칭찬과 격려를 받은 아이는 정리하는 것을 즐겁게 생각하며 정리한 뒤에 깨끗하고 아름다워진 방을 보면서 스스로 만족감을 느낄 것입니다.

❺ 한꺼번에 너무 많은 물건을 사주지 않습니다

아이들은 꿈이 금방 바뀌듯 장난감이나 물건에 대한 관심도 쉽게 바뀝니다. 놀잇감이 너무 많으면 아이는 한 가지에 집중하지 못하고 금방 산만해집니다.

아이가 놀 때 모든 장난감을 한곳에 꺼내서 정신없이 갖고 놀게 하지 말고, 종류별로 조금씩 다른 바구니에 담아 와서 가지고 놀 수 있도록 해야 합니다. 또 전집으로 사준 책은 책장만 장식할 뿐 아이들의 관심을 끌지 못하는 경우가 많습니다.

아이가 자신에게 작아진 옷이나 더 이상 보지 않는 책, 어렸을 때 가지고 놀던 장난감을 가려내 재활용 가게나 쓸 수 있는 다른 사람들에게 주는 것도 정리 정돈을 잘하는 방법임을 가르쳐줍니다.

Q 학교만 가면 자꾸 잠을 자요. 어떤 좋은 방법이 없나요?

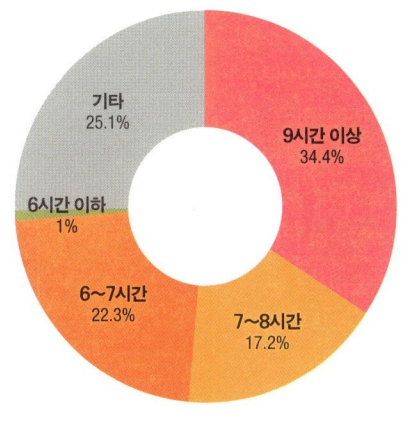

아이가 수업 시간에 잠자는 이유를 아이 입장에서 살펴보면 정말 몸과 마음이 피곤하거나 수업 내용을 들어도 잘 이해가 되지 않기 때문입니다.

2016년 통계청 조사에 따르면 우리나라 초등학생 중 9시간 이상 수면하는 학생은 34.4%밖에 되지 않으며 7~8시간은 17.2%, 6~7시간은 22.3%, 6시간 이하는 1%에 해당된다고 합니다(좌측 그래프 참조). 초등학교(7~12세)의 권장 수면 시간은 보통 9~11시간입니다.

초등학생들의 수면 부족 원인은 과도한 학업량, 늦은 시간까지 스마트폰 사용, TV 시청 등이 있습니다. 수면이 부족하면 학교 수업에 지장을 주는 것은 물론 비만, 의욕 감소, 집중력 저하 등의 다양한 부작용이 발생합니다.

충분한 수면을 위해서는 현재 아이의 수면 부족 원인이 무엇인지 명확하게 파악한 후 부모의 적절한 대안 제시가 필요합니다. 과도한 학업으로 인한 수면 부족이라면 아이와 상의한 후 꼭 필요한 사교육만 받도록 합니다. 스마트폰 사용과 TV 시청 과다가 원인이라면 사용 시간 정하기, 잠자기 전 거실에 스마트폰 두기 등 규칙을 정해 사용량을 줄여나갑니다.

책상에서 하는 스트레칭 | 출처·삼성서울병원

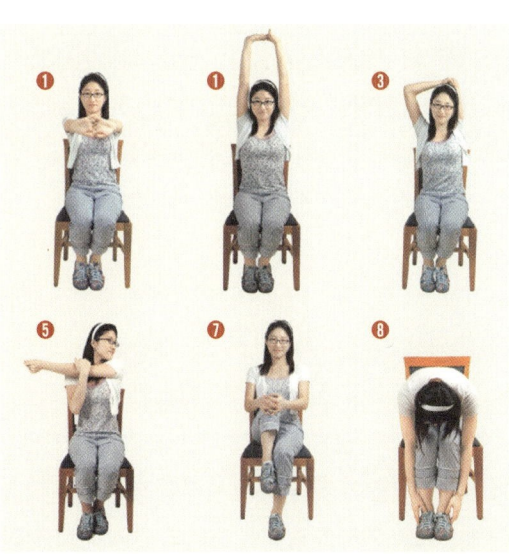

❶ 양손을 깍지 낀 채 앞으로 최대한 뻗었다가 다시 머리 위로 올린다.
❷ 양팔을 머리 위로 쭉 편 채 좌우로 천천히 숙여준다.
❸ 머리 뒤에서 오른쪽 팔꿈치를 왼손으로 잡고 어깨와 팔꿈치를 부드럽게 당긴다.
❹ 머리 뒤에서 양손을 깍지 끼고 팔꿈치를 나란히 편다.
❺ 오른손으로 왼팔의 팔꿈치를 잡고 왼쪽 어깨 뒤쪽을 보면서 오른쪽 어깨 쪽으로 부드럽게 당긴다.
❻ 앉은 자세에서 발목을 앞뒤 각각 10회씩 천천히 돌린다.
❼ 양손으로 한쪽 무릎을 잡고 가슴 쪽으로 당긴다.
❽ 의자에 앉은 자세에서 양팔과 머리를 앞쪽으로 천천히 내린다. 내린 자세에서 힘을 빼고 40~45초 멈춘다.

2. 사회성 관련 고민

Q 스마트폰을 한시도 내려놓지 않아요. 어떻게 해야 하나요?

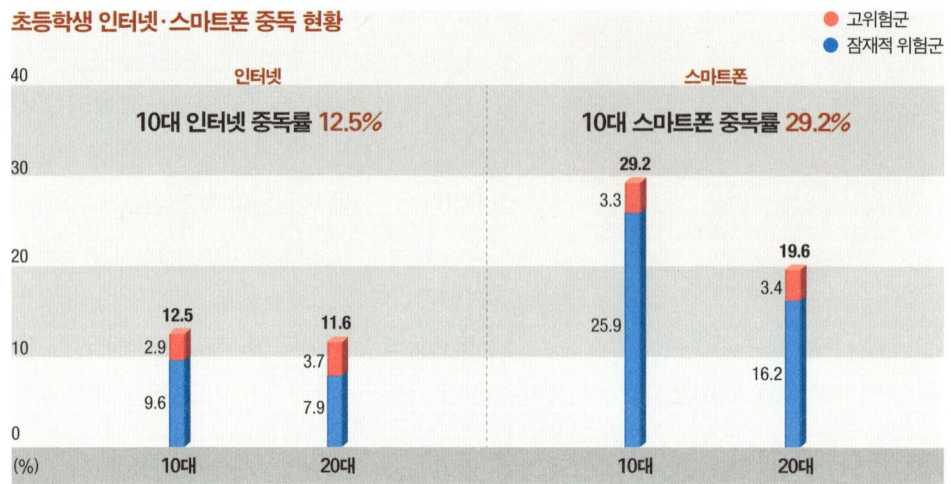

여성가족부와 통계청이 전국 청소년을 대상으로 조사한 '2016년 청소년 통계'에 따르면 2014년 기준 10대 청소년의 스마트폰 중독률은 29.2%에 이르는 것으로 나왔습니다. 10대 청소년 3명 중 1명이 스마트폰 중독이라고 볼 수 있습니다. 10대의 스마트폰 중독률은 2011년 11.4%였지만, 2012년 18.4%, 2013년 25.5%, 2014년 29.2%로 집계됐습니다. 또 10대의 인터넷 중독률도 2011년 10.4%에서 매년 올라 2014년 12.5%까지 높아졌습니다. 중학생(33%)의 스마트폰 중독률이 가장 높았고, 고등학생(27.7%), 초등학생(26.7%) 순으로 스마트폰 의존도가 높았습니다.

아이들이 어릴 때부터 스마트 기기에 자주 노출될수록 스마트폰에 중독될 확률은 높습니다. 따라서 자녀가 마음대로 스마트폰을 쓰도록 내버려두기보다는 일정 시간을 제한해 쓰도록 하는 것이 가장 효과적인 방법입니다.

실제로 부모의 양육 태도에 따른 스마트폰 게임 시간 상관 연구에서 부모의 중재 유형 중 통제적 유형만이 게임 이용 시간에 영향을 미쳤습니다. 즉 부모가 자녀의 스마트폰 이용에 대해 간섭과 통제를 할수록 자녀의 게임 이용 시간이 줄어드는 것으로 나타났죠.

또 부모는 자녀와 꾸준한 대화를 통해 자녀가 얼마나 스마트폰을 이용하고 어떤 애플리케이션을 즐겨 쓰는지 파악해두어야 합니다. 자녀와 원만한 대화를 하기 위해서는 부모 스스로 스마트폰의 여러 기능과 아이가 어떤 이유로 스마트폰을 주로 사용하는지 알고 있어야 합니다. 자녀가 스마트폰에 매달리는 것을 공부에 방해된다고 무조건 나무랄 것이 아니라 자녀가 올바르게 사용할 수 있도록 지도해야 합니다.

아이가 사용하는 스마트폰은 국내외 정치, 사회적 상황뿐만 아니라 다양한 문화나 제도에 대한 유익한 정보를 얻을 수 있는 도구입니다. 또 아이는 스마트폰으로 친구를 비방하고 상처를 줄 수도 있습니다. 그러므로 부모가 자녀의 스마트폰 이용 행태에 관심을 갖는 것은 꼭 필요합니다. 부모는 자녀가 스마트폰을 긍정적으로 활용할 수 있도록 안내하는 역할이 필요합니다.

Q 아이가 친구와 싸웠어요. 어떻게 해야 하나요?

아이들은 아직 자기중심적 사고에서 벗어나지 못합니다. 아이에 따라서는 자신의 잘못을 크게 생각해서 죄책감을 느낄 경우 처벌이나 비난에 대한 두려움이 동반될 수 있어 죄책감을 느끼지 않으려고 사과를 거부하는 경향을 보이기도 합니다. 부모의 강요 때문에 입으로만 '미안하다'고 말하는 사과를 반복적으로 할 경우는 더욱 의미가 없지요. 사과는 다른 사람들과 어울려 지내면서 꼭 필요한 기술이지만, 지나친 경우 아이의 정서적 발달에 부정적 영향을 미칩니다. 지나친 부모의 간섭과 강요는 '나는 항상 잘못을 하는 아이야' 또는 '우리 엄마는 나를 사랑하지 않아' 등의 자기 비하적인 부정적 사고방식을 갖게 되어 모든 일에 자신감이 떨어지고 위축된 모습을 보일 수 있습니다.

그렇다면 강요가 아닌 진심으로 친구에게 사과하고 화해하려면 어떻게 지도해야 할까요?

❶ '왜'가 아닌 '무엇'을 물어주세요

적절한 질문으로 싸움의 원인이 무엇인지 아이가 생각할 시간을 주어야 합니다. "왜 싸웠니?"라는 말처럼 '왜'라는 질문은 아이에게 혼란을 주고 "나도 몰라요"라는 대답을 듣기 쉽습니다. 그러니 "무엇 때문에 싸우게 되었니?", "친구가 뭐라고 말했니?", "너는 어떻게 했니?", "그럼 어떻게 하면 좋을까?" 등 열린 질문을 하는 것이 좋습니다.

❷ 다른 시각에서 볼 수 있게 해주세요

아이들은 자신만의 관점에 사로잡혀 다른 사람들은 어떻게 생각하는지 무시하는 경우가 많습니다. 이럴 때는 "○○이가 이런 행동을 하면 친구는 어떻게 생각할까?", "○○이가 뭐라고 하는지 들어봤니?", "○○이는 어떻게 해주길 바랄까?" 등의 식으로 물어봐서 상대방 입장에서 생각할 기회를 주는 것이 필요합니다.

❸ 사과하는 방법을 모색해주세요

사과하기 전에 "친구에게 어떤 말을 할까", "말로 사과하는 게 부끄러우면 그림 편지를 써보는 건 어떨까", "친구를 집에 초대하는 것은 어떨까?" 등 아이와 함께 방법을 의논하고, 되도록 아이의 선택에 따르면 좋습니다.

아이들은 싸우면서 자랍니다. 자신의 의견을 말하면서 대립이 되면 싸울 수 있지요. 부모의 역할은 '싸우는 것은 나쁘다'라고 알려주는 게 아니라 싸울 수는 있지만 싸운 후 대처 방법이 더 중요하다는 사실을 알려주기 바랍니다.

그러기에 부모가 부부 관계나 자녀와의 갈등 이후에 사과하거나 화해하는 모습을 직접 보여주는 것도 좋은 교육이 될 수 있습니다. 아이들은 부모의 거울이기에 화해하는 모습이나 갈등을 잘 해결하는 모습을 보았다면 아이도 잘 해결할 수 있을 것입니다.

초등학생 교우관계 검사 사이트

EBS 교우관계 검사 무료 서비스 **소요시간** ｜ 약 40분 **문항** ｜ 1~2학년(52문항), 3~4학년(69문항), 5~6학년(89문항)	❶ 교우관계에 대한 만족뿐만 아니라 교우관계에서 발생할 수 있는 집단따돌림 여부와 영향을 미치는 개인의 특성을 동시에 특정할 수 있습니다. ❷ 집단따돌림의 피해뿐만 아니라 가해 여부를 동시에 측정할 수 있습니다.
사이링크 유료 서비스 집단따돌림 예방을 위한 교우관계 진단 검사	❶ 초·중·고 전 학년이 진단 가능한 검사로, 학생들 간의 관계를 통해 소외 위기에 처할 가능성이 있는 학생을 파악할 수 있도록 지원합니다. ❷ 기존 인성 심리 검사만으로 파악하기 힘들었던 사항을 발견할 수 있을 뿐만 아니라 학생들 간의 갈등 해결을 위한 참고 자료로 활용할 수 있습니다.

사이람
유료 서비스
청소년 자살, 폭력, 따돌림 진단

❶ 학생들 간의 관계를 통해 소외 위기에 처할 가능성이 있는 학생을 파악할 수 있도록 지원합니다.
❷ 정서적 친밀도와 사회적 지지도, 현재와 잠재적 관계를 통해 다차원적으로 교우관계를 진단합니다.
❸ 진단 결과를 바탕으로 협업의 효율성과 성과를 향상시킬 수 있는 지향점을 구체적인 수치와 자료로 제공합니다.

Q 아이가 외모 때문에 고민을 많이 해요. 어떤 이야기를 해주어야 하나요?

초등학교 고학년 시기의 아이들은 급격한 신체 변화를 경험합니다. 자신의 외모와 신체를 받아들이는 것은 이 시기의 중요한 발달 과업입니다. 따라서 이 시기의 아이들은 외모에 큰 관심을 갖고 고민하게 됩니다. 또 자신과 다른 사람의 외모를 지나치게 의식하고 민감해지기도 합니다. 그러다 보니 자신의 신체와 외모에 대한 고민과 갈등이 많습니다. 키가 작다거나 얼굴이 크다거나 뚱뚱하거나 등은 이 시기 아이들에게는 심각한 고민이라고 할 수 있습니다. 대중매체에 나오는 아이돌을 보면 큰 키에 작은 얼굴이 외모의 기준이 되는 것도 한몫한다고 할 수 있습니다.

출처 · '외모 지상주의 사회에서 살아남기', 통계 교실

1318 세대
남의 관심을 끌기 위해 값비싼 운동화나 액세서리 등 소품에 집착한다.

1924 세대
성형과 화장으로 자신을 변형시키고 고가의 선글라스와 액세서리에 관심을 기울인다.

2534 세대
외모에 대한 관심이 절정을 이룬다. 헬스와 피부 관리는 다른 모든 것을 포기하더라도 꼭 해야만 하는 인생의 중요한 목표가 된다. 심할 경우 목숨을 건 성형수술과 다이어트도 한다.

3543 세대
어리게 보이는 것이 외모 가꾸기의 최대한 목표이다. 기능성 속옷과 찜질방, 그리고 명품 패션을 통해 몸매 관리에 심혈을 기울인다.

Q 초등학교 시기 아이들과는 어떤 대화를 나누어야 할까요?

친구와 비교해 빨리 또는 늦게 발달하는 신체적 변화, 외모의 급격한 변화 등에 대한 아이의 불만을 귀 기울여 듣고 충분히 공감해주는 것부터 시작할 수 있습니다. 아이를 위로하기 위해 '외모는 중요하지 않아', '엄마가 볼 때 우리 딸이 제일 예뻐'와 같은 위로는 크게 도움이 되지 않습니다. 이미 아이는 외모가 너무나 중요하고 자신은 예쁘지 않다고 굳게 믿고 있기 때문이죠. 충분한 대화를 통해 아이에게 대안을 제시하는 것이 좋습니다. 먼저 아이의 고민에 직접적인 도움이 될 수 있는 대안을 제시해야 합니다. 예를 들어 여드름이 많이 나서 고민인 아이라면 여드름을 막을 수 있는 세안법, 피해야 하는 음식 등에 대해 대화를 나누면서 직접적인 해결책을 찾아보는 것이죠.

아이가 자신감을 갖고 외모 이외의 다른 방향으로 자신을 성장시키고 개발할 수 있도록 도와주는 것도 필요합니다. 외모 때문에 생긴 열등감으로 자신의 재능과 장점은 묻어두고 단점만 들추는 아이들이 많기 때문이죠. 자신의 장점을 찾아 키워주고 스스로 자신감을 갖고 적극적으로 생활할 수 있도록 격려해주어야 합니다.

여드름에 피해야 할 음식 | 이미지 출처·게티이미지뱅크

밀가루 음식

튀긴 식품

가공 식품

우유 함유 식품

청량음료

여드름을 막을 수 있는 세안법

물과 함께 손바닥에 적당량을 덜어 충분히 거품을 냅니다.

손가락의 힘을 빼고 얼굴 안쪽에서 바깥쪽으로 원을 그리며 부드럽게 마사지하듯 손놀림 해줍니다.

유분과 블랙헤드 Black Head가 많은 T존 부위는 더욱 꼼꼼하게 문질러줍니다.

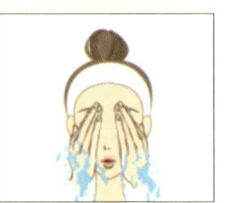
미지근한 물로 세안제가 남지 않도록 충분히 헹구어주며, 마지막 헹굼 때 찬물로 5~6회 정도 패팅하여 이완된 모공을 긴장시켜주고 피부결을 정돈시켜 줍니다

식품의약품안전처는 어린이·청소년들에게 무분별한 화장품 사용을 막고 연령대별 화장품 사용을 안내하기 위해《소중한 내 피부를 위한 똑똑한 화장품 사용법》책자를 전국 초·중·고등학교에 배포했습니다.
이 책에는 10세 미만의 초등학교 저학년을 위한 '예쁜 나', 초등학교 고학년에서 중학생을 위한 '소중한 나', 고등학생과 대학생을 위한 '빛나는 나' 등 3가지 내용이 들어 있습니다.
주요 내용은 ▲ 피부를 아름답게 가꾸는 법 ▲ 화장품 구입 요령 ▲ 화장품 안전하게 사용하는 7계명 ▲ 화장품 부작용 사례 등입니다.

화장품 안전사용 7계명 | 자료 및 일러스트 출처 · 식품의약품안전처

1
화장품을 사용할 때는 손을 깨끗이 해요
씻지 않은 손으로 크림을 덜어내면 안돼요. 크림과 같이 일정량을 덜어서 사용하는 화장품은 깨끗하게 관리된 도구를 사용해요.

2
화장품은 장난감이 아니에요
엄마 화장품을 재미삼아서 바르지 않도록 해요. 어른용 화장품은 어린이 피부에 맞지 않아요. 또한 장난감 화장품을 얼굴이나 손톱에 바르면 안돼요.

3
화장품을 친구들과 함께 사용하는 것은 위험해요
하나의 화장품을 친구들과 함께 사용하면 세균이 옮겨갈 수 있어요. 판매점의 테스트용 제품을 사용할 때에도 일회용 도구를 반드시 사용해요.

4
화장은 바르는 것보다 씻는 것이 더 중요해요
화장품을 피부에 발랐다면 깨끗이 씻어줘야 해요. 먼저 손을 씻고, 따뜻한 물을 사용하여 비누로 골고루 씻어요.

5
화장품을 사용한 후에는 뚜껑을 바르게 꼭 닫아요
화장품을 사용한 후에는 뚜껑을 반드시 닫아서 보관해야 해요. 뚜껑을 닫지 않으면 먼지나 세균이 섞여서 오염될 수 있어요.

6
화장품은 햇볕을 피해서 서늘한 곳에 보관해요
화장품은 햇볕을 피해 서늘한 곳에 보관하는 것이 좋아요. 가방 속에서 마구 굴러 다니지 않도록 잘 담아서 다녀야 해요.

7
화장품의 사용기한을 지켜요
사용기한이 표시된 제품은 반드시 기간 내에 사용해요. 화장품 냄새가 변하거나 모양이 달라진 경우에는 더 이상 사용하지 말아야 해요.

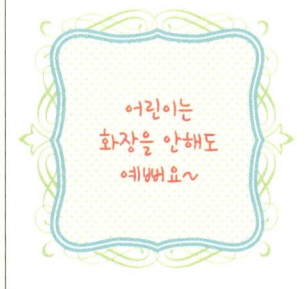

3. 공부 관련 고민

Q 성적을 인터넷으로 검색할 수 있다고 하는데 어떻게 해야 하나요?

나이스 학생 학부모 대국민 서비스를 이용해 아이의 성적부터 생활기록부까지 편리하게 확인할 수 있습니다(372쪽 참조). 교육부 및 도교육청, 1만여 개 초·중·고·특수학교, 178개 교육지원청은 나이스를 통해 모든 교육행정 정보를 전자적으로 연계 처리하고 있죠. 나이스는 교육기관뿐만 아니라 학생과 학부모를 위한 대국민 서비스도 제공합니다.

학생 서비스 제공 콘텐츠는 모두 42종인데요. 출결, 학교생활기록부, 성적, 건강 등과 관련한 학교생활, 창의적 체험 활동을 기록할 수 있는 창의적 체험 활동, 방과후학교 조회 및 출결, 학사 일정, 가정통신문 및 식단 등을 포함한 학교 정보, 서비스 소개 및 신청으로 구분됩니다.

학생이 인터넷으로 본인의 학업 정보를 열람하고 자기주도적 학습을 실천해나갈 수 있습니다.

학생 서비스(42종) | 출처·나이스 학생·학부모 서비스(www.neis.go.kr)

구분	제공 자료
학교 정보	학교 안내, 학사일정, 식단표, 가정통신문, 학교 소속 변경 등
나의 생활	생활기록부, 시간표, 출석부, 창의적 체험 활동, 스포츠클럽, 과목 및 담당교사 등
나의 성적	성적, 고사별 정·오답표, 성적표, 학교생활통지표, 국가수준학업성취도, 성적 분석 등
나의 건강	건강기록부, 건강체크, 신체 활동, PAPS, 건강 정보 등
방과후학교	신청 및 조회, 수강 조회, 출석 조회 등

학부모 서비스 제공 콘텐츠는 모두 56종입니다. 크게 학교 정보, 학생 정보, 학부모 상담 관리, PAPS(학생들의 비만과 체력 저하를 막기 위해 새롭게 개발된 건강 체력 관리 프로그램), 자녀 교육 활용 정보로 구분할 수 있는데요. 학부모는 학교를 굳이 찾아가지 않아도 기본적인 학교 정보뿐만 아니라 자녀의 성적, 출결, 학교생활기록부 등을 인터넷으로 열람할 수 있습니다. 또 나이스는 선생님과의 상담, 가정통신문 등 학교와 학부모가 의사소통을 할 수 있는 상담 관리 서비스도 제공합니다.

학부모 서비스(56종) | 출처 · 나이스 학생·학부모 서비스(www.neis.go.kr)

구분	제공 자료
학교 정보	학교 안내, 학사일정, 식단표, 가정통신문, (내)자녀등록, 자녀 정보 조회 등
학생 생활	생활기록부, 시간표, 출석부, 대입전형 자료, 방과후학교, 학습 자료, 교육비 납입 현황, 과목 및 담당교사 등
학생 성적	성적, 고사별 정·오답표, 성적표, 학교생활통지표, 국가수준학업성취도, 개인별 맞춤 학습, 성적 분석 등
학생 건강	건강기록부, 건강체크, 신체 활동, PAPS, 스포츠클럽 등
상담 관리	공지사항, 신청 및 조회 등
교육 활동	학업지도, 진학지도, PAPS 학습 모형, 에듀넷 학습 정보 등

Q 학원이나 공부방은 다니는 게 좋을까요?

아이의 성향과 수준에 따라 학원과 공부방을 다닐지 결정하는 것이 중요합니다.
스스로 학습 계획에 따라 학교 수업 후 복습을 하는 아이라면 학습 스케줄 관리와 온라인 동영상 강의 등을 활용한 보충 학습만으로도 충분합니다. 자신의 현재 수준에 대한 이해를 바탕으로 예습과 복습을 병행해나갈 수도 있습니다. 과목별 편차가 심한 아이, 또래에 비해 기초 실력이 부족한 아이들은 학원이나 공부방에서 도움을 받을 수 있습니다. 또 예체능 계열은 전문 학원에서 꾸준한 연습과 지도를 받으며 성장해나갈 수 있습니다.

학원과 공부방 중 어느 것을 선택해야 할까요?

학원과 공부방의 장단점을 비교한 뒤 우리 아이의 특성을 감안해 가장 필요한 것이 무엇인지에 따라 선택합니다.
공부방은 학교 수업 특히 국어, 수학, 사회, 과학 등 교과의 보충과 예습을 진행합니다. 아이의 진도와 수준에 맞추어 개별 진도가 다릅니다. 학원에 비해 적은 비용으로 주 3~5회 정도의 수업을 진행합니다.
학원은 분야별 전문 사교육이 가능합니다. 음악, 미술, 체육 등의 예체능 분야부터 국어, 영어, 수학 등에서도 선행 학습과 보충이 가능합니다. 단점이 있다면 아이들이 길에서 허비하는 시간이 생길 수 있습니다. 또 여러 아이를 대상으로 하기 때문에 한 아이 중심의 수업이 힘들다는 단점이 있습니다.

학원이나 공부방과 같은 사교육은 아이의 성장에 도움을 얻을 수 있습니다. 다만 부모의 일방적인 결정은 피해야 합니다. 아이와 충분히 의논한 후 어떤 부분에서 사교육의 도움을 받고 싶은지 어느 정도(기간, 횟수)로 다닐 것인지에 대해 함께 정해야 합니다.

Q 예습과 복습, 모두 시켜야 하나요?

공부를 하는 방법은 크게 예습과 복습으로 나눌 수 있죠. 그렇다면 예습과 복습 중 무엇이 중요할까요? 서울대학교 입학생들의 공부법을 조사한 연구에서 1위가 예습과 복습 중 복습에 치중한다고 밝혔습니다. 특히 방학 때 대부분의 학생들이 선행 학습과 예습에 매달리는 데 반해 서울대학교 입학생들은 지난 학기 총 정리와 복습에 치중한 것으로 나타났습니다. 선행 학습이 유행처럼 번지는 가운데서 나온 의외의 결과였습니다.

헤르만 에빙하우스라는 독일 출신의 유명한 심리학자의 이론 중 가장 많이 알려진 것이 '망각곡선 Forgetting Curve' 가설입니다. 시간의 지남에 따라 기억의 감소 정도를 말하는 가설이죠. 이 곡선은 기억을 유지하려는 시도를 하지 않을 때 정보가 시간이 지남에 따라 손실되는 정도를 보여줍니다. 기억이 강할수록 더 오랜 시간이 지난 후에도 다시 떠올릴 수 있다는 말이죠.

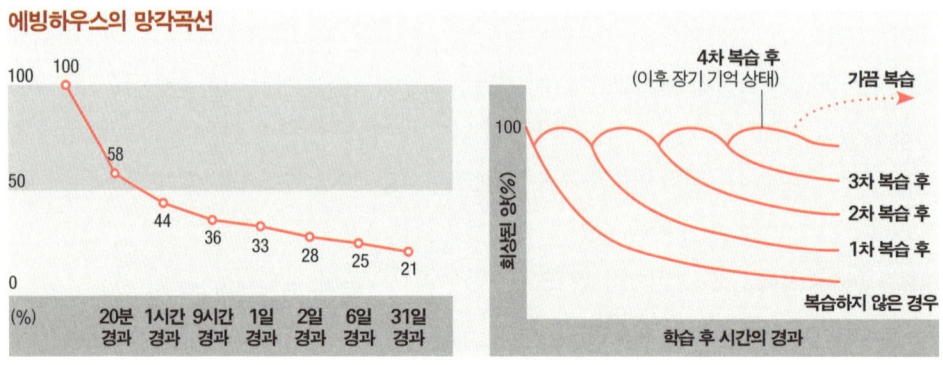

망각곡선은 사람이 학습한 것을 시간이 지남에 따라 기억하는 정도를 그래프로 표현했습니다. 이 그래프를 보면 사람이 며칠, 몇 주에 걸쳐 배운 새로운 지식이 의식적으로 복습하지 않는 한 기억할 수 있는 내용이 반으로 주는 것을 알 수 있습니다. 에빙하우스에 따르면 학습 후 10분 후부터 망각이 시작되며 1시간 뒤에는 50%, 하루 뒤에는 70%, 한 달 뒤에는 80%를 망각하게 됩니다.

자기주도적 복습은 어떻게 해야 할까요?

❶ 수업 시간에 외우자

첫 번째 복습은 수업 시간에 이루어집니다. 막연히 수업을 집중해서 듣는 것과 외우려고 하면서 듣는 것은 별개의 차원입니다. 기억으로 넘어가는 것들은 반복에 의해 이루어집니다. 빨리 외우는 것도 중요하지만 장기 기억으로 넘어가려면 반복을 많이 해야 합니다. 수업 시간에 배운 내용 중 선생님이 강조한 내용을 위주로 노트에 서너 줄 적는 것도 좋은 복습 방법입니다.

❷ 수업 후 5분이 중요하다

두 번째는 5분 학습법입니다. 수업이 끝나자마자 5분 내에 즉시 반복하는 것이 효율적입니다. 수업 시간이 끝나고 배운 것을 3~5분 정도만 정리를 해두면 다음에 볼 때 훨씬 더 기억이 잘 납니다.

❸ 노트 한 권에 정리하라

세 번째 복습은 집에 가서 이루어집니다. 집에서 각 교시에 공부한 것을 각각 3~5분 정도 차분히 다시 보는 것입니다. 수업 시간에 외운 다음 쉬는 시간에 노트 한 권에 배운 내용을 3줄 정도 복습하고, 집에 와서도 3줄 정도만 복습하면 됩니다.

긴 시간을 할 필요는 없습니다. 하루 6교시를 들었어도 복습하는 시간은 18분 정도가 되겠죠. 또 수업이 끝나고 5분 학습법을 할 때는 간단하게 했지만, 집에 와서는 참고서도 봐가면서 좀 더 자세하게 하는 것입니다.

4. 수업 관련 고민

Q 학부모 초청 공개수업이 뭔가요?

2010년부터 교원 능력 개발 평가 제도를 시행한 이후 교장, 교감, 수석교사, 담임교사, 전담교사 등 모든 교원은 수업 공개와 함께 학생, 학부모로부터 수업, 생활지도 등 여러 분야에 대해 평가를 받습니다.

'우리 아이가 학교에서 어떻게 공부를 할까?', '우리 담임선생님은 어떤 수업을 할까?', '우리 아이는 발표를 잘할까?' 등 많은 궁금증을 갖고 학부모 초청 공개수업에 임합니다. 학부모 초청 공개수업의 목적은 아이의 성장과 동시에 교원의 성장을 돕는 것입니다.

그렇다면 공개수업을 볼 때 몇 가지 관점과 방향이 있어야겠죠?

❶ 아이들 대부분이 수업에 대해 이해하고 있는가?
❷ 아이들이 알아듣기 쉽게 적절하게 예를 제시하거나 설명하는가?
❸ 대부분의 아이들이 수업에 열중하는가?
❹ 학생들은 선생님의 말씀에 귀 기울여 듣고 활동에 적극적으로 참여하는가?
❺ 아이들이 활발하게 수업에 참여하는가?
❻ 아이들 간의 대화와 질문이 원활하게 진행되는가?
❼ 돌발 행동을 하는 아이에 대한 선생님과 다른 아이들의 태도는 어떠한가?
❽ 선생님은 아이들의 참여와 집중을 위해 어떠한 노력을 하는가?
❾ 사용하는 수업 자료가 적절한가?
❿ 선생님은 자신감 있게 수업을 하는가?

내 아이를 보는 것뿐만 아니라 선생님의 수업과 공교육의 방향에 대한 좀 더 거시적인 관점에서 수업을 바라보는 것이 중요합니다. 공교육의 질 향상은 교사와 학생, 그리고 학부모가 함께 만들어가는 것이기 때문입니다.

Q 학교에 참여 가능한 학부모 교육 활동에는 무엇이 있나요?

부모가 학교교육에 참여하는 방법은 다양합니다. 학년 초 학교와 학급의 1년 교육 방향을 설명하는 학부모 총회를 시작으로 아이들의 안전한 등하교를 위해 봉사하는 녹색 어머니회, 어머니 폴리스 활동, 학부모 참여 공개수업에 참여할 수 있습니다.
요즈음 교육의 주체는 학생, 학부모, 교사라는 생각을 하면서 지역사회와 연계한 다양한 교육 활동을 기획하기도 합니다. 학교의 규모와 특성에 따라 학부모 교육 활동에는 다소 차이가 있습니다. 예를 들어 함께 학교의 텃밭을 가꾸어 '팜 파티'를 열어 마을의 축제를 기획하고 참여하거나 저학년 아이들에게 책 읽어주는 아빠데이, 부모들이 만드는 진로 체험 부스를 운영하기도 합니다.
학교에서 주관하여 운영하는 교육 활동도 있지만, 부모들 스스로가 교육 동아리를 만들어 운영하기도 합니다. 책을 좋아하는 부모들이 모여 주 1회 모임을 갖고 각 학년 아이들에게 적합한 독서 이벤트를 개최하거나 역사를 좋아하는 부모들이 모여 역사 보완 자료와 활동지를 만들어 학교 수업에 활용할 수 있게 제공하기도 합니다. 이렇듯 학부모의 적극적인 참여와 지원으로 함께 만들어가는 교육으로 발전하고 있습니다.

Q 수업 시간에 필기를 잘할 수 있게 하려면 어떻게 해야 하나요?

초등학교 3학년 아이와 6학년 아이의 노트 필기에는 차이가 있습니다. 이제 막 본격적인 공부를 시작하는 초등 3학년 아이들에게 고학년이나 중학생 수준의 노트 필기는 당연히 맞지 않습니다.

우리에게 유명한 1950년대 미국 코넬대학교 교수진이 개발해 노트 필기의 정석으로 평가되는 코넬 노트법도 높은 학습 효과를 기대할 수 있지만, 어느 정도 필기 습관이 잡힌 후에 적용하는 것이 좋습니다. 아직 요약·정리하는 것조차 미숙한 초등학교 저학년, 중학년 아이에게 과목별 영역을 구분해 정리하는 노트 필기는 무척 어렵고 복잡하게 느껴질 수 있습니다. 먼저 교과서 내용을 순서대로 일목요연하게 요약·정리하는 방식으로 필기 습관을 들이면 자연스레 자신에게 맞는 필기법을 익히게 됩니다.

그렇다면 노트 필기를 잘해야 하는 이유는 무엇일까요? 효율적인 학습을 위한 기초 도구로서의 노트는 매우 중요합니다. 듣고 읽는 것만으로는 지식을 내면화하기 어렵지만 노트 필기를 하면 내용이 구조화되기 때문에 마치 그림을 보듯 학습 내용을 한눈에 파악할 수 있다는 장점이 있습니다. 또 다른 교과와의 내용 연계는 물론 교과 영역 간의 관계 짓기와 융합이 가능하다는 점도 노트 필기의 큰 장점입니다.

노트 필기를 어려워하는 이유는 '어떻게 필기해야 하는가'를 모르기 때문입니다. 누구나 필기를 하지만 노트 필기에 필요한 기본적인 구성과 체계를 알지 못하기 때문에 일관성이 없고, 나중에 학습 교재로서의 활용 가치가 없는 일회성 필기를 하기 때문이죠. 노트 필기의 첫걸음은 번호 붙이기입니다. 예를 들어 '1'은 단원 제목을 쓸 때, '(1)'은 제재 제목을 쓸 때, '①'은 요약한 내용을 쓸 때 붙이도록 하는 방식입니다.

번호 붙이기를 익혔다면 다음은 핵심 내용의 정리를 연습합니다. 하지만 처음 노트 필기를 시작하는 아이들은 핵심을 찾아 요약하는 능력이 부족합니다. 이럴 때 도움이 될 수 있는 것이 교과서와 문제집입니다. 교과서와 전과 또는 문제집을 나란히 놓고 교과서 내용이 참고서에 어떻게 요약됐는지를 확인한 뒤 이를 참고해 노트에 정리하거나 베껴 써보는 것이 좋습니다.

5. 서류 관련 고민

Q 결석이나 조퇴에서는 무슨 서류가 필요한가요?

교육부 훈령 제280호 '학교생활기록 작성 및 관리지침'에 따라 학교 출결 상황이 처리됩니다.

❶ 질병 결석의 경우
  ㉠ 결석한 날부터 5일 이내에 의사의 진단서 또는 의견서(의사 소견서, 진료 확인서 등으로 병명, 진료기간 등이 기록된 증빙서류)를 첨부한 결석계를 제출하여 학교장의 승인을 받은 경우
  ㉡ 다만, 상습적이지 않은 2일 이내의 결석은 질병으로 인한 결석임을 증명할 수 있는 자료(학부모 의견서, 처방전, 담임교사 확인서 등)가 첨부된 결석계를 5일 이내에 제출하여 학교장의 승인을 받은 경우
  ㉢ 병원학교 및 원격수업 등 정보통신매체를 이용하여 수업 받는 건강장애학생이 결석한 경우
  ㉣ 의사의 진단서 또는 의견서를 통해 기저질환(천식, 아토피, 알레르기, 호흡기질환, 심혈관 질환 등)을 가진 민감군으로 확인된 학생이 미세먼지와의 관련성이 드러나는 소견 또는 향후 치료 의견 등이 명시된 의사의 진단서(소견서)를 첨부한 결석계를 결석한 날로부터 5일 이내에 제출하여 학교장의 승인을 받은 경우

  ※ 결석계 제출 시 첨부하는 증빙서류는 학기초에 최초 제출한 진단서로 해당 학기 질병결석 증빙을 갈음할 수 있음. 석계 제출 시 첨부하는 증빙서류는 학기초에 최초 제출한 진단서로 해당 학기 질병결석 증빙을 갈음할 수 있음.

❷ 미인정 결석
  ㉠ 「학교폭력예방및대책에관한법률」 제17조 제1항제6호에 따른 출석정지
  ㉡ 「초·중등교육법 시행령」 제31조 제1항제4호에 따른 출석정지
  ㉢ 「초·중등교육법 시행령」 제31조 제6항의 가정학습 기간

ⓔ 범법행위로 인한 책임있는 사유로 결석한 경우(관련 기관 출석, 체포, 도피, 구속(구인, 구금, 구류 포함), 교도소 수감 등)
ⓜ 태만, 가출, 출석 거부 등 고의로 결석한 경우
ⓗ 기타 합당하지 않은 사유로 결석한 경우

❸ 출석 인정 결석
㉠ 지진, 폭우, 폭설, 폭풍, 해일 등의 천재지변 또는 법정 감염병 등(학교 내 확산 방지를 위해 학교장이 필요하다고 인정하는 비법정 감염병을 포함)으로 출석하지 못한 경우
㉡ 병역 관계 등 공적의무 또는 공권력의 행사로 인하여 출석하지 못한 경우
㉢ 학교장의 허가를 받은 '학교, 시도(교육청), 국가를 대표한 대회 및 훈련 참가, 산업체 실습과정(현장실습, 현장실습과 연계한 취업), 교환학습, 교외체험학습, 「학교보건법」 제8조에 따른 등교 중지' 등으로 출석하지 못한 경우
㉣ 「초·중등교육법 시행령」 제31조 제1항의 규정에 의한 학교 내의 봉사, 사회봉사, 특별교육이수 기간
㉤ 「초·중등교육법 시행령」 제28조 제6항의 규정에 의한 상담, 진로 프로그램 등 숙려제 참여 인정 기간
㉥ 다음 경조사로 인하여 출석하지 못한 경우

구분	대상	일수
결혼	형제, 자매, 부, 모	1
입양	학생 본인	20
사망	부모, 조부모, 외조부모	5
	증조부모, 외증조부모 형제·자매 및 그의 배우자	3
	부모의 형제·자매 및 그의 배우자	1

※ 경조사 일수에 휴무토요일 및 공휴일은 산입하지 않으며, 연속된 결석 일수에 한해 출석으로 인정함.

㉦ 기타 부득이한 사유로 학교장의 허가를 받아 결석하는 경우
㉧ 「학교폭력예방및대책에관한법률」 제12조에 따른 학교폭력대책자치위원회의 개최 및 동 위원회의 학교 폭력 피해학생에 대한 보호조치 요청 이전에, 학교 폭력 피해자가 학교 폭력으로 인한 피해로 출석하지 못하였음을 학교 전담기구의 조사 및 확인을 거쳐 학교장이 인정한 경우

❹ 지각, 조퇴, 결과
  ㉠ **지각** | 학교장이 정한 등교시각까지 출석하지 않은 경우
  ㉡ **조퇴** | 학교장이 정한 등교시각과 하교시각 사이에 하교한 경우
  ㉢ **결과** | 수업시간에 불참하거나 교육 활동을 고의적으로 방해한 경우

Q 한 달 후 이사 가서 전학을 가야 해요. 어떤 절차를 밟아야 하나요?

초등학교 전입학 절차는 생각 외로 복잡하지 않습니다. 거주지 이전을 한 후 주민센터에 전입신고를 하면 주민센터에서 그 지역에 맞는 초등학교로 배정하여 안내해줍니다.
초·중학교 관련한 전입이나 편입학에 대한 자세한 사항은 각 교육지원청 교육 상담실로 문의하거나 해당 학교 행정실에 문의하면 더욱 자세한 내용을 알아볼 수 있습니다. 초등학교 전학 절차는 주소를 이전해 전입지의 동장이 발행하는 전입신고 접수증을 전학하고자 하는 학교에 제출하면 전학 절차가 완료됩니다.

❶ **처리 기관** | 주민센터에서 배정
❷ **전학 절차** | 주소의 이전으로 전학하고자 할 때는 전입지의 동장이 발행하는 전입신고 접수증을 전학하고자 하는 학교에 제출함으로써 전학 절차 완료
❸ **구비 서류**

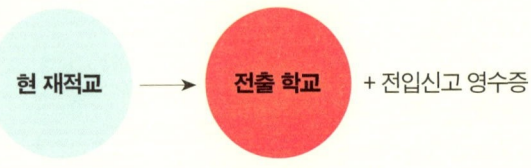

  ㉠ **전 가족 전입 시**
    • 학교 구비 서류 | 배정 원서
    • 민원인 구비 서류 | 재학증명서(전학용)

ⓛ **부분 전입 세대**(주민등록등본상 부, 모 중 한 명과 학생만 기재된 세대)

이혼	학생의 가족관계증명서 학생의 기본 증명서, 주민등록상 부(모)의 혼인관계증명서, 친권자 아닌 경우 양육위임 동의서 첨부
별거	학생의 가족관계증명서, 주민등록초본(부, 모 각각 : 3월 이상 주소 달라야 함) 또는 인우보증서
부, 모의 직장 관계 또는 사업지 변경이 어려운 경우	학생의 가족관계증명서, 부·모 재직증명서, 사업자등록증 사본 첨부
전세 계약이 만료되지 않은 경우	학생의 가족관계증명서, 전세계약서 사본(미전입자가 계약자이어야 함)
채무 관계로 소송 중인 경우	학생의 가족관계증명서, 소송 관련 서류 사본

❹ **초등학교 취학 기준일**

초등학교 취학 기준일을 변경하는 문제는 각급 학교 운영 및 교육행정 전반에 대한 세밀한 분석이 선행되어야 하므로 취학 기준일 변경의 타당성 여부, 외국의 사례, 이해관계자의 의견을 충분히 수렴해 결정해야 하는 중요 정책 과제입니다. 따라서 이를 판단을 위한 중장기 과제로 신중히 검토하기 위해 올해 정책 연구를 추진할 계획입니다.

따라서 취학 기준일 변경 여부는 현재로서는 결정된 바가 없고 변경 결정이 확정된다 하더라도 충분한 예고 기간을 두고 시행해 취학아동을 둔 부모들이 취학 전 교육에 혼란이 없도록 조치할 계획입니다.

Q 왜 정보 이용 동의서를 써야 하나요?

개인 정보란 개인에 대한 정보 가운데 직간접적으로 각 개인을 식별할 수 있는 정보를 말합니다. 개인 신용 정보를 다른 사람에게 제공 활용 시에는 신용 정보의 이용 및 보호에 관한 법규에 따라 당사자의 동의를 얻어야 하죠.

학교에서 추진하는 현장 체험학습, 영재 학급 운영, 어머니 폴리스, 학교운영위원회 등 학생과 부모와 관련된 개인 정보를 사용해야 하는 경우가 많습니다. 따라서 아이와 부모의 이름, 생년월일, 주소 등 개인 정보를 공개하거나 활용할 때에는 법률적으로 반드시 개인 정보 동의서가 필요합니다.

개인 정보 동의서에는 먼저 사용하고자 하는 개인 정보를 명시한 뒤 공개에 동의하는 내용의 문구를 작성하고, 승낙인의 서명을 날인하도록 되어 있습니다. 학교에 따라서는 학년 초 교육 활동 전반에 관련해 학생과 부모의 개인 정보 동의서를 한 번에 승인받기도 합니다.

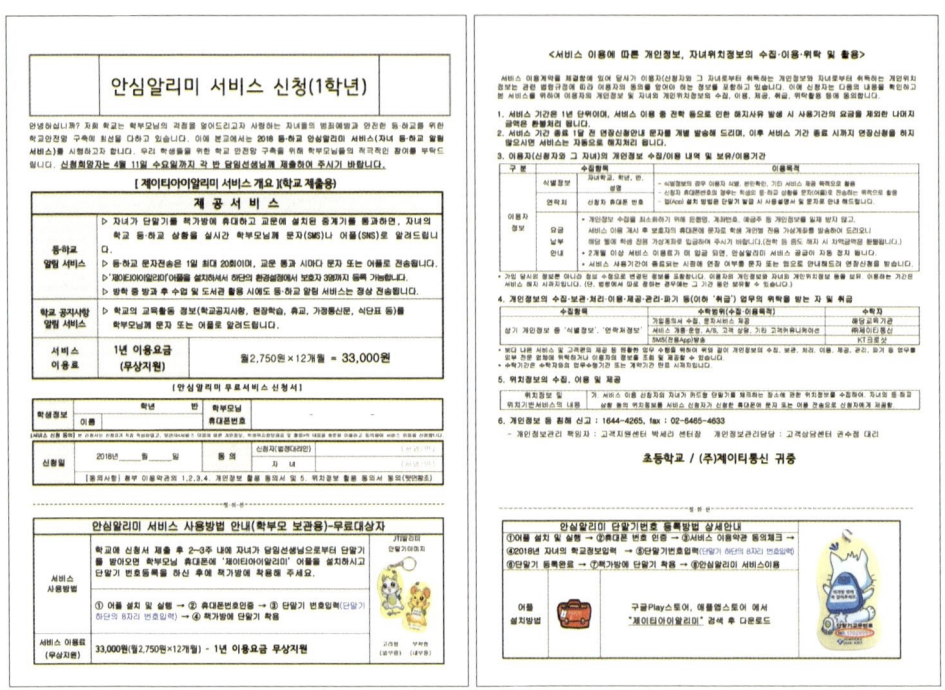

6. 진로·진학 관련 고민

Q '창의적 체험 활동'이 뭔가요?

초등학교 창의적 체험 활동은 교과와 상호 보완적 관계 속에서 앎을 적극적으로 실천하고 심신을 조화롭게 발달시키기 위해 실시하는 교과 이외의 활동을 말합니다. 초·중등학교 학생들이 건전하고 다양한 집단 활동에 자발적으로 참여해 나눔과 배려를 실천함으로써 공동체 의식을 함양하고 개인의 소질과 잠재력을 계발·신장하여 창의적인 삶의 태도를 기르는 것을 목표로 하고 있습니다.

창의적 체험 활동은 크게 자율 활동, 동아리 활동, 진로 활동, 봉사 활동으로 나눌 수 있습니다. 초등학교에서는 창의적 체험 활동을 주 2~3시간 운영합니다. 교과와 관련한 행사, 프로젝트 활동, 체험학습, 안전교육 등과 연계해 활동을 하기도 합니다.

자율 활동	동아리 활동	진로 활동	봉사 활동
• 자치·적응 활동 • 창의주체 활동 등	• 예술·체육 활동 • 학습문화 활동 • 실습노작 활동 • 청소년 단체 활동 등	• 자기이해 활동 • 진로탐색 활동 • 진로설계 활동 등	• 이웃돕기 활동 • 환경보호 활동 • 캠페인 활동 등
▼	▼	▼	▼
특색 있는 활동에 자율적으로 참여하고 일상의 문제를 합리적이고 창의적으로 해결할 수 있는 능력을 기른다.	동아리에 자발적으로 참여하여 소질과 적성을 계발하고 일상의 삶을 풍요롭게 가꾸어 나갈 수 있는 심미적 감성을 기른다.	나눔과 배려를 실천하고 환경을 보존하는 생활 습관을 형성하여 더불어 사는 사람의 가치를 체득한다.	흥미, 소질, 적성을 파악하여 자아정체성을 확립하고, 자신의 진로를 개발하여 지속적으로 발전시킨다.

출처·크레존

Q 교내 상과 교외 상은 생활기록부에 입력되나요?

교육부에서 발표한 초등학교 학교생활기록부 기재 요령에 따르면 교내 상과 교외 상의 구분이 없어졌습니다. 또 학교별로 사전에 등록된 교내 상만 학교생활기록부에 입력할 수 있습니다.

수상 경력 기재 요령

❶ 재학 중 학생이 교내에서 수상한 상의 명칭, 등급(위), 수상 연월일, 수여 기관명, 참여 대상(참가 인원)을 입력한다.
❷ 동일한 작품이나 내용으로 수준이 다른 상을 여러 번 받았을 경우 최고 수준의 수상 경력만 입력한다.

학교별로 사전 등록한 교내 상만 기재하며, 수상 사실은 수상 경력 이외의 어떠한 항목에도 입력하지 않음(참가 사실 기재 불가).

수상명	등급(위)	수상연월일	수여기관	참가대상(참가인원)
나의주장발표대회	최우수상(1위)	2017.04.17	○○초등학교장	3학년(120명)
과학탐구대회 (실험부문, 공동수상, 3인)	금상(1위)	2017.04.28	○○초등학교장	4학년 중 참가자(30명)
표창장(모범학생부문)		2017.05.02	○○초등학교장	2학년(148명)
백일장(시부문)	최우수상(1위)	2017.05.12	○○초등학교장	6학년 중 참가자(20명)
컴퓨터경진대회 (정보검색부문)	금상(2위)	2017.05.23	○○초등학교장	6학년(120명)
체험학습소감문쓰기대회	대상(1위)	2017.06.22	○○초등학교장	5학년(120명)
독서기록장쓰기대회	금상(2위)	2017.07.18	○○초등학교장	3-1학년(24명)
○○축전우수작품(시화부문)	은상(3위)	2017.09.07	○○초등학교장	전교생(720명)
생활일기쓰기대회	우수상(2위)	2017.09.12		4학년(120명)
우수독서기록장	최우수상(1위)	2017.10.10		3학년(120명)
양성평등글짓기대회	우수상(2위)	2017.11.13		전교생 중 참가자(60명)
내고장탐구대회	장려상(3위)	2017.11.21		6학년 중 참가자 (분교 포함 127명)

Q 중학교 진학 시 어떤 절차를 밟아야 하나요?

중학교 진학 절차는 각 시·도별 지침과 추첨 방법이 다릅니다. 아이 학교의 중입 배정 업무를 맡고 있는 교사나 해당 교육지원청에 문의하는 것이 가장 정확합니다. 보통 11월 중 중학교 배정이 시작되며 중입 배정 원서를 작성합니다. 기본적으로 거주지가 속한 중학구나 중학군 내의 학교를 지원하며 1지망으로 학생의 희망교를 작성합니다.

경기도 광주하남교육지원청 중학교 배정 절차 예시

❶ 지원 방법

㉠ **중학구** | 해당 중학구의 학교를 1지망으로 지원한다.

㉡ **중학군** | 거주지가 속한 해당 중학군 내 모든 중학교를 지망한다.

1지망교는 학군 내에 속한 중학교 중 학생이 희망하는 학교로 지망하고, 2지망교 이하부터는 1지망으로 지원한 희망교를 제외한 거주지에서 근거리 중학교 순으로 지망해야 한다. 희망교가 제1근거리인 경우 2지망교부터는 차순위의 근거리 중학교 순으로 지망해야 한다.

※ 1근거리와 1지망교가 불일치할 경우, 1지망교가 미달인 경우를 제외하고는 근거리부터 순차적으로 배정되므로 탈락될 확률이 높기 때문에 학교장 책임하에 학생·학부모에게 충분히 설명한 후 배정 원서를 작성하도록 반드시 안내할 것.

❷ 배정 절차

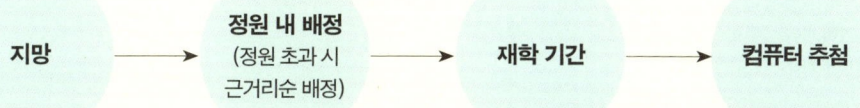

지망 → 정원 내 배정 (정원 초과 시 근거리순 배정) → 재학 기간 → 컴퓨터 추첨

㉠ **지망** | 1지망교는 학군 내에 속한 중학교 중 학생이 희망하는 학교 지망

2지망교 이하부터는 1지망으로 지원한 희망교를 제외한 거주지에서 근거리 중 학교 순으로 지망해야 한다.

㉡ **정원 내 배정** | 1지망 중학교에 지원자가 신입생 정원보다 적은 경우 1지망으로 지원한 학생 모두를 배정하며, 지원자가 신입생 정원보다 많을 경우에는 근거리자를 우선 배정한다.

㉢ **재학 기간** | 배정 시 동거리가 발생할 경우 학교생활기록부상의 전(입)학 일자를 기준으로 하여 졸업 학년도 2월 말까지 최종 연속 총 재학 일수를 계산한 후 현 소속 초등학교 재학 일수가 가장 긴 학생을 우선 배정한다. (단, 입학생 총 재학 기간은 6년)

㉣ **컴퓨터 추첨** | 총 재학 기간이 동일할 경우 동거리 학생 중 컴퓨터 추첨 방식에 의해 배정한다.

유초등생활백서

초판1쇄 인쇄 2019년 11월 20일
초판1쇄 발행 2019년 12월 2일

지은이 문주호, 장연주, 우영진, 정동완

발행인 신상철
편집인 이창훈
편집장 신수경
편집 정혜리, 김혜연
디자인 디자인 봄에
마케팅 안영배, 신지애
제작 주진만

발행처 (주)서울문화사
등록일 1988년 12월 16일 | 등록번호 제2-484호
주소 서울시 용산구 한강대로 43길 5 (우)04376
편집문의 02-799-9346
구입문의 02-791-0762
팩시밀리 02-749-4079
이메일 book@seoulmedia.co.kr
블로그 smgbooks.blog.me
페이스북 www.facebook.com/smgbooks/

ISBN 979-11-6438-014-5 (03370)

- 책값은 뒤표지에 있습니다.
- 잘못된 책은 구입처에서 교환해 드립니다.
- 저작권법에 보호를 받는 저작물이므로 무단전재와 무단복제를 금지합니다.